章书院

延高中人文教育的新载体

程益明 编著

吉林大学出版社

·长春·

图书在版编目(CIP)数据

知章书院：普通高中人文教育的新载体 / 程益明编
著 . -- 长春：吉林大学出版社, 2020.9
ISBN 978-7-5692-7040-2

Ⅰ.①知… Ⅱ.①程… Ⅲ.①高中－教育研究－杭州
Ⅳ.①G632.0

中国版本图书馆CIP数据核字(2020)第169801号

书　　名　知章书院——普通高中人文教育的新载体
　　　　　ZHIZHANG SHUYUAN——PUTONG GAOZHONG RENWEN JIAOYU DE XINZAITI
作　　者　程益明 编著
策划编辑　曲天真
责任编辑　曲天真
责任校对　张宏亮
装帧设计　书道闻香
出版发行　吉林大学出版社
社　　址　长春市人民大街4059号
邮政编码　130021
发行电话　0431-89580028/29/21
网　　址　http://www.jlup.com.cn
电子邮箱　jdcbs@jlu.edu.cn
印　　刷　杭州万星印务有限公司
开　　本　710mm×1000mm　　　　1/16
印　　张　24.5
字　　数　370千字
版　　次　2020年9月　　第1版
印　　次　2020年9月　　第1次
书　　号　ISBN 978-7-5692-7040-2
定　　价　55.00元

编委会名单

目 录

八 成果与评价

一 绪 论
XU　LUN

绪 论

在人类漫长的历史长河中,是教育给予了我们聪明与智慧,教育使人类个体富有文明与多彩。蔡元培先生坚持认为:教育乃"养成人格之事业也。使仅仅为灌注知识,练习技能之作用,而不贯之以理想,则机械之教育,非所以施以人类也"。归根结底,教育是培养人的活动,是人的灵魂的教育,而非知识的机械堆积。因而,教育的重要本质特征就是它的人文性,人文教育在学校教育中具有重要的基础性地位。

西方语言中的"人文"一词来自拉丁语"humanitas",这个词包含有"文化""教养""文雅"的意思,又含有"人性""人格"等。中国历史上也极为看重"人文",其所追求的教育理想是博大、优雅和完整,"君子不器"。

一般来说,谈到人文教育,并不是一种确定的、公认的含义,而常常表达着多种含义,最常见的有三种:人文主义教育,人文学科教育,"成人"的教育。

人文主义教育,倡导以人为中心,歌颂人的价值和力量,追求自由平等和个性解放,提倡以培养身心健康、知识广博、多才多艺的新人为教育理想。人文学科的教育,系指以人文学科为基本内容的教育,这种教育在中国古代的"六艺"和希腊的"七艺"教育中就已有体现。"成人"教育则以"全人"教育为理念,力求通过德、智、体等多方面的教育培养完整的人,而不是"半个人"或者"机器人",强调给人以广博训练而不仅仅是专业训练,认为教育的目的是使人的身心全面协调发展,使人成为真正的人并实现人的全面价值。

基于上述三种人文教育概念的表达,我们可以给人文教育做如下尝试性界定:所谓人文教育,是指对受教育者所进行的旨在促进其人性境界提升、理想人格塑造以及个人与社会价值实现的教育,其实质是人性教育,其核心是涵养人文精神。这种精神的养成一般要通过多种途径,包括广博的文化知识滋养、高雅的文化氛围陶冶、优秀的文化传统熏染和深刻的人生实践体验等。

长期以来,在国内的教育认识与实践中对人文教育似乎有误解,以为人文教育就只是人文学科的教育。如果只限于此,那就不仅窄化了人文教育的内容,而且也误解了教育本身。另外,我们的人文教育常常重在课堂、重在教,而对文化氛围的营造与学生个体的人生体验却予以忽略。在这种情况下,虽然近年来人文教育在各高校和一些中小学学校程度不同地较以往更受重视,但只是量的变化,而没有质的改变。人们对人文教育的根本重要性,还几无认识。人们较以往重视人文教育,的确是由于看到了不重视人文教育所造成的负面结果,如人的素质下降、知识单一、缺乏想象力和创造性、没有人文关怀语言的粗鄙化,等等。所以现在人们对人文教育的意义的认识,也不过是将它理解为一种素质教育,认为无非是加强学生的人文修养,补充一些人文知识,提升学生的审美品位趣味等。

通过我们大量的资料调查和实地走访,特别是对身边的普通高中的人文教育的观察和自己学校的人文教育情况的反思,我们总结出目前普通高中人文教育的现状不容乐观,存在着如:人文悬空、人文无人、人云亦云等问题。人文教育在具体的实施中亦存在"假、大、空"的现象,落不到实处。出现"假人文",口头上说重视人文教育,但是真正去扎实地实践人文教育的学校却少之又少,即使有一些学校在推进人文教育,也往往浮在表面或是为了应付检查。且长期以来,中学教育普遍存在重理轻文、重理轻艺术的课程开发倾向,文科教学中又普遍秉持知识中心、教师中心和应试中心的观念,追求知识的线性增长、传递效率和复现准度,不利于提高学生运用知识解决现实问题的能力,遑论思维品质和文化底蕴的培养。

加之人文教育是新兴起的教育思潮,可以借鉴的模式不多,尚在实践中的很多教育机构和学校也大都是"摸着石头过河",所以就存在很多人云亦云的现象,没有契合和适应自身发展的理论作为指导和支撑,只是在大概念和范围内人云亦云,没有根据自己学校的情况具体问题具体分析,甚至出现"处处留痕"的形式主义和"为表现而表现"的作秀心理。

"培养什么人,怎样培养人",这是人文教育的永恒主题。社会发展形势对教育提出了新的要求,人文素养越来越凸显出在社会文化生活中的地位。我们必须在人文教育的实践中扩大教育的视野,确立正确的教育观,结合教育对象的实际,以提高人文教育的效果。人文教育须以育人为本,育什么样的人,这既要落实当今时代、社会、党和政府的要求,也要体现学校的历史文化,还要考虑到目前孩子们成长中的问题。基于这样的考量,我校在人文教育方面做了多层面、多架构的探究,积累了丰富的教育经验。

作为一所已处于发展高位、有一定区域影响力的学校,在当前时代背景下,怎样更好地开展人文教育?我们经过大量地学习、思考和论证,认为:人文文化育人是必由之路。人文文化是学校人文教育的灵魂,是学校人文教育的表现,更是学校人文教育的载体。人文文化育人强化人文文化熏陶,以人文文化为基,依托学校人文文化实现人文教育新境界,并由此构建学校特色人文教育文化。

文化立校彰显学校品质,以文化引领学校内涵发展和品质提升的观点已得到普遍认同。一所成熟的学校需要有自己新时代的学校文化,以此进一步提升学校的办学质量、学校形象和学校品格,提升办学品位,提高育人成效。我校具有独特、优越的人文地域资源。萧山十一中创办于2001年,地处萧山城南,学校北枕美丽的笤婆河,这里曾是我国唐朝大诗人贺知章的故里,千年文脉,源远流长。学校周边有笤婆古寺、笤婆桥、知章公园、贺知章艺术馆、季真亭等,都是后人为纪念贺知章而建。乡贤知章,泽被后世。知章文化是中华优秀传统文化的重要组成部分,包含着形象元素、精神理念和内涵特质,有物质的、精神的,外在的、内在的,还有传统的、现代的……只有基于这样一脉相承的人文文化视野构建我校特色人文育人文化,才能如活水源远流长、生生不息。

从多年的学校人文文化脉络来看,在与知章文化的融合方面有过一些实践,也取得了一些成绩。依托我校箩婆河文学社开展了"乡贤贺知章"大型综合实践活动,学生通过"阅读知章"等形式对知章文化有了各方面的了解,对传承知章文化具有重要影响。在前期融合经验的基础上,我们开始打造"知章书院"这一载体,整合全校资源。书院得名于唐朝大诗人贺知章,同时也取"知章敬德"意。知章书院以知章文化为起点,以孝德为核心,以传统文化为延伸,以阅读活动为抓手,以联盟活动为助推,以文化建设创新求实重引领为理念,统筹学校人文文化的发展。

知章书院着力培养独立自主的文化人格,在价值追求上,传承知章文化、彰显人文特色。我们将知章文化表述为:孝德为基、诗性人生、翰墨修身。追寻以知章文化为表征的大唐文化(主要特征为大气、高雅、和谐),而大唐文化正是中国读书人所追求的盛世文化。

孝德为基:习近平总书记多次强调,"培育和弘扬社会主义核心价值观必须立足中华优秀传统文化"。国风之本在家风,家风之本在孝道。孝文化是我们中华民族最为古老的一种美德,是我们形塑社会价值观的价值原点。以孝德实践为圆心向外扩展,孝文化就会成为代际沟通、家庭和睦、社会和谐的润滑剂,社会道德建设也能获得坚实稳固的支撑。学生只有在尽孝中,才能知晓恩情的宝贵,懂得责任的重要,感佩担当的真诚。感恩、责任、担当,孝所蕴藏的要素,不仅是一个人正心、修身、齐家的行事依据,更是社会和谐所赖以维系的价值之核。

诗性人生:诗如江上之清风、山间之明月,填不饱肚子,却能陶冶人的情操。诗性的人不把人生看成干枯的东西,懂得怎样善待生活。我们提出的"诗性人生"计划,从课堂、课程、环境三个维度切入,推进学生持续而有效的阅读,从书香浸润式氛围的创设、开放融合阅读兴趣的引领和高质量阅读专业的指导等角度展开"悦读"计划,打造融"全面"关联"智能"于一体的"阅读小镇"项目,涵养学生的诗文素养,润泽学生的诗文情怀,打造学生的精神底色,追求诗性人生。

翰墨修身:中国书法历史悠久,博大精深。我们在学生中大力推进书法教育,既能触动学生的文化情感,提升学生的艺术素养和审美素质,同时有利于对学生进行爱国主义教育,有益于学生的生理和心理健康。可见,学习书法对学生的成长过程是有很大的好处的。通过书法的濡染,学生在立身、处事、学问上均将有大幅度地提升。

基于知章书院平台,依托贺知章文化资源,建构个性化的人文教育文化体系,积极探索书院人文教育行动路线。确立一个核心:知章文化;创新一个平台:知章书院;打造三大特色育人文化:孝德文化为核心的德育特色,阅读文化为核心的学习特色,联盟文化为核心的生长特色;形成三条操作路径:环境创设路径,课程建设路径,活动设计路径。通过传承知章文化,彰显学校精神,养成"孝德为基、诗性人生、翰墨修身"的读书人文化人格,取得积极进展和成果。

将这些理论和实践的探索,编辑成书,形成智慧结晶,既是对我校大力开展人文教育的经验总结,以便后期更深一步地研究和实践,也是为了在更广范围内进行推广,以供同行借鉴。本书在出版过程中得到了专家和领导的大力指导,也得到广大一线教师的积极响应和坚定支持。没有广大一线教师积极实践和自主探究,便不会有本书的成功出版。

虽然我们在成书过程中尽了最大的努力,但限于研究的视角和水平等因素,难免存在失误和不当之处,希望您在阅读本书的过程中批评指正,衷心希望您能在本书中有所收获。

二 人文教育的定位

RENWEN JIAOYU DE DINGWEI

（一）审视：普通高中人文教育的现状

　　所谓人文教育，是指对受教育者所进行的旨在促进其人性境界提升、理想人格塑造以及个人与社会价值实现的教育，其实质是人性教育，其核心是涵养人文精神。

　　人文追求的是善，给人以悟性，人文中的信仰使人虔诚。科学强调客观规律，艺术更注重主观情感；科学讲的是理性，艺术更富于情感；科学就是根据事物的普遍性处理事物的特殊性；艺术则是根据事物的特殊性去处理事物的普遍性。人文则既有深刻的理性思考，又有深厚的情感魅力。一个人的精神世界，不能没有科学，也不能没有艺术，更不能没有人文。所以，我们也可以把人的综合素养概括为科学素养、艺术素养和人文素养。当我们谈到教育的时候，无论是教育工作者还是非教育工作者，都有一个同感：我们的教育太缺乏人文了。我们谈到今天的社会的时候，也觉得我们今天的社会太缺乏人文了。是的，我们的教育、我们的社会，需要知识，需要技术，需要艺术，但是尤其更需要人文。

　　党的十八大报告指出："把立德树人作为教育的根本任务，培养德智体美全面发展的社会主义建设者和接班人"。如何实现"立德树人"？这是我们需要思考的重大命题。作为为国家培养全面型人才的机构——普通高中，为了实现"立德树人"，当务之急就是有目的有计划地实施人文教育。

那么当今社会普通高中的人文教育现状如何呢？通过我们对大量的资料调查和实地走访，特别是对身边的普通高中里的人文教育的观察和自己学校的人文教育情况的反思，我们总结出目前普通高中人文教育的现状如下。

1.人文悬空

所谓的"人文悬空"指的是人文教育在具体的实施中存在"假、大、空"的现象，落不到实处。

我们能查到的最早的人文教育始于文艺复兴时期，人文复兴时期的人文主义教育的基本特征主要表现为：(1)学校不再局限在培养神职人员，而是为了培养懂得世俗学问、有人道主义精神、有德行和能为社会进步而献身的人。有些学校甚至把培养具有资产阶级事业家的品质，有礼貌，仪态端庄大方，身心健康，具有开拓精神的资产阶级绅士作为自己的培养目标。(2)相信知识、学问和文化在促进道德提高、社会改良与人类进步方面的作用。(3)拉丁文、希腊文成为学校的主要课程，古典文学在学校课程中占有重要地位，历史、地理被列入学校课程。有些学校，将数学和洗染科学作为重要学习内容。(4)把游戏、体育视为教育的必要组成部分，提倡人的身心健康发展。(5)宗教道德教育逐渐解体，开始提倡人道主义、乐观主义、热爱自由、追求和平等以及合理享乐等新的道德观。尊重儿童和反对体罚成为一些教育家的强烈要求。(6)古代教育家亚里士多德提出的根据儿童生理和心理特点进行教育的主张被重视，并逐渐付诸实践。(7)理论联系实际，向大自然学习，利用实物、直观教具进行教学等思想被提出并在实际中运用。(8)空想社会主义教育思想产生，以及教育与生产劳动相结合思想最初提出。

然而这么多年过去了，在我们的教育实践中，人文教育不仅没有得到更好更优地发展，反而出现了"人文悬空"的现象，具体表现在：(1)"假人文"。随着课程改革和新课程的推进，人文教育已经成为当下比较流行的教育术语。大家也都知道人文教育的重要性，也都比较重视人文教育，但是真正扎实地去实践人文教育的学校却少之又少。即使有一些学校在推进人文教育，也往往浮在表面或是为了应付检查。在学校管理中，制度管理和人文管理到底哪种方式更好？有人说，"没有规矩，不成方圆"，也有人说，"以人为本"的人文管理更能为学校管理带来活力。很多人认为，无论是制度管理还是人文管理都是学校管理中不可或缺的元素，既要强化制度管理，也要重视人文管理，只有将二者有机融合，才能达到学校管理的理想境界。然而在实际操作的时候，往往就会制度管理占上风，因为它毕竟好操作，好考核。还有一些学校努力地践行着制度管理和人文管理相结合，但是最终在不知不觉中人文管理慢慢地消失了。而人文管理的缺失往往就会导致"假人文"的现象。在我们身边的很多学校里，教师队伍参差不齐，大部分都是年纪比较大的公办老师，还有个别年轻的代课教师，年龄相差大，观念理念相差更大，没有严格统一的学校规章制度约束教师的行为，没有教师职业道德标准，如何教书育人，又如何服务学生，特别是如何管理呢？从这点上来说加强制度管理是非常必要的。但是学校的管理靠人，学校的工作是靠人来完成的，老师和学生也都是人，所以时间久了，没有规范的规章制度，只靠人与人之间相处久了的感情，肯定是不好管理的，也管理不好的。我们身边的学校就遇到这样的问题，由于学校建校历史不久，早几年的时候每年新进教师数量都是二三十个，导致这几年学校里教师年龄分层不大，年轻女教师又休产假，中年男女教师都面临着家庭的重任，造成班主任紧缺，怎么办呢？只能不停地动员有做班主任可能性的老师。众所周知班主任工作量很大，又要保质保量地完成，同时还要完成教学任务，工作压力相当大，因此大家都不愿意做，能不做就不做。这种情况下怎么办呢？制度管理就显得尤为重要，而且能立竿见影地解决问题。对于近一两年要评职的老师规定必须当班主才有资格去评职。对于评上高级的老师，给予很多考核的优待。这样开展工作一两年后，班主任紧缺的问题得到明显改善，各项工作得以顺利地开展。那么学校就不需要人文管理了吗？在进行学校管理时，其实更需要人文情怀。人都有生老病死，老师生病了，管理者需不需要关心一下，老师教学上遇到困难和疑惑时，管理者需不需要引导一下，老师之间发生矛盾，又需不需要出面调解一下，答案是肯定的，这都需要管理者的人文关怀。可是在现实面前，很多时候，为了工作能够开展下去，很多领导者都选择了制度管理,而不实行人文管理,即使有标榜人文管理的,一遇到问题,感觉也都是"假人文"了。(2)"大人文"。"人文教育",很多人一听到这个词,就感觉是高不可测的东西。其实人文教育切不可高高在上,大到无边,它反而是需要落到实处地细水长流。纵观我们这几年在做的人文教育,不管是来传经送宝的专家学者,还是具体实践的一线老师,都有种人文教育一接地气就不时尚的感觉,甚至觉得人文教育一接地气就不"人文"了。现代人文主义教育思想是20世纪六七十年代盛行于美国的一种教育思潮。它以人的"自我实现"为最终目的,推崇人的个性和谐发展;着重强调培养人的整体性、全面性和创造性;提倡在教育过程中应用人本化的课程和教学方法激发学生的学习积极性和创造性。现代人文主义教育思想开创一种自由宽松的学习氛围,对美国以及世界的教育实践都产生了深远影响。它秉承西方历史悠久的人文主义教育传统,推崇人的个性和谐发展,深受20世纪复兴的各种人文主义思潮的影响。现代人文主义教育思想以现代人文主义哲学和心理学为基础,着重强调培养人的整体性、全面性和创造性;提倡在教育过程中应用人本化的课程和教学方法,激发学生的学习积极性和创造性,开创一种自由宽松的学习氛围。现代人文主义教育思想对西方教育思想、教育观念、教育目的、教育内容、教育方式等产生了深刻的影响。西方的人文主义教育是一个不断发展的概念。总体来看,它经历了古典人文主义教育、人文主义教育、现代人文主义教育。现代人文主义教育思想产生及影响的,主要是针对20世纪60年代美国在课程改革中,只重视学生的知识结构,忽视学生的身心发展。现代人文主义教育思想继承了西方人文主义教育传统,尊重学生的价值、自由、道德、理性、情感,以人的"自我实现"为教育目标,培养学生的健全人格,提出了适应学生身心发展规律的教育教学方法。现代人文主义教育思想在教学内容的选择上,以学生的需要为核心,注意课程内容的统一性,使学生的情感发展与自我认知发展协调统一。我国现在大力提倡素质教育,不仅使学生不仅具有专业的学科知识、专业技能,而且要把学生培养成为具有适应瞬息万变社会能力的高素质人才。在教学过程中注重学生潜能的发挥、高尚道德的培养、正确人生观、价值观的形成。这就要求教学必须适应人的需要，强调以人为本，而不是人去适应教学过程。它山之石，可以攻玉。新人文主义教育思想提出的教育目的、教育内容、教学方法等为我国现阶段教育教学的改革提供了借鉴。由此看来，我们能借鉴的西方的人文主义教育，内化为我国的人文教育之后，我们强调培养学生的素质和能力。而怎样培养学生的素质和能力，却又是很大的概念和范围，所以就目前来看，我们的人文教育很大很空泛。(3)"空人文"。空人文顾名思义就是嘴上时时谈人文，实际行动上却空空如也。自从新课改以来，从上到下各地各处都在进行轰轰烈烈的教育改革。而且为了落实最新的课程改革，各省市地区在进行一系列培训之后，都意识到了新课改要求我们注重对学生素养的培养和提升，实施人文教育是培养和提升学生素养的有效途径。但是在现实的教育中，经常是说归说，做归做。我们都知道文科课程与教学是学校落实人文教育的重要渠道，在学生人生观和价值观逐步稳固定型的中学阶段，其重要性尤为突出。长期以来，我国中学教育普遍存在重理轻文、重理轻艺术的课程开发倾向，文科教学中又普遍秉持知识中心、教师中心和应试中心的观念，追求知识的线性增长、传递效率和复现准度，不利于提高学生运用知识解决现实问题的能力，遑论思维品质和文化底蕴的培养。这么一套实践下来的话，它需要长时间地系统地去做，试问，有几所学校愿意真正去实践呢？最后，人文教育只能成了空人文。

2.人文无人

要革除积弊，化育英才，满足新时代对人文教育提出的新要求，从文科课程与教学的视角来看，需要坚持目标定位的长远性，文、史、哲、美等人文学科指向"做人"，与政治、经济、法律、管理等相关的社会学科指向"做事"。为人处世所应具备的人格道德和谋生所需的关键能力需要长期陶冶和训练，且二者互为表里，不可分割。文科课程与教学的目标定位必须克服短视和功利问题，深入贯彻立德树人的教育方针，立足学生的终身发展，结合学校自身的育人特色，凝练具有长期性和整体性的育人目标。还需要加强课程设计的整体性，当前中学文科多数采取知识中心的课程开发模式，学科知识以物理组合的方式累叠、排序，重数量而轻联系，多分割而少统整。不同学科之间，学科内部不同课程之间，课程内部各模块之间,模块内部各单元之间,相对孤立,不相连属。课程开发越多,越容易造成内容膨胀和结构混乱,加重师生教学负担。文科课程的重要特点是包罗万象、边界模糊,高质量的文科学习不仅要兼收并蓄,更要触类旁通。学校既是课程的执行者,也是课程实施的主体,要鼓励学校对课程进行"二次开发"。一方面整合国家、地方和校本三级课程,构建国家课程校本化实施方案和学校自身的特色课程方案,在顶层设计上避免学科内部的重复无序和学科之间的干扰。另一方面,打通学科壁垒,整合相邻学科课程内容,积极开发跨学科联合课程,鼓励学生调动不同学科的知识和经验,运用不同视角和方法看待和解决人文、社会领域的真实问题。此外,还需要提倡文科教学的研究性。在积极倡导发展学生核心素养的当下,有学者提出,素养教学的要义是"教学即研究",要改变过去那种粗加工、大规模、缺乏创造性的班级授课制教学,让师生合作研究学科和生活。教师要研究学生的思想,把教学研究转变为学生研究,并且帮助学生做研究。最终将专业人员的研究方式,转化为教学与学习方式。文科学习讲究"板凳要坐十年冷,文章不写半句空",正是强调持续探索和刻苦钻研。这样的求知历程,有利于培养学生勇于质疑、独立思考的精神,使他们沉潜于深度学习的快乐,青少年的意志品质和观点见识也由此生成和发扬。如果仅仅满足于结论性知识和浅表化答案,学生的关注点将随着铺天盖地的信息不断转移,对文科的兴趣将在反复操练中不断丧失,这些问题应该引起文科从教者足够的警惕。并且还需要强调文科学习的实践性,对个体而言真正有益、有效的知识,是能够及时提取并在复杂情境下解决问题的知识,这些知识是学生在实践活动中自主建构的,不能靠生硬灌输和死记硬背得来。人文社会学科的课堂教学,要摒弃对知识传递效率的执念,设计多样化的、有挑战的学习任务,让学生从容而充分地"动起来",在完成任务的过程中掌握知识、建构经验。同时,要用更开阔的视野审视文科教学,在力所能及的情况下,让学生把间接经验和直接经验结合起来,把读万卷书和行万里路结合起来。中国文化注重"践履躬行",诚如《中庸》对修身治学的开示——"博学之,审问之,慎思之,明辨之,笃行之"。学而能思,思而能行,言行一致,表里如一,是学以成人的重要尺度。在学中做,在做中学,把学习实践和道德实践相结合,是东西方教育智慧对文科教学的重要启迪。最后,需要注重评价手段的丰富性。对人文社会学科来讲,纸笔测试是衡量文科学业水平优劣的重要手段,但毋庸讳言,单纯依赖纸笔测试必将导致情感、态度、价值观等内隐的育人目标被架空,造成教师教学目的和学生学习目的背离人文教育以人为本、培养学生健全人格的初衷。在期待和呼吁不断完善中、高考命题和人才选拔方式的同时,作为直接面对鲜活生命的教育工作者,我们也要从自己做起,努力丰富教学评价手段,提升教学评价能力。首先,真心认同并坚持"为学习而评价"的理念,把评价信息、评价结果作为改善教师教、促进学生学的材料,而非对学生做优劣判断的依据。其次,重视过程性和表现性评价,关注学生以何种态度参与学习活动,以何种方式呈现学习成果,以何种状态与同伴合作,能否在学习中不断进行自我反思等。最后,做好"无声的评价"和"无痕的评价",重视师生之间的精神互动、情感沟通和心灵共鸣,并用"身教"持之以恒地影响和激励学生。

这么看来,我们人文教育,从理论到课程都是万难的,又有多少时间和精力去真正地花在学生身上呢。现在的人文教育大都是没有以人为本的人文无人的教育。

3. 人云亦云

由于人文教育是新兴起的教育思潮,可以借鉴的模式不多,已经在实践的很多教育机构和学校也大都是"摸着石头过河",所以就存在很多人云亦云的现象。主要表现在:(1)人文教育的思想人云亦云。虽然人文教育的概念是固定的,但是对这一概念的理解不应该单一化、固定化。每个教育机构或者教育者个人应该根据自己所处环境的特点去理解和细化人文教育。不应该对概念死搬硬套,别人说什么就是什么,没有契合和适合自身发展的理论来作为指导和支撑,只是在大概念和范围内人云亦云;(2)人文教育的课程人云亦云。由于人文教育的课程体系不足,国内已经开发为课程的学校也不多,所以现已有的课程体系,为了借鉴甚至照搬硬套,我们很容易人云亦云。我们在开发人文教育课程时,了解和调查到大多数课程都是相似甚至是雷同的;(3)人文教育的模式人云亦云。由于人文教育的课程体系都是借鉴加模仿,模式更是如此了。大多学校都是去参观做得好的学校,回去之后就"照葫芦画瓢",照搬别人的操作流程和活动方式,从而造成了人文教育的模式也人云亦云;(4)人文教育的评价体系人云亦云。实施人文教育,最终的评价是要看学生的素养的提升,那么在学生成长的重要节点和关键事项上怎么评价,确实是不太好解决的问题,所以为了完成教育教学结果的检测,一般都会制订一套评价方案。但是大部分学校都是照搬这种评价体系的,没有根据自己学校的情况具体问题具体分析,甚至出现"处处留痕"的形式主义和"为表现而表现"的作秀心理。

(二)思索:束缚人文教育发展的原因

通过以上我们了解到的人文教育发展的现状,我们觉得目前人文教育的发展不是很理想,那么造成束缚人文教育发展的原因有哪些呢? 经过我们的思考与查证,我们认为束缚人文教育发展的原因主要有以下三点。

1.分数生产

所谓的分数生产,主要是指大多数学校特别是面临着升学压力的普通高中,它们与"制器"的工厂有着太多的相似性。下面我们再来了解一下流水线生产,流水线生产,又叫流水生产流水作业,指劳动对象按一定的工艺路线和统一的生产速度,连续不断地通过各个工作地,按顺序地进行加工并生产出产品的一种生产组织形式。它是对象专业化、组织形式的进一步发展,是劳动分工较细、生产效率较高的一种生产组织形式。亨利.福特(Henry Ford)于1913年在密歇根州的Highland Park,建立的生产系统。流水线上固定生产一种或少数几种产品(零件),其生产过程是连续的;流水线上各个工作地是按照产品工艺过程的顺序排列的。每个工作地只固定完成一道或少数几道工序,专业化程度较高;流水线按照统一的节拍进行生产(所谓节拍,就是流水线上前后生产两件相同产品之间的时间间隔)。流水线生产的主要优点是能使产品的生产过程较好地符合连续性、平行性、比例性以及均衡性的要求。流水线生产的主要缺点是:

不够灵活,不能及时适应市场对产品产量和品种变化的要求,以及技术革新和技术进步的要求;对流水线进行调整和改组需要较大的投资和花费较多的时间;工人在流水线上工作比较单调、紧张、容易疲劳,不利于提高生产技术水平。读完了这么一大段的对"流水线生产"的介绍,你对照着我们实施的人文教育的有些学校来看的话,是不是觉得很多时候、很多情况下、很多学校都像是工厂,而学校里的学生就像是工厂批量生产出来的产品一样。学校为了缓解升学考的压力,需要用分数来支撑一个学校的发展,这样难免就造成按照同样的标准来制订目标,同样的课程来培育学生,同样的方式来教育学生。而学生毕竟是一个个不同的个体,他们的性格脾气不一样,已具备的素养也不一样,接受知识的能力也不一样。所以需要出台灵活地、及时地能够应对学生变化而变化的教育内容和体系来适应学生的发展需要。

2. 素养瓶颈

理解"人文素养",遵循字面的内涵表述和组合意义,就是最实际、最便利的途径。"人文",在这里当为确定的"人文科学"(如政治学、经济学、历史、哲学、文学、法学等);而"素养"肯定是由"能力要素"和"精神要素"组合而成的。所谓的"人文素养",即"人文科学的研究能力、知识水平和人文科学体现出来的以人为对象、以人为中心的精神——人的内在品质"。人文素养的灵魂,不是"能力",而是"以人为对象、以人为中心的精神",其核心内容是对人类生存意义和价值的关怀,这就是"人文精神",也可以说是"人文系统"。这其实是一种为人处世的基本"德性""价值观"和"人生哲学",科学精神、艺术精神和道德精神均包含其中。它追求人生和社会的美好境界,推崇人的感性和情感,看重人的想象性和生活的多样化。主张思想自由和个性解放是它的鲜明标志,它以人的价值、人的感受、人的尊严为万物的尺度,以人来对抗神,对抗任何试图凌驾于人的教义、理论、观念、进行中事业及预期中目标,对抗所有屈人心身的任何神圣。现实中,我们可以大致上把"人文精神"与"人文素养"等同使用。因为,如同具有"达标"的自然科学能力却不见得具备"达标"的"科学精神"一样,具有"达标"的人文科学的知识及处理人文活动的能力,也不见得同

知章书院:普通高中人文教育的新载体▲■

时具备"达标"的人文精神。人文精神才是人文素养的根本特征。个人的人文素养的质量是个人健康发展的结果;社会的人文素养质量是一个社会汲取历史经验教训、积累文明成果的结果——"文明成果"的最重要部分,衡量"社会文明"的尺度,也是"社会文明"的标志。文明、进步的"发展",不可以和人文精神相违背、相脱离。否则,科学技术的发展,经济总量的发展,军事力量的发展,社团组织的发展……都会成为压制、残害甚至毁灭人类的野蛮力量,并且,这些东西发展越快、成就越大,它所制造出的痛苦和灾难就越大。由此看来,人文教育的正常实施也需要一定的素养做铺垫,有了基本的素养支撑,才能使得人文教育正常发展。所以素养瓶颈的问题就出现了,所谓的素养瓶颈主要指在实施人文教育时,教师也好,学生也罢,具备的素养都不够而导致人文教育没办法更好地进行下去。

3.升学导向

普通高中的教师和学生都面临着升学的压力,毕竟高中三年之后都是要通过高考的成绩来决定接下来的人生走向,所以高考成绩对于每一个高中生来说就显得尤为重要。高考成绩对于任教高三的老师们来说也很重要,我们所知道的高考成绩会涉及学科老师的高考奖金数量。这样看来,不论是学生还是老师,都面临着升学压力大、课程负担重的问题。作为一个浙江的高中生会面临着很多考试,包括选考、学考、高考等,这些考试分别是什么呢? 我们来看看最初的考试政策。除语文、数学、外语3科外,政治、历史、地理、物理、化学、生物、技术7科,同一科目提供学考和选考两种试卷,学考满分70分,考"必考题";选考在学考"必考题"基础上增加"加试题"(满分30分),选考满分100分。同科目的学考和选考同时在不同考场安排考试,学考考一个小时,选考考一个半小时。对选考科目的考生来说,他既通过70分必考题的考试获得高中学考等级,作为高中毕业的依据之一,同时又通过100分的考试获得高考选考科目等级和赋分。因此我们把这次考试简称为"学考选考"。学考和高考选考都以当次当科考试考生的卷面得分(学考按70分满分的得分,选考按100分满分的得分)为依据,根据事先公布的等级比例,按最接近的累计比例划定等级。

学考划 ABCDE 5级;高考选考划21级并报告给学生,并按对应关系赋分,在招生录取时计入高考总分。

听起来是不是很绕,这也只是高考改革初期的政策,后来根据这个政策又改了几版,不要说普通老百姓弄也不懂新高考的政策,就连不教高三的老师们对新高考的操作模式也不甚熟悉。并且这样的新高考政策导致学生从高一开始就要面临三门的学考压力,高二不仅面临五门科目的学考,还要完成三门科目的选考选择和学习,高三一些学生会面临某些科目学考的补考和六门科目的高考。高中三年这样的流程走下来,可想而知,学生和教师的课程负担有多重,考试的压力有多大,那么再去探索和实施人文教育就显得力不从心了,这也是目前普通高中里束缚人文教育发展的很重要的一个原因。

(三)选择:知章书院,我校人文教育的载体

尽管人文教育实施起来存在那么多的问题,并且还有那么多的诱因束缚着人文教育的发展,但是我校认真思考、开拓创新、积极主动地致力于学校人文教育的发展,经过探索,再结合我校学生的实际情况,我们找到了一条适合人文教育发展的路——创建了知章书院。下面我们来具体谈谈我校是怎样依托知章书院这个载体实施人文教育的。

1.课程落实人文

人文教育不应该只停留在口头上、观念上,而应该落在实处。我校的做法是用课程落实人文。

我校的大课程就是知章书院。作为一所已处于发展高位、有一定区域影响力的学校,在当前时代背景下,怎样更好地开展人文教育? 人文文化育人是必由之路。人文文化是学校人文教育的灵魂,是学校人文教育的表现,更是学校人文教育的载体。人文教育强化人文文化熏陶,以人文文化为基,依托学校人文文化实现人文教育新境界,并由此构建学校特色人文教育文化。文化立校彰显学校品质,以文化引领学校内涵发展和品质提升的观点已得到普遍认同,一所成熟的学校需要有自己新时代的学校文化,以此进一步提升学校的办学质量、学校形象和学校品格,提升办

学品味,提高育人成效。我校创办于2001年,地处萧山城南,学校北枕美丽的笋婆河,这里曾是我国唐朝大诗人贺知章的故里,千年文脉,源远流长。学校周边有笋婆古寺、笋婆桥、知章公园、贺知章艺术馆、季真亭等,都是后人为纪念贺知章而建。乡贤知章,泽被后世,这是我校得天独厚的地域人文文化资源,也是我校人文文化创新的深厚根基。

我校具有独特、优越的人文地域资源,从多年的学校人文文化脉络来看,在与知章文化的融合方面有过一些实践,也取得了一些成绩。2008年起依托我校笋婆河文学社开展"乡贤贺知章"大型综合实践活动,分贺知章、知章文化、萧山城南区域文化三块内容;通过学习小组的形式研究,2012年首次在高一年级成立"回乡·咏柳——寻访贺知章"研究性学习团队,之后每届高一学生都组建相应团队,对知章文化进行研究和传承;编辑《知章》校刊,汇集研究成果。我校的贺知章研究已经有了一定的社会影响力,但从特色人文教育文化体系的整体建构以及深入实施方面来看还比较欠缺,贺知章文化资源开发利用尚不足。随着基础教育改革的深入,我们已经逐步认识到,普通高中崛起的支点在文化,要形成有自己特色的学校人文文化,培养自觉、自信、自强的人文基因。让人文教育凸显地域特色和时代感,形成鲜明的学校人文文化个性风格将是我们必然的选择。地域文化的传承是所在地学校义不容辞的义务和责任,知章文化是中华优秀传统文化的重要组成部分,传统文化教育是人文教育的重要建构。"知章文化"包含着形象元素、精神理念和内涵特质,有物质的、精神的、外在的、内在的,还有传统的、现代的……只有基于这样一脉相承的人文文化视野构建我校特色人文育人文化,才能如活水源远流长、生生不息。

教育部颁布的《学校校长专业标准》"六大专业要求"之二就是"营造育人文化"。学校人文教育,以文化为切入点,并形成自身的特色。我校特色人文教育有以下三个理论基点。

(1)彰显地域文化特色 充分利用地域文化资源,在学校人文文化中结合我校的办学理念和培养目标,把知章文化作为我校人文文化的鲜明特征,这是必然的选择,也是我们需牢牢把握的基点之一。

（2）注重传统文化传承　党的十八届三中全会提出要"建设优秀传统文化传承体系"，新时期学校人文教育须大力弘扬社会主义核心价值观，以中华优秀传统文化为基点。

（3）突出教育文化内涵　教育文化是传播社会经验的重要手段，学校人文文化要突出教育文化内涵，紧扣"育人"。叶澜教授在20年前就远见卓识地提出了"走向21世纪的中国教育必须有超前的文化意识"，至今，突出教育文化内涵、适应时代发展的"超前的文化意识"仍在我们众多教育工作者的不懈追寻之中。

独特的学校人文教育要依托独特的地域，充分发挥地域资源方能彰显文化特色。我们通过环境创设、课程建设和活动设计三个维度，将知章文化与学校人文教育结合，促进我校三至文化与知章文化的融合。

（1）至洁至容——孝德人文为核心的德育特色　通过实施孝德教育，打造至洁至容的孝德文化，以孝为基点，由孝而德，开展以培养学生"家孝为人、社会责任、家国情怀"为目标的序列化德育实践，进行全方位的德育教育，提高学生的道德素养，落实立德树人这一人文教育根本。

（2）至柔至刚——阅读人文为核心的学习特色　通过推进学生持续而有效的阅读，培养学生"全面、关联、智能"三性合一的阅读能力，开展以培养学生"诗与阅读、诗与演绎、诗与远方"为目标的序列化阅读实践，润泽学生的情怀，打造学生的精神底色，追求诗性人生，拥有至柔至刚诗性人生的读书人素养。

（3）至静至远——联盟人文为核心的生长特色　学校通过营造自主自为的联盟文化，引导学生参与成长联盟活动，培养健康积极的兴趣、爱好，发挥自己的潜能，从而不断成长；我校通过"联盟学习静心修心""联盟展示文化礼仪""联盟文化养德修身"为目标的序列化联盟成长实践，培养主体意识，提高管理能力；翰墨修身，正确认识自己，找到归属感，体验成功，增强自信，塑造完善人格。

贺知章是唯一一位荣登大雅之堂的诗人。教养修养双优，故被时人评为：雍容省闼，高逸豁达。我校从地域文化出发，以地域名人贺知章为原点，结合学校三至文化，从"孝子贺知章""诗人贺知章""书艺贺知章"，这三个角度提炼出知章文化——至洁至容孝德为人、至柔至刚诗性人生、至静至远翰墨修身。

我校于2015年8月规划组建知章书院,书院得名于唐朝大诗人贺知章,同时也取知章敬德意。知章书院以知章文化为起点,以孝德为核心,以传统文化为延伸,以阅读活动为抓手,以联盟活动为助推,以文化建设创新求实重引领为理念,统筹学校人文文化的发展。2015年12月完成组织架构设置,活动项目设定,各项目方案拟定。2016年8月完成场地装修。知章书院是一个融师生发展、文化创新、课程开发为一体的人文文化建设大平台。我们的知章书院具备以下四大特点:(1)在组织管理上突出独立性,学术自由是书院文化的核心,着力培养独立自主的文化人格,自由讲学,自由择师,百花齐放,自由争辩;(2)在教学内容上突出拓展性,知章书院的教学内容是国家课程、必修课程的衍生,充分尊重学生立场,给学生提供多样选择、多元发展的机会;(3)在教育形态上突出多元性,知章书院的教育要突破传统的课堂样式,引入松散型讲座,松散型活动等课堂形态;(4)在教育方法上突出建构性,核心是自主生成,在活动教学中突出自主性,在活动体验中突出实践性,从而达到学生知识的建构和生成。

知章书院以去行政化的模式推动,涵盖全校师生,以师生的兴趣点、共同点、生长点为团体组建原则,以师生自发自为的形式开展各项活动,在学校层面主要做到三支持:场地支持、经费支持、推广支持。知章书院的价值追求是传承知章文化,彰显人文特色。知章文化提炼于我校独有的地域文化资源。贺知章箩筐担母,孝传千古;金龟换酒,豁达恣情;书艺洒脱,气度雍容。基于此,我们将知章文化表述为:孝德为人、诗性人生、翰墨修身。知章书院的追求境界:追寻以知章文化为表征的大唐文化(主要特征为大气、高雅、和谐),而大唐文化正是中国读书人所追求的盛世文化。

《浙江省普通高中选修课程建设的指导意见》明确指出:"加强选修课程建设,构建具有特色的选修课程体系,是转变育人模式,对于促进学生个性发展、培育学校特色、为国家培养各类人才具有十分重大的意义。"构建以孝德教育课程群为主体的人文课程,通过人文课程的构建和实践来育人的途径既是我校的人文教育实施策略,又是落实省课改精神、促进学生精神健康成长需要。

(1)孝德为人课程群建设

围绕孝德教育,我校有意识加强孝德人文课程的开发力度,通过课程来规划孝德教育,通过课程让孝德教育获得持续生长的生命力。结合我校孝德教育的目标和内容精神设计了孝德为人课程群,开发了《知章敬德》《论语中的哲思》《老子的人文关怀》《知章大讲堂》《主题教育》《行孝扬善》等课程,课程开发中做到内容和形式的兼顾,内容上突出孝德,同时兼顾传统优秀文化;形式上突出孝德学习,同时兼顾实践活动。让孝德走进课程,走进课堂,学习孝文化在校园蔚然成风。

(2)"孝德为人"课程群实施方案

①课程人文常规实施:把人文课程列入我校选修必选课程,高一年级开设《知章敬德》课程,高二年级开设《论语中的哲思》和《老子的思想与人文关怀》课程,高三年级开设《中国传统文化选讲》课程。

②课堂人文渗透实施:制订《萧山十一中学科人文渗透教学大纲》,要求各学科设定学科人文渗透点,在日常学科教学中,有意识、有计划地进行人文渗透,达到润物无声的教育目的。

③主题人文循环实施:编制学校主题人文学年日历,结合中国传统节日和特定教育主题日,定期循环开展好主题人文活动。

根据《中小学生读书活动实施意见》,从学校实际出发,坚持把读书活动与新课程改革相结合,与推动学校人文素质教育相结合,与全面提升学校的教育教学质量相结合,提出阅读活动课程化实施方案。

(1)悦读知章课程群建设

从阅读贺知章诗文开始,鼓励学生进行广泛阅读,以阅读促进学生学习方式的转变,以阅读增加学生的人文积淀,以阅读带动学生诗性人生的追求。结合学生的现实需求,集合全校教师的智慧,打造悦读知章课程群,主要有《品知章诗文》《先秦诸子散文诵读》《唐宋诗词选读》《古文观止选读》《当代经典诗文欣赏》《浙江名人名作欣赏》等课程组成。

(2)学科阅读课程群建设

学科阅读课程群由各学科阅读课程组成。我们开展阅读课程,是想重新建构起促进学生发展的多维目标,如激发学科兴趣、拓展学科知识、加深学科认知、提高审题能力、发展学科思维、培养学科精神、提升生涯素养等。

通过阅读,带领学生走进学科,认识学科,了解学科。要求学生读出学科意义:增进对学科知识的理解,发展学科思维能力,了解学科发展的趋势;读出学科智慧:学会学科的特有学习方法和思维方法,特别是学科化的信息提取、分析、概括、发现问题、解决问题等的策略。

(3)分层阅读课程群实施方案

悦读知章课程群列入选修必选课程,分为三年实施课程计划。高一年级开设《品知章诗文》课程,高二年级开设《先秦诸子散文诵读》《唐宋诗词选读》《古文观止选读》课程,高三年级开设《当代经典诗文欣赏》《浙江名人名作欣赏》课程。学科阅读课程群穿插在必修课程教学中,要求高一各学科每周设置一次阅读课,高二年级每一教学专题设置一次阅读课,高三年级每一月设置一次阅读课。

(4)丰富阅读课型,凸显阅读效果

指导课:这种课型主要是教给学生阅读的方法。指导学生边读边思考,提高理解能力、评价能力、想象能力等;指导学生写读书笔记和读后感等;采用摘录好词佳句和感想相结合的形式。

推荐课:学生认知水平有限,选择读物时往往带有盲目性和随意性。因此,老师上好推荐课,通过讲解主要内容、朗诵精彩片段等向学生推荐读物,也可以同学之间互相推荐。

欣赏课:这种课型主要是引导学生欣赏阅读材料,可以通过配乐朗诵、角色表演等各种方式,促使学生在理解的基础上对文章进行鉴赏,受到美的熏陶和感染,积累语言材料,提高审美能力。

汇报课:这种课型是在学生课前广泛阅读的基础上汇报自己在课外阅读中的感受与收获。主要形式有:读后叙述、交流评论、表演展示等。

2.生本落地人文

学生是一切教育和活动的主体,人文教育的终极目标是为了学生的发展,所以人文教育的发展需要依靠学生,以学生为主体展开活动,从而实现学生显性和隐性的成长。比如我们知章书院的"书香浸润校园—学生阅读中心",它的主要目的在于让学生养成良好的阅读习惯,通过阅读拓展学生的知识、提升学生的素养、明确专业的方向、养成学习的方法。在实施中注意做到以下三点:①打造"悦读"文化,推进常规性阅读;②构建阅读系列,推进生长性阅读;③搭设交流平台,推进分享性阅读。我们的"平台展示风采—学生联盟中心",它旨在通过学生自发组织、自主管理,来实现自我发展。联盟自我组建、自我服务、自我教育的自主性特色,决定了鼓励学生在思想上主动追求,在生活中自主管理,在活动中自我设计、自主创新。在实施中注意做到以下三点:①为学生自主成长提供空间,②为学生自主成长提供平台,③为学生自主成长提供生长点。我们的"人文积淀内涵—知章大讲堂",它定义为人文大讲堂,旨在为学生人文素养的积淀提供一个交流、传播的阵地,提供一个课堂外的广阔的学习空间。大讲堂有序列的拟定讲座主题,以两周为一个讲座单元开展进行。在实施中又细分为以下四个讲堂:①名家大讲堂、②名师大讲堂、③名生大讲堂、④名家长大讲堂。

3.全景落细人文

为了做到全景落细人文,我校人文教育认准一个精神内核——特色育人。地域人文文化资源孕育和滋养地方学校办学特色,对学校文化建设具有重要作用,我们最重要的地域资源就是知章文化。知章文化是一个不断演进、始终活着的文化自然形态,其文化包含着形象元素、精神理念和内涵特质,具有灵动、灵秀、灵气等诸特性。只有基于一脉相承的文化视野,学校人文教育才能凸显特色。为了抓住三个基点——孝德为人、诗性人生、翰墨修身来浸润人文教育,我校的人文教育建设应牢牢抓住"孝德为人、诗性人生、翰墨修身"三个基点,坚持师生为本、以学生为主体,培育知章敬德、自主灵动的学生,建设清秀、有大爱的校园。本课题的研究力求把学校人文教育文化体现在校园环境以及师生的日常行为和活动中,深入实践到教育教学活动及教育管理一线。

为了做到全景落细人文,我校人文教育与知章文化融合,形成三条路径,通过环境创设,将学校布置成为知章人文文化的展示区,充分发挥环境育人的人文功能。通过课程建设,以彰显人文文化为课程建设理念,从课程的角度规划实施特色人文文化建设。通过活动设计,努力创设平台,牵线搭桥,组织学生积极实践人文活动,保持积极开放胸怀和眼界,凸显人文教育理想和情怀。

为了做到全景落细人文,我校进行了特色人文教育的顶层设计。本研究追溯我校10多年办学历史,依托知章文化线索、现代人文教育理念和学生的核心人文素养追求进行校本化的综合探索,提炼出以"知章文化"为起点的特色人文教育体系:1.寻根而起:思考特色人文教育文化策略。我校以文化强校为办学策略,围绕知章文化来思考和确立学校的特色人文教育建设策略,主要基于三点考虑:一是因为地域文化的传承是所在地学校义不容辞的义务和责任;二是知章文化是中华优秀传统文化的重要组成部分,也是"十三五"教育发展纲要中传统文化教育的要求;三是所有这些元素为学校的教育教学和特色发展创造了得天独厚的人文文化资源和精神源泉。从地域文化出发,提炼知章文化,并把它作为学校人文教育建设的鲜明特征。为统筹和推进学校人文文化建设,围绕学校特色人文教育建设这一核心,知章书院以"传承知章文化,彰显学校人文教育特色"为工作目标,筚路蓝缕,积极推进各项育人活动的落地落实,现已呈现良好的发展势头。2.顺势而为:探索特色人文教育路径。在"立足大文化、大杭州、大发展,以构建和谐社会为目标,加快推进文化名城建设"这一重要思想指导下,着眼于学校的人文育人目标,融合知章文化,大力开展"乡贤贺知章"综合实践活动,通过整合周边环境资源的各类主题实践活动、以联盟为载体开展自主合作的实践活动、与各学科整合的综合性实践学习活动,探究让学生健康成长的综合实践活动形式及收获,使之形成了一种以学生的经验与生活为核心的实践路径,并最终确定环境创设、课程建设和活动设计三条特色人文教育建设路径。3.砥砺而行:构建特色人文教育体系。解读历史,追踪、梳理我校办学历史,审视近些年的学校人文育人文化探索,传统和现代接轨,把已经在开展的知章文化行动提升到学校人文培育与建设上,特色人文育人文化接轨传统文化与时代精神脱颖而出,逐步形成、完善和发展成为我校独具个性的特色人文教育文化体系:知章文化为核心,知章书院为平台,环境创设、课程建设和活动设计为路径,孝德文化、阅读文化、联盟文化为价值指向。

为了做到全景落细人文,我们进行了环境创设。学校在传承贺知章的孝文化上做好工作,学校的教学长廊、石刻碑廊,现都篆刻了有关贺知章的故事和诗文,有关贺知章的孝文化已融入了校园的各个角落,突出了人文教育与德育的交叉价值取向。同时在学校宣传窗内展示孝德活动的板报栏,全方位把校园打造成一本孝德人文教育立体教科书,让学生在浓厚的孝文化氛围中沐浴孝文化,走进孝文化。

①在孝德园中接受孝德文化熏陶。学校建设了一处集中展示孝德文化的校园景观——"孝德园",成为对学生孝文化教育的活动基地,园内设有"诚、正、爱、仁、礼、智"等景观石、"四德歌"专栏、孝德文化的名言警句以及孝德知识谜语、"亲子"雕塑……学生徜徉其中,既能学到孝德文化知识,又能在潜移默化中受到孝德人文教育。

②在《弟子规》长廊中阅读孝德名篇。在进入校园的甬道旁设立了《弟子规》长廊,学生一进校门就能诵读经典,接受教育,自觉用《弟子规》规范自己的言行。

③在孝德文化展区形成孝德观念。学校设立了孝德文化知识展区,内容包括"百善孝为先,孝为德之本""为父母天下至善,为子女天下至孝""弘扬中华美德,倡树孝德之风""今天你孝了吗"等,学生在系统的孝德教育中建立起完整的孝德观念。

④在班级孝文化园地里积淀孝德素养。各班制作"我说我孝"宣传栏目,学生轮流书写,定期更换,把自己在学校、家庭和社会上的孝敬老人、尊敬师长等事迹写出来,大家学习借鉴和相互点评,既提高了写作水平,又促进了孝德实践。

环境创设——

(1)盘活图书馆,组建班级图书馆

我们提出"把学生领进来,把书送出去"的口号,所谓"把学生领进来",是指全天候开放图书馆,包括双休日和节假日,学生持学生证即可借阅,满足学生随时的阅读需求。所谓"把书送出去",即组建班级图书馆,在每个教室配备一个书柜,把图书馆的一部分书分散到班级书柜,便于学生借阅阅读。

（2）利用空间场所，设立开放式阅读区

在学校的各个空余位置，设立开放式阅读区，配备必要的阅读设施，将学校订阅的学生杂志和报纸，放于阅读区，让学生利用课余时间，随时取、随时读。营造学校开放的阅读氛围，让阅读变成常事。

（3）借助广播站、校园网、宣传栏等平台，做好阅读宣传和推荐

学校广播站、校园网、宣传栏开辟读书专栏，每周宣读一些短小的名家名篇及学生的读书心得，介绍有关名人读书的故事；开办好书介绍、读书心得、每周一诗（词）等栏目，引导学生诵读经典，让学生在潜移默化中受到书的熏陶，利用国旗下讲话，政教处和少先队员代表向学生发出倡议，积极宣传"创建书香校园"活动，倡导学生读好书，好读书。

为了做到全景落细人文，我们进行了活动细化。丰富人文活动形式：①开展"三孝"活动，读孝书、讲孝道、行孝德。②组织"孝心少年评比活动"活动。③开展"晒晒我家的孝心故事"现场绘画比赛、"孝在我身边的"手抄报比赛、"写给父母的一封信""孝从点滴做起"演讲赛等活动。④大力推行亲情作业，倡导学生以各种方式表达孝敬之情，自觉在言行中体现孝道美德。⑤以志愿者活动为平台，开展社区服务、爱心义卖等活动，孝德实践由校内走向校外，在不断实践中让孝内化为信念。

我校坚持把人文阅读活动贯穿于校园生活的当下每刻，让学生时时浸润经典文化，日日获得发展提高。

（1）设定阅读活动目标

通过开展读书活动，培养学生良好的阅读习惯和浓厚的读书兴趣，开阔视野，增长知识，开发智力，陶冶情操，充实文化底蕴，提高综合实践能力。使学生能欣赏文学作品、阅读科技作品和议论文，初步领悟作品的内涵；能阅读浅易文言文和诵读古代诗词，借助注释和工具书理解基本内容，在积累、感悟和运用中，有意识地提高自己的欣赏品位和审美情趣，从中获得对自然、社会、人生的有益启示；能利用图书馆、网络，搜集自己需要的信息和资料，有自己独特的体验、独立的思考，并能与同学、老师进行沟通、讨论。高中三年课外阅读总量不少于100万字。

（2）丰富阅读活动形式

每周以班级为单位举行一次读书交流，学生自主组织，不拘形式；以单双月形式开展读书交流会和辩论赛，师生自愿报名，根据阅读的主题分场次举行；每学期以年级为单位举行一次读书随笔展示活动，师生同台，展示竞技。每年五月中旬举行一次全校经典诵读大会，激发学生对经典诗词吟诵、模仿、编写、创作的兴趣，并提升这方面能力。

通过以上的硬件和软件加强，最终使得人文教育不停地对学生浸润，细化的活动使得学生的情感变得细腻，我们很好落细了人文教育。

4.逐级落深人文

人文教育在以上基础上落实、落地、落细了以后，我们就可以依托高一、高二、高三三个不同的年级把人文教育往深处落，从而积淀学生的内涵，使得学校和学生都可持续发展。

我们设计人文活动的序列是这样的：设计孝德人文主题序列活动，高一年级主题为家孝为人，高二年级主题为社会责任，高三年级主题为家国情怀。通过主题班会、故事会、演讲、孝心少年评选等形式，由传统孝道及现代担当，培养学生新时代的公民意识，让孝走进学生的内心，也让孝引领学生走向社会。

经过几年的经验积累，我们每个年级围绕着学校里的人文课程设计理念，都已经形成了各自年级特有的活动来分层地落深人文。高一年级刚进入高中阶段的学习，我们依托家校为人的主题，举行"孝心少年"的活动比赛，让身边的孝心同学脱颖而出，通过他们的事例和精神感染和影响其他同学，从而使得每位同学得到"孝"文化的浸染，从而在生活中孝敬长辈、尊敬师长。高二年级我们举办"阳光学子"的评选活动，让每一位同学通过自己的努力，争做阳光学子，不仅学习上制订目标力争上游，脾气性格上也练就阳光的性格。高三年级面临着毕业，我们就为他们量身定做了"吾爱吾师暨毕业典礼"活动，通过这个活动给学生一种仪式的洗礼。在这个活动中，我们会带着学生们回忆高中三年的点点滴滴，让他们看到自己的成长，并且通过毕业典礼上的仪式熏陶，让他们自然而然地感恩三年来陪伴和教育他们的老师们以及明确自己走上社会后的责任，感悟到自己"成人"了。

三 知章书院理念
ZHIZHANG SHUYUAN LINIAN

我国进入了全面建设社会主义小康生活的新时代，实现"中华民族伟大复兴的中国梦"需要广大青年锲而不舍、驰而不息的奋斗。祖国的全面建设需要全新的人才，这对高中生的发展也提出了新的要求，要求"坚定信念、志存高远、脚踏实地、勇做时代弄潮儿"。学生也逐渐走出了"读死书"的误区，真正朝着提升综合素质的方向发展，既要继承优秀的传统文化，又要与世界文化接轨。成为自足本国文化多元化发展的人才是学生发展的新方向。

　　知章书院的成立就建立在这一时代背景的基础上，既从高中生新时代发展需求出发，又以真正落实培养新时代特色的素养的学生为目的。特别是我校学生，处在学业繁重的高中阶段，如何使学生在圆满完成学科知识学习同时，有效的落实人文底蕴、责任担当的培育，树立正确的世界观、人生观、价值观？这是我校育德树人迫切需要思考和解决的问题。

　　我校坐落在知章故里，一直坚持"文化立校"的发展思路。学校文化是提升我校育德核心竞争力的灵魂，是塑造个性、凝聚人心的内核。打造校园特色品牌的"知章书院"，正是一代代十一中人在育德道路上不断探索努力下孕育而成的精华。

（一）概念界定

1. 知章文化

在特色育人文化建设中，我校从地域文化出发，以地域名人贺知章为原点,选取"孝子贺知章"和"诗人贺知章"两个角度,提炼出知章文化——孝德为人、诗性人生、翰墨修身,在学生层面表述为:知章敬德,自主灵动。

(1)孝德为人　贺知章箩筐担母,孝传千古。我校结合独特的地域文化资源,将孝德文化作为学校文化建设的核心内容,在全校师生中持续深入地弘扬孝德文化,从孝的内涵和外延上深化、拓展,提升教育效果。通过孝德教育,来实现立德树人这一教育根本任务,倡导学生孝德为人,培养学生良好的道德品质。

(2)诗性人生　贺知章诗文风格独特,清新潇洒,著名的《咏柳》《回乡偶书》等脍炙人口,千古传诵,"金龟换酒"的诗性人生让后人赞叹。我校在"经典厚基、书香致远"的阅读文化引领下,培养学生良好的阅读习惯和正确的阅读方法,提升学生的人文素养,达到"以文化人、以文育人"的阅读目标,从而追求先贤般的诗性人生。

(3)翰墨修身　翰墨精神,是对中国传统文化精神的一种高度的概括,是中国传统文化的精粹,更是中华民族的民族气节及中国人精气神的人格集中表现,主要以书法文化为载体和表现形式。翰墨精神,是一种壁立千仞的独立精神和海纳百川的包容精神,是陶冶身心,涵养德性,修持身性最好的方式。我校以知章书艺社为载体,开展书法课程,以期提升我校学生汉字书写水平,感受汉字中的人文精神和道德意蕴,展示汉字的艺术魅力和时代风采。

2.知章书院

我校于2015年8月规划组建知章书院,书院得名于唐朝大诗人贺知章,同时也取"知章敬德"意。知章书院以知章文化为起点,以孝德为核心,以传统文化为延伸,以阅读活动为抓手,以社团活动为助推,以文化建设创新求实重引领为理念,统筹学校文化建设。2015年12月完成组织架构设置,活动项目设定,各项目方案拟定。2016年8月完成场地装修。知章书院是一个融师生发展、文化创新、课程开发为一体的文化建设大平台。

(1)知章书院四大特点　在组织管理上突出学术性,弱化行政管理,以自主自为的民间团体形式运行和管理;在教学内容上突出拓展性,知章书院的教学内容是国家课程、必修课程的衍生,充分尊重学生立场,给学生提供多样选择、多元发展的机会;在教育形态上突出多元性,知章书院的教育要突破传统的课堂样式,引入松散型讲座,松散型活动等课堂形态;在教育方法上突出建构性,核心是自主生成,在活动教学中突出自主性,在活动体验中突出实践性,从而达到学生知识的建构和生成。

(2)知章书院运行机制 知章书院以去行政化的模式推动,涵盖全校师生,以师生的兴趣点、共同点、生长点为团体组建原则,以师生自发自为的形式开展各项活动,在学校层面主要做到三支持:场地支持、经费支持、推广支持。

(3)知章书院价值追求 传承知章文化,彰显人文特色。知章文化提炼于我校独有的地域文化资源。贺知章箩筐担母,孝传千古;金龟换酒,豁达恣情。基于此,我们将知章文化表述为:孝德为人、诗性人生、翰墨修身。知章书院的追求境界:追寻以知章文化为表征的大唐文化(主要特征为大气、高雅、和谐),而大唐文化正是中国梦所追求的盛世文化。

(4)知章书院项目设计 阅读中心、社团中心、教师发展中心、知章大讲堂等四大活动平台。

3.人文精神

人文精神是一种普遍的人类自我关怀,表现为对人的尊严、价值、命运的维护、追求和关切,对人类遗留下来的各种精神文化现象的高度珍视,对一种全面发展的理想人格的肯定和塑造。

知章书院的建设即人文精神的体现,一是知章书院体现的是"对人的价值追求",提倡人文精神与科学性的相容性,关怀的中心是现实生活中人的身心全面价值的体现。二是人文指"区别于自然现象及其规律的人与社会的事物",其核心是贯穿于人们思维与言行中的信仰、理想、价值取向、人文模式、审美情趣,亦即人文精神,是我校知章书院的内在灵魂与生命。三是人文精神是把人的文化生命和人的文化世界的肯定贯注于人的价值取向和理想追求之中,正符合我校知章书院强调学生的文化生命的弘扬和学生的文化世界的开拓,促进学生的进步、发展和完善。四是人文精神是一种关注人生真谛的和人类命运的理性态度,知章书院的系列课程和活动都体现了对学生的个性和主体精神的高扬,对理想、信仰和自我实现的执着,对生命、死亡和生存意义的探索等。

4.人文教育

所谓人文教育,是指对受教育者所进行的旨在促进其人性境界提升、理想人格塑造以及个人与社会价值实现的教育,其实质是人性教育,其核心是涵养人文精神。这种精神的养成一般要通过多种途径,包括广博的文化知识滋养、高雅的文化氛围陶冶、优秀的文化传统熏染和深刻的人生实践体验等。这一教育既重视由外而内的文化养成,更强调自我体悟与心灵觉解。归根结底,它使人理解并重视人生的意义,并给社会多一份人文关怀,在根本上体现教育的本质与理想。

我校知章书院的人文教育,就是坚持以人为本,以教育教学质量为中心,尊重学生和教师的发展需要,尊重家长的教育诉求,尊重教育规律,着眼于学生成长、教师发展、教育质量和服务品质提高,为每一位学生提供适合的教育,使学生具备丰富的人文知识,卓越的人文素养,科学的人文方法,崇高的人文精神。

(二)研究目标

1.培养具有家国情怀的十一中学子

通过知章书院这个平台,提升学生的精神面貌,让学生变得更加阳光自信,学生能通过丰富精彩的高中生活,人生观价值观得到了正确有效的引导。

(1)始于知,构建人文认知主体

人文认知是对人文精神的认知,这种精神集中体现于对人类命运的关切情怀和责任意识、对他人权利与价值的尊重和协调与帮助的热诚、对人生意义的透彻体悟和自我价值创造的毅力。人文素质的形成从人文认知开始。

人文认知一般通过人文知识、人文现象、人文经验的认知来完成。人文知识主要是指哲学、文学、艺术、历史、伦理、宗教等知识。哲学和宗教作为世界观的学问体现了对世界和人类命运的终极关怀,文学艺术体现了人类对真善美的追求,伦理表达了人类理想人格的规范,历史则记录了人类社会发展的复杂历程。因此,人文知识的学习是真切把握人文精神的重要环节。人文现象是由人的精神活动所引发的社会现象,如社会思潮、社会风气、人文景观等;人文经验是个体对人生意义的体悟,是自身教化过程中的体验;它们都是关于人文的感性知识。

人文认知所涉及的是人的精神世界,因而不同于以客观世界(包括人类社会、自然界和作为物质的人)为考察对象的科学认知。就认知目的而言,人文认知是为了思考人生的意义、价值,确立理想人格的目标和典范,以达到人性的完美,侧重于主体价值的追求;科学认知则侧重于客观规律的探求,以达到改造客观世界的目的。科学认知追求的是"真",人文认知追求的是"真、善、美"的统一。

人文认知主体形成的标志是确立"人文关怀"的思维定式,即对任何事物和现象的认知,都会习惯地从是否有利于人的生存和发展的角度去考察,并以此评价事物和现象的价值,作出臧否取舍的决定。科学认知则排斥这种倾向,强调非功利的客观标准,以穷究事物的奥妙。因而,科学研究如果缺少"人文关怀",往往能给人类带来灾难性的后果。

显然,人文认知是与科学认知有着显著区别的认知类型,它的认知成果形成主体认知结构的一个组成部分,构成人文精神的认识基础。人文素质的培养要从人文精神着眼,但是必须从人文认知着手。

(2)动于情,形成人文情感主体

人文情感是认同人文精神的内心体验。人文情感不同于日常情感。前者是"大我"之情,后者是"小我"之情。因个人失恋而悲,是日常情感;从个人失恋之悲扩展到人类难以摆脱失恋痛苦的命运之悲,则是人文情感。

"知之者不如好之者",人文认知只能解决对人文精神的认同,尽管这种认同是培育人文素养的必不可少的第一步,但是只有在认同的基础上进一步培育对人文精神的情感,人文精神才能成为个体生命难以割舍的一部分,从而实现人文精神的人格化,即形成人文情感主体。悲天悯人、忧国忧民、博爱宽容等情怀的涌动,是人文情感主体形成的标志。

科学知识的学习和科学研究、应用的活动中也有情感渗透,但是这种情感只是指向科学家或科学事业本身,主要表现为对科学家的钦佩之情和对科学事业的热爱之情,说到底,这种情感依然属于人文情感范畴。情感不能与科学认知、科学实践的对象联系在一起,否则就可能毁掉科学。

(3)系于意,形成人文意志主体

人文意志是人文认知和人文情感转化为人文行为的过程中,为排除障碍、克服困难,而实现自我控制和调节的心理能力。与日常意志相比较,人文意志具有如下特征:其一,追求理想人格目标的坚定性;其二,人文实践活动抉择的果断性;其三,坚持人文价值取向的顽强性。总之,人文意志是坚定地实践人文精神的心理能力。孟子所谓"贫贱不能移,富贵不能淫,威武不能屈",表达的就是这一能力。

人文意志之所以不可或缺,是因为人文实践过程中不可避免地存在着来自主观和客观的障碍和困难。如果不敢排除之克服之,实践活动就可能半途而废,人文认知、人文情感的建构就失去了最终的意义,人文精神依然只能外在于个体生命。意志的作用就在于保证人文行为的既定目标和方向得以坚持,最终实现人文精神对个体生命的内化。因此,人文意志主体的建构同样是人文素质培养的重要环节。

人文意志主体形成的标志是理性地把握自我的自主状态。人文精神是人类的理性,人文素质的培养意味着对自我的理性把握。如果这种把握不是屈从于环境的要求或舆论的压力,而是来自心灵的真切渴望,自我把握就能呈现出独立自主的状态。所谓自主,表现在两个方面:一是"慎独",在无人监督的情况下依然按照人文精神的要求自处。二是"自制",既不会接受外来的诱惑,也善于控制自身动物性本能的冲动,达到"从心所欲而不逾矩"的境界。

(4)成于行,形成人文行为主体

人文行为是人文精神对人的行为层面的衍射,体现在个体的言谈举止、待人接物和社会活动中。考虑到知行脱离、言行不一现象的不可避免,判断人文素质的实际状况只能从人文行为去分析。人文行为处于人文素质结构的表层,透过对个体人文行为的观测,能够真切地了解个体是否真正确立了人文精神,其人文认知是否到位,人文情感是否形成,人文意志是否坚定。

人文行为大体可以归结为爱国主义行为、扶贫济困行为、见义勇为行为、团结互助行为、艰苦奋斗行为、勤俭节约行为、绿色环保行为、艺术审美行为、文明礼貌行为等。人文行为主体形成的标志是经常参加这些方面的实践活动,并且呈现出人文行为的常态化特征。

以上四个方面的环节,对"知章书院"人文主体的自我建构来说,都是必须经历的过程,其中,"知"与"行"是两个相对独立的环节,"情"与"意"的运动则渗透在知行活动之中。与科学素质的形成相比较,情感和意志的渗透是人文素质形成最为显著的特征。这就决定了人文教育必然具有与科学教育不同的规律,必须采用不同的培养机制,选择不同的教育路径,而我校基于"知章文化"新型课程体系的"知章书院"作为普通高中人文教育的新载体,正是十一中学生人文主体的建构、人文素质的养成的主要路径。

2.建设一支高素质育人团队

知章书院通过育人路径设计和载体创设实施,使教师的教育理念得到更新,教学方式得到拓展,开发课程的能力和教育研究能力得到提升,促进本校教师的专业发展。

(1)更新教师的教育理念

建校存业,以师为本。教育理念转变,从单一的课程观到完整的课程意识转变,育人方式由封闭向开放的主动发展转变,教学中更加注重情感态度价值观培养。

(2)提升教师的育人能力

知章书院改变了传统的仅限于课堂教学单一的形式,实施载体形式多样,学生网上自主选课,走班上课,有的不仅限于课堂,更多的走到课外,走上社会。如知章讲堂、社团活动、社会实践、微课、网络等。受到研究的启发,越来越多的教师在课堂教学中也更注重于学生人文素养的提升,形式上打破了传统教学的时空观,注重探究学习、小组合作学习,从传统文化中吸取人文养料,品味文化意蕴。

(3)发展教师的研究水平

教师在知章书院中,承担着校本课程开发者和实施者的双重角色。教师把自身的专业知识素养和地方文化资源(知章文化)的开发有机结合,在不断研究和实践的过程中提升自己课程与教学的专业教育素质,有利于促进教师的专业化发展。通过实践,教师开发开设选修课能力得到快速提升,开发的选修课程具有较高的质量,得到了专家与上级部门的肯定。其中陈佳楠老师的《〈红楼梦〉文学与文化解读》、王杏芳老师的《攀艺术高峰 品璀璨宋词》等课程被评为杭州市普通高中精品选修课程,郑圆圆老师的《中国传统文化十讲》、胡士瑜老师的《古典文学中的奇女子形象》等被评为萧山区普通高中精品选修课程。

3.打造一个学校的特色品牌

在知章书院实践过程中,学校通过活动宣传、媒体报道、学校交流、校友口口相传等多种形式,对"知章书院"的路径设计载体开发的特色进行广泛交流、不断的改进,提升良好的学校影响力,打造学校育人的特色品牌。

(1)走出高中段教育改革的独特道路

知章书院在学校优势资源的基础上进行育人路径设计和载体创设,研究高效而富有针对性。综合打造书院环境美、艺术美、人文美,实施成绩突出,得到社会和上级部门的一致好评。萧山电视台、萧山日报等媒体多次对我校人文特色、艺术特色和德育特色作专题报道,以及学校活动项目推送微信进行转载。2019年,先后有青海省海南州贵德中学教师考察团、太原市教科研人员教学管理干部研修班、西宁市中小学优秀教育人才培养班、北大附属学校石景山教育集团、太原市中小学新闻宣传培训班等团体来我校交流,而这些交流团体无一例外,都来知章书院参观、交流。2019年我校与澳大利亚来弗伦沙姆学校缔结友好学校,在知章书院开展了相关活动。知章书院已经成为十一中的德育文化新名片。在各种交流中,我们进一步认识了自己,同时也传播了孝德教育新范式,提升了知名度与影响力。总之,知章书院作为普通高中人文教育的新载体,彰显了学校特色,促进学校的特色发展,走出了高中段教育改革的独特道路。

（2）育德树人质量持续提升

学生精神面貌的改变、思想道德的提升必然会更大程度的激发学生的学习热情。因此，学生的学习成效一定程度地体现了育德树人的质量。我校2017年、2018年、2019年三年高考获得十足进步。

（3）良好的社会影响力不断扩大

研究成果的影响力辐射全国各地，为各地许多学校育德范式提供了借鉴和研究的范本。2017年9月至2019年10月，在课题研究工作开展期间和在相关成果发表的同时，来自青海、太原、西宁、湖北恩施等全国各地的20多个教育考察团先后来校交流学习。此外，因各校邀请，我校也组织以班主任为主的学习小组，分别赴嘉兴、黄岩、建德等各地高中交流介绍。

（三）知章书院教育价值的传承

1. 以现代书院拓展校园文化空间

"中国传统书院教育有鲜明的文化性和民族性，以研究和传播中华经典文化为己任，教人以修身、齐家、治国、平天下之道，经世安邦之策，充分体现中华文化生生不息、刚毅诚信、博厚悠远、仁爱通和精神。对于今天的青少年继承中华民族优良传统、领会传统经典文化具有一定的作用。"校园教学的现实中偏重知识传授，忽视人文经典深度阅读和讨论引导等，也不同程度地存在人文社科师资缺乏、人文教育资源短缺问题。

课程教学是纵向系统，知章书院是平面系统，两者之间有交集和明晰的定位，书院更多的是营造文化氛围，开展通识教育，以文化服务学生，使学生从中吸收文化养分。书院可以聚焦传统文化艺术，邀请传统文化名家等与学生互动，举办系列沙龙和体验课，以浸润的方式，使学生感受和领悟中华优秀传统文化。

我校知章书院立足中国特色，传承和弘扬中华优秀传统文化。诸多的实践足以证明"书院教育在现代化中的重生，成为继承和弘扬中国传统文化的基地和平台，在文化传创和人格养成方面，可以为现有教育体制的改革提供一份有益的中国特色教育经验"。

2.以"未来教室"再现传统书院的切磋式学习

"学校犹如水也,师生犹鱼也,其行动犹游泳也。大鱼前导,小鱼尾随,从游既久,其濡染观摩之效,不求而至,不为而成。"1941年,潘光旦在《大学一解》中道出了师生之间的"从游关系"。孟子提出"深造自得"的治学思想。明代的王守仁提出"学问要点化,但不如自家解化"。梁启超提倡学生要质疑切磋,独立思考,"正解"才能"习得""悟得"。

我校知章书院的教学组织形式,就是学生群居在一起,相互砥砺,共同探讨。这样方可打破个人局限,开阔眼界。只埋头苦学,而不将心中的疑问与他人交流,必定孤陋寡闻。明清时代的书院,要求学生每日应写行事日记和读书日记,详细记录学业进程和读书心得,称之为"日省"。

知章书院能够实现教学大数据可视化。"知章书院"下的"未来教室"的主要特征在于:"教"与"学"场景将发生颠覆性变化,书院的教室从以讲授为主的空间设计,转变为基于自主学习、自由讨论的多样化空间设计;桌椅从固定到可移动的圆桌式的活动场景和路线,通过多媒体教学触摸屏一体机,一块大屏可以显示几块内容,老师的知识课件与学生的学习成果可以交互推送展示,展示教学活动的过程、内容和结果,从而实现"教"与"学"主体间双向互动。

智慧校园下的知章书院,多媒体操作系统广泛兼容各类教学终端设备以及教学管理软件,能够真正实现分组多屏交互的学习场景。书院的"未来教室"其实质是新的教学改革运动,是"以启发式、探究式、讨论式为中心"课堂形态的普遍建立。

现代教育教学过程欠缺师生间面对面的交流与探讨。学生少有与教师"辩难"的机会,不利于思想的相互碰撞。智慧校园下,知章书院的"未来教室"的普及,利于推行师生间的"辩难",让师生在平等、和谐的气氛中相互诘难、论辩,使学生受到启发。智慧校园下,"未来教室"打破空间格局限制,促进日常的讲授和讨论交流,使得学生在深度体验中学习、在互动中学习。

我校知章书院是对现行教育模式的一种有益补充。理想的书院教育能打通中国传统文化中的文史哲,同时融汇人文科学和自然科学,为每一个学生的可持续发展积淀内涵。

（四）知章书院教育理性的思考

1.把握一个内核——特色育人

确定学校"特色"的立足点，所谓"特色"即事物所表现出的独特风格。就学校人文教育而言，其特色就是指学校自主开发并实施的课程，带着鲜明的学校或地方标志或风格。我校人文教育认准一个精神内核——特色育人。地域人文文化资源孕育和滋养地方学校办学特色，对学校文化建设具有重要作用，我们最重要的地域资源就是知章文化。"知章文化"是一个不断演进、始终活着的文化自然形态，其文化包含着形象元素、精神理念和内涵特质，具有灵动、灵秀、灵气等诸特性。所有的校本文化都是围绕"知章文化"这一学校文化的核心衍生而成，既能够体现课程的校本特色，又能够体现素质教育的育人目标。只有基于一脉相承的文化视野，学校人文教育才能凸显特色。

2.抓住三个基点——孝德为人、诗性人生、翰墨修身

我校的人文教育建设应牢牢抓住"孝德为人、诗性人生、翰墨修身"三个基点，坚持师生为本、以学生为主体，培育知章敬德、自主灵动的学生，建设清秀、有大爱的校园。鉴于这样的诠释，我们力图在将"孝德为人、诗性人生、翰墨修身"的深刻内涵融汇于"知章文化"的校本课程的研究和开发中，确定以"孝德"为核心的"孝德园"课程体系，包括"一演二艺三谈四行"课程；以"诗性"为核心的"阅读小镇""知章讲堂"课程体系；以"翰墨"为核心的"翰墨坛"课程体系。力求把学校人文教育文化体现在校园环境以及师生的日常行为和活动中，深入实践到教育教学活动及教育管理一线。

3.形成三条路径——环境创设、课程建设、活动设计

我校人文教育与知章文化融合，形成三条路径，通过环境创设，将学校布置成为知章人文文化的展示区，充分发挥环境育人的人文功能。通过课程建设，以彰显人文文化为课程建设理念，从课程的角度规划实施特色人文文化建设。通过活动设计，努力创设平台，牵线搭桥，组织学生积极实践人文活动，保持积极开放胸怀和眼界，凸显人文教育理想和情怀。

(五)知章书院教育设计的理念

1.以人为本

我校知章书院,基于"知章文化"的现代学校文化建设传承了书院文化,秉承"以人为本"的设计理念,创新了文化发展路径,推动学校内涵发展:

第一,基于"书院文化"的现代学校文化建设。从理论上来说,是传统与现代的融合,着眼于学生、教师、学校的发展;从实践上来说,改变了学校教育过程中灌输式、一言堂等教育的弊端,推进学校德育文化、教学文化、管理文化、课程文化、环境文化等现代学校文化的建设,加强了学校传承文化之力,培养人才之力,使学校品牌具有中国气质,用学校文化运行力来塑造学校品牌,促进学校的改革和发展,促进学生的终身发展。

第二,书院文化中的积极元素与现代教育理念的融合。在此基础上构建现代学校文化体系,这体现了时代对学校的要求和学校发展对人才培养的新要求,对现行学校的划一、封闭、僵化、传统教育教学模式有较大的突破和超越,对使每一个受教育者能充分发挥潜能,得到生命体验和文化陶冶,激发学习成长主动性,提高文化素养,有较大的借鉴意义和推广价值。

第三,以人为本、张扬个性、自主发展、创新开放、互塑成长的多元文化的统一,形成具有自身特色的现代学校文化模式,对学校发展至关重要。我校以人为本的现代学校文化模式,立足于中国社会对基础教育提出的深层问题和目前学校教育的发展水平,学校教育的衡量标准只能是人自身的发展。现代学校文化建设归根结底都要服从人的自由而全面发展和人的平等的交往,这是现代学校文化蕴含最根本价值。

2.以文化人

"以文化人"一词出自六经之一的《易经》,所谓"刚柔交错,天文也;文明以止,人文也。观乎天文,以察时变;观乎人文,以化成天下"。在中国文化传统里,文即是文化、道德。人经过社会礼义规范的教化,成为真正的人,这个过程就是"人文化成"。化成的过程是"文化",以文化人,实现以文育人。

"以文化人"是方法,也是目的,以"以文化人"始,达"以文化人"终,是一种文化使命。人,本质上就是文化的人,而不是"物化"的人;是能动的、全面的人,而不是僵化的、"单向度"的人。人类不仅追求物质条件、经济指标,还要追求"幸福指数";不仅追求自然生态的和谐,还要追求"精神生态"的和谐;不仅追求效率和公平,还要追求人际关系的和谐与精神生活的充实,追求生命的意义。从人之本性和社会发展的角度揭示了"以文化人"的理念的必要性。一方面,人是文化存在物,"对精神文化生活的需求时时刻刻都存在",这一定意义上也就是对以文化人的需求,因为以文化人能使人不断接触文化、消费文化、享受文化,从而不断满足精神文化生活需求,这也是人生存和发展的题中之义;另一方面,由人所组成的社会处在不断地发展进步中,发展进步的衡量指标既包括物质文明程度也包括精神文明程度,而由每个人精神文化的充实和发展进而实现所有人精神文化的全方位发展,才是社会发展的最高价值原则和根本目标,"以文化人"在很大程度上可谓就是不断推进这一目标实现的过程。可见,无论是人之生存和发展,还是社会之发展与进步,从根源上看都离不开"以文化人"。

我们要发挥"知章书院"的教化功能,更好地做到以文化人、以文育人。

第一,"以文化人"就是要用文化来教化人、塑造人

作为"化人"内容和载体的文化在"以文化人"中起着非常基础而重要的作用。一定的文化反映了一定社会的政治和经济状况,同时又影响和作用于一定社会的政治和经济。用什么样的文化"化人"直接决定了"化人"的方向和效果。只有准确把握了用什么样的文化来"化人",才能保证"化人"的正确方向,确保"化人"的效果。在当代中国,"化人"之"文"必须以马克思主义为指导,来保证"文"的方向;必须以社会主义核心价值观为灵魂,来滋养"文"的生命;必须以中华优秀文化为命脉,来传承"文"的基因;必须以其他民族的一切优秀文化为借鉴,来丰富"文"的涵养。

知章书院的指导老师团队主要由学校里有威望、有水平、有热情的老师们组成,"学高为师,身正为范",充分发挥着沟通学生、社团、教师、学校的纽带作用。

第二,"以文化人"的作用方式是潜移默化的

区别于传统思想政治教育的灌输方法,"以文化人"的"化"是借助文化的内容和形式,对受教育主体的教化、感化。"化"是在潜移默化中发生作用,使教育者所想要传递的思想和价值观念润物细无声地传达给受教育者。在社会主义核心价值观宣传教育中,可以通过构建文化场,将社会主义核心价值观的内涵融于特定的文化活动和文化内容之中,让作为受教育主体的学生处在特定文化的场域影响中,在潜移默化中得到教育。"化"是一种隐性教育,教育者所想要传递的价值观念已经被融为特定的文化内容和具体的文化形式。区别于将价值观念外显于教育过程的传统思想政治教育,"以文化人"的"化"用文化的形式和内容使思想政治教育落脚于隐性教育,透过文化的场域影响,以隐蔽而有效的方式实现社会主义核心价值观的宣传教育。

第三,"以文化人"的目标指向是塑造人的思想和行为

文化有着深刻的价值内涵,一定的文化必然承载着相对应的价值观念和行为规范。"以文化人"正是透过蕴含特定价值观念和行为规范的文化内容,潜移默化地影响受教育者,实现对受教育者的教化。"以文化人"的目的在于塑造人的思想意识和行为,提高人们的思想、政治、道德素质,并最终促进人的全面发展。教化过程的所有环节都指向作为受教育主体的人,指向对受教育者思想意识和行为的影响。

知章书院的潜移默化,使学生有了评判是非、善恶、美丑的共同价值标准,营造了积极为人、学习钻研、弘扬正气的学校教育氛围。中华美德是中华文化的精髓,蕴含着丰富的思想道德资源,知章书院就是将中华美德中的孝悌忠信、礼义廉耻、尚德贵和、仁爱中正等教化学生,引导学生辨别什么是善的,什么是恶的,什么是好的,什么是不好的,以此来要求自己、规范别人。

3.以境浸润

情境德育顾名思义是情感环境德育。情感是对外界刺激肯定或否定的心理反应,创设良好情感环境,以境浸润,化境育情、以情动人是情境德育的核心价值理念。

知章书院的情境德育是在教师和学生共同参与下进行的。教师和学生作为情境德育的主体,在参与过程中,必然会受到自身生理与心理因素的制约和影响。从一定意义上说,情境德育过程自始至终都是在人的心理机制调节下完成的。因而,情境德育必须正确认识和对待情感的育人作用和功能问题。

一般认为,情境德育的心理活动过程包括认识过程、情感过程、意志过程,涉及知、情、意、信、行五个心理因素,其中"知"是前提,"情"是中介,"意"是条件,"信"是动力,"行"是结果。而情境德育的中介作用贯穿于情境德育心理活动全过程,因而,情感品质培育的中介性理论对学生道德品质形成起着十分关键的作用。在情境德育过程中,学生的心理活动并不是简单地按照知、情、意、信、行的顺序运行的,而且不同的学生有着不同的个性特征,知、情、意、信、行诸心理因素的发展是不平衡的。因此,任何一种心理因素作为情境德育的开端,都能同步取得育人效应,更何况,以境浸润以情境为育人开端,更是符合本意的实质所在。

在以境浸润过程中,学生生理、心理因素发展变化制约着自身思想品德发展,而环境因素则规定着学生思想品德发展的方向、性质和力度,影响着学生思想品德发展的进程和速度。因此,以境浸润,情感德育育人效果不仅受到学生生理、心理因素的影响,而且更为重要的是受到学生校内外环境的决定影响。知章书院教师在设计情境时,既要思考校内环境对学生成长的积极影响,充分发挥环境对学生思想品德发展的正能量作用,这也是创设情境的根本宗旨。马克思曾经说:"环境的改变和人的活动改变是一致的,只能被看作是并合理地理解为革命的实践。"因此,在情境设计过程中,教师、环境、学生三者相互影响,共同促进学生成长,其中,只有创设有意义的情境才能充分发挥教师的主导作用。

我校知章书院通过新型的教学手段,在创设新的情境中改变客观世界,起到引导学生改变自身思想品德的作用。

四 知章书院架构

ZHIZHANG SHUYUAN JIAGOU

(一)知章书院操作框架图

1. 内容

知章书院以知章文化为起点,以孝德为核心,以传统文化为延伸,以阅读活动为抓手,以社团活动为助推,以文化建设创新求实重引领为理念,统筹学校文化建设。平台是知章书院,通过环境创设、课程建设和活动设计两条操作路径,培养的知章敬德、自主灵动的学子,使他们身心两健、文明文雅、学识博厚、多才多艺、和谐发展,并主动拥抱文明、享受文化,生成新的文化积累、文化精神。依托知章文化线索、现代教育理念和学生的核心素养追求进行校本化的综合探索,提炼出以"知章文化"为起点的特色育人文化体系。

(1)寻根而起:思考特色育人文化策略。我校以文化强校为办学策略,围绕知章文化来思考和确立学校的特色文化建设策略。

(2)顺势而为:探索特色育人文化路径。在多年探索实践的基础上确定环境创设、课程建设和活动设计三条特色育人文化建设路径。

(3)砥砺而行:构建特色育人文化体系。解读历史,追踪、梳理我校办学历史,逐步形成我校独具个性的特色育人文化体系:知章文化为核心,知章书院为平台,环境创设、课程建设和活动设计为路径,孝德文化、阅读文化、社团文化为价值指向。

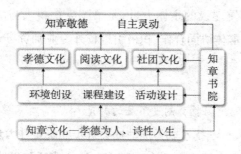

图 4-1 知章书院操作框架图

2.平台

学校围绕"人文"特色的创建目标,规划组建知章书院。知章书院是传承传统文化兼具国际视野的现代书院,是一个根基于人文,放眼于现代的融合学生发展、教师发展的大平台。以落实校训使命愿景为宗旨,创建学生走向教师知识世界和精神世界,教师走向学生生活世界的场域。力争使书院成为促进学生交往成长的精神家园。

(1)理念先行·初建书院平台,高瞻远瞩

2014年,在学校领导的总体指导下,社区学院党政班子经过多方调研、反复研讨、充分论证的基础上,结合十几年来的普通高中人才培养探索实践与经验,规划设计了书院平台特色人文建设改革实践方案。

知章书院平台主要任务是以全人教育为核心,关注学生个体的智力、情感、社会性、艺术性、创造性与潜力的全面挖掘,注重对学生人文精神的培养,培养学生不断传承"自强不息,先天下之忧而忧,后天下之乐而乐"的校训精神,发展成为具有全球视野、公民意识、人文情怀、创新精神、实践能力、健康身心,并能从容应对未来挑战的人才。

(2)愿景落地·深造书院平台,立德树人

立德。《左传·襄公二十四年》:"大上有立德,其次有立功,其次有立言,虽久不废,此之谓不朽。"孔颖达疏:"立德,谓创制垂法,博施济众,圣德立于上代,惠泽被于无穷。"

树人。《管子·权修》:"一年之计,莫如树谷;十年之计,莫如树木;终身之计,莫如树人。"

教师是书院建设的主体力量,是书院立德树人与文化发展的引领者。通过教师群体协同合作,积极引进校外专业师资,形成合力育人,联动发展的新格局。

3.载体

(1)对当前中国教育制度不足的补充

当今社会,科学技术成为推动社会进步的决定性力量,因而,对人文精神的关注不足。但从两者的关系来看,人文素质与科技素质不可分割,创新能力的培养需要人文精神与科学精神的融合。现代教育强调科技素质的培养,而书院重视人文精神的教育传统,这是对现代教育缺失部分的有益补偿。

(2)传承和弘扬中国文化的窗口

一直以来,书院就是中国文化传承和弘扬的平台。致力于书院教育的南宋思想家朱熹,其理学思想就是通过书院传播出去的。通过书院,很多重要的思想得以向外传播,影响中国及周边国家的发展,尤其是在人文精神的培养方面,起到了不可替代的作用。1984年,在北京成立的中国文化书院,其宗旨就是通过对中国传统文化的研究和教学活动,继承和阐扬中国的优秀文化遗产。

(3)进行人格教育、培养独立精神的重要场所

传统书院在治学同时也非常注重道德修养,将知识学习、学术研究、品性修养和人格完善有机结合起来。书院的人格教育不仅体现在学规、教条上,而且贯穿到书院所有的活动中,在潜移默化中施行人格教育,调动了学生的主观能动性,培养了他们的独立精神和思维能力。

4.场地安排

学校在传承贺知章的孝文化上做好工作,学校的教学长廊、石刻碑廊,现都篆刻了有关贺知章的故事和诗文,有关贺知章的孝文化已融入了校园的各个角落,突出了人文教育和德育的价值取向。同时在学校宣传窗内展示孝德活动的板报栏,全方位把校园打造成一本孝德教育立体教科书,让学生在浓厚的孝文化氛围中沐浴孝文化,走进孝文化。

(1)阅读中心场地建设

①新建多功能阅读室

我们提出"把学生领进来,把书送出去"的口号。所谓"把学生领进来",是指全天候开放图书馆,包括双休日和节假日,学生持学生证即可借阅,满足学生随时的阅读需求。我校学生阅览室的特色是"借阅合一",摒弃了传统意义上阅览室和图书馆分离的形式,依托图书馆的丰富馆藏资源,充分发挥图书馆的馆藏特色和阅览室的空间优势,让更多的师生利用资料,采集文献,积淀文化,让图书阅览室成为服务的载体。

为适应数字化建设发展需求,学校还筹建了一个数字图书馆和一座多功能阅览室。数字图书馆改变了传统图书馆的静态书本式服务特征,实现了多媒体存取、远程网络传输、智能化检索等全新信息环境。与传统图书馆藏书不同的是数字图书馆中文献更多,现已拥有图像、文本电子图书80余万册,形成了相当的规模和体系,且突破了时间、地域的局限,永久性存储在光、磁介质之中,成为可供学生随时阅读共享的知识财富。

②创设班级图书角

所谓"把书送出去",即组建班级图书馆,在每个教室配备一个书柜,把图书馆的一部分书分散到班级书柜,便于学生借阅阅读。虽然学校图书馆能满足广大师生课外阅读需求,但是课间学生能跑去图书馆阅览也是很不方便的,因为课间十分钟对于学生来说是那么珍贵与短暂。班级图书角的组建,大大方便了学生课间的随手阅读,大大丰富学生的精神世界。课外阅读的学生多了,有利于将不流动的图书变为"行走的图书",实现图书资源的共享,有利于班级阅读氛围营造,书香班级的建设。

③盘活数字图书馆

学校图书馆的藏书包括教育类、百科类、国内外文学类、科幻类、休闲类、教材教参类等多种图书和杂志,还拥有200多种参考工具书,订阅的报刊书也有130多种类,极大地满足了师生阅读的需求,让师生们徜徉在书的海洋中汲取丰富的知识。

充分发挥学校馆藏图书作用的关键在流通,使"书尽其用"。我们提出"把学生领进来"的口号,即全天候开放图书馆,包括双休日和节假日,学生持学生证即可借阅，满足学生随时的阅读需求。

④设立开放式阅读区

在学校的各个空余位置，设立开放式阅读区，配备必要的阅读设施，将学校订阅的杂志和报纸，放于阅读区，让学生利用课余时间，随时取、随时读。营造学校开放的阅读氛围，让阅读变成常事。同时借助广播站、校园网、宣传栏等平台，做好阅读宣传和推荐。积极宣传"创建书香校园"活动，倡导学生读好书，好读书。

(2)社团中心场地建设

积极整合校内外课程资源，努力实现学生社团活动校本课程化，使社团活动成为学校课程设置的重要组成部分。不断规范社团机制，着力建设精品社团。学校每学年9月接受社团申报。社团申报分为教研组申报和学生申报两种形式。与此同时，学校努力推行社团年检制度，年检不合格的社团将根据实际情况限期整改或给予注销。在知章书院内装修学生活动中心一座，布置展示柜、社团工作区、社团活动区等功能场地，保证每个社团在学生活动中心有一个活动区域；加大投入，完善各社团场地布置，保证各社团配备专用教室或社团活动室。

(3)教师发展中心场地建设

教师在参与团队合作的过程中，需要学校在时间和资源等方面提供支持。缺乏时间和资源是制约教师团队合作的瓶颈，所以减轻教师工作负担，保证教师合作的资源共享是教师团队合作顺利进行的关键。减轻教师工作负担的措施有很多，如减少一些不必要的会议和检查，减少教师的教学时间，每周留出专门的时间让教师进行团队合作，减少一些不必要的文案工作，减少重复的无效劳动等。在资源共享方面，学校尽力提供各种经费、设备、场地、报刊资料等课程资源，满足教师的需要，并给教师提供人力资源方面的帮助，加强与上级教研组织的联系，为各成长营寻求技术的支持。

开放性的环境主要是指为教师专业发展提供通畅的环境，即对内开放环境和对外开放环境。在这种环境中，教师专业发展中的盲区与优势在与其他教师间的交流过程中随之暴露，并接受其他教师的审视和点评，同时，又不断吸纳新的理念，补充自身发展的不足，教师间彼此认同，相互接纳，教师的内涵性专业发展面临着新的机遇。对外开放环境就是要为教师专业发展群体与外部世界间的信息、物质等方面的交换提供交流渠道。开放性环境为教师内涵性专业发展提供了广阔的成长空间和充足的物质、信息能源，成为教师内涵性专业发展必不可少的条件。

（4）知章大讲堂场地建设

①推动大讲堂外部环境建设。主要集中于书院二楼阅读中心、电子报告厅、图书馆二楼会议室。在建全场地、保证质量、控制场次上下功夫，把进书院作为大讲堂拓宽受众面、走进课堂的工作重点。

②推动演讲形式多元化。大讲堂主要采用专家讲课一个半小时，观众互动半个小时的讲座形式。从今年起将着力促进演讲形式多样化，采取不同的演讲形式，如对话的形式、一人连续多讲的形式等。

③建立大讲堂资料库。一是专家资料库，即把以往曾在大讲堂主讲过的专家的个人简介、联系方式等信息整理归档建立专家资料库；二是讲座题库，即把大讲堂以往主讲过的一些既叫好又叫座的讲座题目整理归档，同时把专家们推荐过的一些好的讲座选题纳入题库。通过大讲堂专家资料库和讲座题库的建立，实现与兄弟城市大讲堂的资源共享，这既有助于甄别、优选一些好的讲座专家和选题，还有利于在实际工作中可以通过题库来遴选专家，以掌握工作主动权，引导讲堂文化健康发展。

（二）知章书院平台创建

1.组织机构

（1）学生阅读中心

负责人：陈佳楠

成　员：陈峰、蒋茹、吴建刚

①阅读　②活动

（2）学生社团中心

负责人：陈琼

成　员：陈佳楠、陈峰、蒋茹、康晓静

①悦读社 ②广播社 ③演讲社 ④文学社 ⑤国学社 ⑥贺知章和孝
文化研究性学习活动

(3)知章大讲堂

负责人:吴建刚

成　员:屠立勇、蒋茹

①名家讲堂 ②名师讲堂 ③名生讲堂 ④名家长讲堂

(4)教师发展中心

负责人:屠立勇

成　员:严眉君、滕建峰

①教师成长营 ②特级教师工作站 ③教师发展自组织

2.四大特点

(1)在组织管理上突出学术性

在实际组织管理工作中,重点是抓好学术性的"五个关键"。

一是旗帜。旗帜就是院长。只有选好院长,将这个旗帜打起来,社会组织才有凝聚力,才能领导社会组织将工作搞好、搞活。院长不仅要德高望重,而且还要有一定的专业知识,要在专业领域内具有权威性和号召力、组织力,只有这样,才能担当社会组织的旗帜,也才有振臂一呼的号召力。同时,各中心主任也很关键,很多具体工作都需要他们来做,要求对工作要有热心、能负责任、任劳任怨、公而忘私。

二是团队。社会组织的工作搞得好不好,团队作用的发挥是非常重要的。团队的组织,要做到三个结合:第一是老中青相结合。第二是理论与实际相结合。第三是文科与理科相结合。文科教师要向理科教师学习,学习他们严谨的思维态度和科学的思维方法。

三是方向。方向包含两个方面:第一是政治方向。学术性社会组织虽然是民间组织,但它是在党和政府领导下组织起来的民间组织,所以它必须遵守党的基本意识形态。第二是业务方向。业务方向主要以应用研究为主,基础理论研究为辅。

四是制度。管理必须要建立制度,要依靠制度来管理,同时在制度执行过程中要不断地修改完善,使之与实际工作相适应。最重要的制度是章程。如果说宪法是国家的根本大法，那么章程就是社会组织的根本大法。所以社会组织一定要制订好章程。

（2）在教学内容上突出拓展性

和传统的学习不同，拓展性学习的主体是组织或组织网络，事先对学习的内容是不知道的，学习的目的也不是为了获得已经存在的一些知识与技能，而是为了建构新的客体和活动系统。恩格斯托姆认为，所谓拓展性学习："是将一个简单的观念拓展成为一个复杂的活动目标或者形成一种新的实践形式。"因此，它强调存在于个体和社会情境之间的动态关系，尤其强调改变已有实践和重构新活动的能力。且学习活动拓展的过程要经历一个循环，该循环从个体对于业已存在的实践或经验进行质疑开始，逐渐发展成为集体行为或制度。

在恩格斯托姆看来，拓展性学习主要不是关注知识的传递，而是关注学习的过程，尤其是关注新知识、新活动在工作场所中创造的过程，学习的主体也从个体走向集体和网络，因此，传统的知识传递和个体学习受到了严重的挑战，而活动拓展的过程和组织学习的过程成为关注点。由此我们可以知晓，无论是在学习的主体、还是在学习的内容、过程、目的和结果方面，拓展性学习与传统学习都有着很大的差异。

（3）在教育形态上突出多元性

坚持以"立德树人"作为学校教育工作的灵魂，以浙江省3份拓展性课程意见和省政府《关于全面加强中小学德育工作的若干意见》为指导，完善基于"诗性人生、立德树人"拓展性课程的实施方案。以"学生发展为本"的素质教育过程中丰富学生发展的内涵做到全员德育发展、个性特长发展、依托实践基地特色发展。主要措施有：

一是以"孝德"教育推进课程校本化，促进全体学生发展。德育拓展性课程不仅是全校学生的基础课程，强调全员参与。作为德育课程，为保证学生学习兴趣，学校增加许多微课程，实现"孝德"并举的课程目标。

二是开设多样化拓展型课程，促进学生个性发展；为了满足学生自主学习和个性化发展的需求，学校实施自主选课制，提供相应的课程供学生选择，以满足不同层次学生的发展需要，引导学生进行自由选择学习，使每一个学生扬长避短,获得各自最佳发展。

三是利用地方资源,促进学生特色发展。充分利用资源优势、学科优势和区域优势等,践行陶行知先生"社会即学校""生活即教育"的教育理念,依托绿野寻踪特色课程,努力开发学科资源包,联动学校、家庭、社会等多方参与,亲近自然,大胆实践,走进社会,开发生态的德育教育之路。

四是以阅读修身和社团实践双向互促,促进学生和谐发展。根据学生的实际生活经验和认知特点,通过学生乐于接受的方式,以阶段性的德育目标和由低到高的层次要求,逐步养成学生良好的行为习惯,发展形成正确的人生观、价值观。学生内化道德认知是通过主体性德育模式的教育实现的,传达孝德文化的内涵,影响学生的认知,使学生将孝德精神内化为自身美德,使学生得到协调发展。

(4)在教育方法上突出建构性

建构主义强调学习的"情境"。学习环境中的情境必须有利于学生对所学内容的"意义建构"。这就对教学的设计提出了新的要求,不仅要考虑教学目标的分析,学习者特征的分析以及教学媒体的选择与利用,更要考虑学生建构主义的情境的创设。由于多媒体计算机和网络具有多种特征,就可以把不同媒体的各种教学内容信息组成一个有机的整体。这样就可以形成建构主义学习环境下的理想的认知工具,能有效地促进学生的认知发展。这也是建构主义理论显示出强大生命力的原因之一。传统的教材、文字与语言以及活动的影像无法组成一体化教材。只是以教科书、录音带、录像带各自独立的形式存在,内容也比较单调、枯燥,与计算机多媒体融图、文、声、像于一体的,丰富多彩的电子教材就无法相比。

建构主义强调学习过程中的"协作"。"协作"应该发生在学习过程的始终。在多媒体计算机交互状态下,学生可以按照自己学习的基础、学习的兴趣、学习的层次,选择自己学习的内容、方式甚至教学的模式。

建构主义强调"会话"。协作的过程当然也是会话的过程。会话是协作过程不可缺少的环节。在网络通信技术的应用下,学校"大"了,教室"小"了。通过网络,学习者之间、学习者与教育者之间可以方便地交流学习内容、学习的成果。一个学习者可以把另几个学习者的成果进行存储、加工、编辑、变换、控制，以便其他学习者查询、检索、再利用，可以共享每一学习者的思维成果。

3.项目设计

从2015学年开始，学校围绕"人文"特色的创建目标，规划组建知章书院。知章书院是我校一个创新特色项目，是一个根基于人文，以"孝德"教育为核心，以阅读为抓手的融合学生发展、教师发展的大平台。知章书院涵盖学校全体师生，以师生的兴趣点、共同点、生长点为团体组建原则，以去行政化的模式推动，促进全校师生的学习和研究。

（1）书香浸润校园——学生阅读计划

主要目的在于让学生养成良好的阅读习惯，通过阅读拓展学生的知识、提升学生的素养、明确专业的方向、养成学习的方法。在实施中注意做到以下三点：①打造"悦读"文化，推进常规性阅读；②构建阅读系列，推进生长性阅读；③搭设交流平台，推进分享性阅读。

我校在"经典厚基、书香致远"的阅读文化的引领下，将教育的落脚点放到了经典诵读、海量阅读上，致力于构建书香校园，让师生"育人格，启智慧，广博学，厚根基"，为高素质的现代公民的成长积淀良好的文化底蕴，通过阅读促进学生的学科学习，增加学生的人文素养。

①制订阅读计划

a.准备读书笔记：学校为学生统一订购规范的读书笔记本，取名"采蜜集"。格式全面，内容丰富，便于学生及时积累整理读书心得与体会。要求学生会做分类摘记；会写读后感或赏析文章，每年不少于4篇，每篇不少于500字；要养成不动笔墨不读书的习惯。

b.布置阅读任务：让学生学会制订自己的阅读计划，一年内阅读量为50万字，每学期至少读3本书。指导学生自主阅读的要领，内容可以是"作者介绍""内容梗概""精彩片段摘抄""人物事迹""心得体会"等。

c.可安排学生长假期间自由阅读：读名著一部或5篇精美文章；寒暑假学生集中时间阅读至少2部名著。学校举办寒暑假读好书活动征文。

②有梯度地分级实施

高一年级指导学生阅读散文、诗歌、现当代作品和名人传记为主。教师有意识地为学生打开文学之门,培养学生的读书兴趣,引导学生在阅读体验、感受和理解层面上下功夫,指导学生做好读书笔记,写好读书一得。

高二年级指导学生阅读中外小说。教师有目的地为学生创设阅读环境,养成学生的读书习惯,引导学生在理解文本意义的基础上进一步去探究、体悟和发现,指导学生写好读书随感,练习写作书评。

高中三年级文理科分别指导,文科学生重点是高考必考名著的阅读指导,理科学生重点是小说与散文的阅读欣赏。教师有选择地为学生提供阅读欣赏、评价机会,提升学生的读书能力,引导学生在阅读质疑、赏析、创新层面上做文章,指导学生写写美文赏析,做做名著荐评。

我校知章书院阅读中心在"经典厚基、书香致远"的阅读文化的引领下,将教育的落脚点放到了经典诵读、海量阅读上,致力于构建书香校园,让师生"育人格,启智慧,广博学,厚根基",为高素质的现代公民的成长积淀良好的文化底蕴,培养学生良好的阅读习惯和正确的阅读方法,提升学生的人文素养,达到"以文化人、以文育人"的阅读目标,从而追求先贤般的诗性人生。

③常规化的阅读实施

a.每周一次"晚诵·共享国学经典"活动

为了濡养具有深厚文化内涵的一代新人,构建儒雅校园、精神家园、和谐乐园,我校开展了"晚诵·共享国学经典"的常规阅读活动。在不增加学业负担的前提下,结合学生必修与选修课程,注重层次性与针对性,组织学生阅读一批国学经典名著。采用广播导读、课前齐诵、赏析吟诵的形式,让学生与经典为友,与圣贤相伴。

"博观而约取,厚积而薄发",传承国学经典文化,从经典中汲取民族精神的源头活水,培养心灵,启迪心智。此项活动让全校一时间掀起了一阵诵读经典美文的热潮,教室操场无处不洋溢着琅琅书声。我校经典诵读活动将会更持久更深入地开展下去,将中华文明延续下去……

b.每周一次"视频·传承传统文化"活动

中国传统文化内容丰富、包容万象、历史悠久、博大精深,是中华民族兴国安邦、炎黄子孙安身立命的文化根本,成为支撑中华文化的精神脊梁,成为推动中华文化发扬光大、绵延不断、生生不息的力量之源。

悦读书社的同学们围绕每月主题,选择一段相关的传统文化视频,经过剪辑后,于每周日返校时,统一播放和收看。古代民居、文房四宝——学习传统文化可以培养文化气质,开拓我们的人生境界,并能启悟生命的智能。

c.每周一节知章文化阅读选修课

从阅读贺知章诗文开始,鼓励学生进行广泛阅读,以阅读促进学生学习方式的转变,以阅读增加学生的人文积淀,以阅读带动学生诗性人生的追求。结合学生的现实需求,集合全校教师的智慧,打造悦读知章课程群和学科阅读课程群。悦读知章课程群主要有《品知章诗文》《先秦诸子散文诵读》《唐宋诗词选读》《古文观止选读》《当代经典诗文欣赏》《浙江名人名作欣赏》等课程组成。学科阅读课程群有各学科阅读课程组成,学校为此开发了全学科阅读读本,从课程标准、学习内容、活动设计和学法指导等四个维度构建阅读读本,对重点知识进行诠释,为学生自主学习,掌握学科的重点知识提供有效路径,目的是让学生通过阅读读本来了解课程的目标、内容和掌握课程的学习方法。

d.每周一节自由阅读课

每周开设一节课外阅读指导课,语文教师有计划、有目的地进行课外阅读指导。带领学生潜心阅读经典美文,老师们利用材料,教给学生读书方法,如:选读法、浏览法、精读法、摘读法等,引导学生领略中外名著,吟咏古今诗文,强化国学教育,在大量的阅读实践中培养小学生良好的阅读习惯和兴趣,初步掌握读书的方法。同时,控制作业量,保证学生每天至少有半小时自由阅读时间。组织阅读公开课观摩教学,探索课外阅读指导课的教法,逐步形成课外阅读的基本课型。

e.每月一节读书汇报课

在学生课前广泛阅读的基础上汇报自己在课外阅读中的感受与收获。主要形式有:①读后叙述:组织学生复述自己读过书籍的内容。②开展辩论赛:对读物中所提到的相关论点开展辩论,促进阅读效果的提高。③交流评论:交流自己阅读的方法,对书中的人物及写法进行评点。④表演展示：让学生把看过的内容，自编成小品、课本剧等在汇报课上进行表演。

f.每学期一次读书评选活动

开展读书活动绝不是一项急功近利的工作，建立激励机制和合理的评价体系，形成制度，有助于读书活动健康有序开展和向纵深持续。为激发学生的读书热情和兴趣，学校开展"书香少年""书香班级"评选活动，评选古诗文考级优秀学生，并将阅读与学生的争星活动挂钩，每月评选班级、段级的阅读星，学期评选一次校级阅读星。尝试采用活动评价、作品展示、读书记录卡、古诗文考级等形式对学生的课外阅读进行评价，让学生建立自己的课外阅读档案，记录自己的阅读经历，积累自己的阅读收获。

g.每学期一次教师读书沙龙

教之本在师。为了开阔视野，更新观念，近几年学校多次组织老师外出学习取经，努力打造学习型教师群体。确定了教师的阅读书目，倡导平均每天读书时间不少于半小时，并及时做好读书笔记，撰写教育随笔或教学反思。在教师发展中心内建有教师读书吧，倡导教师自主成立读书俱乐部，组织读书交流活动。此外，读书笔记等评比活动和朗诵比赛、教师基本功比赛等也经常性举行。现在广大教师人人潜心读书，工作奋发向上，校园书香四溢，充满浓浓的文化气息。

（2）平台展示风采——社团中心项目

平台展示风采——学生社团中心项目主要目的是通过学生自发组织、自主管理，来实现自我发展。社团自我组建、自我服务、自我教育的自主性特色，决定了鼓励学生在思想上主动追求，在生活中自主管理，在活动中自我设计、自主创新。在实施中注意做到以下三点：①为学生自主成长提供空间；②为学生自主成长提供平台；③为学生自主成长提供生长点。

①以学生的自主发展为基础建设学生社团

社团活动宗旨是自发组织、自主管理、自我发展。社团学生自我创造、自我管理、自我服务、自我教育的自主性特色，决定了鼓励学生在思想

上主动追求,在生活中自主管理,在活动中自我设计、自主创新,是建设学生社团的重要理论基础

②以学生在"动"中成长为理念建设学生社团

"动"是社团建设的灵魂,让学生在动中成长,在动中学习,在动中交流,在动中发展,是社团建设的基本理念。丰富多彩的社团活动是彰显社团魅力凸现社团育人功能的基本手段,在动中发展与建设学生社团是社团建设的根本途径。只有这样,学生社团才能定位为人才培养的参与平台和实践平台,才能有利于学生参与主动性的调动和兴趣的激发,有利于学生的自我塑造。依托这样的基础平台,我们才能实现个性化培养和素质的全面培养,增强学生的自我设计意识,挖掘自我发展潜力。

③以学生的个性特长的培植为抓手建设学生社团

学生社团是学生发展兴趣、展示特长的重要实践场所,也是素质拓展的有效载体。培植学生个性特长是社团建设的重要功能。在学生社团建设中,根据学生身心发展特点,注重学生主体作用的真正发挥,大力开展学生喜闻乐见、丰富多彩的科技、文艺、体育活动,形成健康高雅、生动活泼、各具特色的社团活动氛围,让学生在自己喜欢的社团中展示自我,发展个性特长,陶冶情操,把社团建成先进文化的传播阵地和广大学生的精神家园。

④以学生创新精神和实践能力为重点建设学生社团

以学生为主体,以发展为根本,以培养创新精神与实践能力为重点,形成学校特色,是社团建设的基本方针。激发学生创新意识,培养学生实践精神,是学生社团建设的重点,构建个性化的社团,探索个性化活动方式,创新特色化发展模式,是加强和创新社团建设的重要途径,创新活动贯穿社团活动与建设的各个环节,着力突出学生探索精神、创新思维、崇尚真知、追求真理的恒心和毅力,打造学生面向未来的核心竞争力。

⑤以学生综合素质的提高为主要目的建设学生社团

学生社团是思想教育的重要阵地,是学生课外活动的重要组织形式,是社会实践活动的有形载体,是校园文化活动的主力军。理论学习型、科技服务型、兴趣爱好型和综合型等各类社团通过开展丰富多彩的活动,为

学生综合素质的提高提供了机会和舞台。学生通过参加各类社团活动，可以弥补课堂教学的不足，优化知识结构，有利于学生增加对社会的认识和了解，增强学习的兴趣；可以扩大学生的社会知识面和活动交际领域；可以培养自己的爱好特长、陶冶情操等等。学生社团在学生综合素质培养方面的作用不可替代。

（3）活动多元化——活动归元设置

①常规活动序列化

校本活动往往表现为学校的各项常规活动，也因此往往容易被我们忽视。然而，正是这些常规活动在润物无声中潜移默化地影响并塑造着学生。因此，校本活动课程化首先要重视常规活动的课程化。要认真梳理本校的常规活动，从一日常规、一周常规、一月常规、一学期常规到一学年常规，进行全面梳理，使其在时间节点上、连续性上、内容衔接上有机相连，并形成有目标、有计划、有要求、有实施、有检查、有评比、有奖惩的序列化活动，从而实现校本常规活动课程化。

②创新活动沉淀化

常规活动保障了学校教育教学有序开展，创新活动则使学校充满活力。为此，学校要结合时事和校情探索校本活动的新途径、新方法和新载体，并在实践中沉淀积累，转化为学校校本课程。2006年9月，国家实施"两免一补"政策，县中抓住时机在开学初成功举行了"感恩教育"活动。后来，该活动不断完善并沉淀下来，在每学年开学第一月，县中均要举行"感恩教育"活动。该活动由此转化为县中感恩教育课程，取得了良好的育人效果。

③主题活动系列化

教育的长期性、滞后性决定了任何一项校本活动往往并非一日一时能够彻底塑造和改变一个人。这使得校本活动需要在一定时段，通过多种形式，采用多种方法，实现同一个主题教育，即校本活动主题化。而要实现主题活动课程化，较好的策略就是系列化，即在一定时段内，通过拟定实施方案(包含课程目标、指导思想、组织机构、活动内容和形式、评比表彰办法等)，实施多样活动，强化过程管理和结果考评，从而形成规范的校本课程。

2015学年第一学期,我校举行了"美丽学生"主题教育,该活动历时3个月,通过资料学习、礼仪讨论、寝室评比、征文评比、讲故事、演讲赛,优秀班级和优秀个人评比表彰等多种形式和载体,集中开展了学生多形式多方面的美德主题教育,收到了良好效果。活动开展中形成的方案、学习资料、活动成果和积累的经验为该主题教育课程化提供了重要参考和保证。

(4)人文积淀内涵——知章大讲堂项目

为了学生人文素养的积淀,知章书院提供一个交流、传播的阵地,以大讲堂的形式,为学生提供一个课堂外的广阔的学习空间,围绕我校的办学特色,知章大讲堂定义为人文大讲堂,有序列的拟定讲座主题,以两周为一个讲座单元开展进行。在实施中又细分为以下四个讲堂:①名家大讲堂②名师大讲堂③名生大讲堂④名家长大讲堂。

利用知章大讲堂平台进行孝德教育。知章大讲堂是我校人文传播的主要阵地,利用好这一平台,开展常规性的孝德专题讲座,让学生在耳濡目染中达到潜移默化的结果。通过名家、名师讲堂,安排古今孝德专题讲座,名生讲堂安排部分读有悟、学有悟、行有悟的学生举办讲座,谈谈对孝德感悟,名家长讲堂,让家长走进校园,通过宣讲家庭的家风、家训,做到家校共育的目的。

以"让书香溢满校园,让名家走进心灵"为大讲堂活动主题,以坚持素质教育、坚持全面发展为主线,以"博览群书享读书之乐,善思践行铸高尚人生"为宗旨,通过创设浓郁的大讲堂环境与氛围,开展形式多样的大讲堂活动,培养师生浓厚的阅读兴趣和良好的阅读习惯,加强师生的思想道德建设,促进教师专业化发展,提高学校教育教学质量和校园文化,培养学生的创新精神和实践能力,使阅读沉淀内化成为伴随终身的生活方式。让我们十一中的教师能在墙内开花然后墙外也香。

(5)自组织研习—教师发展中心项目

为了促进教师主动地学习、主动地成长,教师成长是学校发展的基础,所以我们在知章书院里面规划了这一项目,为教师提供一种更加自由的学习和发展氛围,教师发展中心的任一团体都是自发形成的自组织形式,来鼓励教师的发展。在实施中涉及了以下三个平台:①特级教师工作站②教师成长营③教师发展自组织。

倡导教师阅读,师生共进教学相长。教之本在师。为了开阔视野,更新观念,学习新知,促进成长,近几年学校先后组织150多人次赴上海、西安、南京等地观摩学习,参观培训。努力打造学习型教师群体。确定了教师的阅读书目,倡导每天平均读书时间不少于半小时,并及时做好读书笔记,撰写教育随笔或教学反思。倡导教师自主成立读书俱乐部,组织读书交流活动。此外,读书笔记、随笔、心得评比活动和朗诵比赛、公开课比赛、教师基本功比赛等也经常性举行。现在广大教师人人潜心读书,工作奋发向上,校园书香四溢,充满浓浓的文化气息。

教师的成长不仅是学校发展的需求,也是教师内在的需求,活到老学到老,应该是每一位教师的自觉,特别是新课程的背景下,教师的主动学习和研究尤为重要。学习型、研究型教师促进计划活动的推进主要两个抓手:阅读和研究。阅读:提高素养的图书的阅读;提高能力的图书的阅读;提高知识的图书的阅读;教育教学类书籍的阅读。研究:在阅读的基础上,寻到兴趣点或擅长点或学科教学点进行专题研究,可成立专题研究中心的形式,人数可以1人也可多人。

这一计划的推进的难点在于教师的参与积极性,有被动到主动,初始阶段需要学校的强力推进,可创设良好的阅读环境,可提供多样化的奖励措施。

4.人文课程

课程是学校教育的核心,优化课程建设与实施,是学校教育质量提升的关键。我校从培养目标和办学理念出发,围绕学校特色构建课程体系,形成了"三类三层三特三普"三至课程结构。

(1)从培养目标出发,自下而上。要培养具有三至特质,追求孝德为人、诗性人生的现代公民,我校在"育人格、启智慧、广学识、厚根基"的育人思想指引下,经过梳理,我们归纳出学生核心素养培养体系。①人格素养:孝德为人、社会责任、家国情怀;②智慧素养:博闻强识、融会贯通、知变创新;③学识素养:基础厚实、学有专长、多维拓展。并据此形成人格养成、智慧生成、学识发展三大类别课程。(见图4-2)

图4-2　萧山十一中核心素养体系图

（2）从办学理念出发，自上而下。学校教育要为每一位的可持续成长积淀内涵，这个内涵是什么，就是要培养学生终身学习，持续发展的能力。如何为这一目标的实现找寻一个现实的实施抓手，我们在大量思考、综合比较后，创造性的引入"学习力三层六要素"理论。从知识与经验、策略与反思、意志与进取、实践与活动、协作与交往、创新与实践六个维度去为学生的成长积淀内涵。并根据学习力三个层次的划分原则，形成三至基石、三至发展、三至创新三大层次课程。（见图4-3、图4-4）

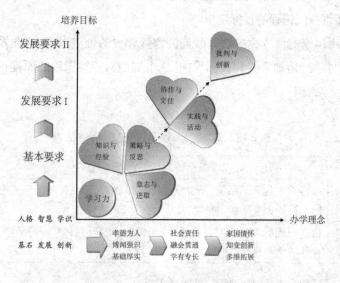

图4-3　三大课程设计理念图

（3）学校课程体系思路图示

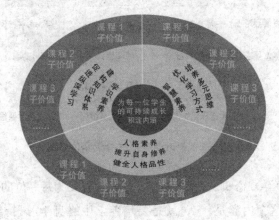

图4-4　学校课程体系思路图

学校结合自身的办学理念和培养目标,在"育人格、启智慧、广学识、厚根基"的育人思想指引下,确定了宏观、中观、微观三维课程价值体系。宏观课程价值指向办学理念,中观课程价值指向学生人格、智慧、学识三类素养的培养,即"提升自身修养,健全人格品性;培养多元思维,优化学习方式;建构知识体系,促进纵深学习"。微观课程价值指向课程的子价值,即每一门课程的目标定位。

用国家的课程标准统领我们的课程建设的价值追求,与此同时又从"知识技能、精神素养和目标导向"三个层面对各类课程的课程目标予以界定。(见表4-1)

表4-1　基石、发展、创新课程价值体系

基石课程价值体系	
知识技能	丰富学生的知识结构,培养学生的思维能力,旨在让学生形成更为扎实的学科知识基础和学科能力。
精神素养	树立正确的人生态度和价值观,养成良好的习惯和坚韧的品格,并形成良好的学习意志品质。
目标导向	孝德为人　博闻强识　基础厚实

续表

发展课程价值体系	
认知技能	拓展学生的知识领域,激发和发展学生的兴趣特长,培养学生的生涯规划的意识,提高学生的职业能力,社会活动能力。增强学生生活生存技能,帮助学生获得亲身参与实践的积极体验和丰富经验,发展学生的综合实践能力。
精神素养	树立合作与竞争意识,成为讲诚信、重协作的社会公民,树立正确的职业观。
目标导向	社会责任　融会贯通　学有专长
创新课程价值体系	
认知技能	引导学生从研究的视角去关注知识,努力在学科知识的基础上,进行学科知识的融通并进行纵深学习。掌握科技创新方法,激起学生自主探究学科知识的兴趣,促进学生学习方式的转变。
精神素养	形成积极向上的价值取向,强调提升学生的自主意识,树立良好的学习态度、科学态度和生活态度,提高价值判断能力,养成科学探究精神。
目标导向	家国情怀　知变创新　多维拓展

(4)课程结构

在推进课程改革的进程中,我们对国家课程和校本课程进行了整合与重构,形成了"三类三层三特三普"三至课程课程结构。横向分为人格养成、智慧生成、学识发展三大类别课程;纵向分为三至基石、三至发展、三至创新三大层次课程;以学校特色发展为基点,打造三大特色课程群;以满足学生多样化发展为基点,打造三大普通课程群。(见图4-5、图4-6)

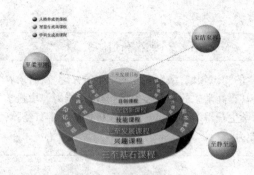

图4-5　学校课程结构图

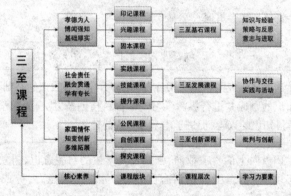

图4-6　三至课程具体内容

三至基石课程,分为印记课程、兴趣课程、固本课程。

重在让学生养成孝德为人的人格素养、博闻强识的智慧素养、基础厚实的学识素养,同时指向学习力第一层级——知识与经验、策略与反思、意志与进取三个要素的培养。

三至发展课程,分为实践课程、技能课程、提升课程。

重在让学生养成具有社会责任的人格素养、融会贯通的智慧素养、学有专长的学识素养,同时指向学习力第二层级——协作与交往、实践与活动两个要素的培养。

三至创新课程,分为公民课程、自创课程、探究课程。

重在让学生养成具有家国情怀的人格素养、知变创新的智慧素养、多维拓展的学识素养,同时指向学习力第三层级——批判与创新要素的培养。

（5）版块设置

根据我校近四年课程改革的实践,我们将课程版块设置如下(见表4-2、表4-3、表4-4)：

①三至基石课程

表4-2　三至基石课程

课程类型			课程名称
三至基石课程	印记课程	特色选修	知章敬德、主题教育、论语中的哲思、老子的思想和人文关怀、中国传统文化选讲、知章大讲堂、行孝扬善、阳光学子、箩婆河文化探寻;品知章诗文、名著导读、国学经典诵读、唐宋诗词选读、古文观止选读、看古典文学中的女性形象、当代经典诗文欣赏、读书报告会、视频微讲座;学科阅读课程(语、数、英、政、史、地、物、化、生);高中女生幸福课堂
	兴趣课程	人文类	品读汉字、浙江名人名作欣赏、看《老友记》学英语、英美影视片段对白模仿秀、经济迷局的解析、笑看明史、地理中国、杭州旅游与文化、浙江名人录、韩语启蒙、故事中的地理
		科学类	趣味数学、数学与科学、魅力数独、开启你的太空之旅、身边的有趣力学、趣味化学、VB趣味编程、数字故事的制作、地理知识在户外运动中的运用
		体艺类	围棋基础、乒乓球技战术、音乐剧欣赏、百灵之声、舞动青春——健美操、篮球入门、排球、羽毛球、体操技巧、24式太极拳、走进版画、拉丁、书法和篆刻、吉他弹奏、素描、色彩、速写
		生活类	人体生理卫生、数学和生活、国际旅游英语应用、"呼风唤雨"——探秘常见天气现象、摄影摄像基础、食品营养与卫生、炫酷激情——车世界、日用品制作
	固本课程	必修课程	语文、数学、外语、思想政治、历史、地理、物理、化学、生物、信息技术、通用技术、音乐、美术、体育与健康、专题教育
		限定选修	高中学习方略、初高中知识点衔接(数学、英语、政治、地理、物理、生物)

a.印记课程

特色选修课程,是属于十一中特有的充分体现学校特色的课程,主要分为孝德教育课程群、悦读知章课程群、学科阅读课程群。通过课程的实施,为学生烙上十一中的印记。通过印记课程的开发和实施,凸显我校的人文特色。

b.兴趣课程

兴趣课程包括人文类、科学类、体艺类和生活类课程,以激发和培养学生的兴趣特长,发展学生个性特长,丰富学生在语言文学和历史文化的知识,提高学生在艺术、运动等领域的鉴赏和实践能力,锻炼学生的科学制作、科学实验等领域的操作水平,增强学生生活生存技能。追求大气灵动、热爱生活的人文情怀,追求博采、创新的探究精神。尊重个性需求,彰显个性特长。

c.固本课程

固本课程以国家必修课程为基础,学科核心知识为中心,通过教师对课程内容进行模块化重构、压缩和精简,核心概念、原理或者典型内容的选择性的深入教学来完成基础培养的过程。固本课程强调对学科思想的教学和基本概念的理解和掌握,重视基本技能的训练,从而构建必修课程核心知识结构,夯实学科基础,激发学习兴趣,为促进学生发挥学习潜能、实现层次递进和自主发展奠定基础。在固本课程中我们还设置了初高中衔接课程,包括高中各学科学法指导和初高中知识点衔接学习,通过课程学习,让学生尽快适应高中阶段的学习和补充必要的高中阶段学习必需的知识,让同学们在高中起始阶段能有充分的准备。

②三至发展课程

表4-3　三至发展课程

课程类型		课程名称
三至发展课程	实践课程	调查研究	萧山水资源调查、生活中常见食品添加剂调查、生活中法律案例评析、青少年犯罪心理学案例分析
		社会实践	心的力量——志愿者服务、军事训练、社区服务、研究性学习、走进大学
		校园文化	课间校园文化(国旗下的讲话)、三至心理社、诗意合唱团、轻舞飞扬舞蹈队、绿茵足球社、乐在器中铜管乐队
	技能课程	技能型	空中英语教室、Studio Classroom、居家电工王、电瓶车维修、photoshop图像处理与设计、电子百拼在电子技术中的实践应用、数码照片后期处理、两种电子控制系统的设计、电子信息的获取与信号处理、酒店管理、走进物流、城市轨道交通趣谈、园林
		社交型	应用口语百句、耳尖上的时尚美式英语、演讲与口才、微表情的解读与妙用、现代社交礼仪、礼仪课程
		事务型	外贸英语、旅游安全与审美、图书管理与利用、手工DIY、投资与理财、Excel实用操作技能、服务礼仪、税收与生活
	提升课程	必修拓展	作文的诗性与理性、数学思维拓展、平面向量知多少、高中数学中的阅读与思考、数学零距离、聚焦数学学考、数列知识拓展、英语模块基础写作、我爱记单词—英语单词速诵、二战重大战役评述、中国世界遗产简介、地理进阶、应用物理、根基化学、化学反应原理进阶、有机化学解题ABC、化学进阶、生物探秘、电瓶车的物理情节、汽车中的物理、快乐写作、微积分初探、数学史、化学史、物理学史、英语四级词汇研习、高中数学思想

a.实践课程

实践课程包括调查研究活动、社会实践活动、校园文化活动、学生社团活动等课程,帮助学生获得亲身参与实践的积极体验和丰富经验,通过参与各类活动获取对自然、社会和自我的整体认识,进一步增强感性认识,拓宽知识面,丰富自己的经验世界,发展学生的综合实践能力、创新精神和探究能力。有助于促进学生社会性的发展,具有社会责任感和使命感,丰富校园生活。

b.技能课程

技能课程包括基于本校教师专业所长开发的职业教育课程以及学校与职业院校、社会力量合作、引进培育切合我校课程资源和学生需求的职业教育课程。以培养学生的生涯规划的意识、提高学生的职业能力、社会活动能力等为基础。树立正确的职业观、劳动光荣的意识,明确职业发展趋向,提升职业技能水平为成功人生奠基。同时通过技能体验,培养学生融会贯通的能力。

c.提升课程

提升课程主要是从国家必修或必修拓展课程中选出的模块,是国家必修课程知识的拓展与延伸,旨在拓宽基础、强化素质,为学生进一步学习打下扎实的基础。同时在最基本的知识领域为学生提供多学科交叉综合的课程,让学生了解不同领域的前沿动态、感受学科的发展方向,为学生提供后续学习和个性发展所需的知识和眼界。同时我们在提升课程中也设置了部分大学先学课程,促进高中与大学的衔接,促进学生卓越发展,拓展大学选才的渠道。在课程开发中,与大学合作开发课程,引入大学的教育资源,为学生拓宽学习平台。

③三至创新课程

表4-4　三至创新课程

课程类型		课程名称
三至创新课程	公民课程	区域政治与中国安全、透过主题博物馆看世界、生涯规划、专业引路人、创业教育、中国金融形势分析、环境教育
	自创课程	水培植物、手工皮具、研究性学习、手工DIY、神探伽利略、悦读书社、品文之声广播站、箩婆河文学社、英语歌曲语言与文化
	探究课程　人文研究	红楼梦人物解读及诗词研究、戏剧的文本研究与创作、微小说里的大乾坤、Time for Good English英语中短篇原版小说研究、大国的崛起、碰撞与冲突—历史上重大改革回眸、国际政治热点问题分析
	探究课程　科技创新	物理实验拓展与创新、化学实验创新、校园植物的分类鉴赏与制作艺术、多媒体作品创意设计与制作

a.公民课程

公民课程包含着与学生最为切身的政治,尤其是让学生从小就能意识到自己的权利和义务,并通过真正的学生自治,培养公民的意识和能力。这是建立理性和良好社会秩序的基础。指向学生个人与目的超越、沟通与人际关系锤炼、行为与变化超越等能力的发展,在课程的实施中,课程指导教师和班主任们需要不断更新教育理念,倡导学生的自主管理,信任学生的自我发展能力,为学生搭建展示自我的平台。

b.自创课程

自创课程给学生提供研究个人所擅长的领域和展示个人专长的平台,锻炼个人组织素材、语言和课堂的能力;通过学生自创课程的平台让同伴间传播学生最关注的领域内的相关知识;培养拔尖学生的独立意识、研究能力、表达能力和合作交流能力；促进学习方式的多样化，发展学生自主获取知识的愿望和能力。

c.探究课程

探究课程包括人文研究和科技创新两类。人文研究课程体现学生对人文的深度研究。引导学生从研究的视角去关注知识，努力在学科知识的基础上，进行学科知识的融通，让学生学会用研究的眼光去看待学习对象，把学习过程变成人的主体性、能动性、独立性和创造性，不断得以生成、张扬、发展、提升的过程。科技创新课程，使学生掌握科技创新方法，具备科学精神与科学态度，形成良好的科学素养；可以激起学生自主探究学科知识的兴趣，促进学生学习方式的转变，从而确立学生在课堂教学中的主体地位；可以促进学生养成良好的行为习惯，形成积极进取、勇于开拓、吃苦耐劳、坚韧不拔的意志品质。

5.人文社团

为进一步优化社团管理，规范社团活动，促进社团健康发展，为社团文化展示和促进学生全面发展搭建平台，我校创立了知章书院第二大创新平台"学生社团中心"。

社团中心下设品文之声、篮球社、舞蹈社、篆刻社、悦读书社、百灵之声、箩婆河文学社、英语俱乐部、锋芒羽社、版画社、九月诵、足球社、诗意合唱社团、黑白辩论社、化学社、物理社、科技社、东晋皮具社等22个学生社团组织。场馆包括知章书院一楼社团中心、科技楼实验室、足球场、篮球场、美术馆、舞蹈房、音乐教室等各综合性性、功能性教学场地。

2015学年起，我校依托社团建设推出了"社团课程化"建设方案。社团活动课程化，意味着要把社团活动作为一门课程来看待，这就需要有长远和具体的活动计划，而不是随心所欲地开展活动，每一所学校、每一个班级都需要有社团活动的整体规划，而对每一个具体活动而言，又要有对该活动的翔实设计和安排，注重社团活动课程实施的计划性。

（1）调整社团设置与分类

为了保障"学生社团与兴趣类选修课程整合模式"的实施，根据社团的性质和活动类型进行调整分类，以便于分层管理。

第一类——学科兴趣类:活动重在学科知识与课外延伸的统一,培养学生的学科素养和创新能力,如各学科的竞赛辅导等。

第二类——文学艺术类:活动重在人文性与艺术性的统一,培养学生的人文艺术素养,如文学社、悦读书社、朗诵社等。

第三类——实践感悟类:活动重在认知、感悟,培养学生的社会责任感,如品文之声、四叶草志愿者服务社等。

第四类——科学技术类:活动重在科学实验、科技制作,增强探究和创新意识,如科技社、东晋皮具社等。

第五类——兴趣活动类:活动重在培养学生兴趣,开拓视野,如摄影社、合唱团、舞蹈社等。

第六类——运动竞技类:活动重在培养学生的竞技水平,如足球社、羽毛球社等。

学生根据自己的兴趣爱好、各自特长,自愿报名,每人限报一个社团,提高了全校学生的参团活动率。

(2)安排特色社团课程

以"三结合"整合模式,即社团活动与研究性学习相结合,社团活动与社会实践相结合,社团活动与兴趣类选修课程相结合,建立校本选修课程。按集中与分散相结合的原则:集中是每周三下午3课时。每月第一个周三下午为班团活动时间,第二个周三下午为社团活动时间,第三个周三下午为研究性学习时间,第四个周三下午为兴趣选修课程活动时间。除班团活动外,社团活动、研究性学习小组、兴趣选修课均为同一社团成员。大的社团可分成若干研究性学习小组,分别开设选修课程,形成全校师生容易操作的活动时间。分散是指双休日(一般在周日下午)及寒暑假时间。加强过程管理,形成社团活动课程化规律。学校每年一次大型社团活动;各社团每学期一次规模活动,每月1~2次小型活动课程。

(3)实施社团活动案例研究

学生根据自身的爱好,自身发展的特点,申请加入某一社团,社团活动成了展示自己爱好与技能的广阔舞台。但以往的活动大多处于随机的、无序的状态,缺乏系统的活动计划,使社团建设处于低层次的活动状态。校级课题组的建立,使社团建设出现了转机,把社团活动提高到一个新的高度,即综合实践活动课程化,从活动到课程,使社团建设产生了质的飞跃。这是学校特色化建设的一个重要战略发展方向。

(4)建立社团课程评价机制

我校社团活动课程建设始终贯彻"以人为本"的理念。以"培育特色"为主要目标,充分发挥学生的主体性、积极性和创造性,建立起"关注过程,注重表现,兼顾案例"新的评价体系和学分认定标准。结合我省实施高中新课改的具体要求,社团活动与研究性学习、社会实践、兴趣选修结合进行,学分认定,分别为:(1)研究性学习5个学期,共15学分;(2)社会实践3年,共6学分;(3)兴趣课程选修,不少于10次,共6学分。全校建立了23个社团,全校学生的参团率达到70%。

五 孝德为基

XIAO DE WEI JI

青春，是一曲灵动的歌，凝聚起一个个跳跃的生命，让每一瞬记忆，都闪耀出明亮的光晕。一年，两年，我们相伴着走过四季，以年轻的心，谱写出那些属于我们的温暖篇章。青春，是一程无悔的旅途。那些辗转的夜，那些难断的路口，因为一个由衷的微笑，一个不弃的结伴，我们用愈来愈稳健的脚步，迈出更为坚定地未来。

孝德园·一读一写一演二艺

一读一写：有字之孝，浸润心灵

【活动理念】

早在民间有一句俗语叫"忘八端"，回归到俗语本义，"八端"原指"孝、悌、忠、信、礼、义、廉、耻"，这些是做人之根本，忘记了这"八端"也就是忘了做人根本。其中"孝"排在"八端"之首，是情感基础与价值动源，也是道德的最高层面。

习近平总书记在系列重要讲话中多次强调，弘扬中华优秀传统文化，要处理好继承和发展的关系，重点做好创造性转化和创新性发展。孝文化是中国传统文化的重要组成部分，大力弘扬包括孝文化合理价值在内的优秀传统文化，是培育和践行社会主义核心价值观、提升我国文化软实力的一个重要途径。

《论语》记载：一天，孔子的学生子夏问孔子什么是孝，孔子只讲了两个字——色难。意思是说，给父母好脸色是最基本的孝道，也是最难做到的。

父母对于儿女的很多不是，都不会往心里去，唯独最难接受的，就是儿女给脸色看。有位老太太，中午去儿子房间找报纸，正碰上儿子回来。儿子刚谈砸了一桩业务，心情不太好，见母亲在他的床上摸索，生硬地说："妈，你没事在自己房里好好待着，别到处乱窜。"母亲解释说："我只是找张报纸，顺便在你们床上坐一会儿。"儿子的脸色很难看，出门前扔下一句："吃饱没事干。"没想到当天夜里，这位老母亲选择了轻生。

儿女为什么难以给父母好脸色？难就难在对父母的一些衰老行为，如多愁善感，行动迟缓，说话絮絮叨叨，做事丢三落四等，要能够始终给予理解、宽容和善待。难就难在对自己的一些不良行为，如任性、娇气、以自我为中心等，要能够不断进行反省、克服和纠正，特别是在外无论遇到什么不顺心、不如意的事，都不能把情绪带到家里来。难就难在给父母好脸色，要能够持之以久。一时一事给父母好脸色不难做到，难的是处处事事都是如此，尤其是当老人久病在床的时候。

衰老是人之常情，孝老乃德之大义。一个人从母亲十月怀胎到呱呱坠地，从咿呀学语到蹒跚学步，从上学、择业到结婚生子，父母究竟付出了多少精力和心血？山东枣庄"捐肾救母"的田世国说："母亲生我养我，可我做的连她给我的万分之一都没有。"常思养育之恩，发自肺腑感喟"父母之恩与天地等"，孝老爱亲才不会为难。

除了感恩之心，恭敬之心对于行孝也极为重要。《礼记·祭义》云："孝子之有深爱者必有和气，有和气者必有愉色，有愉色者必有婉容。"给父母好脸色，关键是要常思养育之恩，常怀恭敬之心，常省自身之过，始终对父母怀有深切的爱心和敬意。有了恭敬心，与父母说话的态度和语气，自会温婉谦和，照顾侍候父母，自会恭谨周到。有了恭敬心，父母的教诲会认真聆听，父母的责备会虚心悦纳。

孝是为人子女的义务本分，只有在尽孝中，我们才能知晓恩情的宝贵，懂得责任的重要，感佩担当的真诚。感恩、责任、担当，孝所蕴藏的要素，不仅是一个人正心、修身、齐家的行事依据，更是社会和谐所赖以维系的价值之核。习近平总书记多次强调，"培育和弘扬社会主义核心价值观必须立足中华优秀传统文化"。孝文化作为传统文化的精髓，为我们培育和践行社会主义核心价值观提供了良好参照。以孝德实践为圆心向外扩展，孝文化就会成为代际沟通、家庭和睦、社会和谐的润滑剂，社会道德建设也能获得坚实稳固的支撑。

国风之本在家风，家风之本在孝道。孝文化是我们应对老龄化社会挑战的精神磐石，也是我们形塑社会价值观的价值原点。

【活动目标】

在当今信息膨胀的时代，学生获取知识的方式有很多。但是阅读是不可替代的。看电影、电视时，你可能较少思考，更少想象，声音、图像……一切都是设定好的，你只是一个相对被动的接受者。而阅读的过程却是一个再创造的过程，语言文字可以为你提供无限的想象空间，你能够与遥隔千载的先人们进行超越时空的精神对话，你的心灵之翼可以自由自在地在另一个想象的世界里翱翔……阅读能够激发人的想象力和创造力。美国哲学家弗兰西斯·培根有这样一句名言"读书足以怡情，足以傅彩，足以长才"。它把书对人的影响力，对人的心灵塑造说得形象而深刻。的确，对于一个审美观、道德观、人生观都正处在形成时期的中学生，阅读的作用尤其重要。"腹有诗书气自华""知书达礼"就是说：通过阅读可以反省自我、提升自我，从而使自己成为修养良好的人。

我国是一个具有尊老、敬老、爱老、助老悠久历史的文明之邦，古语有云"百善孝为先"。在我国人口老龄化问题日趋严峻的今天，更需要大力弘扬中华民族传统美德。每个人都会变老，每个人都不希望自己的暮年在子孙的不闻不问中度过。如果自己能够孝顺父母，你的行为会潜移默化影响你的子孙，将来子孙也会孝顺你。我们不仅需要关心家里的老人，社会上仍有很多老人需要帮助，我们也要尽己所能，关爱今天的老年人，也就是关爱明天的自己。中国老龄事业发展基金会的行动宗旨就是"孝行天下，共建和谐"。"老吾老，以及人之老；幼吾幼，以及人之幼"，孝文化是湘潭大学软实力的核心体现，湘大学子们也一贯在弘扬孝道、推广传统文化的道路上行动着。相信这样的孝心传递，能汇聚成流，让爱生生不息，也会让社会更加和谐与美好。

【活动原则】

(一)全面构建阅读体系

读孝、写孝活动以课改为载体,坚持"人文教育"与创建"特色学校"相结合,传承读书文化,丰富学校文化内涵,努力实现学校课改总目标。在校本课程开发、实施中,本着"塑造完美心灵,培养健全人格"为目标,以人的发展为核心,以"为每一位学生可持续成长积淀内涵"为宗旨,积极组织和引导学生亲近书籍、亲近名著,培养学生的语感,让学生爱上阅读,感悟到读书的乐趣,让阅读成为学生生活的一部分。用文化的力量来引领学生发展,用文化的滋养为学生的成长积淀内涵,培养学生面向历史、面向现在、面向未来的人文情怀。

(二)选文广泛而经典

1、内容有情趣。文章的字里行间闪烁着人性的光辉、思想的光辉、大自然的和谐和人生的感悟。

2、语言有意味。文字应有张力,题材、风格应丰富多样。

3、难度有挑战。和课内教材相比,阅读难度应略高于教材和高中生的接受水平,具有一定的挑战性。

【读孝活动】

时间:周三晚自修5:40—6:00

要求:前10分钟,自主阅读(原文、译文、注释),大声朗读,读通读懂,了解赏析、启发及人物介绍;后10分钟学习委员领读(原文、译文);课余时间巩固理解。

论语篇

颜渊问孝

颜回(前521-前481),字子渊,春秋末期鲁国曲阜人。十三岁拜孔子为师,是孔子最得意的门生。颜回被列为七十二贤之首。

话题一:好学

在孔门诸弟子中,孔子对他称赞最多,赞其"好学",有"闻一知十"的天聪。十三岁入孔门,用了大约六年的时间,其学业基本已成。

话题二:谦逊

当时孔门弟子聪明人通常都心高气傲,自以为是,颜回却没有丝毫傲气。他沉默寡言,极少显露才智,甚至表面上看起来有点蠢。为人谦逊,"不迁怒,不贰过"。孔子称赞他,"一箪食,一瓢饮,在陋巷,人不堪其忧,回也不改其乐"。

话题三:尊师

颜渊对孔子的为人和学问都非常敬仰,他形容孔子:"仰之弥高,钻之弥坚。瞻之在前,忽焉在后",他说孔子"循循然善诱人,博我以文,约我以礼",使自己"欲罢不能",不得不尽全力去学习。颜回年仅二十九岁,头发全部白了,很早就去世了。孔子哀痛欲绝。

颜回素以德行著称,严格按照孔子关于"仁""礼"的要求,"敏于事而慎于言"。故孔子常称赞颜回具有君子四德,即强于行义,弱于受谏,怵于待禄,慎于治身。他终生所向往的就是出现一个"君臣一心,上下和睦,丰衣足食,老少康健,四方咸服,天下安宁"的无战争、无饥饿的理想社会。颜回一生没有做过官,也没有留下传世之作,他的只言片语,收集在《论语》等书中,其思想与孔子的思想基本是一致的。后世尊其为"复圣"。

本篇共计24章。其中著名的文句有:"克己复礼为仁,一日克己复礼,天下归仁焉";"非礼勿视,非礼勿听,非礼勿言,非礼勿动";"己所不欲,勿施于人";"死生有命,富贵在天";"四海之内,皆兄弟也";"君子成人之美,不成人之恶"。本篇中,孔子的几位弟子向他问怎样才是仁。

1.【原文】颜渊问仁。子曰:"克己复礼为仁。一日克己复礼,天下归仁焉。为仁由己,而由人乎哉?"颜渊曰:"请问其目。"子曰:"非礼勿视,非礼勿听,非礼勿言,非礼勿动。"颜渊曰:"回虽不敏,请事斯语矣。"

【译文】颜渊问怎样做才是仁。孔子说:"克制自己,一切都照着礼的要求去做,这就是仁。一旦这样做了,天下的一切就都归于仁了。实行仁德,完全在于自己,难道还在于别人吗?"颜渊说:"请问实行仁的条目。"孔子说:"不合于礼的不要看,不合于礼的不要听,不合于礼的不要说,不合于礼的不要做。"颜渊说:"我虽然愚笨,也要照您的这些话去做。"

2.【原文】仲弓问仁。子曰:"出门如见大宾,使民如承大祭;己所不欲,勿施于人;在邦无怨,在家无怨。"仲弓曰:"雍虽不敏,请事斯语矣。"

【译文】仲弓问怎样做才是仁。孔子说:"出门办事如同去接待贵宾,使唤百姓如同去进行重大的祭祀,(都要认真严肃。)自己不愿意要的,不要强加于别人;做到在诸侯的朝廷上没人怨恨(自己);在卿大夫的封地里也没人怨恨(自己)。"仲弓说:"我虽然笨,也要照您的话去做。"

3.【原文】司马牛问仁。子曰:"仁者,其言也讱。"曰:"其言也讱,斯谓之仁已乎?"子曰:"为之难,言之得无讱乎?"

【译文】司马牛问怎样做才是仁。孔子说:"仁人说话是慎重的。"司马牛说:"说话慎重,这就叫做仁了吗?"孔子说:"做起来很困难,说起来能不慎重吗?"

4.【原文】司马牛问君子。子曰:"君子不忧不惧。"曰:"不忧不惧,斯谓之君子已乎?"子曰:"内省不疚,夫何忧何惧?"

【译文】司马牛问怎样做一个君子。孔子说:"君子不忧愁,不恐惧。"司马牛说:"不忧愁,不恐惧,这样就可以叫做君子了吗?"孔子说:"自己问心无愧,那还有什么忧愁和恐惧呢?"

5.【原文】司马牛忧曰:"人皆有兄弟,我独亡。"子夏曰:"商闻之矣:死生有命,富贵在天。君子敬而无失,与人恭而有礼,四海之内,皆兄弟也。君子何患乎无兄弟也?"

【译文】司马牛忧愁地说:"别人都有兄弟,唯独我没有。"子夏说:"我听说过:'死生有命,富贵在天。'君子只要对待所做的事情严肃认真,不出差错,对人恭敬而合乎于礼的规定,那么,天下人就都是自己的兄弟了。君子何愁没有兄弟呢?"

6.【原文】子张问明,子曰:"浸润之谮,肤受之诉,不行焉,可谓明也已矣。浸润之谮,肤受之诉,不行焉,可谓远也已矣。"

【译文】子张问怎样做才算是明智的。孔子说:"像水润物那样暗中挑拨的坏话,像切肤之痛那样直接的诽谤,在你那里都行不通,那你可以算是明智的了。暗中挑拨的坏话和直接的诽谤,在你那里都行不通,那你可以算是有远见的了。"

7.【原文】子贡问政。子曰："足食，足兵，民信之矣。"子贡曰："必不得已而去，于斯三者何先？"曰："去兵。"子贡曰："必不得已而去，于期二者何先？"曰："去食。自古皆有死，民无信不立。"

【译文】子贡问怎样治理国家。孔子说，"粮食充足，军备充足，老百姓信任统治者。"子贡说："如果不得不去掉一项，那么在三项中先去掉哪一项呢？"孔子说："去掉军备。"子贡说："如果不得不再去掉一项，那么这两项中去掉哪一项呢？"孔子说："去掉粮食。自古以来人总是要死的，如果老百姓对统治者不信任，那么国家就不能存在了。"

8.【原文】棘子成曰："君子质而已矣，何以文为？"子贡曰："惜乎夫子之说君子也！驷不及舌。文犹质也，质犹文也，虎豹之鞟犹犬羊之鞟。"

【译文】棘子成说："君子只要具有好的品质就行了，要那些表面的仪式干什么呢？"子贡说："真遗憾，夫子您这样谈论君子。一言既出，驷马难追。本质就像文采，文采就像本质，都是同等重要的。去掉了毛的虎、豹皮，就如同去掉了毛的犬、羊皮一样。"

9.【原文】哀公问于有若曰："年饥，用不足，如之何？"有若对曰："盍彻乎？"曰："二，吾犹不足，如之何其彻也？"对曰："百姓足，君孰与不足？百姓不足，君孰与足？"

【译文】鲁哀公问有若说："遭了饥荒，国家用度困难，怎么办？"有若回答说："为什么不实行彻法，只抽十分之一的田税呢？"哀公说："现在抽十分之二，我还不够，怎么能实行彻法呢？"有若说："如果百姓的用度够，您怎么会不够呢？如果百姓的用度不够，您怎么又会够呢？"

10.【原文】子张问崇德辨惑。子曰："主忠信，徙义，崇德也。爱之欲其生，恶之欲其死，既欲其生，又欲其死，是惑也。'诚不以富，亦只以异。'"

【译文】子张问怎样提高道德修养水平和辨别是非迷惑的能力。孔子说："以忠信为主，使自己的思想合于义，这就是提高道德修养水平了。爱一个人，就希望他活下去，厌恶起来就恨不得他立刻死去，既要他活，又要他死，这就是迷惑。正如《诗》所说的：'即使不是嫌贫爱富，也是喜新厌旧。'"

11.【原文】齐景公问政于孔子。孔子对曰："君君、臣臣、父父、子子。"公曰："善哉！信如君不君，臣不臣，父不父，子不子，虽有粟，吾得而食诸？"

【译文】齐景公问孔子如何治理国家。孔子说:"做君主的要像君的样子,做臣子的要像臣的样子,做父亲的要像父亲的样子,做儿子的要像儿子的样子。"齐景公说:"讲得好呀! 如果君不像君,臣不像臣,父不像父,子不像子,虽然有粮食,我能吃得上吗?"

12.【原文】子曰:"片言可以折狱者,其由也与?"子路无宿诺。

【译文】孔子说:"只听了单方面的供词就可以判决案件的,大概只有仲由吧。"子路说话没有不算数的时候。

13.【原文】子曰:"听讼,吾犹人也。必也使无讼乎!"

【译文】孔子说:"审理诉讼案件,我同别人也是一样的。重要的是必须使诉讼的案件根本不发生!"

14.【原文】子张问政。子曰:"居之无倦,行之以忠。"

【译文】子张问如何治理政事。孔子说:"居于官位不懈怠,执行君令要忠实。"

15.【原文】子曰:"博学于文,约之以礼,亦可以弗畔矣夫!"

16.【原文】子曰:"君子成人之美,不成人之恶。小人反是。"

【译文】孔子说:"君子成全别人的好事,而不助长别人的恶处。小人则与此相反。"

17.【原文】季康子问政于孔子。孔子对曰:"政者正也。子帅以正,孰敢不正?"

【译文】季康子问孔子如何治理国家。孔子回答说:"政就是正的意思。您本人带头走正路,那么还有谁敢不走正道呢?"

18.【原文】季康子患盗,问于孔子。孔子对曰:"苟子之不欲,虽赏之不窃。"

【译文】季康子担忧盗窃,问孔子怎么办。孔子回答说:"假如你自己不贪图财利,即使奖励偷窃,也没有人偷盗。"

19.【原文】季康子问政于孔子曰:"如杀无道,以就有道,何如?"孔子对曰:"子为政,焉用杀? 子欲善而民善矣。君子之德风,人小之德草,草上之风,必偃。"

【译文】季康子问孔子如何治理政事,说:"如果杀掉无道的人来成全有道的人,怎么样?"孔子说:"您治理政事,哪里用得着杀戮的手段呢?您只要想行善,老百姓也会跟着行善。在位者的品德好比风,在下的人的品德好比草,风吹到草上,草就必定跟着倒。"

20.【原文】子张问:"士何如斯可谓之达矣?"子曰:"何哉,尔所谓达者?"子张对曰:"在邦必闻,在家必闻。"子曰:"是闻也,非达也。夫达也者,质直而好义,察言而观色,虑以下人。在邦必达,在家必达。夫闻也者,色取仁而行违,居之不疑。在邦必闻,在家必闻。"

【译文】子张问:"士怎样才可以叫做通达?"孔子说:"你说的通达是什么意思?"子张答道:"在国君的朝廷里必定有名望,在大夫的封地里也必定有名声。"孔子说:"这只是虚假的名声,不是通达。所谓达,那是要品质正直,遵从礼义,善于揣摩别人的话语,对察别人的脸色,经常想着谦恭待人。这样的人,就可以在国君的朝廷和大夫的封地里通达。至于有虚假名声的人,只是外表上装出的仁的样子,而行动上却正是违背了仁,自己还以仁人自居不惭愧。但他无论在国君的朝廷里和大夫的封地里都必定会有名声。"

21.【原文】樊迟从游于舞雩之下,曰:"敢问崇德、修慝、辨惑。"子曰:"善哉问!先事后得,非崇德与?攻其恶,无攻人之恶,非修慝与?一朝之忿,忘其身,以及其亲,非惑与?"

【译文】樊迟陪着孔子在舞雩台下散步,说:"请问怎样提高品德修养?怎样改正自己的邪念?怎样辨别迷惑?"孔子说:"问得好!先努力致力于事,然后才有所收获,不就是提高品德了吗?检讨自己的邪念了吗?由于一时的气愤,就忘记了自身的安危,以至于牵连自己的亲人,这不就是迷惑吗?"

22.【原文】樊迟问仁。子曰:"爱人。"问知。子曰:"知人。"樊迟未达。子曰:"举直错诸枉,能使枉者直。"樊迟退,见子夏曰:"乡也吾见于夫子而问知,子曰'举直错诸枉,能使枉者直',何谓也?"子夏曰:"富哉言乎!舜有天下,选于众,举皋陶,不仁者远矣。汤有天下,选于众,举伊尹,不仁者远矣。"

知章书院：普通高中人文教育的新载体

【译文】樊迟问什么是仁。孔子说:"爱人。"樊迟问什么是智,孔子说:

"了解人。"樊迟还不明白。孔子说:"选拔正直的人,罢黜邪恶的人,这样就能使邪者归正。"樊迟退出来,见到子夏说:"刚才我见到老师,问他什么是智,他说'选拔正直的人,罢黜邪恶的人,这样就能使邪者归正。这是什么意思?"子夏说:"这话说得多么深刻呀! 舜有天下,在众人中挑选人才,把皋陶选拔出来,不仁的人就被疏远了。汤有了天下,在众人中挑选人才,把伊尹选拔出来,不仁的人就被疏远了。"

八 佾

1.孔子谓季氏:"八佾舞于庭,是可忍也,孰不可忍也?"

译文:孔子谈到季氏,说,"他用六十四人在自己的庭院中奏乐舞蹈,这样的事他都忍心去做,还有什么事情不可狠心做出来呢?"

2.三家者以《雍》彻,子曰:"'相维辟公,天子穆穆',奚取于三家之堂?"

译文:孟孙氏、叔孙氏、季孙氏三家在祭祖完毕撤去祭品时,也命乐工唱《雍》这篇。孔子说:"(《雍》诗上这两句)'助祭的是诸侯,天子严肃静穆地在那里主祭。'这样的意思,怎么能用在你三家的庙堂里呢?"

3.子曰:"人而不仁,如礼何? 人而不仁,如乐何?"

译文:孔子说:"一个人没有仁德,他怎么能实行礼呢? 一个人没有仁德,他怎么能运用乐呢?"

4.林放问礼之本,子曰:"大哉问! 礼,与其奢也,宁俭;丧,与其易也,宁戚。"

译文:林放问什么是礼的根本。孔子回答说:"你问的问题意义重大,就礼节仪式的一般情况而言,与其奢侈,不如节俭;就丧事而言,与其仪式上治办周备,不如内心真正哀伤。"

5.子曰:"夷狄之有君,不如诸夏之亡也。"

译文:孔子说:"夷狄(文化落后)虽然有君主,还不如中原诸国没有君主呢。"

6.季氏旅于泰山。子谓冉有曰:"女弗能救与?"对曰:"不能。"子曰:"呜呼! 曾谓泰山不如林放乎?"

译文：季孙氏去祭祀泰山。孔子对冉有说："你难道不能劝阻他吗？"冉有说："不能。"孔子说："唉！难道说泰山神还不如林放知礼吗？"

7.子曰："君子无所争，必也射乎！揖让而升，下而饮。其争也君子。"

译文：孔子说："君子没有什么可与别人争的事情。如果有的话，那就是射箭比赛了。比赛时，先相互作揖谦让，然后上场。射完后，又相互作揖再退下来，然后登堂喝酒。这就是君子之争。"

8.子夏问曰："'巧笑倩兮，美目盼兮，素以为绚兮'何谓也？"子曰："绘事后素。"曰："礼后乎？"子曰："起予者商也，始可与言《诗》已矣。"

译文：子夏问孔子："'笑得真好看啊，美丽的眼睛真明亮啊，用素粉来打扮啊。'这几句话是什么意思呢？"孔子说："这是说先有白底然后画画。"子夏又问："那么，是不是说礼也是后起的事呢？"孔子说："商，你真是能启发我的人，现在可以同你讨论《诗经》了。"

9.子曰："夏礼吾能言之，杞不足征也；殷礼吾能言之，宋不足征也。文献不足故也，足则吾能征之矣。"

译文：孔子说："夏朝的礼，我能说出来，（但是它的后代）杞国不足以证明我的话；殷朝的礼，我能说出来，（但它的后代）宋国不足以证明我的话。这都是由于文字资料和熟悉夏礼和殷礼的人不足的缘故。如果足够的话，我就可以得到证明了。"

10.子曰："禘自既灌而往者，吾不欲观之矣。"

译文：孔子说："对于行禘礼的仪式，从第一次献酒以后，我就不愿意看了。"

11.或问禘之说。子曰："不知也。知其说者之于天下也，其如示诸斯乎！"指其掌。

译文：有人问孔子关于举行禘祭的规定。孔子说："我不知道。知道这种规定的人，对治理天下的事，就会像把这东西摆在这里一样（容易）吧！"（一面说一面）指着他的手掌。

12.祭如在，祭神如神在。子曰："吾不与祭，如不祭。"

译文：祭祀祖先就像祖先真在面前，祭神就像神真在面前。孔子说："我如果不亲自参加祭祀，那就和没有举行祭祀一样。"

13.王孙贾问曰:"'与其媚于奥,宁媚于灶',何谓也?"子曰:"不然,获罪于天,无所祷也。"

译文:王孙贾问道:"(人家都说)与其奉承奥神,不如奉承灶神。这话是什么意思?"孔子说:"不是这样的。如果得罪了天,那就没有地方可以祷告了。"

14.子曰:"周监于二代,郁郁乎文哉! 吾从周。"

译文:孔子说:"周朝的礼仪制度借鉴于夏、商二代,是多么丰富多彩啊。我遵从周朝的制度。"

15.子入太庙,每事问。或曰:"孰谓鄹人之子知礼乎? 入太庙,每事问。"子闻之,曰:"是礼也。"

译文:孔子到了太庙,每件事都要问。有人说:"谁说此人懂得礼呀,他到了太庙里,什么事都要问别人。"孔子听到此话后说:"这就是礼呀!"

16.子曰:"射不主皮,为力不同科,古之道也。"

译文:孔子说:"比赛射箭,不在于穿透靶子,因为各人的力气大小不同。自古以来就是这样。"

17.子贡欲去告朔之饩羊,子曰:"赐也! 尔爱其羊,我爱其礼。"

译文:子贡提出去掉每月初一日告祭祖庙用的活羊。孔子说:"赐,你爱惜那只羊,我却爱惜那种礼。"

18.子曰:"事君尽礼,人以为谄也。"

译文:孔子说:"我完完全全按照周礼的规定去侍奉君主,别人却以为这是谄媚呢。"

19.定公问:"君使臣,臣事君,如之何?"孔子对曰:"君使臣以礼,臣事君以忠。"

译文:鲁定公问孔子:"君主怎样使唤臣下,臣子怎样侍奉君主呢?"孔子回答说:"君主应该按照礼的要求去使唤臣子,臣子应该以忠来侍奉君主。"

20.子曰:"《关雎》,乐而不淫,哀而不伤。"

译文:孔子说:"《关雎》这篇诗,快乐而不放荡,忧愁而不哀伤。"

21.哀公问社于宰我,宰我对曰:"夏后氏以松,殷人以柏,周人以栗,曰使民战栗。"

子闻之，曰："成事不说，遂事不谏，既往不咎。"

译文：鲁哀公问宰我，土地神的神主应该用什么树木，宰我回答："夏朝用松树，商朝用柏树，周朝用栗子树。用栗子树的意思是说：使老百姓战栗。"孔子听到后说："已经做过的事不用提了，已经完成的事不用再去劝阻了，已经过去的事也不必再追究了。"

22.子曰："管仲之器小哉！"或曰："管仲俭乎？"曰："管仲有三归，官事不摄，焉得俭？""然则管仲知礼乎？"曰："邦君树塞门，管氏亦树塞门；邦君为两君之好，有反坫。管氏亦有反坫，管氏而知礼，孰不知礼？"

译文：孔子说："管仲这个人的器量真是狭小呀！"有人说："管仲节俭吗？"孔子说："他有三处豪华的藏金府库，他家里的管事也是一人一职而不兼任，怎么谈得上节俭呢？"那人又问："那么管仲知礼吗？"孔子回答："国君大门口设立照壁，管仲在大门口也设立照壁。国君同别国国君举行会见时在堂上有放空酒杯的设备，管仲也有这样的设备。如果说管仲知礼，那么还有谁不知礼呢？"

23.子语鲁大师乐，曰："乐其可知也。始作，翕如也；从之，纯如也，皦如也，绎如也，以成。"

译文：孔子对鲁国乐官谈论演奏音乐的道理说："奏乐的道理是可以知道的。开始演奏，各种乐器合奏，声音繁美；继续展开下去，悠扬悦耳，音节分明，连续不断，最后完成。"

24.仪封人请见，曰："君子之至于斯也，吾未尝不得见也。"从者见之。出曰："二三子何患于丧乎？天下之无道也久矣，天将以夫子为木铎。"

译文：仪这个地方的长官请求见孔子，他说："凡是君子到这里来，我从没有见不到的。"孔子的随从学生引他去见了孔子。他出来后（对孔子的学生们）说："你们几位何必为没有官位而发愁呢？天下无道已经很久了，上天将以孔夫子为圣人来号令天下。"

25.子谓《韶》："尽美矣，又尽善也。"谓《武》："尽美矣，未尽善也。"

译文：孔子讲到"韶"这一乐舞时说："艺术形式美极了，内容也很好。"

谈到"武"这一乐舞时说:"艺术形式很美,但内容却差一些。"

26.子曰:"居上不宽,为礼不敬,临丧不哀,吾何以观之哉?"

译文:孔子说:"居于执政地位的人,不能宽厚待人,行礼的时候不严肃,参加丧礼时也不悲哀,这种情况我怎么能看得下去呢?"

里 仁

1.子曰:"里仁为美。择不处仁,焉得知?"

译文:孔子说:"跟有仁德的人住在一起,才是好的。如果你选择的住处不是跟有仁德的人在一起,怎么能说你是明智的呢?"

2.子曰:"不仁者不可以久处约,不可以长处乐。仁者安仁,知者利仁。"

译文:孔子说:"没有仁德的人不能长久地处在贫困中,也不能长久地处在安乐中。仁人是安于仁道的,有智慧的人则是知道仁对自己有利才去行仁的。"

3.子曰:"唯仁者能好人,能恶人。"

译文:孔子说:"只有那些有仁德的人,才能爱人和恨人。"

4.子曰:"苟志于仁矣,无恶也。"

译文:孔子说:"如果立志于仁,就不会做坏事了。"

5.子曰:"富与贵,是人之所欲也;不以其道得之,不处也。贫与贱,是人之所恶也;不以其道得之,不去也。君子去仁,恶乎成名? 君子无终食之间违仁,造次必于是,颠沛必于是。"

译文:孔子说:"富裕和显贵是人人都想要得到的,但不用正当的方法得到它,就不会去享受的;贫穷与低贱是人人都厌恶的,但不用正当的方法去摆脱它,就不会摆脱的。君子如果离开了仁德,又怎么能叫君子呢? 君子没有一顿饭的时间背离仁德的,就是在最紧迫的时刻也必须按照仁德办事,就是在颠沛流离的时候,也一定会按仁德去办事的。"

6.子曰:"我未见好仁者,恶不仁者。好仁者,无以尚之;恶不仁者,其为仁矣,不使不仁者加乎其身。有能一日用其力于仁矣乎? 我未见力不足者。盖有之矣,我未见也。"

译文:孔子说:"我没有见过爱好仁德的人,也没有见过厌恶不仁的人。爱好仁德的人,是不能再好的了;厌恶不仁的人,在实行仁德的时候,不让不仁德的人影响自己。有能一天把自己的力量用在实行仁德上吗?我还没有看见力量不够的。这种人可能还是有的,但我没见过。"

7.子曰:"人之过也,各于其党。观过,斯知仁矣。"

译文:孔子说:"人们的错误,总是与他那个集团的人所犯错误性质是一样的。所以,考察一个人所犯的错误,就可以知道他是哪一类人了。"

8.子曰:"朝闻道,夕死可矣。"

译文:孔子说:"早晨得知了道,就是当天晚上死去也心甘。"

9.子曰:"士志于道,而耻恶衣恶食者,未足与议也。"

译文:孔子说:"士有志于(学习和实行圣人的)道理,但又以自己吃穿得不好为耻辱,对这种人,是不值得与他谈论道的。"

10.子曰:"君子之于天下也,无适也,无莫也,义之与比。"

译文:孔子说:"君子对于天下的人和事,没有固定的厚薄亲疏,只是按照义去做。"

11.子曰:"君子怀德,小人怀土;君子怀刑,小人怀惠。"

译文:孔子说:"君子思念的是道德,小人思念的是乡土;君子想的是法制,小人想的是恩惠。"

12.子曰:"放于利而行,多怨。"

译文:孔子说:"为追求利益而行动,就会招致更多的怨恨。"

13.子曰:"能以礼让为国乎? 何有? 不能以礼让为国,如礼何?"

译文:孔子说:"能够用礼让原则来治理国家,那还有什么困难呢? 不能用礼让原则来治理国家,怎么能实行礼呢?"

14.子曰:"不患无位,患所以立。不患莫己知,求为可知也。"

译文:孔子说:"不怕没有官位,就怕自己没有学到赖以站得住脚的东西。不怕没有人知道自己,只求自己成为有真才实学值得为人们知道的人。"

15.子曰:"参乎! 吾道一以贯之。"曾子曰:"唯。"子出,门人问曰:"何谓也?"曾子曰:"夫子之道,忠恕而已矣。"

译文:孔子说:"参啊,我讲的道是由一个基本的思想贯彻始终的。"曾子说:"是。"孔子出去之后,同学便问曾子:"这是什么意思?"曾子说:"老师的道,就是忠恕罢了。"

16.子曰:"君子喻于义,小人喻于利。"

译文:孔子说:"君子明白大义,小人只知道小利。"

17.子曰:"见贤思齐焉,见不贤而内自省也。"

译文:孔子说:"见到贤人,就应该向他学习、看齐,见到不贤的人,就应该自我反省(自己有没有与他相类似的错误)。"

18.子曰:"事父母,几谏,见志不从,又敬不违,劳而不怨。"

译文:孔子说:"侍奉父母,(如果父母有不对的地方),要委婉地劝说他们。(自己的意见表达了,)见父母心里不愿听从,还是要对他们恭恭敬敬,并不违抗,替他们操劳而不怨恨。"

19.子曰:"父母在,不远游,游必有方。"

译文:孔子说:"父母在世,不远离家乡;如果不得已要出远门,也必须有一定的地方。"

20.子曰:"三年无改于父之道,可谓孝矣。"

译文:孔子说:"如果他长期不改变父亲的原则,可以说是做到孝了。"

21.子曰:"父母之年,不可不知也,一则以喜,一则以惧。"

译文:孔子说:"父母的年纪,不可不知道并且常常记在心里。一方面为他们的长寿而高兴,一方面又为他们的衰老而恐惧。"

22.子曰:"古者言之不出,耻躬之不逮也。"

译文:孔子说:"古代人不轻易把话说出口,因为他们以自己做不到为可耻啊。"

23.子曰:"以约失之者鲜矣。"

译文:孔子说:"用礼来约束自己,再犯错误的人就少了。"

24.子曰:"君子欲讷于言而敏于行。"

译文:孔子说:"君子说话要谨慎,而行动要敏捷。"

25.子曰:"德不孤,必有邻。"

译文:孔子说:"有道德的人是不会孤立的,一定会有思想一致的人与他相处。"

26.子游曰:"事君数,斯辱矣;朋友数,斯疏矣。"

译文:子游说:"侍奉君主太过繁琐,就会受到侮辱;对待朋友太繁琐,就会被疏远了。"

述 而

1.子不语怪、力、乱、神。

译:孔子不谈论怪异、暴力、变乱、鬼神。

2.子曰:"三人行,必有我师焉。择其善者而从之,其不善者而改之。"

译:孔子说:"三个人一起走路,其中必定有人可以做我的老师。我选择他善的品德向他学习,看到他不善的地方就作为借鉴,改掉自己的缺点。"

3.子曰:"天生德于予,桓魋其如予何?"

译:孔子说:"上天把德赋予了我,桓魋能把我怎么样?"

4.子曰:"二三子以我为隐乎?吾无隐乎尔!吾无行而不与二三子者,是丘也。"

译:孔子说:"学生们,你们以为我对你们有什么隐瞒的吗?我是丝毫没有隐瞒的。我没有什么事不是和你们一起干的。我孔丘就是这样的人。"

5.子以四教:文,行,忠,信。

译:孔子以文、行、忠、信四项内容教授学生。

6.子曰:"圣人,吾不得而见之矣;得见君子者斯可矣。"子曰:"善人,吾不得而见之矣,得见有恒者斯可矣。亡而为有,虚而为盈,约而为泰,难乎有恒乎。"

译:孔子说:"圣人我是不可能看到了,能看到君子,这就可以了。"孔子又说:"善人我不可能看到了,能见到始终如一(保持好的品德的)人,这也就可以了。没有却装作有,空虚却装作充实,穷困却装作富足,这样的人是难于有恒心(保持好的品德)的。"

7.子钓而不纲,弋不射宿。

译:孔子只用(有一个鱼钩)的钓竿钓鱼,而不用(有许多鱼钩的)大绳钓鱼。只射飞鸟,不射巢中歇宿的鸟。

8.子曰:"盖有不知而作之者,我无是也。多闻,择其善者而从之;多见而识之,知之次也。"

译:孔子说:"有这样一种人,可能他什么都不懂却在那里凭空创造,我却没有这样做过。多听,选择其中好的来学习;多看,然后记在心里,这是次一等的智慧。"

9.互乡难与言,童子见,门人惑。子曰:"与其进也,不与其退也,唯何甚?人洁己以进,与其洁也,不保其往也。"

译:(孔子认为)很难与互乡那个地方的人谈话,但互乡的一个童子却受到了孔子的接见,学生们都感到迷惑不解。孔子说:"我是肯定他的进步,不是肯定他的倒退。何必做得太过分呢?人家改正了错误以求进步,我们肯定他改正错误,不要死抓住他的过去不放。"

10.子曰:"仁远乎哉?我欲仁,斯仁至矣。"

译:孔子说:"仁难道离我们很远吗?只要我想达到仁,仁就来了。"

11.陈司败问:"昭公知礼乎?"孔子曰:"知礼。"孔子退,揖巫马期而进之,曰:"吾闻君子不党,君子亦党乎?君取于吴,为同姓,谓之吴孟子。君而知礼,孰不知礼?"巫马期以告,子曰:"丘也幸,苟有过,人必知之。"

译:陈司败问:"鲁昭公懂得礼吗?"孔子说:"懂得礼。"孔子出来后,陈司败向巫马其作了个揖,请他走近自己,对他说:"我听说,君子是没有偏私的,难道君子还包庇别人吗?鲁君在吴国娶了一个同姓的女子为夫人,是国君的同姓,称她为吴孟子。如果鲁君算是知礼,还有谁不知礼呢?"巫马期把这句话告诉了孔子。孔子说:"我真是幸运。如果有错,人家一定会知道。"

12.子与人歌而善,必使反之,而后和之。

译:孔子与别人一起唱歌,如果唱得好,一定要请他再唱一遍,然后和他一起唱。

13.子曰:"文,莫吾犹人也。躬行君子,则吾未之有得。"

译:孔子说:"就书本知识来说,大约我和别人差不多,做一个身体力行的君子,那我还没有做到。"

14. 子曰："若圣与仁,则吾岂敢? 抑为之不厌,诲人不倦,则可谓云尔已矣。"公西华曰："正唯弟子不能学也。"

译:孔子说:"如果说到圣与仁,那我怎么敢当! 不过(向圣与仁的方向)努力而不感厌烦地做,教诲别人也从不感觉疲倦,则可以这样说的。"公西华说:"这正是我们学不到的。"

15. 子疾病,子路请祷。子曰："有诸?"子路对曰:"有之。《诔》曰:'祷尔于上下神祇。'"子曰:"丘之祷久矣。"

译:孔子病情严重,子路向鬼神祈祷。孔子说:"有这回事吗?"子路说:"有的。《诔》文上说:'为你向天地神灵祈祷。'"孔子说:"我很久以来就在祈祷了。"

16. 子曰:"奢则不孙,俭则固。与其不孙也,宁固。"

译:孔子说:"奢侈了就会越礼,节俭了就会寒酸。与其越礼,宁可寒酸。"

17. 子曰:"君子坦荡荡,小人长戚戚。"

译:孔子说:"君子心胸宽广,小人经常忧愁。"

18. 子温而厉,威而不猛,恭而安。

译:孔子温和而又严厉,威严而不凶猛,庄重而又安详。

素养篇

友 情

友情,它是在你悲伤无助的时候,给你安慰与关怀;在你失望彷徨的时候,给你信心与力量;在你成功欢乐的时候,分享你的胜利和喜悦。在人生旅途上,尽管有坎坷、有崎岖,但有朋友在,就能给你鼓励、给你关怀,并且帮你度过最艰难的岁月。

朋友是相互的,朋友在需要帮助的时候,你就要挺身而出,"为朋友两肋插刀"就在于朋友的相互关心。给朋友以关心,给朋友以帮助,让朋友远离孤单,让朋友忘却忧郁,不让朋友郁闷。

友情,是一种很美妙的东西,可以让你在失落的时候变得高兴起来,可以让你走出苦海，去迎接新的人生。它就像一种你无法说出，又可以感到快乐无比的东西。只有拥有真正朋友的人，才能感受到它真正的美好之处。友情，它是一种只有付出了同样一份这样的东西，才可以得到这种东西。

它和亲情、爱情一样，全是一种抽象的、令人捉摸不透的东西，可却要比它们更值得我们去珍惜。友情不要求什么，它有一种温暖，它是我们都能体会到的。没有人能说清楚，友情到底是一种什么东西？那它到底是什么东西呢？你只有付出关爱，付出真诚才能得到的东西；它既是一种感情，也是一种收获。

原文

荀巨伯远看友人疾，值胡贼攻郡，友人语巨伯曰："吾今死矣，子可去。"巨伯曰："远来相视，子令吾去，败义以求生，岂荀巨伯所行邪？"贼既至，谓巨伯曰："大军至，一郡尽空，汝何男子，而敢独止？"巨伯曰："友人有疾，不忍委之，宁以我身代友人命。"贼相谓曰："我辈无义之人，而入有义之国。"遂班军而还，一郡并获全。

译文

荀巨伯到远方看望生病的朋友，正好遇上胡人来攻城。朋友对荀巨伯说："我如今是快死的人了，你赶快离开吧！"荀巨伯说："我远道而来看望你，你却要我离开；败坏道义来求生，怎么是我的行为呢？"等到贼兵来了，问荀巨伯说："大军一到，全城的人都逃走了，你是什么人，竟敢独自停留在这里？"荀巨伯回答说："朋友有疾病，（我）不忍心抛下他，宁愿用我的性命来换取朋友的生命。"贼兵听后相互说道："我们这些无义之人，却要攻入这个讲究道义的地方！"于是调动整个军队回去了，全城因而得以保留。

注释

语：对……说	岂：难道
子：尊称，相当于"您"	既：已经
去：离开	一：整个
败义：毁坏道义	止：停留

委：丢下；舍弃　　　　　　　　　　还：回去

递：于是　　　　　　　　　　　　　并：都

班军：调回军队，班：撤回

赏析

做人应该讲情意，舍生取义的义举不仅救了他人性命，更是拯救了一座城，乃至一个国家！坚守信义、大义凛然、对友忠诚、舍生取义、重情义、把情意看得比生命还重要。这样的人是我们去尊敬的，也是我们要好好学习的。"我辈无义之人，而入有义之国。"是文章的点睛之笔。

同学一首别子固

江之南有贤人焉，字子固，非今所谓贤人者，予慕而友之。淮之南有贤人焉，字正之，非今所谓贤人者，予慕而友之。二贤人者，足未尝相过也，口未尝相语也，辞币未尝相接也。其师若友，岂尽同哉？予考其言行，其不相似者，何其少也！曰，学圣人而已矣。学圣人，则其师若友，必学圣人者。圣人之言行岂有二哉？其相似也适然。

予在淮南，为正之道子固，正之不予疑也。还江南，为子固道正之，子固亦以为然。予又知所谓贤人者，既相似，又相信不疑也。

子固作《怀友》一首遗予，其大略欲相扳，以至乎中庸而后已。正之盖亦常云尔。夫安驱徐行，辅中庸之庭，而造于其室，舍二贤人者而谁哉？予昔非敢自必其有至也，亦愿从事于左右焉尔。辅而进之，其可也。

噫！官有守，私系合不可以常也，作《同学一首别子固》，以相警且相慰云。

译文

江南有一位贤人，字子固，他不是现在一般人所说的那种贤人，我敬慕他，并和他交朋友。淮南有一位贤人，字正之，他也不是现在一般人所说的那种贤人，我敬慕他，也和他交朋友。这两位贤人，不曾互相往来，不曾互相交谈，也没有互相赠送过礼品。他们的老师和朋友，难道都是相同的吗？我注意考察他们的言行，他们之间的不同之处竟是那么少呀！应该说，这是他们学习圣人的结果。学习圣人，那么他们的老师和朋友，也必定是学习圣人的人。圣人的言行难道会有两样的吗？他们的相似就是必然的了。

我在淮南，向正之提起子固，正之不怀疑我的话。回到江南，向子固提起正之，子固也很相信我的话。于是我知道被人们认为是贤人的人，他们的言行既相似，又互相信任而不猜疑。

子固写了一篇《怀友》赠给我，其大意是希望互相帮助，以便达到中庸的标准才肯罢休。正之也经常这样说过。驾着车子稳步前进，碾过中庸的门庭而进入内室，除了这两位贤人还能有谁呢？我过去不敢肯定自己有可能达到中庸的境地，但也愿意跟在他们左右奔走。在他们的帮助下前进，大概能够达到目的。

唉！做官的各有自己的职守，由于个人私事的牵挂，我们之间不能经常相聚，作《同学一首别子固》，用来互相告诫，并且互相慰勉。

注释

①慕而友：慕：仰慕。友：与之交朋友，动词。

②相过：拜访，交往。

③辞：这里指书信往来。币：帛，丝织品，这里指礼品。

④考：考察。

⑤适然：理所当然的事情。

⑥大略：大体上。扳：同"攀"，援引。

⑦安驱：稳稳当当地驾车。

⑧辅：车轮碾过。

⑨造于：到达。

⑩昔：昔日。

赏析

《同学一首别子固》是王安石在青年时期所写的一篇赠别之作，虽然是赠别的，但是却没有世俗常见的惜别留念之情。文章明着写的只有两个人，但实际上却有三个人：曾巩、孙侔两人虽然平时没有来往，却有很多相似之处，而且都相互信任。文中指出这正是"学圣人"的共同之处，同时还表达了作者想和两人建立共同进步、相互勉励、相互鞭策的君子之谊，早点达到圣贤倡导的最高境界。

《同学一首别子固》开篇简约地介绍了二贤人曾巩和孙侔；中间叙述曾巩和孙侔虽然素不相互交往，但是都学圣人，所以能相似，又相信不疑，彼此勉励,"欲相扳以至乎中庸而后已";最后说明回赠"同学一首别子固"的意图,是为了互相告诫和互相慰勉。此文感情真挚,言简意赅,层次分明,采用陪衬手法,以孙侔陪衬曾巩,则更加突出了曾巩,同时又把自己的看法融入其中,使之互相映衬,令人回味无穷。

送宗判官归滑台序

大丈夫其谁不有四方志?则仆与宗衮二年之间,会而离,离而会,经途所亘,凡三万里。何以言之?去年春会于京师,是时仆如桂林,衮如滑台;今年秋,乃不期而会于桂林;居无何,又归滑台,王事故也。舟车往返,岂止三万里乎?人生几何?而倏聚忽散,辽夐若此,抑知己难遇,亦复何辞!

岁十有一月,二三子出饯于野。霜天如扫,低向朱崖。加以尖山万重,平地卓立。黑是铁色,锐如笔锋。复有阳江、桂江,略军城而南走,喷入沧海,横浸三山,则中朝群公岂知遐荒之外有如是山水?山水既尔,人亦其然。衮乎对此,与我分手。忘我尚可,岂得忘此山水哉!

译文

大丈夫哪个没有奔走天下、安邦定国的远大志向?我和宗衮在两年之间,会面了又离别,离别了又会面,这当中来来去去所经历的路程,总共有三万里。为什么说有这么长的路程呢?去年春天,我们两人在京城相会,当时我去桂林,宗衮去滑台;今年秋天,我们竟然料想不到又在桂林相会;过了没多久,宗衮因为国事的缘故又回到滑台。坐船坐车,来来往往,哪里只止三万里呢?人的一生有多久?刚聚在一起,突然间又要分别,像这样相距遥远,更何况像这样的知己朋友极难遇上,还有什么好说的!

时间正值十一月,我们几个朋友出城到野外为宗衮饯行。秋天的天空洁净无杂物,像是俯向红色的山崖。再加上万重高山耸立,像从平地上突起。山像铁那么黑,像笔锋那么尖。又有阳江、桂江,从军城旁流过,向南流淌,喷薄进入大海,浸润着海中的蓬莱、方丈、瀛洲三座神山,处在朝廷的那些官员们,哪里知道遥远的边地还有这么美好的山水?山水既是这样,人也是这样,都充满情趣。宗衮面对此情此景,与我分手。忘记我还是可以的,怎么能忘掉这美好的山水啊!

注释

仆:自身的谦称。

亘:在空间或时间上延续不断,这里指走过。

京师:唐朝都城长安。

居无何:停了不久。

王事:国事。

倏聚忽散:刚聚到一起很快就离开。倏、忽,都指时间短暂。

辽夐(xiòng):辽阔遥远。夐,远。

抑:何况。

亦复何辞:还有什么好说的!

朱崖:红色的山崖。

黑是铁色:即"黑如铁色"之意。

阳江、桂江:都是桂林附近的河流。桂江即漓江。

略军城:从军城旁流过。略,过。军城,可能是桂林附近的一个屯兵处。

三山:传说中的海外三座仙山,即蓬莱、方丈、瀛洲。

中朝群公:指在朝廷里当官的人。

遐荒:遥远的边地。遐,远。

人亦其然:人也是这样,意为人和山水同样有情趣。

赏析

这篇赠言主要分两个部分,开头以"大丈夫哪个没有奔走天下、安邦定国的远大志向"总领全文,抒发了作者的远大抱负,拂去了离别的伤感。后面两句话中的"人的一生有多久? 刚聚在一起,突然间又要分别,像这样相距遥远,更何况像这样的知己朋友极难遇上"这一句表现出作者的不舍和哀伤。其中"更何况像这样的知己朋友极难遇上"更体现出了"海内存知己"的感觉。当时很快就被"亦复何辞"挥去。表现出作者的豁达,让人读起来不禁有一种轻快潇洒的感觉。

第二段再现了桂林瑰丽的自然风光,充满浓郁的生活气息。在歌咏自然风光的同时还表现了送人的真挚情谊。"与我分手。忘记我还是可以的,怎么能忘掉这美好的山水啊!"这不仅希望好友能记住这美丽的风景,还希望能永远记住他们的友谊。表现出作者感情细腻,非常珍惜这份友谊,"海内存知己,天涯若比邻"比较能反映出作者的心境。

理　想

理想作为一种精神现象,是人类社会实践的产物。对现状永不满足、对未来不懈追求,是理想形成的动力源泉。理想是人生的奋斗目标,是人们对未来的一种有可能实现的想象。理想是一种对未来的想象,但是,并不是任何想象都是理想。理想既不同于幻想,也不同于空想和妄想。

因为对蓝天的渴望,雄鹰才搏击长空;因为对海水的向往,游鱼才逆流而上;因为理想的导航,我们才有前进的方向。人的一生总是在不断地追求理想,实现理想的念头总能让我们欢欣鼓舞。就像飞蛾,扑向熊熊的烈火,甘愿做烈焰的俘虏,只为那瞬间的光明。

人不能没有理想,没有理想就是行尸走肉;理想不能过于偏激,理想偏激便会误入歧途;拥有理想不能不为之奋斗,不奋斗终将一事无成。

让我们拥有高尚的理想,并为之奋斗,使我们的生命变得壮丽,使我们的精神变得富有!

今天,我们一起来朗读三个关于理想的故事。

长歌行

桃李待日开,荣华照当年。东风动百物,草木尽欲言。

枯枝无丑叶,涸水吐清泉。大力运天地,羲和无停鞭。

功名不早著,竹帛将何宣。桃李务青春,谁能贯白日。

富贵与神仙,蹉跎成两失。金石犹销铄,风霜无久质。

畏落日月后,强欢歌与酒。秋霜不惜人,倏忽侵蒲柳。

译文

桃李盛开的日子,荣华灿烂照耀当年。春风吹动万物,大地上处处充满了蓬勃的生机,草木都意欲彰显自己最美的一面。在这万物复苏的季节,枯枝上不会长出丑叶,干涸之水也会吐出清泉。天地万物都跟随大自然的运转,太阳公羲和没有停鞭休息的时候。如果功名不早著,自己的功勋怎会彪炳史册呢？桃李开时须是春天,谁能让白天悄悄流逝,而期望它能再次回来？富贵与神仙,两者是不能同时得到的,再蹉跎下去二者都会以失败而告终。金石尚且能够销铄,风霜尚且没有固定的品质,何况是人呢？害怕等到日下月落之后,只会在歌与酒之间强颜欢笑,蹉跎时光。秋霜是不会等人的,突然之间蒲树与柳树的叶子就凋落了。随着时间悄无声息地流逝,人也会早早衰老。

注释

①羲和:神话中羲和驾车,指的是太阳的运行。

②竹帛:史册。

③务:需要。

④青春:春天。

⑤贳(shì):借。

⑥蒲柳:蒲与柳都早落叶,这里用来比喻人的早衰。

赏析

《长歌行》,乐府《相和歌辞》旧题。这首诗表达的是诗人期望及早建功立业,期望功垂千古、名留史册的强烈的用世之心。

赠何七判官昌浩

有时忽惆怅,匡坐至夜分。平明空啸咤,思欲解世纷。
心随长风去,吹散万里云。羞作济南生,九十诵古文。
不然拂剑起,沙漠收奇勋。老死阡陌间,何因扬清芬。
夫子今管乐,英才冠三军。终与同出处,岂将沮溺群?

译文

有时我忽觉心情惆怅,兀然独坐直至夜半。天亮时空怀壮志,仰天长啸,欲为世间解乱释纷,一展怀抱。我的心随长风直上万里,吹散天空中的浮云。我羞作济南伏生,九十多岁了还在啃书本,吟诵古文。不如撰剑而起到沙漠上去拼杀厮斗,为国立功。一辈子老死于阡陌之间,怎能扬大名呢?夫子您是当今的管仲和乐毅,英才名冠三军。我想您终会一起建功立业,岂能一辈子与长沮、桀溺为伍呢?

注释

(1)何七:何昌浩,排行第七,故称何七。安旗云:"似为幽州节度使判官"。判官:

节度使属官。

(2)匡坐：正坐。夜分：夜半。

(3)平明：天明。啸咤：高号长啸。

(4)纷：世间的纷争。

(5)济南生：即西汉伏生，名胜，济南人。曾为秦博士，秦时焚书，伏生壁藏之。传九篇，即今文《尚书》。汉文帝时召伏生，是时伏生年九十余，老不能行，于是乃诏太常使掌故晁错往受之。见《汉书·伏生传》

(6)夫子：指何昌浩。管乐：指春秋时齐相管仲、战国时燕国名将乐毅。

(7)将：与。沮溺：指春秋时两位著名隐士长沮、桀溺。见《论语·微子》

赏析

　　此诗最显著的特点是善于抒发诗人内心的矛盾和苦闷，最终以摆脱这种苦闷而展示出诗人乐观向上和积极进取的精神。是可分三段，第一段为前四句。开篇"有时忽惆怅，匡坐至夜分"两句，直接点出积郁于心的"惆怅"。这惆怅虽仅时而出现，但对积极进取、乐观豪爽的诗人来说，却也是非常严重的。为此，他正襟危坐，自夜至明，最后竟不得不用长啸声来加以发泄："平明空啸咤！"然而，"啸咤"是无济于事的，只不过聊以发泄胸中的不平之气而已，所以用了一个"空"字。"思欲解世纷"，用了战国时鲁仲连的典故。由此可以看出诗人之所以"惆怅"，原因是为了解除安史之乱给国家和人民带来的苦难。这就是全诗的主旨所在。诗中的苦闷心情也是产生于这里。

念奴娇·天南地北

　　天南地北，问乾坤，何处可容狂客？借得山东烟水寨，来买凤城春色。翠袖围香，绛绡笼雪，一笑千金值。神仙体态，薄幸如何消得？

　　想芦叶滩头，蓼花汀畔，皓月空凝碧。六六雁行连八九，只待金鸡消息。义胆包天，忠肝盖地，四海无人识。离愁万种，醉乡一夜头白。

译文

　　普天之下，请问这个世界，什么地方可以使我容身？暂栖身在水泊梁山，今日来观赏京城之春。翠绿的衣袖散发着香气，红色的绡绢笼罩着洁白的肌肤，真是一笑值千金，美如仙女的体态，与薄情人没有缘分。

想那芦叶萧萧的滩头,开满蓼花的岸边,纵然有月色如水如银。鱼在水中雁飞天上,只盼金鸡报晓的佳音。虽有包天的义胆,盖地的忠肝,有谁能理解我的心。满怀的离愁千万种,醉乡里一夜霜染双鬓。

注释

①天南地北:指代普天之下。

②狂客:狂放不羁之人。此处为宋江自谦之词。

③山东烟水寨:指梁山泊。

④凤城:旧时京都的别称,谓帝王所居之城。

⑤翠袖:青绿色衣袖,泛指女人的装束。

⑥绛绡:红色绡绢。雪:比喻李师师洁白的肌肤。

⑦一笑千金值:值得千金买一笑。

⑧神仙体态:意谓美如仙女。

⑨薄幸如何消得:薄幸,薄情;负心。消得:消受得了。

⑩芦页滩头,蓼花汀畔:指梁山水泊。

⑪六六:鲤鱼的别称。

⑫金鸡消息:黄鸡报晓的声音。指朝廷招安。

⑬四海:泛指天下。

⑭醉乡:喝醉酒时神志迷离的状态。

赏析

该词上片前面四句描述了宋江自己曾为世道所不容纳,竟然到了无处安身的地步,后来投奔了梁山,做了梁山泊的寨主,现在来到东京,观赏灯景。接着后面的五句,笔锋转向李师师,表述了宋江对这位名妓的倾慕之情。先是描述了李师师的衣着服饰,"翠袖围香,绛绡笼雪",衣袖散发着淡淡的香气,红色绡纱里笼罩着的是如雪的洁白肌肤。面对这样一位佳丽,是值得掷千金来买她的一笑的。像这样美如仙女的人,是薄幸的男人无缘消受的。

这首词下片前面的五句,回述了宋江身在梁山水泊的寂寞情怀,色沉雁杳,日夜盼望朝廷降旨招安的消息。结尾五句描述了他满怀忠义之心,却不能够被理解,为此常只能是借酒浇愁,把头发都愁白了。宋江这一次冒险来到东京观赏花灯的真实目的便是设法打通关系,想要通过名妓李师师能让宋徽宗体察到他宋江的"忠肝义胆",殷切希望朝廷能够对梁山水泊的起义军进行招安。这首词集中披露了宋江投奔梁山只是暂时栖身,最终将投降朝廷的用心。

感　恩

感恩是一种处世哲学，是生活中的大智慧。英国作家萨克雷说："生活就是一面镜子，你笑，它也笑；你哭，它也哭。"你感恩生活，生活将赐予你灿烂的阳光；你不感恩，只知一味地怨天尤人，最终可能一无所有！成功时，感恩的理由固然能找到许多；失败时，不感恩的借口却只需一个。

"感恩"是一种认同。这种认同应该是从我们的心灵里的一种认同。我们生活在大自然里，大自然给予我们的恩赐太多。没有大自然谁也活不下去，这是最简单的道理。

"感恩"是一种回报。我们从母亲的子宫里走出，而后母亲用乳汁将我们哺育。而更伟大的是母亲从不希望她得到什么。就像太阳每天都会把她的温暖给予我们，从不要求回报，但是我们必须明白"感恩"。

"感恩"是一种钦佩。这种钦佩应该是从我们血管里喷涌出的一种钦佩。

"感恩"之心，就是对世间所有人所有事物给予自己的帮助表示感激，铭记在心。

今天，我们一起来朗读三个关于感恩的故事。

林琴南敬师

闽县林琴南孝廉纾六七岁时，从师读。师贫甚，炊不得米。林知之，亟归，以袜实米，满之，负以致师。师怒，谓其窃，却弗受。林归以告母，母笑曰："若心固善，然此岂束修之礼？"即呼备，赍米一石致之塾，师乃受。

译文

闽县（今福建福州市）人林纾（字琴南，当时是孝廉，清明时对举人的称呼）六七岁的时候，跟随老师读书。老师非常贫困，做饭没有米。林纾知道后，急忙回家，用袜子装米，装满了，背着送给老师。老师生气了，说这是他偷来的，推辞不接受。林纾回来后告诉了母亲，母亲笑着说："你这份心意固然是好的，但是这样的方式（袜子装米）难道是学生赠送老师礼物的礼节吗？"随即让人准备，林纾携带着一石米送到私塾，老师于是接受了。

注释

1.林琴南孝廉纾(shū):林纾,字琴南,福建闽县(今福州人)。近代文学家,尤以翻译外国小说名世。廉,明清时对举人的称呼。

2.亟(jí):急忙。

3.束脩(修):本指十条干肉,后来通常指学生拜师或亲友之间赠送的礼物。

4.呼备:叫人准备。

5.赍(jī):携带。

6.从:跟随。

7.实:装。

8.负:背着。

9.谓:说。

10.却:推却。

11.乃:于是

12.固:本来

赏析

林琴南为什么急忙回家取米送给老师?从中看出他是个怎样的人?

答:林琴南是为了让老师能够吃上饭才送给老师米的。(或"因为他得知老师家很穷,没有米煮饭"。)从中可以看出林琴南是个尊师重教、关心老师、心地善良、知恩图报的人。

农妇与鹜

昔皖南有一农妇,于河边拾薪,微闻禽声,似哀鸣。熟视之,乃鹜也。妇就之,见其两翅血迹斑斑,疑其受创也。妇奉之归,治之旬日,创愈。临去,频频颔之,似谢。月余,有鹜数十来农妇园中栖,且日产蛋甚多。妇不忍市之,即孵,得雏成群。二年,农妇家小裕焉,盖创鹜之报也。

译文

从前皖南有一个农妇,在河边拾柴,隐约听到了鸟的叫声,好像在哀鸣,仔细一看,是一只野鸭。农妇走近它,看见它的两个翅膀上血迹斑斑,怀疑是受伤了。农妇捧着野鸭回家,治疗了十天左右,伤口慢慢愈合,(野鸭)临行之时,频频点头,好像是在感谢。过了一个多月,有数十只野鸭来到了农妇的园中栖息,并且每天产很多的蛋,农妇不忍心拿去卖,就孵化了它们,孵出的小鸭成群。到了第二年,农妇家渐渐富裕起来了,大概是受伤的野鸭的报答。

注释

1.皖南:安徽长江以南地区;

2.薪:柴火;

3.熟视:仔细看;

4.就:靠近;

5.奉:通"捧",捧着;

6.旬日:十天左右,古代一旬为十天。

7.颔:名词作动词,点头;

8.市:卖;

9.雏:雏(chú)生下不久的;幼小的(多指鸟类):~鸡、~燕;

10.鹜:(wù)野鸭子。

11.盖:原来是

12.治:治疗。

13.临去:即将离开,临走

14.创:伤口.

15.熟:仔细。

16.乃:是。

17.于:在。

18.其:它的。

19.疑:猜疑。

20.临:到了……的时候。

寓意

通过这篇寓言说明有付出就有回报

宿五松山下荀媪家

我宿五松下,寂寥无所欢。田家秋作苦,邻女夜春寒。
跪进雕胡饭,月光明素盘。令人惭漂母,三谢不能餐。

译文

我寄宿在五松山下的农家,心中感到十分苦闷而孤单。农家秋来的劳作更加繁忙,邻家的女子整夜在春米,不怕秋夜的清寒。房主荀媪给我端来菰米饭,盛满像月光一样皎洁的素盘。这不禁使我惭愧地想起了接济韩信的漂母,一再辞谢而不敢进餐。

赏析

李白的性格本来是很高傲的,他不肯"摧眉折腰事权贵",常常"一醉累月轻王侯",在王公大人面前是那样地桀骜不驯。可是,对一个普通的山村妇女却是如此谦恭,如此诚挚,充分显示了李白的可贵品质。

李白的诗以豪迈飘逸著称,但这首诗却没有一点纵放,风格极为朴素自然。诗人用平铺直叙的写法,像在叙述他夜宿山村的过程,谈他的亲切感受,语言清淡,不露雕琢痕迹而颇有情韵,是李白诗中别具一格之作。

守 信

"诚"即诚实与诚恳,指主体真诚的内在道德品质;"信"即信用信任,指主体"内诚"的外化。"诚"更多地指"内诚于心","信"则侧重于"外信于人"。"诚"与"信"一组合,就形成了一个内外兼备,具有丰富内涵的词汇,其基本含义是指诚实无欺,讲求信用。千百年来,诚信被中华民族视为自身的行为规范和道德修养,形成具有丰富内涵的诚信观。

"诚"与"信"作为伦理规范和道德标准,在起初是分开使用的。孟子说:"诚者,天之道也,诚之者,人之道也。"《中庸》里说:"诚者天之道也,诚之者人之道也。"信的基本含义是指遵守承诺,言行一致,真实可信。最先将"诚"与"信"连在一起使用的是在《逸周书》中:"父子之间观其孝慈,兄弟之间观其友和,君臣之间观其忠愚,乡党之间观其信诚。"这里的"信诚"实际上表达的是"诚信"的意思。

就是说,从一般意义上,诚信是指诚实不欺,讲求信用,强调人与人之间应该真诚相待,言而有信。而做到这一点,就必须待人以诚,纳人以信,方为真正的诚信。

今天,我们一起来朗读三个关于诚信的典故。

吴起守信

昔吴起出,遇故人,而止之食。故人曰:"诺,期返而食。"起曰:"待公而食。"故人至暮不来,起不食待之。明日早,令人求故人,故人来,方与之食。起之不食以俟者,恐其自食其言也。其为信若此,宜其能服三军欤?欲服三军,非信不可也!

译文

从前吴起外出遇到了老朋友,就留他吃饭。老朋友说:"好啊,等我回来就(到你家)吃饭。"吴起说:"我(在家里)等待您一起进餐。"(可是)老朋友到了傍晚还没有来,吴起不吃饭而等候他。第二天早晨,(吴起)派人去找老朋友,老朋友来了,才同他一起进餐。吴起不吃饭而等候老朋友的原因是怕自己说了话不算数。他坚守信用到如此程度,这是能使军队信服的缘由吧! 要想使军队信服,(作为将领)不守信用是不行的。

注释

1. 昔:从前

2. 令:派;使;让

3. 方:才

4. 之:代词,指"老朋友"

5. 俟(sì):等待

6. 恐:恐怕;担心

7. 可:行;可以

8. 信:信用

9. 故:先前的;原来的

10. 食:吃

11. 信:诚信

12. 止:留住

13. 求:寻找

14. 服:使……信服(意动用法)

15. 非信不可也:不守信用是不行的。信,守信,讲信用

16. 吴起:战国初期著名的政治改革家,卓越的军事家、统帅、政治家、改革家。

17. 欤:语气词,吧

18. 其:他,指吴起

19. 宜:应该

20. 为:坚守

21. 明日:明天

22. 者:……的原因

赏析

《吴起守信》体现了吴起具有什么样的品质?

答:体现了吴起守信、以身作则、为人讲信用、待人诚恳守信的品质。

中心启发:启发我们要为人要讲信用,待人诚恳守信。

贾人食言

济阴之贾人,渡河而亡其舟,栖于浮苴之上,号呼救命。有渔者以舟往救之。未至,贾人曰:"我富者也,能救我,予尔百金!"渔者载而登陆,则予十金。渔者曰:"向许百金而今但予十金?"贾人勃然作色曰:"若渔者也,一日捕鱼能获几何?而骤得十金犹为不足乎?"渔者黯然而退。他日,贾人浮吕梁而下,舟薄于石,又覆,而渔者在焉。或曰:"何以不就?"渔者曰:"是许金而不酬者也!"未久,贾人没。

译文

济阴有位商人,渡河的时候沉了船,趴在浮在水面的水草上呼救。一位渔夫驾着小舟去救他,不等船划到跟前,商人就急忙大喊:"我是济北的大户,你能救了我,我送给你一百两银子。"渔夫用船把他载到岸上去以

后,他却只给了渔夫十两银子。渔夫问他:"我救你的时候你亲口许诺给我一百两银子,可是现在只给十两,这恐怕不合理吧?"商人马上变了脸说:"你是个打鱼的,一天能有多少收入? 现在一下子得了十两银子,还不满足吗?"渔夫很不高兴地走开了。过了些日子,这位商人坐船沿着吕梁河东下,船撞在礁石上又沉了,而那位渔夫刚好在他沉船的地方。有人见渔夫没动,便问他:"你怎么不去救救他?"渔夫轻蔑地回答说:"这是那位答应给我百两银子却又说不算的人。"于是,渔夫把船停在岸边,看着那位商人在水里挣扎了一阵就沉没于河水之中了。

注释

1.贾(gǔ)人:商人

2.于:在

3.金:银子

4.覆:翻(船)

5.号:大叫,呼喊

6.以:用

7.则:就

8.作色:改变神色

9.若:你

10.几何:多少

11.他日:另一天

12.或:有人

13.浮苴(chá):浮在水面的水草

14.而:表转折,但是

15.焉:代词,此指这里

16.没:沉没

17.盍:何不

18.泊:停船靠岸

19.向:刚才

20.足:满足

21.勃然:发怒的样子

22.黯然:灰溜溜的样子

23.骤:一下子

24.亡:倾覆

25.予:给

26.薄:碰,撞

寓意

诚实与守信是做人的基本准则;欺诈与背信是卑劣的行为。当今市场经济活跃,不少人抛弃诚信:假药、假烟、假酒满天飞;虚假的广告、骗人的营销手段、设陷阱的买卖不一而足。这种行为,最终只会自食恶果。

昔齐攻鲁,求其岑鼎

昔齐攻鲁,求其岑鼎.鲁侯伪献他鼎而请盟焉。齐侯不信,曰:"若柳季云是,则请受之。"鲁欲使柳季。柳季曰:"君以鼎为国,信者亦臣之国,今欲破臣之国，全君之国，臣所难。"鲁侯乃献岑鼎。

译文

从前，齐国攻打鲁国，要索取鲁国的镇国之宝——岑鼎。鲁国国君悄悄地换了另外一个鼎献给齐君，并向齐君请求订立合约。齐君不相信鲁君会把真的岑鼎送来，便提出："如果柳季说这是真品，那么我就接受它。"鲁君只得去请求柳季。柳季说："您把岑鼎当作是国家的重器，而我则把信用看成立身处事的根本。眼下你想破坏臣的根本，保全您的国家，这是臣下难以办到的事。"鲁君无奈只得将岑鼎献给齐君。

赏析

大丈夫言而有信，一言九鼎。人们早就认识到，信用是人们立身处事的原则，他们将狡黠视为人的恶习之一。本文正说明这个道理。

人生活在这个社会中，不得不使自己与社会兼容，而这纷纭复杂的社会包含了各种人与人的关系，依靠种种社会规范来维系这些关系，使社会得到正常的健康发展。如果都像鲁君那样言而无信，这个社会也就不可能成为正常的有秩序的社会，人与之间就除了互相欺骗以外，不存在任何关系。因此，做人须讲信用，无论统治者或被统治者，都应明白这个道理，朝令夕改乃是社会不稳定的表现，尔虞我诈是人际关系淡漠的结果。但愿这种状况不复存在。至于柳季将个人表现置于国家之上，显然不太妥当。

知章书院：普通高中人文教育的新载体▲■

【写孝活动】

写孝篇章

语 孝

105班 吴思佩

在中华传统文化中，"孝"历来被看作最基本、最重要的德行之一。

《论语》中说："孝悌也者，其为仁之本与。"意思是说，孝顺长辈、尊敬兄长是能够爱别人的前提和根本。但封建社会片面强调子女对父母的孝，甚至变成了"愚孝"，成为束缚人的思想和行为的枷锁。正如《二十四孝》中的那些"孝子"故事，把孝变成了必须以子女的彻底牺牲为代价才能完成的任务。这样一来，孝由一种亲情，变成了一种道德绑架。今天我们所倡导的孝敬父母，是在人格平等的前提下子女对父母履行法律和道德的义务与责任，是现代家庭中上下辈关系不可缺少的行为规范。

那么，怎样才算得上是孝呢？

孝的含义在汉传统里以"敬"为前提，对内心的"敬"，最好的表达是"顺"，就是趋向同一个方向，即"孝顺"，"孝敬"，所以本质是"顺从"。《弟子规》里讲："亲有过，谏使更。怡吾色，柔吾声。谏不入，悦复谏。号泣随，挞无怨。"也就是说，父母有错要指出，但是要照顾父母的心情，和颜悦色地指出。

在当今生活中，孝，成了我们共同学习的高尚品德。《礼记》中记载："夫孝，天之经也，地之义也。"孝是天经地义的，可又有谁真正去实现孝了呢？ 在这个世界上最疼爱我们的只有我们的父母。如果我们是一条小鱼，父母就是河水；如果我们是一只小鸟，父母就是一片蓝天；如果我们是一棵小草，父母就是一片土地。父母就是生命的源泉，父母的爱也是我们成长中不可缺少的。

有人说：儿女学习成绩优秀就是给父母最好的回报。其实，孝，还包括德。一个人如果不孝，他就不会有德。就算学历再高，地位再高，又会有谁会把祖国母亲交给他呢？ 一个不懂德，不会孝的人，用什么去回报祖国，怎么担起建设祖国的重任，怎么成为祖国的接班人，不是应该诚孝两全吗？

父母的养育之恩，是我们这辈子都无法偿还的。当我们来到这个世界的时候,父母就开始为了我们而奔波忙碌,他们所作的一切都是为了我们,他们宁可自己苦,也不肯让我们受苦,他们对我们的爱,是无尽的,伟大的。他们是我们生命的创造者,是他们让我们可以享受这个世界上的一切,是他们让我们过的如此快乐。

孝顺其实很简单,一句温暖的问候,一杯恰到好处的淡茶……它无关金钱,无关名利,只是你内心美德和感恩的映射。

欲行孝义,吾当先行
112班　丁诗敏

时代的潮流,总推着我们向前。古人云:"百善孝为先。"21世纪的"孝",理应有所不同。

郭巨为了节省粮食供养母亲,打算将自己亲生儿子埋掉,这种做法看似大孝,实则残忍;老莱子跌倒后,因怕父母伤心,故意装出婴儿啼哭的声音,并在地上打滚,想方设法讨父母欢心。这种孝道令人觉得荒唐,不可理喻。

如今这种极端的愚孝很少出现,可真正能在平日里做到孝敬父母的年轻人又有多少呢?

"找点时间,找点空闲,领着孩子常回家看看。"为什么陈红的一首《常回家看看》火遍了大江南北?因为引起了大众的共鸣,使因工作无法回家探望父母的外出游子心生愧疚,使盼望子女回家的空巢老人心生寂寞。

孝敬父母,不只是尽赡养的本分,更需要我们关心、陪伴、体谅父母。相较于父母死后的厚葬、大闹锣鼓,父母更需要的是厚养,更需要的是有生之年子女的陪伴与关爱,像在逢年过节时陪伴他们吃晚饭,谅解他们偶尔的唠叨,关心他们的生活,而不是半年一次的电话和冷冰冰的物质给予。

最好的孝敬是我们愿意抽出时间,细心地教父母新事物、赶潮流,像小时候他们不厌其烦地教我们吃饭、走路一样,慢慢把他们带入你的世界,长此以往,彼此之间的话题增多了,代沟也就变得不明显了,关系也更融洽了。

　　所谓孝道,是家中父亲耐心地教奶奶坐公交车、去银行取款,为奶奶在网上买鞋;母亲坚持每周回老家,看望外公外婆,为因出过车祸而生活不能完全自理的外婆,洗洗头、剪剪指甲。是奶奶将衣服晒干叠好并送到我房间的一句"谢谢",是用自己的零花钱帮爸爸买一只软硬适中、形状漂亮的牙刷,是让妈妈多健身,保持身体健康的几句提醒。

　　孝敬父母、长辈,不是在父母年老体衰后才能做的,也不需要做什么惊天动地的大事,只需要一些小事,就可以令父母开心,你我何乐而不为呢?

　　人的一辈子很短暂,我们更应多陪伴自己的父母、长辈,常回家看看,千万不要等到"子欲养而亲不待"时再来后悔,那时便追悔莫及了。父母已为我做好了榜样,我更应恪守孝道,力行孝道,发扬中华之美德。

首孝悌

115班　冯亚南

　　当我提笔书写这文章前,我的外太婆刚好走完了她九十六年的人生路途,星期六傍晚五点,她咽下了最后一口气。

　　长夜,是要为她守灵的。但来往的宾客和她的子女们一改白天的哀哭。开始天南海北地聊了起来,那灵棺前满地的瓜子壳像针芒般刺着我的眼睛。我不禁有些疑惑——这到底是丧家还是喜家呢? 逝者为大,为何在此处却没有哀恸的声音呢? 我自是心中有许多不满,外太婆过世了,却没有人为她哀痛到天明,这就是为儿女之道吗?

　　两千多年前在沂水河畔,一位名叫孔丘的人对着他的弟子说道:"丧三年,常悲咽,居处变,酒肉绝,丧尽礼,祭尽诚,事死者,如侍生。"告诉弟子们父母的死亡是表孝义之时,当尽诚尽礼,但现在呢?

　　我冷眼看着他们,将心中不满对着母亲吐槽一番,而母亲却没什么感觉,只是平淡地来了一句:"这没什么,他们对生死看得多了,内心也没什么感觉,倒是平常不怎么见面的一切亲朋好友,可以趁这个机会好好聚聚,自然就这样子了。"我听这一席话后内心如同翻江倒海般,难道父母的丧礼只是用来当作聚一聚的理由吗,难道没有人目光在灵棺上停留片刻吗？我很愤怒，也很悲哀。

古往今来，百善孝为先，凡事首孝悌，蒋翠的卖身葬父，郭巨的埋儿，到如今确实不必再有如此愚孝，可对待长辈离世时，那一份悲痛不应该轻易地丢弃，至少，在他们离世时，要尽到那最后一份孝心，不论有何事，不论有什么理由，我想在父母离世之时，一切都当放下。

外太婆的灵棺照例要停三天，但我因为要学习，不得不离开了她。但这件事让我久久无法释怀，恰逢老师布置了这一个话题，我就想写进这件事，我想表达孝心之事才是主旨，但这样的孝心故事真的比一个反例有用得多嘛？

现今这个时代，人们似乎将中华民族的传统美德遗弃了，但连孝都行不好，真的能做好其他事吗？真希望我们能够对我们父母长辈尽到该尽的本分，对他们尽首之孝悌。

孝

112班　胡雨佳

孝是稍纵即逝的眷恋，孝是无法重现的幸福。也许是为父母买一处豪宅，又或许是为父母添一块砖，亦或许一句好久没听的我爱你……

也许是大洋彼岸的一只鸿雁，也许是近在咫尺的一封信，也许是一顶纯黑的博士帽，也许是作业本上的红五星，也许是一桌山珍海味，也许是一颗野果一朵小花，也许是花团锦簇的盛世华衣，也许是一双洁净的新鞋，也许是数以万千的金钱，又也许是含着体温的一枚硬币……

羊有跪乳之恩，乌鸦有反哺之育，而我们又有什么呢？现今的我们不能用金钱，豪宅，一桌的山珍海味，一件盛世华衣来给予父母，唯有的回报是一句"爸，妈，我回家了""我爱你"，成绩，老师的夸奖，奖状……

我从小与爷爷奶奶在一起长大，小时候的我父母不在身边，爷爷奶奶就是我每次放学回来的感情寄托。在六年级以前，我做事不计后果，但对爷爷奶奶却是非常敬爱。我不懂孝，只知道爷爷奶奶长命百岁好了。在五年级的时候，爷爷患上了重病，而我只知道爷爷不在身边，没有人带我吃好吃的,玩好玩的,每次打电话都离不开爷爷你快回来这句话,回答我的也是我很快会回来的,但是我每次放假都不曾去看望爷爷。因为爷爷每次在我面前都是精神旺盛,我也不曾在意什么。

直到过新年,爷爷打电话来说:"佳佳,我想你啦。"我才去看望爷爷,虽有些许不舍,但还是离开了。就在那一次的几天后,爷爷回家了,带着他病重的身体回家了,但是他也不会起来带我去吃好吃的,玩好玩的了。他就躺在那里,他不会笑了,家里所有人都曾去照顾他,探望他,只有我不明事理。连我能做到的孝也没做到,每每想起我都十分后悔,眼泪止不住的滴落。爷爷以前有多宠我,我现在就是有多自责,那一刻我似乎懂了,做力所能及的事情,去尽孝。

现今的我明白,物质上的需求,也许能使家人开心,但是有时候亲切的问候,长时间的陪伴,就是简单地孝。不需要郭巨埋儿,卧冰求鲤那般有违人道的孝,有时候只需一杯热水,一句关怀,回来时候的一句我回来了,就好了,在自己力所能及的范围内尽孝。

可惜,人们忘了,忘了时间的残酷,忘了人生的短暂,忘了世上有永远无法报答的恩情,忘了生命本身有不堪一击的脆弱。

孝心是无价的,它不需要任何赔偿。孝心不是一种仪式,也不是让别人看的,而它是两代人心与心的沟通。现在,父母健在不需要子女去照顾,反而是父母花心思去关心子女。倘若有一天,父母老了,你是否会嫌弃他们,埋怨他们,责怪他们,去说他们给你带来了累赘呢? 这些人我们随处可以看到,他们是残酷的,是冷血的,甚至是没有人性的,他们也根本就没有良心,何谈什么孝心呢?

无论用什么方式来回报,无论这种方式是丰厚还是微薄,只要是向父母,爷爷奶奶献上一份孝心,那么这种感情都是无比珍贵和美好的。

孝,是稍纵即逝的眷恋;孝,是无法重视的幸福;孝,是一失足成千古恨的往事。

谁言寸草心,报得三春晖。

使亲忘我

101班　姚许柯

如水的岁月，如水的光阴，原本该柔软多情，而它却偏生是一把锋利的尖刀，削去我们的容颜，削去了他们的青春，削去他们仅存的一点梦想，只留下残缺零碎的记忆。这散乱无章的记忆，还能拼凑出一个完整的故事吗？记忆中的他们已经老去，曾经的容貌也已经老去，而我们是否从未去注意过这些事呢、

孝，是中华民族的传统美德。百善孝为先，这是民族历史上的佳话。做人先立孝，孝道也不是一成不变的，古时的二十四孝早已不用于现今社会，随着人们思想水平的提高，古时孝道的弊端也渐渐浮现出来，对于我们现在来说应该更多的是去取其精华，去其糟粕。在这方面，我们中华民族的儒教已经给我们指明了方向。《论语》中记载，孔子说做到"色难"就算尽孝了。原文如下：子夏问孝，子曰："色难。有事，弟子服其劳；有酒食，先生馔，曾是以为孝乎？"出自《论语·为政》。翻译成现在的话就是说：子夏问："怎样是孝道？"孔子："难在子女的容色上。若遇有事，由年幼的操劳，有了酒食先让年老的吃这就是孝了吗？"就是不管遇到什么事，不管父母提什么要求，作为子女的都能做到给父母一个好脸色，这就是尽孝了，能做到这样就已经很难了。

不论何时何地，不论遇到何事，不问原因，不说如果，总能给父母一个好脸色。听起来容易，真要到实际操作的时候，我想每天、每事都能够如此，真的算是大孝了。随着我们年龄的增长，我们都会渐渐变得自大，听不进父母的话，这是少年的桀骜，也是父母的心痛。其实孝道并不是我们有钱了才能尽孝，并不是给了老人大把的金钱，让他们锦衣玉食了就是尽孝。如果是这样的话，那穷苦的大众就与孝无缘了。但事实是好多名垂千古的关于孝子的故事多来自布衣。孝感动天的舜、啮指痛心的曾参等中国古代的十大孝子，十之八九都出身贫寒。可见孝顺与贫富不成正比。家境贫寒不是不尽孝道的托词。

相对于儒家的色难，道家也有自己关于"孝"的独到见解。庄子有一

知章书院：普通高中人文教育的新载体▲■

个词叫"坐忘",用"忘"来解读人生。他对很多问题的看法都因此别看生面。庄子论"孝",也是基于"忘"而发。他认为"孝"的最高境界是"使亲忘我"。"使我忘亲易,使亲忘我难"。正所谓,儿行千里母担忧。什么意思呢?原来在庄子看来,"孝"不仅仅意味着子女忘记父母,更意味着父母忘记子女。细细一想,庄子的话是有深意的。最大的孝,其实就是让父母对你完全放心,不把你记挂在心上,老人踏踏实实地过好自己的日子。想一想这难道不是孝的最高境界吗?

不管是孔子还是庄子,他们所说的孝并不矛盾。他们说的是孝的两个方面,一个说的是面对父母,一个是修炼好父母眼中的自己。能时时给父母一个笑脸,并且在父母眼中,能让他们无忧,不为自己牵挂,都是最好的孝。

在我们的生活中,我们总是把笑脸相迎了他人,面对自己的父母却是一脸的不耐烦。我们总是把自己的内心呈现给陌生的网络,总忘记坐下来,和父母推心置腹的交流。一直以来,总是让父母为自己担忧这个,考虑那个。其实尽孝很简单,进门一个笑脸,每天把上网看手机的时间抽出一小部分,像小时候那样,每天一进家门,就把一天遇到的高兴的事跟父母分享,这就是尽孝。

孝其实很简单,一张笑脸,一席暖语!一张笑脸让老人心情舒畅,一席暖语让老人省去牵挂之心。

百善孝当先
112班　王秋怡

在这个世界上,我们永远需要报答最美好的人,这就是母亲。
　　　　　　　　　　　　　　——(苏联)奥斯特洛夫斯基

百善孝为先,孝道不仅仅只是中华民族的传统美德,更是历朝历代的立国之本。当今社会注重文化发展,孝一直是一个很重要的话题点,而如今频频爆出当今子女不赡养父母的社会热点。我们作为新时期的青少年,一定要做到"君君臣臣父父子子"的"子子"。

鲁迅,这个我们都十分熟悉的大文人,他弃医从文的经历妇孺皆知,他写的文章抨击了当时的封建,但你可知,他也是一个大孝子呢?鲁迅从小到大都拥有着一颗孝心。少年时，作为长子的鲁迅，为了减轻母亲的压力，主动地承担起典当旧物和为父亲请医买药等杂务。母亲六十大寿时，鲁迅先寄回60元钱，给母亲过生日，在生日将临时，又特意从北京赶回绍兴，为母亲祝寿。为了让母亲愉快，鲁迅特邀请演员来家里唱戏。这一天，全家热闹非凡，也是鲁迅母亲最欣慰的一天。后来，鲁迅在北京西城八道湾购置了一套住房，购房当年，鲁迅就亲自返回绍兴，把母亲和全部家属接到了北京。母亲爱吃火腿，鲁迅在上海时，经常寄火腿给母亲吃。母亲喜爱读言情小说，鲁迅就多次购买张恨水、程瞻庐的小说寄给母亲看。

　　黄香，这个曾经出现在我初中语文试卷文言文里的人，素有"汉孝子"之称。黄香9岁那年，母亲生重病医治无效离开了人世，黄香悲痛万分。在母亲的遗体前，他下决心要好好孝敬父亲。从此父子俩朝夕相处，相依为命。早晨一起床，黄香便到父亲床前请安。吃，请父吃饭时先入座，自己再坐，有好菜总请父亲先吃。寒冬腊月，房间里温度很低，晚上，黄香没有马上去读书，竟先钻到父亲的被窝里去睡觉。父亲看到了，吃惊地说："香儿，你怎么那么早就睡到我的床上了？"黄香笑笑说："父亲，天气这么冷，孩子睡在您的被窝里，将席子温暖一下，待您睡觉时，不至于太冷。"这就是弟子规里：冬则温一说。夏日炎炎，他为父亲摇扇驱蚊解暑，直到父亲入睡，方才回墓庐学习；严寒冬日，黄香总是先用自己的体温把被子焐热后，再请父亲入睡，唯恐父亲受凉。

　　但，我们当中有些人好像天生就很有钱，会抽着爸爸买不起的烟，用着父母没见过的东西，没事的时候就出去挥霍光阴，去和朋友们到处吃喝玩乐；又好像很厉害，一不顺心就对父母各种大喊大叫，没事了就和父母动手，动不动就离家出走，把父母当作佣人一般指手画脚；更好像高高在上，如一人之下万人之上一般，整天只知道埋怨着自己没有好的家庭，抱怨自己父母的无能不能给自己好的生活，自己却一点点苦也不想吃，嫌弃自己生病的父母，不愿照顾。我很好奇，我们凭什么呢？我们有什么资格好骄傲的呢？父母给予了我们珍贵的生命，还含辛茹苦地把我们抚养成人，会把他们认为最好的都留下来给我们。

希望我们不要在"树欲静而风不止,子欲孝而亲不在"的时候幡然醒悟,纵有千古,横有八荒,前途似海,来日方长,子女越孝,父母越安。

【活动再现】

图5-1　阅读课程之读孝

一演:孝德课本剧

孔子曰:"知之者不如好知者,好知者不如乐知者。"兴趣是事业成功的前导,也是激发学习热情,产生内在动力的关键。致力于某项创造性活动中的人,他们的心会变得敏感,目光变得敏锐,所有的一切都将赋予创造的意义。课本剧通过音乐、舞蹈、文学、美术、表演、雕塑、建筑等多学科的有机结合,既作用于人的视觉,又作用于人的听觉、嗅觉等感官,融语言艺术、形体艺术、时间和空间于一体,通过课本剧的表演可以激发学生的创造欲和探究欲,不仅能够提高教学实效,提高学生对语文学习的兴趣,培养听、说、读、写的语文能力,而且还能提高学生的综合能力,促使学生全面发展,培养学生的活动能力、组织能力、创造能力和良好品质,扩大语文的教育作用。

而"孝"作为一种道德观念,是中华民族自古以来就有的优良传统,源远流长的孝文化是几千年来的民族伦理道德的精华。《孝经》中记载:"夫孝,天之经也,地之义也,民之行也。""夫孝,德之本也。"孟子曰:"老吾老以及人之老,幼吾幼以及人之幼,天下可运于掌。"孔孟二位先贤的言论一直为炎黄子孙尊崇笃信,也被视为为人处事的人格体现,是不可缺少的立身之本。弘扬"孝"文化,传承中华民族的传统美德也是学校教育工作的重要任务之一。青少年作为学校德育工作的对象,他们思想活跃、个性强,虽具有一定的叛逆性,但可塑性强,因此在学校弘扬"孝"文化教育,把中国传统"孝"文化中的精华转化为青少年的自觉行动,对于我们实现和谐社会的目标有着重要的现实意义。

我校积极开展孝德文化建设,并结合课本剧,开发了"孝德课本剧",通过表演和训练,践行孝德文化,传播孝德思想,给学生心灵埋下孝行的种子,引导学生扣好人生第一粒扣子。

一、活动背景

在学校开展孝德课本剧之前,语文老师为了激发学生学习的兴趣,营造愉悦、轻松的课堂氛围,将课本剧融入高中语文课堂中。主要以三种形式存在。

第一,自述。即一个同学通过自述的方式来表演课本剧,这样学生的积极性更好,对知识的理解也更充分。

第二,分读。即学生分角色朗读,在特定的场景中进行表演,这样更有利于学生对人物的把握,对文章深层含义的理解。

第三,群演。这个对学生有更高的要求,是展现学生个性和创造性的最佳时期,也是培养创造性思维的重要途径。相对于前面两种较常用的形式,群演形式相对来说运用较少,主要是因为空间、时间、人力的局限。但是群演的效果却是展现学生创造性的最佳选项。

2016年,学校创建孝德课本剧,给了课本剧表演一个全新的舞台,创设了剧社,每周都有课堂活动,每年都会在艺术节的一周活动中单独创设一场课本剧大赛,给全校学生一个可以自我表现的舞台。在这个舞台上,学生们可以充分发挥自己的艺术天分,培养自身创新思维和实践能力。

由于课本剧具有丰富的思想性和表现力,因而能较容易吸引中学生的注意。这样一来,我们就把孝德文化、创新思维、语文能力都灌注在课本剧上,通过组织学生进行课本剧的表演,来渗透孝德思想,训练学生的创新思维,培养学生发现、探究、解决问题的能力,为继续学习和终身发展打好基础,并让学生在课本剧的表演活动中获得情感愉悦的享受。

二、活动目的

充分挖掘、利用我们中学生的探究能力、创新思维和强烈的表现欲望等,来对课本剧进行研究性学习,从而激发学生的创造欲和探究欲。这样,不仅能培养听、说、读、写的语文能力,而且能培养学生的活动能力、组织能力、创造能力和良好品质,扩大语文的教育作用。做中学,学中做,学做合一,完成学习对象与自我的双向建构,最终实现主体的主动发展。

三、活动方案

每年文化艺术周活动中,为了更好推动学校"孝德浸润"工程的深入开展,推进素质教育,丰富学生的校园生活,举行课本剧表演大赛。通过活动,旨在提高学生的综合素养,为学生展示个人风采提供舞台,同时进一步提高课文的演读能力,培养学生高尚的审美情趣和欣赏美、表现美的能力。

课本剧活动方案

一、参赛形式

1.学生以班为单位参与年级初赛(每班一个节目)。

2.从初赛获奖节目中择优推荐参加学校"艺术周"文艺汇演。

二、比赛办法

(一)演出内容和形式

1.以课本为主,既忠实于课本,又可以在原文的基础上有所创新,可根据需要对人物的语言(对话)及相关情节做调整充实,但不能改变主题和主要内容情节,内容要健康向上。

2.根据情节需要,可设置背景音乐,视频背景画面,简单的道具和简单的装扮。

3.每个节目表演时间最长不能超过8分钟,演员人数不限。

(二)课本剧表演评分标准细则

1.节目基本要求

(1)节目内容:健康向上、富有思想性;

(2)形式活泼、主题突出、艺术性强;

(3)服装美观整齐、动作大方、整体效果好。

2.评分标准

(1)整体效果(45分)

①服装道具(10):要贴合话剧内容,符合人物身份,有真实性。

②现场效果(10)。

a.场景连接要有连续性。b.场景、效果要有一定真实性。c.能够体现故事背景、增强气氛。d.现场观摩效果良好,观众产生共鸣,有感染力

③剧本改编(25分)

a.剧本选择适当,源自课本、主题明朗、思想积极,结构清晰、情节完整(10)。b.对原剧情有所发展,创新手法独到,古典而不失现实意义,新潮而不乏传统风格。故事情节跌宕起伏,具有矛盾与冲突,巧合与伏笔(15)。

(2)演员表演(55分)

①演员形象(10):有良好台风,较好地塑造剧中人物形象。对人物性格尺度把握良好。

②语言表达(15):普通话标准,语言清晰流畅,符合人物性格(10)。富有感染力(5)

③表演表现(15):演员在表演时应有相应合理表情和动作,与角色性格感情一致,具有强烈的表现力及艺术张力。

④演员配合(15):演员走台应合理,不能出现扎堆,长时间背对观众等情况⑤,不出现穿帮现象,演员间配合要自然大方(10)。

三、活动安排

活动分三个阶段,具体安排如下。

第一阶段:准备阶段(12月17日—12月23日)

第二阶段:年级初评阶段(12月24日—12月28日)

第三阶段:决赛阶段

时间:12月30日13:50-16:40　　地点:会议室

四、奖励办法

1.决赛设一、二等奖。一等奖2名、二等奖5名;演员最佳表演奖8名。

2.请各班做好参赛准备,认真排练,踊跃参加,不断提高学生综合素质。

五、活动准备

为了更好地让学生全方位的了解、学好戏剧,各班语文老师配合学校课本剧大赛要求亲自动手制作了课本剧表演教学课的课件,还上网搜索一些与课文贴切的有关图片、有关录音录像片段和课本剧视频资料,并补充介绍课本剧的特点和表演要领,播放相关课本剧片段,使学生充分地认识到表演并非高不可攀,从而激发自己的潜在智慧和创造才能。

课本剧表演教案

学习目标

1.了解课文剧的主要特点及改编的要求。

2.分组进行剧本的交流和讨论;选好演出剧本,引导学生创编课本剧。

3.培养创造思维能力和表演能力。

学习准备

准备好有关课本剧的资料,并提供课本剧的优秀视频。

教学过程

一、导语

同学们,当你阅读一篇篇自己喜爱的小说的时候,当你陶醉在一篇篇散文、一首首诗歌创设的优美意境中的时候,当你的习作受到老师的褒奖的时候……你心中一定会燃起一个文学梦,梦想做一名小说家、散文家或者诗人。那么,你想过成为中国的莎士比亚或者新世纪的曹禺吗?也许,你要问:我有剧作家的潜质吗?今天,我们就来做一次尝试——编写课本剧。

二、感受戏剧魅力,激发兴趣

1.欣赏往届同学自编自演的课本剧《祝福》(播放视频)

2.看完后学生评价它的成功之处在哪?

[设计理念:学生虽然对编演课本剧很感兴趣,但对于高一的学生来说难度还是很大,设计本环节意在于激发学生的兴趣。让他们大体了解课本剧。]

三、读剧本,明格式

1.学生自读语文课本上的《祝福》,小组内讨论剧本的格式,以及具体的内容。

2.各小组派代表汇报。

3.教师总结。

(1)选取剧本素材——适宜改编为剧本的课文的特点

故事性强,情节波澜起伏。

人物不多,性格鲜明突出。

时空较集中,矛盾冲突尖锐。

主要通过对话刻画人物。

(2)确定戏剧构成部分

剧本的语言包括台词和舞台说明两个方面:

台词:人物说的话,包括对话、独白、旁白。台词要以课文中的人物语言为基础,进行必要的调整、充实和完善,表现人物的性格、身份及思想感情,要通俗自然,简练明确,要口语化,适合舞台表演。剧本主要是通过台词推动情节发展,表现人物性格。

独白:人物独自抒发个人情感和愿望时讲的话。

旁白:剧中的某个角色背着台上其他剧中人从旁侧对观众说的话。旁白可以串联情节或点明含义。

剧中的人物表。

舞台说明:又叫舞台提示,是剧本里的一些说明性的语言。剧情发生的时间、地点、服装、道具、布景、人物的表情、动作、上下场等。这部分语言要简练、扼要、明确。一般出现在每一场的开头结尾和对话中间,一般用括号括起来。

几种常用的舞台提示的作用:

(1)舞台场景说明,可以交代故事发生的时间、地点及环境。

(2)服装、道具提示,可暗示人物的身份、性格、爱好等。

(3)情绪、动作提示,可辅助台词刻画人物,推动情节。

[设计理念:让学生在读文中自己发现并总结剧本的基本形式和表现手法,丰富学生的理论知识。]

四、合作交流,学方法

1.再次阅读《祝福》,小组内合作、交流改编这段小故事的方法。

2.师生共同总结方法。

明确编演课本剧要有一定步骤,编演程序分为选、读、编、演(包括排练、演出)、评五个步骤。

选:要选较生动的、学生感兴趣的记叙性课文,无论长短,所选课文要求情节性要强,人物性格要鲜明。

读:要改编课文,就必须对课文有深入理解,这就需要学生多读,研读课文、推敲语言文字、体会人物情感,使其知背景、明主题、熟内容。只有清楚这些,才能更好地体会揣摩人物富有个性的语言,才能更好地塑造人物形象。因为人物的性格总是与特定的历史背景相联系,为表现主题服务的。此步骤可到图书馆、网上等查阅有关资料,教师也可多多提供,师生间、生与生间要互相沟通,多多交流。

编:1.改编课本时,人物对话和舞台说明可适当增删,还可做变动。但无论增删或变动,都既要适合于剧情发展及人物性格的需要、为主题服务,又要适合舞台演出。2.对课文里一些能突出人物性格的对话及有关动作要在剧本里体现,注意突出其作用。

演:包括排练和演出。排练时,把全班分为多个小组,使人人都有参与活动的机会,各小组也可根据实际,对剧本稍做修改。演出时注意两点:①舞台布置及道具应从简,不能人为造成演出的难度。②人物对话的表演是重点,应掌握好语调、语气、速度、节奏等,最大限度地为突出人物性格、推动情节发展服务。

3.总结编写剧本应该注意些什么?

空间和时间要高度集中

反映现实生活的矛盾要尖锐突出

剧本的语言要表现人物性格

[设计理念:学生虽然已经了解剧本的基本形式,但编写时往往会无从下手,让学生在自主、合作的形式下探究方法,教师将学生感知到的方法进行概括、总结,帮助学生理清改编思路。]

四、自选编写课文

1.自选文中适合编写的课文。

2.小组内讨论,定出要改编的课文内容。

[设计理念:选学生自己喜欢的课文,这样他们才乐于写作,能够更好地发挥他们的想象力和创造力,才能写出感染人的优秀课本剧。]

五、深入课文,编写剧本

1.利用十五分钟的时间再次细读自己所选课文,阅读相关资料了解故事发生的背景,一边读一边在头脑中初步形成戏剧的画面。

2.小组分工、合作完成剧本,教师巡视,帮助有困难的小组。

[设计理念:学生在充分自读自悟,深入剖析人物语言,挖掘人物的内心世界,在此基础上,再合作完成剧本,充分发挥学生的主动性和创造力。]

六、试演,修稿

1.分配好角色试演。

2.组内共同商议修改剧本。

[他们把自己对课文的理解,对人物的认识,对剧情的安排与同学交流,同时也能得到启发,把自己的剧本修改得更好。]

七、展示成果

1.各组表演

2.师生讨论点评各组剧本,重点指出创新和成功之处。

八、欣赏优秀学生的剧本

[设计意图:开阔学生的视野,拓宽学生的思路,为以后创编剧本提出更高的要求]

例:以《史记》中的《完璧归赵》为例,学生根据课文内容,设计了两场精彩的课本剧。

第一场

地点:赵国正殿。

时间:收到秦王书信后。

人物:赵王、蔺相如、大臣、令缪贤等。

背景:春秋战国,乱世成殇。

旁白:西周势衰,诸侯崛起。各国雄踞一方,蓄势待发。其时,尤以秦、楚、齐、赵为之最。赵惠文王十六年,赵国幸得楚人卞和之璧。天下人一时皆曰:"得和氏璧者得天下。"

廉颇:大王,秦之狼子野心,路人皆知。现在又要夺和氏璧,更是无法无天。得和氏璧者得天下。大王您千辛万苦才得到和氏璧,万万不可轻易拱手让人。秦国如若发兵夺璧,我们赵国便轰轰烈烈的同他们打上一仗! 臣等肝脑涂地,在所不惜。

赵王:廉爱卿忠心可嘉,但此言差矣,战争从来就没有真正的赢家。战败国丧权辱国,割地赔款,输得彻彻底底;战胜国呢,表面风光,实则也劳民伤财,损失甚剧。民乃国之根本,不到万不得已,战争是决计不能发动的。

大臣甲(愤恨地踩脚):但是,大王,若我赵国将和氏璧送去,以秦的狡诈奸险,是断断不会亲手送还十五座城池的。这不是白白地被他们欺压吗? 可若不许,秦又要发兵,哎!

赵王(连连无奈地摇头):爱卿所言极是,这正是寡人头疼之处。众爱卿平时忠心耿耿,寡人亦待你们不薄,不知眼下,有谁能替寡人物色一名智勇双全之士回复秦国,助寡人解这燃眉之急?

令缪贤:大王,奴才门下有一门客蔺相如可以出使秦国,替大王分忧。

蔺相如:大王如果实在找不到合适的人,我愿捧着和氏璧出使秦国。城池给了赵国,就让它留秦国;城池不给赵国,我一定将璧完完整整地带回来。

(旁白:赵王听后欣然应允。于是,蔺相如一行人踏上了奉璧之途。)

第二场

地点:秦国正殿。

时间:秦王斋戒五日后。

人物:蔺相如、秦王、秦臣甲、秦臣乙、侍卫等。

秦王:蔺先生,可以交出璧来了吧!

蔺相如:我此次来未带和氏璧!

秦臣甲(大怒):大胆,欺人太甚。

(侍卫带刀上)

秦臣乙:你以为你不带和氏璧就不是赵国使臣了?

蔺相如:我是使者,我骄傲!

秦王：都是千年的狼，你和我玩什么聊斋啊！

蔺相如：大王若是杀了我，肯定会被天下人耻笑。你将15座城池交给赵国，赵国定会将和氏璧交予秦国。

秦王：你们全都退下，念在你忠心的份上，我就饶了你，先放你回去！代我向赵王问好。

（秦王无计可施，只好放回了蔺相如）

全体：你摊上事了，你摊上大事了……

蔺相如：谢大王，大王英明。

针对第一场的评价：

同学们注重在旁白和动作表演设计上下功夫，旁白介绍语言紧凑充满张力，符合战争一触即发的紧张局势，动作惟妙惟肖，准确表达出了不同人物的不同心理，效果突出。

针对第二场的评价：

这一场的人物语言诙谐幽默，适时融入现代语言并没减少人物原本忠义的个性，反而让人在忍俊不禁的同时深感同学们对主旨把握的到位和演出的精彩。

只有建立完整的评价机制，才能使学生更加深入地理解课文内容、提高语言表达能力、丰富自身的情感、增强彼此之间的合作能力和提升自身的文学欣赏水平。只有从开发、利用语文课程资源的高度来认识、使用课本剧，才能充分发挥它的育人功能。

四、孝德课本剧改编剧本精选

赵氏孤儿

第一幕[韩厥，晋公主，程婴，侍女]

[晋宫中某屋之庭院。屋子呈深红色，中间留正门。窗户紧闭，庭院中央有一小道；大道两旁尽奇花异草。院子右首开有侧门，隐现于花丛之中。]

第一场

[韩厥满脸慌色，按剑快步至正门，急促敲门。微过片刻，门缓开。晋公主着素服出。]

晋公主:(以手示意)嘘——我儿刚刚入睡。下将军匆匆而来,是有何急事?

韩厥:事发矣,情况甚为紧急!

晋公主:下将军勿急,有事慢慢言来。

韩厥:屠岸贾已经获知公主分娩之事,恐怕即刻便会遣人前来。赵家骨血性命危矣!

晋公主(大惊失色。踉跄着倒退数步)

晋公主(作哭状):屠岸贾,你为何如此丧心病狂?连刚出世的婴儿都不肯放过?

侍女:(侍女上,扶住公主)赵家百年忠义,世人皆知。屠贼如此恶行,必遭天谴。

韩厥:公主勿要过于伤心。当务之急是如何从虎口救出赵氏遗孤。

晋公主:(来回踱步,心生一计)程婴每日进宫送药,可将孤儿藏于其药箱之中带离虎穴。

程婴:(上前进见,放下药箱。见公主流泪)赵家恩重如山。赵氏蒙难,若有用到程婴的地方,程婴肝脑涂地,在所不辞。

晋公主:我儿父亲死前有一遗言,若我添了儿子,小名便唤做赵氏孤儿。待他长立成人,(激动)与赵氏报仇。

程婴:程婴记下了,我就唤他作赵氏孤儿,长大与赵氏报仇。

[程婴逃离,晋公主临危,屠氏士兵匆匆而上。]

第二场[晋公主,程婴,韩厥,战奴,士兵若干。]

韩厥:站住! 来者何人?

战奴:屠元帅属下,战奴也。(出示金牌)奉元帅之令,杀了赵贼妻女!

侍女:【愤怒上前】我家夫人是晋国公主,我家公子是忠臣之后,你也敢?

战奴:元帅之令,谁敢反抗。那赵氏孤儿何在?

韩厥:他早已远走他乡,离开了这虎穴狼窝。

战奴:挖地三尺也要与我把赵氏遗孤找出来。

[战奴抽刀杀了晋公主,左右士兵杀了韩厥,侍女]

屠岸贾:传我令。封锁全城,缉拿赵氏孤儿;如有藏匿者,诛九族。

——幕落

第二幕

【是夜,程府卧室内,程婴之妻与侍女正逗弄婴儿。程婴提着药箱,推门入。】

【程婴打开药箱,抱出孤儿,望向妻子,眼中神色复杂】

妻:(疑惑)这……这是?

程婴:他是赵氏遗孤。

妻:(大惊失色)可……可是赵驸马之子? 你可知道如今满城都在通缉他,你如何敢做这样的事哪?

程婴:(低头,不敢看妻子)赵氏于我有大恩。

妻:(指着侍女抱着的婴儿)夫君可有想过我们母子,若东窗事发,这可是杀头大罪啊。

程婴:(商量)夫人刚生产完,不若,对外就说,夫人诞下的是双生子。日后,孤儿就以吾儿之名长大。

妻:(目光空洞,流泪)看来,夫君是下定决心这么做了。

【屋外,屠岸贾正率兵赶到程府,叩门声起,程婴与妻对视一眼,俱是慌乱】

程婴:(强装镇定)何人?

士兵:屠公来访。

程婴:快请到正厅,我速速就来。

妻:怎么办,怎么办,屠公不会知道了什么吧?

程婴:夫人莫慌,待我先去看看。

【正厅中】

程婴:屠公上座,不知道屠公深夜前来,是有何要事?

屠岸贾:(试探)听闻赵氏余孽在你府上,不知可有此事?

程婴:屠公明鉴,我府虽平素里与赵氏有些来往,可这包藏贼子的事,我是万万不敢做的。

屠岸贾:好,既然如此,可否让我搜上一搜,以正程公之心。

程婴:(假笑)屠公可是未等我将话说完,赵氏余孽此时是在我府中,本想明日禀告屠公,屠公既然今日来了,我这就将他带来。

屠岸贾:程公请。

【第二场】

【内室,妻正惴惴不安徘徊,不时望向身旁的两个幼儿,程婴进,两人相视不语,程婴望向两个婴儿,脑海一番挣扎,神色一凛,似乎下定决心。】

妻:夫君,屠公前来是知道了什么吗?

程婴:夫人所料不错,屠公已获知孤儿在府上。

妻:(慌张)那……那……那现在该如何?

程婴:赵家上下三百零五口人悉数被诛,如今孤儿是赵家唯一的血脉了,公主临死前嘱托我务必让他长大成人与赵氏报仇。孤儿不能交出去。

妻:可……可如今屠岸贾就在府中,难不成让我的孩子替赵氏去死。(恍然大悟)莫非……莫非……你想(怒目)

程婴:(抱着婴儿往外走)

妻:(跪着拦住程婴,侍女扶着她),虎毒不食子,你怎能如此狠心啊。

程婴:(顿住)夫人,是程婴对不住你。(继续往外走)

【程婴之子死于屠岸贾刀下,程婴不忍再看,转过头去。屋外,其妻子被侍女扶着,大哭不能自己】

第三幕

【十六年后,孤儿长大成人】

[夜。屠岸贾府内赵武之书房。书房布置素净而简朴,有条不紊地摆放着:一张书案,一盏油灯,几卷简书,一支古琴。琴子跪坐书案一侧,低头抚琴。赵武跪坐对面,潜心听琴,眼睛盯着琴子,满是爱意。]

第一场[赵武,琴子,程婴]

[琴子妩媚地望了一眼赵武,手中琴声如诉。]

赵武:(猛不经意地)琴子,你我自小一起长大,青梅竹马,你是否愿意嫁与我为妻?

[琴子的脸顿时变得嫣红。低头又重新抚起琴来。]

琴子:(微笑)一切由爹爹做主。

[白发老者程婴上。]

程婴:(走到门口,见赵武、琴子情意绵绵,摇头)(独白)现在孤儿终于长大成人,可惜他不知家仇。

[程婴进来脚步如风,琴子、赵武未有察觉,二人皆惊慌失措,琴子手中之弦也断去了一根。]

赵武:(立起)孩儿程勃见过爹爹。

[琴子也慌忙起身走至赵武身侧,向程婴鞠一躬。]

琴子:(行礼)见过程伯父。

程婴:(坐于书案之前,看一眼琴子)勃儿,为父问你,你若是忠良之后,你会不会被奸人的淫威屈服,弃明投暗? 做一个不忠不孝之人?

赵武:(斩钉截铁)不会! 我会手刃贼人为国正本!

程婴:好,有志气,不枉我含辛茹苦养你十六载。

赵武:爹爹放心。孩儿定然做忠孝之人,助贤臣屠岸贾安邦定国。

程婴:(听赵武言"贤臣屠岸贾",脸色骤变,拍案大怒)大胆!

赵武:(胆怯地)孩儿言错了吗?

程婴:(稍停)(无奈地)罢,罢,罢,(叹息)我儿不明白,我儿不明白。

第二场[程婴,赵武,屠岸贾,琴子。]

[程婴、赵武起身相迎。赵武见琴子立于屠岸贾之后,不禁喜上眉梢,抛之以情。]

屠岸贾:成儿,你们父子相谈甚欢,不知是何事,能否告于我们大家同乐?

赵武:禀干爹,我们父子正在谈……

程婴:(慌忙插口)我们二人正在谈忠孝道德。

赵武:爹爹正在教我忠臣孝子之道,我跟爹爹说,干爹英武不凡,只要我跟干爹一心,定不怕他主忧臣辱。

屠岸贾:(大笑)好,说得好,我这一生最疼的就是你们两个。我意想将成儿与琴子配为夫妻,你看如何?

赵武:(大喜,兴冲冲地)谢干爹成全。

程婴:(稍停片刻)此事我不同意。

[此话一出,四面皆惊。众人疑惑地看着程婴。]

程婴:我是说,如今我儿与琴子都还小,何况我儿功名未就,如何能娶屠公的掌上明珠。

程婴:(独白)看来与齐楚联军之事要加快了。

第四幕

[晋国城门之内,旌旗飞舞,战马嘶鸣。屠岸贾与战奴在城外带兵打仗]

[屠岸贾与战奴魂飞魄散地逃进城门,浑身是血,见全军将士严阵以待,不禁怒发冲冠。]

屠岸贾:(视赵武)为何迟迟不肯出兵?

赵武:(无奈地)我,我,……

程婴:是我不让出兵。

屠岸贾:(意外)你为何要陷害于我?

程婴:(大笑)我为何要陷害于你?

程婴:(突然,"通"一声跪于地,向天大哭)赵氏之魂呀,我程婴终于能够为你们报仇啦!……(稍停)(站起身,怒视屠岸贾,进逼)

屠岸贾:(步步后退)你,你,你……你是……

程婴:不错!我就是赵家托孤之人!当年为了保住赵氏最后的血脉,我的亲儿死于你的屠刀下。

屠岸贾:那他,(指赵武)他,他……

程婴:(抓住赵武)他,就是赵氏孤儿。

[赵武被两位爹爹的对话搅得糊里糊涂。]

程婴:你笑什么?

屠岸贾:我笑,我养了十六年的义子竟是狼子,我倚重了十六年的人竟是如此不仁不义之徒。

程婴:(向众兵士)将屠岸贾一干人等通通拿下。

[众兵士一拥而上,两方人马大动干戈,屠岸贾被俘。]

赵武:爹,你为什么?

程婴:你听清楚了,我不是你爹爹,他也不是你干爹。你乃姓赵名武,(赵武不理解地抬头望着程婴)你祖父是晋国正卿赵盾。你父亲乃晋国驸马赵朔。眼前被缚之人是你不共戴天的灭族仇人。

[赵武顺其指望去,突然惊瘫在地。]

赵武:(往后退缩,摇头)不,不,……不会是他,不会,不会……

程婴:当年,武者就是屠岸贾。文者是你祖父赵盾。屠岸贾见你祖父受宠于圣主,遂想出恶犬之计加害于他,结果,你赵家满门三百多口悉尽被杀。

赵武:(精神痛苦不堪,不敢面对事实)不会,干爹忠君仁爱,绝对不会,不会,绝对不会……

程婴:孩子,我忍辱负重十六年,为的就是教你成人,让你有朝一日重掌三军,拿住贼臣。你万万不可被贼人迷惑呀!(改变凄婉的口吻,语气变的急促强硬,有点神经质)快! 快! 拿起剑! 杀了此贼!(往赵武手中塞剑)来! 杀了此贼! 为赵氏报仇! 快! 快

[赵武勉强站起身,但全身显得软弱无力。这时,一直在旁边泪流满面的琴子走了过来]

琴子:程伯,这不是真的,我爹爹不是贼人,我爹爹不是……[她拉着程婴奋力摇头]

【被复仇占据了整个心的程婴又如何容得下旁人干预他的行动,他一甩手,琴子重重地摔到了地上。】

【赵武仍然痴儿似的呆站着,眼里什么也没有看见。琴子忍痛重新站了起来。她走向赵武。她拼命地摇着头求他。赵武手中之剑"哐当"一声掉在地上。(稍停)突然赵武爆发了,他琴子推倒,抱着头大吼一声:"不——!"他走近屠岸贾,抓住其衣襟。】

赵武:(痛苦地)说这不是真的! 说! 说不是真的!(屠岸贾被揪得喘不过气来)说啊! 你说啊! 说这不是真的! ……(松开手,跪于地,恸哭)

[稍停,赵武瞬间又收住了眼泪。他起身急步走向站起的程婴。琴子泪人般地爬向屠岸贾。经赵武一推,她已无力再站起了。]

赵武:(抓住程婴的肩,低声哀求)你说,你说你是在说谎。(苦笑)你是在开玩笑对不对? 肯定是在开玩笑! 对……

程婴:(怒而挣脱赵武。击耳光)逆子跪下。

赵武:(跪地。哭)爹——! 孩儿真的不忍杀他。他授孩儿武艺,视孩

儿若已出,他赐孩儿宝甲战奴,成全孩儿与琴子,孩儿若杀了他岂不成了忤逆不孝之人?

程婴:(平和地)为父也不忍我儿如此痛苦。可你若不杀此贼,你怎么对得起你祖父,对得起你赵家三百多口亡魂?

赵武:(犹豫地回头)我,我杀他为不孝。

程婴:你不杀他就是不报仇灭族之仇,不报灭族之仇乃为大不孝。

赵武:(回头,底气不足)可…他对我有恩。

程婴:此乃假恩。(推赵武)你若不杀他,他有机会照样会杀你。(推赵武)

[此时,赵武已至屠岸贾之前。屠岸贾怒目紧视程婴,毫无惧色。程婴亦无畏惧,目中含血,返以视之。而这时唯琴子最为凄惨,她张开双臂挡在屠岸贾身前,以恐惧的目光视赵武。]

琴子:(泪)他是我爹爹,他对你还有养育之恩,你不能杀他,你不能啊……

程婴:(向赵武)杀了他。

赵武:(未动,视屠岸贾)你为何要诛杀赵氏全家?

屠岸贾:(视之,大笑)成者为王,败者为寇。

第二场

程婴:(声嘶力竭)杀了他!(咳嗽)

[赵武摇头。程婴终于不能再等。他突然抓住赵武手臂,一使力,剑刺进了屠的胸膛。屠岸贾亡。赵武松开剑,神志若失,目光呆滞地看着自己的双手。他僵硬地摇着头,踉踉跄跄,嘴里支支吾吾地不知说些什么。程婴转过身去,对天敞怀大笑。]

[琴子看着父亲的尸体,哭得死去活来。]

琴子:(举剑指赵武)你这个忘恩负义之人,我要杀了你为爹爹报仇。

[琴子举起剑。剑在空中颤抖。她发现下不了手,泪水模糊了他的双眼,她将剑刺进了自己的腹中。她笑了。她发现她终于摆脱了人间仇怨的烦恼,她解脱了。亡。]

赵武:(睁眼发现琴子倒在面前)琴子!琴子——!(抱着琴子泪如雨

下)为什么你这么傻？为什么是你不是我？……(望苍天)为什么我是赵家的子孙？为什么我要来到这个人间——?(横刀自刎,他爬到琴子身旁,想要拉住她的手,亡。)

——幕落

人物表

韩　厥:屠岸贾之麾下,下将军也;

晋公主:晋成公之姐,赵朔妻,赵开之母;

程　婴:赵家家臣,赵武之养父;

战　奴:屠岸贾之奴仆;

屠岸贾:晋国大将,琴子之父,赵武之义父;

赵　武:赵氏孤儿;

琴　子:屠岸贾之独女,赵武之情人;

程婴妻:赵武之养母;

侍女若干,兵士若干。

演职员表

指导老师:陈佳楠

导　演:花　艳　陈伊楠

编　剧:花　艳

刘　鑫　饰　程　婴

沈星宇　饰　赵　武

李诗晨　饰　琴　子

黄之弈　饰　屠岸贾

夏浙明　饰　韩　厥

瞿　楚　饰　程婴妻子

傅　蓉　饰　晋公主

王嘉程　饰　战　奴

富丹娜　饰　公主侍女

陆艳楠 饰 程婴妻子侍女

夏哲锴 饰 侍 卫

董维哲 饰 侍 卫

音　乐:瞿鑫杰

灯　光:夏锴丽

道具组:韩诗怡

六、活动总结

实践证明,学生表演课本剧大有益处。

首先,激发了学生学习的兴趣,加深了对课文内容的理解

为了表演好自己所担任的角色,学生们抽空找有关的书来读,并自己组织在一起自导自演,文、理科班表演同一个剧本的同学课外还聚在一起相互切磋,取长补短,一有空大家就凑在一起练,教师针对排练情况再一一加以指导。

其次,挖掘了学生的潜力,为学生施展才能搭建了平台

每个人都有表现自己才能的欲望,十六七岁的青少年更愿意在他人面前展示一下,学生的潜力就像一座巨大的冰山,平常所看到的只是浮在水面的八分之一,隐藏在水下的八分之七教师没有发现,让学生表演课本剧就是挖掘其潜力的很好机会和方法。学生中有的模仿能力很强,学谁像谁,但因施展这方面才能的机会少,教师也不知道,若让学生参与表演,情况就大不一样了。有些很少在众人面前说话的同学,其表演才能是藏而不露的,一旦给他们机会,那真是不鸣则已,一鸣惊人。在表演《雷雨》(节选)剧情时,演到鲁大海被打,鲁侍萍的扮演者,愤怒地喊道:"这真是一群强盗!"眼中流露出痛苦而仇恨的目光,在说"我是你打的这个人的妈"时,带着哭腔,伸出的手直发抖,眼圈发红,含着泪水,走路蹒跚,将人物的内心世界表演得很到位,她的精彩表演赢得师生阵阵掌声。在排练和表演课本剧的过程中学生的组织才能、协调才能、表演才能等都得以施展。

再次,孝德课本剧的参演,传承和弘扬了中华传统的孝敬美德,发挥学校在公民道德建设和社会主义核心价值观建设中的"示范区"和"辐射源"作用,将孝德教育渗透进表演中,从而达到传播孝德、践行孝道、奉献

爱心的教育目的。

　　总之,通过课本剧形式的教学尝试,使学生的多元智能得到良好的培养,动手操作能力、审美情趣得到提高,使学生的主体地位得到很好的落实,使各类学业水平的学生都获得成功的愉悦,同时培养了学生的团队精神和协作能力。

二艺之版画

　　版画是人们用眼、脑、手、脚蹬各种器官综合调动所产生的可感可触的艺术,通过教学活动,对版画的起源、发展、分类、制作等方面的介绍,是学生对版画有系统的认识。让学生亲自刻一刻,印一印,体验下对材料的量感和质感。这些体验能够给学生带来对版画浓浓的情感,获得出乎意料的收获,因为体验才会有机会创造出蕴有他们内心情感生命的版画作品来。

木版水印版画　　　　　　石膏版版画　　　　　　木版油印版画

玻胶版版画　　　　　　铜版版画　　　　　　双色版版画

图5-2　学生作品

一、教学内容

1. 在鉴赏中学习和提高

任何一种艺术的形成于兴起都不是偶然的,它有着深厚的历史性和艺术创作的无限性。借助多媒体视频影片多了解版画发展的社会背景,了解版画大师的人生经历和创作灵感,带领学生参观版画作战,从画面的形式感、极大的制作、整体色调激励等方面鉴赏大师的版画作品,体会其思想情感。

引导学生关注博物馆及美术学院、美术馆等版画展览,以及借助网络多媒体技术,让学生欣赏中外版画大师的优秀作品、各种各样的版画形式、种类以及创作,开阔眼界,提升自己的品位。当学生看到木刻版画、麻胶版画、丝网版画、水印版画、石膏版画、铜版画等各种不同风格的版画作品,茅塞顿开,原来版画艺术有这么多种类,兴趣大增。学生不仅提高了眼力,创作版画的水平也会有显著的提高,其艺术潜力也得到了相应挖掘,从而得到相应的发展。

2. 创作实践

教学实施要分层化、个性化,因每个学生对艺术的敏感和接受程度不一样,都存在个体差异,所以老师分层教学且利用各种方法、形式调动学生的积极情绪,让学生从最感兴趣的题材为源泉,来激发学生的乐趣,可以从以下几方面入手。

(1)积累素材

美术通过塑造艺术形象反映人的精神和社会生活,表现作者思想感情的一种社会意识形态。因此,创设教学环境,有助于学生的对美术的理解,从而激发学习的兴趣。生活是艺术的源泉,所以生活中处处有美术。身边的艺术资料非常多,如:树叶、树枝、鲜花、纸板、泥沙……随处都可见可得,这些生活中看似普通的东西,却可以用于我们的艺术创作中来。老师引导学生做个有心人,善于从不同角度观察生活,从中发现生活中的可利用的一切物品,收集"原生态"素材。

(2)作品创作

创作之一:

美就在我们身边!只要我们用心去留意,就会深刻地留在我们的脑海里。如图《水乡》非常简要概括地描绘了水乡的特色。这些都是学生自己对风景的观察和认识以及表现，又如《乡村写生》，就是学生完全凭着下乡写生时的记忆画出来的。

学生以身边题材创作《水乡》　　　　学生以身边题材创作《乡村写生》

图5-3　学生的作品

创作之二：

　　除了我们身边常见的事物，还可以留意我们身边宝贵的资源。如把博物馆作为我们的第二课堂，有的学生就对博物馆的藏品产生了浓厚的兴趣，把博物馆的藏品以版画形式把它制作成邮票，不错，这就是一个非常好的表现形式。

创作之三：

　　传统变革、推陈出新！传统版画是用刀子或化学药品等在木版、石版、铜

图5-4　版画表现博物馆藏品

版、锌版等版面上雕刻或蚀刻后印刷出来的图画。当今时代,艺术是多元的而多样的,所以创作过程中以开放性的观念去引导学生去创作。如下图作品,学生就是一种非常自由的思维和表达方式来表现自己的艺术情感,从作品中我们能感觉到作者本来当的创作激情非常有感染力。充分尊重学生的个性,让学生根据自己完全开放性的思维的选择材料创作,结果表现得丰富多彩。

图5-5 手绘与版画结合的
创新形式版画

二、教学方法

改变传统教学,根据学生的主题、教学的设计、学生的特点等灵活多样才去多种方法。例如在上《博物馆藏品》内容时,通过直观演示、组织讨论、引导尝试、自主探究、作品欣赏等多种方法。课堂上学生相互交流各自的资料的收集信息与观点,了解藏品的具体造型和纹饰以及价值等。教师根据学生的尝试性作品进行评价分析后,再做局部的修改和处理,也可以达到非常好的效果。

操作过程如下。

1.画初稿:首先画出稿子,画稿时,注意构图关系。可以直接用黑色笔直接画在绿色胶版上。基础弱一些的学生,帮助准备一些现成的画稿,让学生直接把它复到胶版上,这样可以增加学生的学习兴趣,克服畏难心理。

2.转稿、润版、刻版:把画好的稿子转到木板上,然后再班上涂一层墨水,干了之后用熨斗熨一层蜡上去润版,这样木板刻起来相对润一些,刻时不容易裂开。这个过程根据画面需要,可以展示刻针的细腻、有大刀阔斧的奔放,来表现线条悲欢的线条语言;宣泄自己印刷过程的情感;展示自己对材质、肌理、色彩、明暗、光影、细节关系的把握,以及表现自己对刻刀的角度、力度、速度、深度是不是较好的把控,获得切换运刀的推、铲、冲、切、折、凿、扭等手段。

3.上墨或色:底稿画好后,就可以开始在版上用带颜色的笔直接转稿了,或者用滚筒来回滚动使版表面均匀滚墨。

4.印刷和调整:用绘画纸覆盖在受墨版上,通过版画机或手工滚墨即可完成。印刷好的作品,置于晾画架上晾干。打样出来后根据需要把板洗好再继续调整,直到自己满意为止。

5.版画作品的保存:版画作品一定要注意保存,否则,纸面容易变脏,发霉而报废,最好的方法是把版画作品用镜框装好挂在墙上。

图5-6　学生作品保存展示

三、教学评价

教学评价变单一为多元。通过激励方式,多做肯定的评价,增强学生信心,教师多创造机会让学生参加各种各样的美术活动和各类比赛及展出,分享成功的喜悦,从而激发他们积极的创造情感,不仅丰富了学生的艺术生活,激励学生走向成功。在创作中既发展了学生的个性,也锻炼了学生能力。(见表5-1)

表5-1　学生作业评价①

智力因素	评价结果	非智力因素	评价结果
构图饱满	△△△△△	合作精神	△△△△△
色彩丰富	△△△△△	学习态度	△△△△△
创意独特	△△△△△	常规习惯	△△△△△

这种评价方式简单方便,最大优点是让学生及时根据自身情况对自己作业进行评价,帮助学生认识到自己在美术某方面的事,从而明确自己努力的方向。(见表5-2)

表5-2　学生作业评价②

作品题目	自评	他评	师评	合计
《＊＊＊＊＊》	△△△△△	△△△△△	△△△△△	△△△△△
作品点评				

四、教学评价原则

1.面向全体学生原则。即着眼于全体学生,只要有兴趣的同学,都可以利用课余时间辅导有强烈的版画爱好和可塑性较强的同学。

2.学生发展性原则。即协助学生树立有价值的生活目标,充分发挥自己的潜能,获得最佳发展。

3.学生主体性原则。即以学生的需要为出发点,在整个辅导活动中学生始终处于主体地位。

4.整体性发展原则。即要树立"全人""全面""和谐"的理念,追求学生特长的整体的协调发展。

5.尊重与理解学生原则。即尊重学生人格与尊严、学生的选择,以平等、信任的态度对待学生。

五、初步成效

1. 形成特色

2016年4月《走进版画》课程被评为杭州市第九批普通高中精品选修课程;2016年11月《走进版画》课程被评为浙江省普通高中精品选修课程;2017年6月,我校版画社团被评定为萧山区第二届中学生优秀社团。2019年1月,教育局为我校挂牌"学生教师版画研习所"。

图5-7　市精品选修课程

图5-8　省精品选修课程

图5-9　区优秀社团

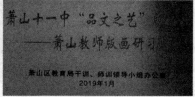

图5-10　区教师版画研习所

2. 学生的成长

几年课程开设下来,教学取得十分明显的效果。在学习版画的过程中,学生不仅学习了当代版画的制作技巧,而且还学会了观察、认识世界,学会了用头脑思考,学会了创新,培养了勇于探索的精神,这对培养人才的综合素质起了关键的作用。版画教学对培养学生创造性思维、训练学生动手能力、提高学生的综合素质都有着很大的益处,学生通过对版画的学习,不仅仅学会的是一门技艺,更多的是对自己综合能力的提高,培养了审美素养和创造精神。在版画的制作过程中,还会对学生的耐心、耐力等意志力起到训练作用。同时挖掘了部分学生潜在的艺术潜能使他们获得良好的发展方向。

3.教师的发展

促进了教师本人的专业成长,通过本研究的实施,加上笔者通过节假日去美院版画工作室学习和实践,笔者更加深入了解了版画的各有关知识和制作技巧,促进了教学能力与质量的极大提升。不断更新教师的观念,促进教师的成长。编写了《高中当代版画选修课实施之初探》教材(见下图);教师本人撰写关于版画课程实施的论文获萧山区年会论文一等奖;2016年8月,教师本人的黑白木刻油印获萧山区总工会"喜迎G20萧山区职工书画作品创作展"一等奖;2016年09月教师本人的水印版画作品获萧山区文联"喜迎峰会"美术作品展优秀奖;2017年8月,被萧山区图书馆邀请开展"***师生版画作品展";2018年12月,教师版画作品参加浙江省版画作品展。

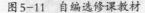

图5-11　自编选修课教材　　　　图5-12　版画作品参加省展

4.学校艺术特色彰显

教育的根本目的达成:为学生搭建了学自我展示、相互学习、相互交流、相互促进的平台;学生根据自己的特长和爱好,发展自己的个性,在美术中找到了自我的发展方向;学生最好的发展就是教育的目标达成;杭州市中小学"学科课程群建设"前来观摩;被评为"浙江省第五批普通高中精品选修课程";被评为"杭州市第九批普通高中精品选修课程";被萧山区教育局授牌"萧山教师版画研习所";区美术骨干教师版画培训基地。

图5-13　领导和专家参观版画工作室

《走进版画》课程带动了整个学校的知名度,萧山区教育局为我校挂牌"萧山教师版画研习所",萧山区进修学校把我校定为萧山区美术骨干教师的版画培训基地。学校不定期邀请中国美术学院版画系教授前来指导。

图5-14　中国美院方利民教授前来指导

在课程研究探索的道路上，一是由于实施对象处于高中阶段，高考升学的压力很大，特别是时间上很难安排，所以我们也经常利用中午、周末返校等课余时间来辅导学生进行创作，从而进入更优化的探讨研究状态。二是自我提升中还有很大空间，我们团队还需要更多的努力和协作，不断去美院向专家、教授学习和研究。

图5-15　祝你"新年好"——贺年卡版画

包老师的课题成果——走进版画

我校的《走进版画》课程被评为"浙江省第五批普通高中精品选修课程"和杭州市第九批普通高中精品选修课程。萧山区教育局在我校开设了萧山教师版画研习所，到目前为止，已经在我校举办萧山区骨干教师版画培训6期，邀请中国美术学院版画系教授前来指导，此培训将会常年开设。现在，在教育基础性、全面性和公平性的基础上，在"全面参与，注重发展，培养兴趣，陶冶情操"的理念指导下；学校积极推进差异化、个性化教育，强化选择性教育思想，创新教学方法，对美术类课程更是提出了"面向特色，凸现个性"一体一艺的艺术类课程的改革要求，为学生的生涯规划做一个良好的引导。学生则根据自己的特长和爱好，在美术中找到了自我的发展方向。目前，我校的传拓课程经过二三年时间的探索和实施，日趋成熟，可谓是有声有色，每学期，选修课的报名人数总是人满为患。传拓课程创办者包怒涛老师曾多次应邀去台州图书馆、海宁图书馆、萧山区新华书店、萧山区各个社区进行传拓的公益讲座。

每个中国人都有义务来保护、传承好中国传统文化艺术遗产！传拓技术是我国古代的重要发明之一！拓片是记录中华民族文化的重要载体之一！是中华民族传统文化艺术的精华之一！我们有责任把传拓技术传承和发扬下去。同时，传拓技术也是中国特色社会主义现代化建设实践的需要，凡历史、地理、政治、经济、军事、民族、民俗、文学、艺术、科技、建筑等都可以从中找到有益的材料。

在传拓教学过程中，教师采取各种各样的方法来引导学生，灵活运用，从教学过程中吸收有益的启示和鲜明的借鉴，激发学生的主体作用，充分发展学生的个性，让学生感知到自己的能力和价值，促进他们能力的发展，真正达到以美育人的目标。从而也帮助学生最大限度地挖掘自己的潜能并获得良好的发展。如：有的学生对传拓特别有兴趣和有能力的，着重培养他们全形拓（立体拓），为以后传承中国传统文化艺术奠定基础。学生根据自己的特长和爱好，在美术中找到自我的发展方向，为学生的生涯规划做一个良好的引导。如高二李雨婷同学学了传拓课程之后就立志要考中国美术学院的文物修复专业，专心研究青铜器专业，坚定地做中国传统文化艺术传承者。

活动步骤：

2018年12月—2019年01月　　图书馆、博物馆资料查阅

2018年02月—2019年04月　　由点及面阶段：由社团活动起步开展传拓课程

2019年04月—2019年07月　　课程融合阶段：将社团课程与必修历史、政治、语文、地理等学科课程融合；将社团课程与美术选修课程融合。

2019年07月—2020年02月　　普及提升阶段（将社团课程与社区课程融合；将社团课程与社会公益讲坛融合）

我校的版画课程已经开设了5年，《走进版画》课程被评为"浙江

知章书院：普通高中人文教育的新载体

省第五批普通高中精品选修课程"和杭州市第九批普通高中精品选修课程。萧山区教育局在我校开设了萧山教师版画研习所，已经在我校举办萧山区骨干教师版画培训6期，邀请中国美术学院版画系教授前来指导。每期版画课程选修课程报名人数总是爆满，几年下来，也出了不少成绩，如我校学生的版画作品参加邮票设计比赛、信封设计比赛等获得了一二三等奖；教师论文《高中生走进版画选修课的实践研究之初探》获萧山区年会论文一等奖；教师版画作品参加2018年浙江省版画作品展、获2016萧山区职工书画展一等奖。本人还积极为学生家长开设版画开放课等。版画课程在萧山区中学选修课开设中是走在了美术选修课的前列，我校还联合萧山区教育局师训处多次举办萧山区美术骨干教师版画培训。2019年1月，萧山区教育局为我校挂牌"萧山教师版画研习所"，每年定期举办教师版画培训。我校2016年开始每年开展校内版画比赛，进行展出和评奖；2017年8月受萧山区图书馆邀请做"★★★师生版画作品展"，向全区范围展示学校的版画艺术。2016年4月《走进版画》课程被评为杭州市第九批普通高中精品选修课程；2016年11月《走进版画》课程被评为浙江省普通高中精品选修课程；2017年6月，走进版画社团被评为萧山区第二届中学生优秀社团。

一、课程意义

1.是学生发展的需要

学生在自己的特长和爱好中找到自我的发展方向，这是一件很鼓舞学生的益事。学生在井然有序的版画制作过程养成了用头脑思考、大胆创新的学习习惯，也学会了探究创作；还对培养了学生的综合操作能力。教学中，老师往往用多种多样的教学手段来引导学生，灵活的运用，从自身创作的经验中传授有效而快速的方法来引导学生完成，这个过程中鼓励学生大胆地举一反三发挥自己的想象和多种尝试，从而发展自我个性。因此，学生最大限度地挖掘自己固有、潜在的艺术潜能。总而言之，这为学生提供了一个个性才艺的平台，使他们的特长得到充分的发挥和展示。

2.教育改革的需要

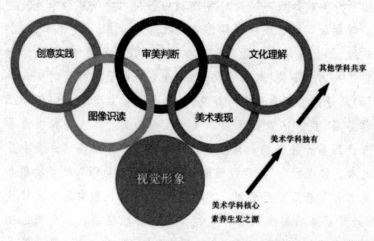

图 5-16　美术学科素养与版画

　　教育部2017年初颁布的普通高中课程标准修订中指出，"图像识读"和"美术表现"是高中阶段学生学习美术后所要形成的基础素养,目的在于培养学生对图像的感受与认识能力,同时在"读图时代"学会选择、辨析和解读现实生活中的视觉文化现象和信息。在此基础上,学生能够运用美术表现能力创造有意味的视觉形象,表达自己的意图、思想和情感,解决学习、工作和生活中的现实问题。目的在于使得高中生形成基本的审美能力,体现较高的审美趣味,具有一定的创新意识和实践能力,理解美术与文化的关系。美术学习就是要不断激发学生想象力和创造力,逐步获得创意实践素养。在美术教学中,我们引导学生了解艺术知识,掌握基本的美术创作技能与方法,在长期的积累实践中,鼓励学生掌握更多更新的技能和方法,具有艺术表达和创意表现的兴趣和意识等……

3.学生发展的需要

　　目前,版画教学在各个国家大面积覆盖,版画得到了迅速广泛的发展,而且受到了中小学生的极度喜爱。我校美术教育步入良性快速发展阶段,美术高考教学成绩一年进一大步。我校开设版画的选修课既让一部分有特长的学生发现和挖掘自身固有的、实际的、潜在的艺术潜能并获得良好的发展,为学生提供了一个展现自我个性才艺的平台,使他们的特长得到充分的发挥和展示,甚至引导学生做好自己的生涯规划,达到了与人的真正目的。

二、课程开设可行性分析

高中的版画是绘画和手工印刷的综合体,这是其他艺术形式所不能替代的。因为版画不仅绘,而且绘、刻、印,集绘画、设计、雕刻、印刷于一体。整个制作过程,能使学生的心、眼、手得到全面训练。它是间接的,与其他绘画相比,版画多了绘稿和印刷两程序,这程序是不能调换顺序的,这培养学生的严谨性。

版画的魅力体现在其创作过程中的每一个步骤,比如绘稿、手动印刷,版画是一种独特的平面艺术,深受高中生的欢迎。我校近期进行的"高中版画创意教学"实践,以版画"创意"为核心,体验改变学习场所、新颖的创作材质、丰富多样的版种体验拓宽学生审美视野、丰富教学体验活动及教学内容,探讨版画创意教学对激发学生美术创作与学习持久兴趣的积极意义。

我校已经建设一个400平方左右大的版画工作室,拥有一台120×180的版画拓印机,八台4K四开版画机等设施。(见表5-3)

表5-3 版画工作室物品清单

序号	名称	规格参数	数量
1	版画机	铜板机(含机架)规格:印刷版面:120cm*200cm	1
2	版画机	铜板机(含机架)规格:印刷版面:80cm*120cm	8
3	晾画架	版画晾画架	2
4	厚毛毡	加厚毛毡	9
5	工作台	专业版画台	25
6	工作凳	专业版画凳	50

续表

序号	名称	规格参数	数量
7	滚筒	马利版画橡胶滚筒 规格20CM、10CM	50
8	调色盘	水粉调色盘	50
9	马莲	版画专用马莲	
10	松节油	大瓶	50
11	版画纸	120g棉纸版画纸	10筒
12	板刷	中号	50
13	油画笔	6支套装	50
14	版画油墨	100ML大红、中黄、天蓝、白色、黑色、深绿、酞青绿、酞青蓝各一支	50
15	亚克力板	无色、4K大小	50
16	亚克力板	高透明有机玻璃板亚克力板1.10*1.80米 厚3MM	3
17	抹布	普通抹布	50
18	水池	专业水池	20

图5-17　我校版画工作室

三、课程研究的目标与途径

本研究旨在通过对本研究,创作出更多的有意义的版画作品,将创新理念和技法应用到版画教学中去,为将来的高中版画教学的推广与发展做一点实践尝试。希望能丰富版画的创新性和艺术性。研究过程中,做到既强调学生得到普遍发展,又要顾及学生的个性差异,力求满足每个版画学习的学生其个性得到不同的发展。为此,我们尝试两个阶段的目标。

(一)审美

1.审美发展的目标

通过版画教学研究的初探,使学生对版画的发展历程、艺术特点有一定的了解,引导学生参与到版画艺术的学习和交流中来,进一步去理解和鉴赏版画艺术。包括对版画作品表现的表现手段、主题内容、时代背景、精神文化的理解等等。从某种意义上说,版画创作过程包含了程序的严谨性、科学的趣味性、文学的发散性;音乐愉悦性的和艺术的哲学性等,十分耐人寻味。

审美感知,就是要求我们直观地去感知审美对象,即我们面对艺术作品本身的直觉。比如我们可以去感知版画作品上刻画的是什么,线条是流畅的或是笨拙的,色彩是鲜明的或是灰暗的,整体布局是饱满的或是留空白的,刻画得是否形象等。而审美理解在感知的基础上进行的,即在版画作品艺术语言,包括刀法、笔法、肌理、印痕等直观感受的基础上,进行思考和理解,把握作品的观念和内涵。

2.创造发展的目标

审美创造,经过了审美感知和审美理解过程,艺术的审美欣赏并没有完结,还有一个审美创造阶段,就是通过审美感知和审美理解后,通过对自己积累的生活阅历、审美经验、文化知识等进行丰富联想,升华开去,上升到文化理解的高度上去。这样,学生才真正获得了启迪和教育,欣赏版画也才获得了真正的意义。

(二)实操发展的目标

在独特的版画艺术中,利用各种创作手段和方法,如临摹优秀的版画作品,自由创作丰富多彩的艺术作品,从而培养他们对版画的全过程实践操作行为,全面提高学生版画的制作技巧与能力。

引领学生了解版画的发展和艺术性,初步掌握以木板、玻胶板、海绵纸、KT板、PVC板、双色板等为媒介的版画制作。走进版画、木刻油印单色版画、PVC油印版画、木刻油印套色、木刻水印版画等各种的版画艺术,培养学生的动手能力、创新意识和审美观,锻炼学生的意志,提高学生的艺术素养,让学生充分享受愉快的高中生活,因为这是一门兴趣特长类课程,所以对于有这方面兴趣特长的学生无疑为学生的生涯规划起到了较好的引导作用。

基于学校兴趣特长类课程目标,走进版画课程总的设计理念为:以"人的发展"为核心,发展学生个性特长,提高学生审美能力的同时培养实践、创新等综合能力。因此,课程目标设置如下:

(1)引导学生学生掌握版画的相关知识。

(2)引导学生掌握多种版画的基本技法。

(3)引导学生能够独立完成个体作品。

(4)引导学生能够联系学习生活,自己创造作品来表现自己的思想情感。

(5)通过课程的实践活动,引导学生了解版画艺术的创作过程,培养他们的兴趣,使他们受到美的感染与熏陶,提升审美能力、动手能力等综合能力。

(6)坚持学生的自主选择和主动探究,发展实践能力,发展对知识的综合运用和创新能力,为学生个性充分发展创造空间,从而引导学生为自己的发展方向积极思考和选择。

四、课程的实施

(一)实施途径

我校的艺术课主要是常规课堂和选修课、社团课、假期活动课等形式组成,几种课都可以成为传授技能的主要渠道。我校有效地进行多元的教学活动,先由教师拟定课程纲要上报学校,然后由学生进行选择,最后确定选修班级和人数。

1	曹陈柠	33900520011601071105	高中一年级(二8,三8
2	冯婷婷	41152820001601071101	高中一年级(二8,三8
3	韩凯丽	33900520011601071105	高中一年级(二8,三8
4	伍幸子	43110220001601071104	高中一年级(二8,三8
5	朱晓雨	33900520011601071106	高中一年级(二8,三8
6	莫佳柯	33900520011601071105	高中一年级(二8,三8
7	缪文文	33018120001601071103	高中一年级(二8,三8
8	张雨萍	33900520011601071104	高中一年级(二8,三8
9	徐婧毅	33900520001601071103	高中一年级(二8,三8
10	华华灵	33900520001601071105	高中一年级(二8,三8
11	封亚利	33010920011601071105	高中一年级(二8,三8
12	王迦雨	33900520011601071101	高中一年级(二8,三8
13	杜伊彤	44528120011601071101	高中一年级(二8,三8
14	楼晓雨	33900520011601071104	高中一年级(二8,三8
15	王嘉仪	33900520001601071104	高中一年级(二8,三8
16	余景行	33900520011601071101	高中一年级(二8,三8
17	王雨婷	33900520001601071104	高中一年级(二8,三8
18	许婷	33900520001601071104	高中一年级(二8,三8
19	单童谣	33900520011601071106	高中一年级(二8,三8
20	廖海清	50023220011601071102	高中一年级(二8,三8
21	李楚薇	33018120011601071103	高中一年级(二8,三8
22	朱萍	34122119981601071101	高中一年级(二8,三8
23	沈璐洁	33018120011601071105	高中一年级(二8,三8
24	朱晨瑜	33018120011601071104	高中一年级(二8,三8
25	王宇霞		

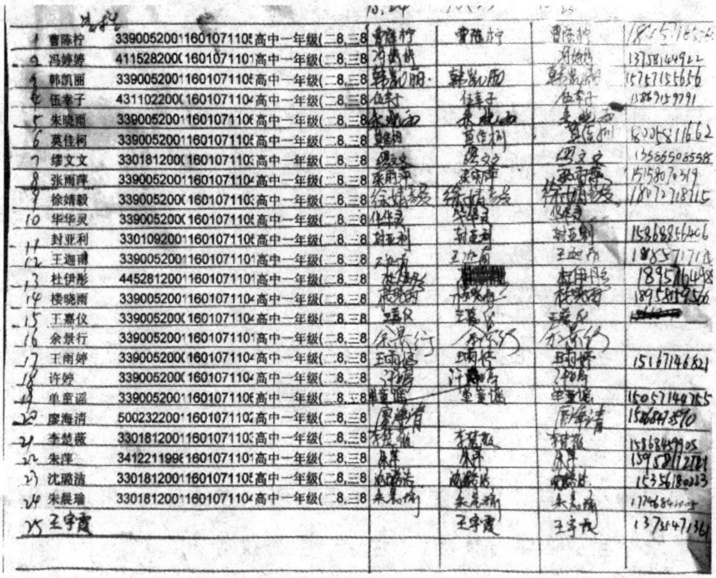

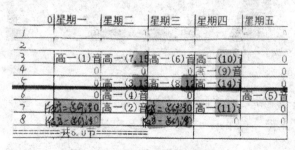

图5-18　上课签到单

(1)课堂教学:每学期拿出一定的课时量进行版画教学,让学生了解多种多样的版画制作过程,学习一定量的临摹作品,慢慢地掌握版画作品制作的各种技能。

(二)课时安排

0	星期一	星期二	星期三	星期四	星期五
1					0
2					
3	高一(1)音	高一(7,15	高一(6)音	高一(10)音	0
4	0	0	0	高一(9)音	0
5	0	高一(3,13	高一(8,12	高一(14)音	0
6	0	高一(4)音	0		高一(5)音
7	[illegible]	高一(2)音	[illegible]	高一(11)音	0
8	[illegible]		[illegible]	0	0
[illegible]					

图5-19　2018学年第一学期课表

(2)选修课和社团课教学:每周两次版画选修或社团教学,平常版画教师也是开放着,学生可以利用自己的午休时间、活动课时间来进行版画制作,学校不定期举办艺术节嘉年华版画作品展示活动,以及作品展览和评奖。

(3)假期活动:利用学生假期的时间,安排学生参观版画画展、走访中国美院版画系。我校所在杭州市萧山区,紧邻中国美术学院,我们"近水楼台先得月",中国美院教育系选择我校为教育实习点,让我校紧跟美院学习艺术的前沿和创新。

(二)教学方法及措施

课程的教学方法主要是采用"三合一"的方式,即以学习知识+培养能力+培养品质为目标来满足学生需要和兴趣为主的教学方法。

记录学生课堂参与情况:出勤、提问、回答、思考、笔记、创作等情况(见下图)。师生参与评价课堂练习作品与创作作品情况,采用A、B、C、D等级制记录学生版画学习情况(兴趣、技能、态度等方面)。

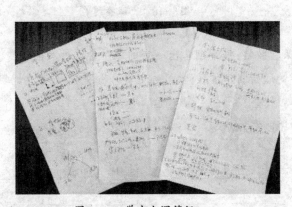

图5-20　学生上课笔记

针对某一作品进行的同学、老师及自己的评价。教师制作评价表格,让学生自己先做自我评述和评价,然后是同学之间的相互评价,最后教师做一些点评。

每学期定期进行优秀作品展示与交流,如,学校艺术节版画作品展览、嘉年华版画现场演示、知章书院版画作品展示等等多种形式的校内、校外学生作品展览,加强宣传和对学生进行鼓励(如下图)。

图5-21　版画工作室内举办版画学生版画作品展览

五、课程内容

本课程设置了前期课程、中期课程、后期课程。前期课程设计了理论知识以及鉴赏、创作技法、创作实践、版面制作与技法、名家作品赏析五个单元。囊括了版画概述、特点，几种版面的制作与技法，然后引申到当代版画的发展、材料与工具、黑白灰的布局设计、丰富多彩的色彩；版画风景创作、人物创作；以及知名版画家的版画作品欣赏。包括版画的几种版面创作实践介绍（见教材）；课堂交流、展览交流、外出参观等交流几大部分。

前期的实操课主要是胶版、PVC版、木版等，后期课程设想金属版和综合版。中后期课程为学生设置了PVC油印版画、木刻油印单色版画、木刻油印套色、木刻水印版画、综合版画。

二艺之音乐

舞

舞蹈是一门高雅优美的艺术表现形式，它是培养孩子们气质和身段柔韧性的重要途径。而中国民族民间舞和中国古典舞风格迥异，内容丰富多彩，让孩子从小就了解民族风情，在不同民族风韵里感受不同艺术美的教育，在千变万化的舞蹈中锻炼身体协调能力，这是一项重要的基础教育课程。在学习过程中能通过音乐感、节奏感、韵律感潜移默化的熏陶，使学生们不断升华对美的认同感，增强动作协调性，从而提高对音乐舞蹈艺术的理解力、表现力、想象力和创作力。为实现这一目标，配合学校孝德文化特色教育，科学制订了教学训练计划。

一、活动训练目标

1.培养孩子的优美体态和对艺术的审美能力。

2.训练扎实的基本功如：肩、腰、腿、胯等的软度及开度。

3.培养孩子听音乐时能找到节拍，动作节拍准确，跳舞有自娱感。

4.培养孩子载歌载舞的习惯和舞蹈时愉快的心态。

5.培养孩子的表现欲望和基本的舞台感觉。

二、活动训练要求

通过舞蹈社团活动使学员学会有关舞蹈的技能，掌握一些舞台艺术表演的方法，会表演一些富有情趣的舞蹈组合、舞蹈小作品，并在实践活动中不断提炼情感，增强技艺，提高对艺术作品的理解力、表现力、想象力和创作力，努力为校园文化增添光彩，并为创建学校特色添砖加瓦。

三、舞蹈社团现况

舞蹈社团成员共有25个，基本选拔中低高一高二年段学生为舞蹈社团成员，做到循序渐进、层层深入，逐步提高学生的舞蹈表演能力及素质。大部分学生的软开度一般，舞蹈感受和领悟能力中等，舞蹈表现、表演能力较弱。除了个别学生以外，是没有舞蹈基础，学生的舞蹈条件和水平不是很一致，因此，在本学期的舞蹈教学中不仅要抓好舞蹈基本功训练，还要着重培养学生的表演能力。

四、活动训练时间

每周一、二、三、四、五下午 3:30-4:00

五、活动训练地点

舞蹈厅

六、舞蹈训练计划与安排

1-7周：基本功训练、舞蹈组合和表演能力训练。

8-10周：基本功训练和学习排练、指导舞蹈作品《外婆的萝卜干》。

11—12周:基本功训练,处理、指导舞蹈细节,完成舞蹈作品《外婆的萝卜干》。

13—18周:训练舞蹈基本功,排练舞蹈小组合或小节目,组织汇报演出。

七、活动成果

舞蹈《外婆的萝卜干》创作方案

1.创作动机:萧山萝卜干在萧山已有800多年的历史,20世纪80年代勤劳的萧山人一到做萝卜干的季节,几乎每户农户家里都会腌制萝卜干,到了五六月份,正是蔬菜青黄不接的时节。这时候,工厂或学校的食堂内,萝卜干到处可见。条件好些的人家,带的是油炒过、颜色发黑的萝卜干粒;条件差些的,就用开水冲泡黄色的萝卜干,泡软后的萝卜干既当汤又当菜。总之,白米饭加萝卜干或霉干菜,成了那时一些学生们的午餐"标配"。

2.舞蹈名称:《外婆的萝卜干》

3.舞蹈内容:萝卜干就是一分思念,一分记忆。萝卜干是萧山的味道,是分别的亲人之间的一份思念,一种情怀。

4.舞蹈形式:群舞

5.舞蹈音乐:现代与传统音乐结合,6分56秒。

6.舞蹈服装:民族现代相结合。

7.舞蹈道具:晒萝卜干的匾,3个小缸

8.舞蹈结构:A—B—C—A

9.舞蹈内容:

序:画外音:"外婆,我想吃萝卜干,我想吃你做的我们萧山的萝卜干……"睡梦中依稀听到孙儿的呼唤,老人盼望外孙归来的喜悦心情。

A:老太太们乐观向上,生活中充满了快乐,切萝卜、洗萝卜偶尔还要耍小孩脾气,日子是在嬉闹中度过的。

B:1.老太太们晒萝卜、腌萝卜与同伴互相呼应,嬉笑打闹,笑语不绝。

2.外婆对于儿孙的思念就在这一刻涌上心头。

C:老太太们踏缸腌制萝卜,嬉笑打闹,诙谐幽默。

A：老人们手捧做好的萝卜干期盼儿孙早日归来,表达了老人对亲情的思念和渴望。

兴趣培养是舞蹈学习的基础的前提。没有兴趣的技能学习是无源之水、无根之木。所以要发展中学生的形体水平,必须培养浓厚的、稳定的兴趣。我们不仅要将学生带进形体美好的境界中,还想融入孝德思想,在感受美和表现美的过程中浸润孝的美德,纯洁他们的心灵,陶冶他们的性情,促进他们身心和谐发展。通过舞蹈课外活动小组让学生学会有关舞蹈的技能,掌握一些舞台艺术表演的方法,并在实践活动中不断提炼情感,增强技艺,提高对艺术作品的理解力、表现力、想象力和创作力,努力为校园文化增添光彩,并为创建学校特色添砖加瓦。

班班有歌声

一、活动宗旨

为进一步丰富校园文化生活,引领当代青少年弘扬中华民族伟大的民族精神,吸纳人类文明发展的优秀成果,提升自身精神境界,促进当代青少年向真、向善、向美,得到全面和谐的发展,形成"人人都参与、班班有歌声、校校有活动"的良好氛围。积极响应区中小学开展"班班有歌声"的活动要求,特此制订本校的"班班有歌声"活动方案。

二、活动要求

1.横幅:"××学校第十四个'弘扬和培育孝德文明月'班班有歌声比赛"。

2.主会场活动内容:现场活动录像不少于30分钟。

3.抽签决定参赛顺序。

4.此次活动纳入班级考核。

三、活动安排

1.活动对象:高一年级

2.活动时间:2017年6月上旬

3.比赛要求

(1)各班班主任负责组织本班合唱团平时的基本训练和歌曲练习,可邀请音乐老师作适当指导。

(2)每节音乐课堂中的前十分钟,音乐老师进行基本声音训练。

(3)每个班要求有自己的合唱团团名。

(4)演唱曲目为两首,一首必唱曲、一首自选曲,必唱曲目是学校指定的曲目,自选曲目各班可自主选择,但要求歌曲内容健康、积极向上、情感真挚。

(5)各班开展自主歌唱活动,可以学生现场伴奏,也可借助多媒体设备伴奏。

(6)各班应准备与班级面貌相符合的合唱团服装。

(7)在本活动中,应突显班级特色,班主任及学生家长可以适当参与。

(8)为保证"班班合唱团"活动的质量,并长期坚持下来,各班要在课余时间组织学生练歌,使这个活动成为我校学生乐于参与的一项活动。

4.评价方式

(1)平时的训练,各班自行安排时间组织训练,每次训练时由班级向年级组上报,并由年级组负责统计累计训练次数。

(2)现场的比赛得分。

(3)评价比重:平时训练占30%,现场比赛占70%。

四、评比标准

(一)歌唱要求

1.歌唱声音响亮、整齐、有力。

2.节奏准确,能表现歌曲情绪。

3.歌曲情绪要有感染力、可适当添加动作、变化队形。

(二)其他

1.出、入场整齐迅速。

2.服装整齐、统一。演唱时音准。

3.突出班级特色,参赛中发挥本班学生特长。

表5-4　评分表

序号	1、歌唱声音响亮、整齐、有力（20分）	2、演唱时音准、节奏准确，声部和谐统一，能表现出歌曲情绪，舞台表情、动作符合歌曲内容，美观大方（30分）	3、队员与指挥、伴奏配合默契（20分）	4、服装整齐、统一（20分）	5、出、入场整齐迅速（10分）	得分

六 翰墨修身
HAN MO XIU SHEN

三国魏曹丕《典论·论文》：“古之作者，寄身于翰墨，见意于篇籍。”以我心观天地，以我手写我心。翰墨，是笔墨，更是文化，天地、人生……世间百态，都在这淋漓笔墨之中。

2009年的9月，中国书法艺术被联合国教科文组织列入到了“人类非物质文化遗产名录”当中，受到全世界的瞩目。中华民族的国粹，以其古老绵长的生命力，穿越过长长的历史隧道，一路留下无数闪光的瞬间。郁郁芊芊、工稳细腻、横涂竖抹、满纸烟云……书法艺术散发出历久弥新的光彩与魅力。

（一）墨韵

1. 书法含义

书法，从广义讲，是指“书写的方法，书写的法则”。这里的“书”是“写”的意思，“法”是“方法、法则”；它包括文字使用意义上的书法，也包括艺术表现意义上的书法。换言之，书法是依据汉字的特点和独有的意义，以书体笔法、结构和章法书写的艺术作品。

因而，书法有别于我们平时要求的“写字”，除了正确，更注重线条、结构，注重情感的表达、内涵的传递，注重美感。它是以文字为载体的高阶艺术表现。中国书法历史悠久，博大精深，它无言无声，却又胜于万千言语，如诗如画，如乐如舞。古往今来，涌现如王羲之、颜真卿、米芾、赵孟頫、王铎、吴昌硕、于右任等书法大家，如星辰闪耀，光辉灿烂，引得无数文人学子、鉴赏家为之倾倒,为之折腰。

2.书法教育现状

汉字书法这一瑰宝,在一定程度上是我们的骨血与脊梁,需要被继承,需要被发扬光大。而学校书法教育是继承、发扬这一艺术的重要途径,我们的学生是责无旁贷的继承者。

然而,由于电子科技的发展、书写材料的变化,文房四宝之一纸的运用已大大的缩减,人们已经慢慢开始倾向于各种输入法打字,提笔忘字的现象越来越普遍;另外,社会、家庭整体氛围有些浮躁,功利主义甚嚣尘上,孩子、家庭被成绩捆绑,不愿意也没时间在书法上投入较多的精力,学生的书法意识比较薄弱,整体的书写水平较低;学校方面,专业师资队伍的业务水平不高、顶层对书法教育的重视程度不够等因素,使书法教育举步维艰。书法成了极少一部分人的专业与爱好,与普通的师生似乎毫不相关。

学校作为学生学习的场所、培养人才的摇篮,对书法的教育要引起重视。不管是教育部印发的《中小学书法教育指导纲要》,还是《普通高中美术课程标准(实验)解读》,都强调书法选修的必要性,《解读》中还提出:高中美术课程标准需增设书法、篆刻方面的教学内容,让学生感受中国汉字艺术的独特魅力的同时,促进学生书写水平的提高,加深对我国传统民族文化的认同与理解。总之,高中书法教育迫在眉睫。

3.知章书艺社——翰墨坛

李白曾在《送贺宾客归越寺》诗道:"镜湖流水漾清波,狂客归舟逸兴多,山阴道士如相见,应写黄庭换白鹅。"诗中运用王羲之写字换鹅的典故,极赞贺知章登峰造极的书法艺术。贺知章不仅诗名在外,其书法造诣也是令人钦佩不已的,是萧山地域文化中的重要组成部分。贺知章有名的草书《孝经》,纵高26厘米,横长265.1厘米。这幅书法作品"用笔酣畅淋漓,粗细错落有致,结构左俯右仰,顺势而为。整幅书法作品一气呵成,如同流水潺潺一般,涓流不绝。从字里行间,可以仔细体会贺知章娴熟的运笔技法和深厚的笔力,甚至可以看到作者忙而不乱的运笔速度以及洒脱不羁的人物性格。"

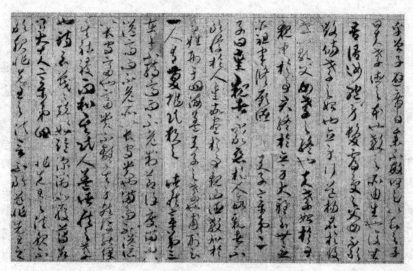

图6-1 贺知章《孝经》(局部)

"它将书法中最简单的各种笔画,都形成狂发洒脱的风格,将线条的转折、顿挫、收放、走势、柔直等等,都拿捏得恰到好处。从整体看,布局紧凑而不失活泼,从细微处看,各种字形摇曳生姿,恰到好处,更增添各种情趣盎然的美感。尤其在挥毫泼墨之中,可以体会到作者笔走龙蛇的自信。"该作品在明朝后期时被偷偷贩卖,流落到日本,随后杳无音讯。直到明治时期,日本近卫家族才将这幅稀世之宝献给了皇室,此后由宫内厅三之丸尚藏馆收藏。在2006年举办的"中日书法珍品展"中,这幅作品回到了阔别已久的中国展览。在为期一个多月的展示中,贺知章的草本《孝经》前人头攒动,很多人都想亲身领略唐朝诗人真迹的魅力。有人赞美说即使放大20倍欣赏,也是毫无瑕疵的极品。

贺知章的另外一件作品——《龙瑞宫记》,是一件摩崖石刻作品,位于绍兴会稽山东南宛委山景区。它以楷书阴刻,文12行,记载了龙瑞宫历史的变迁及界址。相比于草书《孝经》,这幅作品工整古朴,字体端庄俊秀,结构疏密匀称,雄浑之中透出规整之气。由于这件石刻作品在当时就很有名气,引得历代无数文人专程欣赏,旁边还有宋代以来20多处题刻,可谓弥足珍贵。

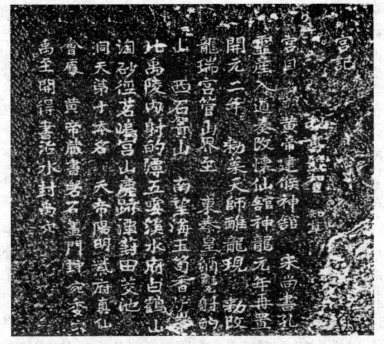

图6-2　贺知章《龙瑞宫记》(局部)

为了传承贺知章书法及其为人处世之道,为十一中书法爱好者提供一个交流、进步的平台,2017年9月,十一中知章书院创立书艺社团——翰墨坛,以期以书法会友,以友助成长,让十一中其他学子也可以开阔眼界,提高自己的艺术鉴赏水平。

(二)翰墨坛·三书

我们学校德育从高一到高三的主题分别为:孝德为人、社会责任、家国情怀,呈依次递进状。知章书院打造孝德文化,追求诗性人生,设立知章书院书艺社团——翰墨坛。

翰墨坛以贺知章书法为引领,上溯甲骨,下至于今;涵咏知章诗词,品味古今名篇;临摹墨宝真迹,鉴赏艺术珍品,在书法天地徜徉。我们提出了从书形到能书意,最终可书己的目标,学生从摹写字的外形开始,提升自己的审美素质,培养对美的敏感度;再到从字形理解、揣摩字后的意蕴,

167

积累一定的文化底蕴,并能把内涵与字形融会贯通;久而久之,提升自己的整体气质,从书法中探知生活、自然的丰盈、多彩,滋养自己,获取生命的内在能量,为自己的长久发展奠基。

墨池——书形

中国书法代表中国文化精神,是最纯粹的中国本土艺术,是中国人特有的艺术修养与审美观念的体现。在中国文化数千年的发展中,文学、音乐、绘画、建筑等艺术形式无不受到过外来艺术的影响,唯有书法艺术完全在其自身范围内发展变化,烙有深深的民族文化的印记。

中国书法艺术以汉字为依托,书法家通过毛笔写出运动节奏丰富的点画线条,并且赋予文字以生命。中国书法的线条与构成表现作者气质性情、审美趣味、艺术观念,具有无穷的变化。清刘熙载说:"笔性墨情,皆以其人之性情为本。是则理性情者,书之首务也。"(《书概》)石涛也说:"且其浩浩落落之怀,一皆寓于笔墨之际,所谓品高,韵自胜焉。"(《石涛画语录》)这说明书法不仅仅有形式技巧问题,它还是书法家精神的载体,中国书法艺术的独特之处,就是由于它达到了"书为心画""天人合一"的哲理性艺术境界。

"书法""写字"是两个不同的概念,它们有不同的教学目标。不管学校领导,教师和教科书编者,首先要搞清楚"书法"和"写字"的区别,不混为一谈,不然就会显现出自己教学观念的落后和偏执,从而影响书法教学的效果。"书法"和"写字"两个不同的概念区分开后,再谈书法教学就有正确的基础了。

概括说来:写字是工具的、实用的,书法是欣赏的、艺术的。因此在教学目标上写字教学是教学生如何辨识并写端正的汉字,书法教学是教人们如何欣赏和创造艺术的美。

在书法的训练过程中,同学们遇到的困难首先并不是提高书写技巧,而是转变错误的书写观念和书写习惯。许多人认为自己的写字水平差,但他们往往并不清楚书法的评价标准是什么,更不清楚自己的问题出在哪里以及应该怎样解决。影响书法水平的因素可能有多个方面,包括对书法水平评价指标的理解情况,对汉字笔顺、笔画、结构的掌握情况,乃至写字姿势、执笔方法是否正确等等。在不同的人身上,可能存在着一个或几个方面的问题。如果是认识方面的问题,就要从思想上去解决;如果是书写习惯的问题,就要从姿势、动作上去纠正。只有具体问题具体分析,弄清自己存在的问题,找到问题的原因,才能制定出有针对性的训练方案,提高训练效率。

事实上,我们学校的学生,在课外的时间里,许多同学小时候都参加过一定的书法训练,并希望通过训练提高写字水平,然而,收效却似乎不大。为什么会这样呢?主要是因为大家对书法训练的定位不清、目标不明,把书法训练变成了乏味的"抄字帖"或者复制的艺术创作。有人往往把写字水平差归因为"缺乏天赋",其实这种说法是毫无道理的。只要明确了自己的问题,并进行有针对性的训练,每个人都能把汉字写好。

在学习书法的过程中,同学们经常会遇到"篆书""隶书""楷书""草书""行书"以及"颜体""欧体""柳体""赵体"等不同的概念。这些概念混在一起,很容易让人产生困惑:这么多的"体",它们之间有着什么区别?学习书法应该重点学习什么体?要解决这些疑问,必须区分"字体"和"书体"这两个概念。

所谓"字体",是指汉字在其不同发展阶段上表现出来的不同形体。它主要是从文字自身发展的角度来考察的。从古代汉字到现行汉字,汉字的字体演变大致遵循着从繁到简、从不规范到规范的规律,先后产生了篆书、隶书、草书、楷书、行书等五种字体。

篆书,广义地说,篆书包括隶书以前的所有汉字字体。秦代以前的汉字,如甲骨文、金文等统称大篆;秦代的文字称为小篆。

隶书,隶书有秦隶、汉隶等,一般认为由篆书发展而来,字形多呈宽扁,横画长而竖画短,讲究"蚕头雁尾""一波三折"。根据出土简牍,隶书起源于战国。传说程邈作隶,汉隶在东汉时期达到顶峰,对后世书法有不可小觑的影响。

楷书,楷书也叫真书、正书,是在隶书基础上发展而成的一种字体。楷书把扁形的隶书改造成了基本呈正方形的"方块字",由于它具有笔画平直、形体方正、结构规范的特点，可以作为识字摹写的楷模，因而被称为楷书。楷书写起来比隶书简便快捷，规范易识，所以自汉末产生以来，一直被作为标准字体而广泛应用着，实用价值很大。唐朝是楷书发展的鼎盛时期，出现了批杰出的楷书大家，如欧阳询、颜真卿、柳公权等。

草书，草书形成于汉代，是为了书写简便而在隶书基础上发展起来的一种汉字字体，分为章草和今草，而今草又分大草（也称狂草）和小草。由于草书的字形省减、变化较大，甚至不拘章法、狂放不羁，因而并不适合日常实用，它主要是书法艺术创作的工具。

行书，行书是介于楷书和草书之间的一种字体。它既保留了楷书结构规范的优点，又往往采用草书的某些简便写法，恰到好处地综合了楷书规范易识和草书快捷流利的优点，因而特别切合实用。

所谓书体，是指不同书法家以各种字体为书法创作对象而形成的典型艺术风格。它主要是从书法艺术的角度来考察的。例如，欧阳询、颜真卿、柳公权、赵孟类以楷书为艺术创作对象，分别形成了"欧体""颜体""柳体"和"赵体"等。王羲之、苏轼、黄庭坚、米芾以行书为艺术创作对象，分别形成了"王体""苏体""黄体"和"米体"等。当然，并不是每个人的个性书写都能被称作书体，只有那些对书法艺术的发展产生了重大影响的艺术风格才被尊称为书体，这是对书法家艺术成就的最高肯定。

墨坛——书意

书法一定要写字，但写字不一定是书法。光塑字形，只撑起了骨架。篇有内涵，字有灵魂，书法教学应该教学生如何欣赏和创造艺术的美，而这来源于"意"。因而，学习书法，能领悟其意，方算入门；能表其意达其意，才是真本事。

我们要想学习书法的精髓，必须对古代书法名家、古代文人的作品内涵、生平、背景等有所了解，与他们产生共鸣。因而，在我们的书法社团活动时，教师引领、师生、生生合作，或以课堂形式，或以小组课后交流形式，学习相关文学常识，解释文意，对文风进行揣摩研究，这项工作贯穿始终。

知章书院：普通高中人文教育的新载体

170

1.明创作背景以解名家之意

书法所展现的美,与书法家的艺术修养、审美趣味、审美理想、思想感情等密不可分。欣赏书法作品,需要了解书法家的写作背景。"因为一个人的书法直接受到他的美学趣味的制约,而美学趣味的形成则常和他的思想感情、性格气质有着密切联系。因此在书法艺术所构成的独特形象中,一般说来也往往有着作者思想性格某种形式的表现。"如我们临摹王羲之的《兰亭序》,时间特意放在语文课堂上学习了《兰亭集序》之后,对王羲之创作这篇佳作的背景作了一定的了解。在那个崇尚玄学崇尚清谈的年代,在人们提倡"悟言一室之内",虚无到"一死生为虚诞,齐彭殇为妄作"的时候,王羲之在崇山峻岭、茂林修竹之间,曲水流觞,放声吟唱,以积极的姿态,宽广的胸襟,借着酒兴,铺纸研墨,写就这名传千古的兰亭传奇。"天下第二行书"颜真卿《祭侄文稿》,是为追祭从侄季明而写。从他的字迹脉络里,我们仿佛可以看到他在书写时因为战争经历的影响而义愤难平的样子,也可感受到颜氏家族"巢倾卵覆"的悲痛情感。而颜真卿正是在这样的悲愤涌上心头,难以遏制时把这一腔苦痛淋漓尽致地诉诸了笔端。

2.品其作其人以书我之意

习他人之长而为己用,临摹是学习书法的必经阶段和重要手段。当然,要临摹得到位,除了外在的技法,也要大量地鉴赏古代名家的作品,这样才能做到厚积而博发。

在我国的历史和文化长河中,书法名家辈出,艺术珍品频现。如汉蔡邕、张芝、钟繇;东晋王羲之、王献之父子;唐代欧阳询、褚遂良、虞世南、张旭、柳公权、颜真卿、怀素;宋四大家:苏轼、黄庭坚、米芾、蔡襄;元代赵孟頫;明文征明、徐渭、董其昌;清代傅山、吴昌硕;现代李叔同、沈尹默、林散之、启功、于右任等。这些书法名家留下的作品中,不乏经典之作。如篆书《泰山刻石》,字形工整,笔画圆劲秀润,是篆刻之精品;隶书有《礼器碑》清超瘦劲,《石门宋》雄健奔放,均为上乘之作;魏碑的《张猛龙碑》和《龙门十二品》,笔法跳跃,点画峻厚,气象浑穆,意态奇逸,乃楷书中的佳品;至于有"天下第一行书"之美誉的《兰亭集序》,在苏教版语文必修课文中出现,王羲之的名字也如雷贯耳；怀素的《秋兴八首》，行云流水，笔走龙蛇，有惊蛇走虺、骤雨旋风之势。通过对这些名家名篇的欣赏，我们见识了历代名师非凡脱俗的书法技艺，更对其深厚独特的艺术见解有了一定的了解，便于临摹、创新。

另外，古代书法家大都学富五车、知识渊博，兼有文、史、哲等多方面的学问。比如大文学家苏轼，位居唐宋八大家之首，写下了许多脍炙人口的优秀作品，身上既有儒家的积极进取，又有道家的自然无为。其书法居宋四家"苏、黄、米、蔡"之首，楷体小字，秀劲姿媚；楷书大字，尽是鲁书风格；而其行书圆劲有力，信手挥洒，变化万端；草书，飘逸古韵，开张雄肆，至今为世人所称誉。他的书风后是深厚的书史文章、儒释道技、诗词绘律，之后才发于笔墨，形成独树一帜的风格。黄山谷称"东坡书，学问文章之气郁郁，芊芊发于笔墨之间，此所以他人终不能及尔"。苏轼亦尝自谓"我书意造本无法，笔画信手烦推求"。又谓"作字之法，识浅、见狭、学不足，三者终不能尽妙，我则心目手俱得之矣"。讲的都是学问的蕴积对书法进境的作用。

3.赏诗文内涵以真正达意

知章书院书艺社中，除了对照名家作品进行临摹以外，还要学会书写其他作品，这里就有个自主的创作在里面。当然，创作的不是诗文本身，而是书法。书法作品无论是什么样的形式，什么字体，不管如何使用的线、结体和章法，都是为表情达意服务。因而，要呈现作家的作品内涵，得有自己的理解、看法。也就是说，只有这样，才能达到明确其意，字文融通。这个时候，练习书法者，本身就成为第二作者，以自己的独特视角，传达自己的真实感受，并能找寻到途径，以实现内容和形式的有效甚至完美的表达。艺术表达的道路，总是需要不停地探寻、迂回，从而表现情绪创出佳作来。比如柳永《雨霖铃》和岳飞的《满江红》，一个是满怀奉旨填词的落寞失意，于柳巷中寻找知音的孤独离愁；一个是叱咤沙场的将军充满对中原重陷敌手的悲愤，争取壮年立功的心愿落空的悲壮。两者内涵不同，笔法、墨法、结体和章法也是不同。

知章书院：普通高中人文教育的新载体

墨香——书己

《中庸》：“齐明盛服，非礼不动，所以修身也。”言下之意，穿得整整齐齐，不符合礼节不要乱动，就是修身。在科技快速发展的今天，对个人的素质、可持续发展的能力，又提出了新的要求。博学于文，择善而从，约之以礼，是知章书院书艺社对学生成长提出的要求与期待，也是学生学习书法的重要意义所在。

（1）书法练习提高学生审美素养与能力

①书法艺术促进高中生审美意识的提高

唐代书论家孙过庭说：“观夫悬针垂露之异，奔雷坠石之奇，鸿飞兽骇之资，鸾舞蛇惊之态，绝岸颓峰之势，临危据槁之形。或重若崩云，或轻如蝉翼。导之则泉注，顿之则山安。纤纤乎似初月之出天涯，落落乎犹众星之列河汉。同自然之妙，有非力运之能成。信可谓‘智巧兼优，心手双畅；翰不虚动，下必有由。’”梁启超将中国书法认定为最高的艺术，说“写字有线的美，光的美，力的美，表现个性的美，在美术上，价值很大”。美，是书法的最主要特征。初创汉字之际，字形的美感就融入其中，就是“形美感目”的，在实用中，不知不觉有一种尚美的追求或者说需求。在一代又一代的应用和传播中，历代书法家们以自己的实践探索不断丰富和深化了汉字原初的美，渐成为艺术。

“沉雄、豪劲、清丽、和婉、端庄、厚重、倜傥、俊拔、浑穆、苍古、高逸、幽雅”，用丰富的景语来形容书法；“英雄、美人、君子、才士、野老、隐者”，则是用各异的人物来形容书法。另外，人们说的字如其人，观一个人写的书法，能从中窥见一个人的性格、审美取向等，因为用笔、结字、章法各种要素里都能体现出特定的美，笔法之美、笔势之美、笔意之美、结构之美、章法之美等，犹如人的第二品貌，由内而外散发。

学生习作反馈：

看着同学们在折扇、瓷瓶上的题字，或刚劲，或优雅，或粗犷，或精微……姿态各异，仿佛有如诗一般的韵律在流淌，有自由的灵魂在呐喊，我看到了线条与构造的美，我看到了不拘一格的与探索。这一个个字，用形式上的和谐、匀称、对比、平衡、长短、紧密等，把不起眼的一把扇子，一只瓷瓶变成了真正的艺术品。

②书写训练培养学生审美取向

随着物质水平的不断提高,年轻人对精神的追求越来越迫切。网络的发展,在提供了许多前沿时尚话题的同时,也让许多东西变得迷雾重重。流行的一定是美的吗?这对中学生特别是处于追求美而又在塑造期的特殊阶段的高中生来说,造成了一定的困扰。社会上有些人,甚至以丑为美,以外在的博人眼球与内在的无下限来引领所谓的时尚。

书法艺术,是从众多传统文化当中汲取营养,深深地植根于传统文化当中的,有着中国文人所散发出来的智慧与光芒。练习书法的人,注重"神、气、骨、肉、血",追求的是一种更深层次的美学境界。

知章书院翰墨坛家长平台当中,有家长反映自己的孩子在练习了书法以后,对自己的着装有了要求,不再追新求异,而追求干净整洁的更高档的审美;对家居类物品,也越来越有鉴赏力,还有亲戚来找孩子商量此类事情;而且,从内在来讲,孩子的三观变得很正,也越来越孝顺,有着可以感知得到的成长。可见,在潜移默化的过程中,孩子认识美的能力在不断加强,对美的感受能力鉴别能力、对审美的想象力等,都有了一定的提升。

(2)书法练习激发学生求知欲

书法练习与欣赏能够激发学生的求知欲,在开发学生智力方面有着与众不同的功效。学生在书法练习的过程中,观察和记忆能力、想象与思维能力、鉴赏与思考能力等均有所提升,会去找寻资料,询问老师、同学,切磋琢磨难点、要点;能更专注于学习,促进了课堂教学的优化,提升了课堂教学效果。

书法练习让学生形成严谨认真的好习惯,培养学生坚韧不拔取心理品质。多年的书法教学中,发现书法练习能有效促进其他学科的学习,书法训练有助于提高学生注意力,使学生逐渐变得沉稳、细心,做事一丝不苟,有耐性、有意志,从而有效地改掉粗枝大叶、马虎毛躁的不良习惯。在书法练习中,经过培训,学生注意力明显改善的情况屡有出现。例如:

去年我院社团中有个高一年级学生,家长和所有的任课老师都认为他是个聪明的小伙子,但就是上课缺乏注意力,做事三分钟热度,不愿意对问题进行深入思考,影响学习成绩。后来经他班主任找到我,要求和我学习书法。经过交流,在对学生情况有了清楚的了解后,我开始有针对地对他进行训练。一学年后,他的老师均反映该生的课堂神游行为有了明显改善,对学习展现出了深究的兴趣,学科成绩也逐渐提高。

(3)书法练习实现学生自我教育

书法是一种标新立异的文化艺术,笔画的结合与布局编排构成千变万化的图像,使它拥有具体的造型艺术,能凭借线条的流动凸显人的心绪与修养。练习书法对学生心理健康和心理品质教育具有非同寻常的作用,驱除劳顿,养怡精神,使心绪得到调节,从而获得鼓舞和积极的感受,改善和优化学生的身心健康。

①凝神静气,调节情绪

书法练习能起到调节情绪的作用。学生在练习书法时,需要全神贯注、心平气和;对于书法艺术作品中的美,能有所领略,从而感受到愉悦的情绪;学会欣赏自己、肯定自己,也能从写好一个字,一篇文中体会到成就感和满足感。有了这样的训练,能渐渐凝神静气,慢慢地消除消极的不良的情绪,正确面对学习中、生活中的困难,迎难而上。

翰墨坛的书法老师,注重这方面的训练与教育。例如在书法课堂中,练习前会先要求学生安静闭目一分钟,之后安排书法线条练习,通过调整学生心态让学生用心、安静地进入写字状态,静心地从书法中汲取精神食粮,从线条美中获得精神力量,提高审美能力和艺术素养,陶冶性情排除忧虑和烦恼,调节精神活动,消除疲劳。

②增强自信,助力成长

在书法社团建设中,知章书院始终以素质培养为宗旨,着眼学生实际开展师生双向活动,实行鼓励性评价,培养学生自我意识,增强学生自我认识、自我评价、自我调节与自我教育,培养学生的合作团队精神。在社团活动中,我院竭尽所能开发学生潜能,开展了一系列丰富多彩的活动,如写春联、书法大赛、我为班级献能量、听讲座、与兄弟学校书法联欢等,让所有成员参与其中,激发学生成功的欲望,带动学生改变自己,在练习中享受书法带来的兴奋与快乐,让枯燥无味的学习变得五彩缤纷,创设好学生自我学习与自我实现的心理机制,增强学生的自信与成就感。

对某一篇文章的书写,我们会通过制订具体实际的要求,从纸张、布局、字的大小间距、字体的收放及异同的变化统一、款文和钤印的要求等方面作出规定。让学生有方向可循,有的放矢,从而踏实地、高要求地进行书写。例如:

在书写唐代刘禹锡的名篇《陋室铭》前,对文章能熟读成诵,深入理解文意,体会刘禹锡不与世俗同流合污,洁身自好、不慕名利的生活态度。以淡泊闲适的心情来书写,呈现书法流转自然、清丽优雅的美感;然后,要精心安排作品的幅式,比如扇面、斗方、对联、条屏、册页还是手卷等,不同的幅式有不同的特点和要求,也会产生不同的艺术效果;对纸张的选择也有要求,《陋室铭》的纸张应偏向素雅;最后,正文的书写从内容来讲,要求文字高雅,主旨积极向上;从形式来讲,注意字距、行距,做到整体的整齐、匀称。

可以说,每一次书法实践,都是学生成长的过程,这一过程带给学生的是为一个目标而努力的艰辛和收获成功的喜悦,是学生学习交流书法知识、切磋书写技艺和积累创作经验的最佳平台。不管获奖与否,学生的反思成为他们进一步成长的动力。

(4)书法练习帮助学生应变生活

①从灵活中生出智慧

蔡邕云:"惟笔软则奇怪生焉。"林语堂也曾分析"毛笔比之钢笔来得潇洒而机敏易感"。不管是蔡邕还是林语堂,都认为笔毫柔软可以写出变化丰富而又细腻的线条来。毛笔笔头蕴含智慧,可以通过用笔的提、按、顿、挫甚至侧卧,来写出从极细到极粗的线条,这种变化可以是渐变,也可以是突变。除粗细外,还可以写出长短、曲直、方圆、刚柔、藏露、工放不同的各种线条,配合运笔速度,表现或流丽,或迟涩,或刚健,或婀娜,或纤巧,或古拙,或轻灵,或厚重的线质。毛笔字上手不易,但当我们的学生下了工夫,掌握了笔的性能,便能运用自如,落笔潇洒。线条的偃仰间就有了生命,产生出无穷无尽的变化。

所谓"意不在书,天机自动",这是对"神来之笔"的期待,是熟能生巧,巧中生智,也让不少学生愿意于曲径通幽处寻求乐趣,兴致盎然地进行书法练习的动力,然后把这智慧潜移默化地运用于学习、生活的各种问题中。横看成岭侧成峰,能跳出固有模式,从不同的角度看问题,灵活地寻找解决办法。

②于困难处找到希望

苏东坡说:"凡世之所贵,必贵其难。真书难于飘扬,草书难于严重,大字难于结密而无间,小字难于宽绰而有余。"难,也是书法的一个特色。但是适当的、循序渐进的难度,往往引人入胜。人乐意在稍难、比较难甚至非常难的活动中挑战自我、实现自我。越不易成,越生发出不服输的劲要去试试,所以艺无止境、学无止境。碰到困难,碰到瓶颈,正确面对,找寻方法努力突破,往往可以更上一层楼。上一层楼,便能看更远的风景,这也是攀登的力量与期待。人越罕至,景往往越美,越令人上头,当新的目标出现,新的起点就开始了,新的成就会在前方召唤,引人渐入佳境而流连忘返。书法如此,学习、生活也如此。

③于孤独处觅得知音

学习书法,很多时候只有一人,要学会与孤独共处,静心凝神。但书法练习又会给人带来朋友甚至知音。知章书院书法社团有许多共学的、共玩的同学。相互切磋、相互鼓励,交流观点,探讨知识,让身处青少年时期的年轻人不再孤独。

在我们的"家长互动群"中,经常有家长对孩子的性格变化表现出惊喜:李同学本来是不善与人交往的一名男生,整天默默不言,加入书法社团后,对书法表现出了极大的兴趣,也投入了很多精力,会听取同学们的意见,渐渐也会参与讨论,取得了同学、老师的好评、欣赏,他的自信心被极大地唤醒,回家也愿意跟父母交流、讨论学校发生的事情,谈论自己喜爱的书法。父母感到十分欣慰。

(5)书法练习铸就坚持品质

书法的练习,不在一朝一夕,而在恒日持久。于日积月累的练习中,书写自身,书写生命。书法社团每周都有交流会,每场开头都有10分钟吐槽时间,可以就自己练习中遇到的问题进行讨论。如果有学生畏难,其他社员都会倾听,并一起找寻解决办法。吐槽过后,同学们的互帮互扶,往往让畏难的学生既获得安慰,又有了继续坚持的动力。梁启超认为"凡人类的本能,只要那部分搁久了不用,它便会麻木会生锈""千万不要错过,闹成'学问胃弱'的症候,白白自己剥夺了一种人类应享之特权啊!"对于书法,有"字无百日功""三日不书手生"之说。有造诣的书法家们,往往离不开"坚持"二字,也是这种坚持让他们享受了旁人无法体会的乐趣。

当然,坚持除了自身的毅力与同学们的陪伴、鼓励,还在于自身的不停地思考、研究。如果没有问题意识,认为书法不过如此,一叶障目,就看不到深入研究的方向与门径,安于现状,对它的兴趣也会随之减退,坚持就会变得困难。惰性是人的本能,克服惰性好比逆水行舟,是一件吃力但是需要勇气并且成就感满满的事情。

(三)墨印——书法活动精彩再现

1."传承经典文化 书写精彩人生"——萧山十一中"墨香校园"书法比赛

▲ 活动方案

为进一步激发同学们学习书法的兴趣,提高书法创作能力,营造良好的校园文化氛围,经知章书院书法社组织策划,拟定在本周举行一次现场书法大赛。

参加对象:高一、高二学生(书法社成员直接参赛;其他同学在各班选拔赛的基础上,由各班推荐代表报名参赛,报名时间到本周周四中午截止,到卜弋帆老师处)

比赛时间:10月25日,周四中午11:50—13:30

活动地点:知章书院一楼、二楼。

▲ 组织形式

(1)由书法社统一命题。

(2)总分为100分,赛后会评选出一、二、三等奖并颁发奖状。

(3)书写能力突出的同学将有望吸纳进入我校书法社,接受专项培养。

（4）本次活动解释权归书法社所有。

知章书院

2018年10月22日

▲ **活动痕迹**

为丰富学生的校园生活，激发学生对祖国灿烂文化和语言文字的热爱之情，进一步引起学生对书写的高度重视，培养他们正确的书写习惯，引导学生把汉字写得正确、端正、整洁、美观，从整体上提高学生的书写质量，让学生从小就练就一手好字，受益终生。我校于10月25日下午举行了"墨香校园"书法比赛。

本次比赛在各班选拔赛的基础上，由各班派推荐表现突出的选手参加现场比赛，学生现场书写经典古诗文，比赛时学生们都信心满满，用心书写每一个笔画、每一个汉字。在短短的20分钟时间内现场完成。评委老师现场评出一等奖3名、二等奖3名、三等奖5名。

本次"墨香校园"书法比赛，给学生们提供了展示自己的舞台，学生们积极参与，认真书写。此次活动既丰富了学生的校园生活，培养了学生的书法兴趣和爱好，提高了学生们的书写审美意识，又增强了学生们对祖国语言文字的热爱，进一步弘扬了中华传统文化。

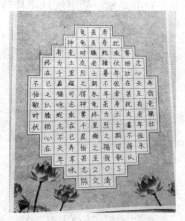

图6-3　205班陈文清作品

借这次比赛的东风，希望全校老师从课堂点滴做起，培养学生正确的书写姿势、提高学生写字的正确性、规范性和美观性，也希望同学们能做到蘸满墨汁挥笔锋，诵读经典兴趣浓，书写工整获称赞，中华瑰宝共传承！

2.让春联传递温情——萧山十一中送春联活动

▲ **活动方案**

一、活动概况

临近新年佳节之际，邀请知章书院书法社团社员现场书写春联赠予师生,为即将到来的新春节日营造喜庆的氛围。并通过电视、网络等媒介以及其他各种形式的宣传,进一步扩大活动的影响力。

二、活动意义和主题

意义:1、提升了师生的书法水平,展示中华民族书法的艺术魅力;2、丰富广大师生的物质文化生活;3、积极弘扬了中华优秀传统文化,践行了社会主义核心价值观

主题:让春联传递温情

三、活动组织

主办单位:萧山区第十一高级中学

四、活动执行安排

1.活动时间:2019年1月21日

2.活动地点:萧山区第十一高级中学知章书院阅览室

五、活动实施

1.由知章书院书法社团社员根据师生的要求喜好书写并赠送春联。

2.交流环节,相互探讨书法,春联的知识。

3.工作人员认真负责,维持好现场秩序。

六、宣传方式

1.横幅

悬挂地点:萧山区第十一高级中学知章书院;悬挂时间:2019年1月21日

横幅内容:活动主题

2.宣传栏

主要内容:活动主题、时间、地点等

放置地点:萧山区第十一高级中学宣传窗

放置时间:2019年1月21日

七、具体工作

1.活动策划书及活动场地申请;

2.定做横幅、宣传栏并进行宣传;

3.1月21日开始张贴宣传栏、悬挂横幅;

4.购买活动的一些必需品,如专用春联纸、墨汁、颜料、砚台等;

5.准备好活动必须事项及物品于1月21日活动当天上午8点半之前搬运到活动场地,并布置妥当;11点50分,"让春联传递温情"送春联活动正式开始。

▲ 活动痕迹

人逢盛世精神爽,年根岁末送春联。红红火火的春联表达了人们美好的愿望、希望,使新年有个新气象,而贴春联更是炎黄子孙营造节日气氛的传统习俗。

写春联、送春联、送祝福是弘扬中华优秀传统文化,丰富群众精神文化生活,传递党和政府的关怀,营造欢乐祥和节日文化氛围的有效途径。2019年新春将至,为进一步培育和践行社会主义核心价值观,迎接猪年春节的来临,营造节日喜庆的气氛,我校领导十分重视,组织师生开展写春联、送春联的活动。

春联是我国春节特有的文化元素,为了增加春节的节日气氛,我校教师和知章书院书法社团的同学们一起现场挥毫,为全校教师书写春联,送上节日的美好祝福。

通过本次活动,不但提升了师生的书法水平,还积极弘扬了中华优秀传统文化,践行了社会主义核心价值观,倡导了健康向上、文明节俭、移风易俗的新风尚,营造了欢乐、祥和、浓郁的节日氛围,进一步满足新时代人民群众对美好生活的向往和对精神文化需求,歌颂了党的领导和社会主义新时代精神,反映经济、政治、文化、社会和生态文明建设的新风貌,赞美新生活,提倡新风尚。

图6-4 学生春联书写瞬间

3.2019年萧山十一中知章书院教师技能大赛粉笔字比赛

▲ 活动方案

教师基本功训练是一项只有进行时,没有完成时的长远工程。粉笔字是教师的基本功之一,它直接影响到课堂教学的效果和教师自身的形象。规范端正汉字书写是教学的基本要求,是人与书交流的基础。一手清晰漂亮的粉笔字,一板条理清晰的板书是体现逻辑美、对称美,及培养教师思维能力的有力工具。为提高教师们对粉笔字重要性的认识,我校举办了"教师技能大赛粉笔字比赛"活动。

一、活动目的

1.推动广大教师"重在参与"的精神。

2.充分调动教师们的积极性,认真地写好人生中的每一笔。

3.提高教师们的师范技能,加深教师们对教师这一职业的认识,给教师一个展示师范风采的舞台。

4.增强学校浓厚的人文气息,提升教师自身综合素质。

二、活动时间:2019年3月1日

三、活动地点:科技楼教室

本活动解释权归知章书院所有。

知章书院

2019-3-01

▲ 活动痕迹

为提高全体教师的书写意识,做到人人上课写好字,发挥教师的示范作用,引领学生从小有一个正确的写字姿势和字一手好字的意识。本学期计划举行全体一线教师粉笔书法比赛,以此督促全体教师的写字水平根据学校的工作计划学校的工作实际。学校于2019年3月1日举行了全体一线教师粉笔书法比赛,活动按规定的议程顺利地完成了比赛的全过程,收到了令人满意的效果。

一、组织工作

此次活动时间比较紧,为使这次活动取得较好的效果,让教师们赛出水平,赛出美好心情,知章书院工作人员在王彩霞院长的统筹安排下,利用半天时间全方位的构思活动过程。2月28日下午每人根据自己的分工,投入到比赛前的安排工作。知章书院工作人员对此次活动做了周密细致的安排,比赛过程安排翔实、明了,整个过程非常严密,让大家参与比赛,让大家评价作品,人人参与到活动中来,这样赛出的结果才有可信度,才能得到大家的认可。

二、教师的参与过程

本次活动全体一线教师全部参与比赛全过程,参赛人数齐,200多位一线教师全部参加。比赛中教师按要求认真书写,可以说发挥了各自的最好水平,从作品的整体效果看,教师的字都有显著的提高,这和教师认真的态度是分不开的。比赛结束后,所有的教师参与了书法作品的评价过程,采取记名投票的方式,每人根据自己的欣赏标准评出前十名优秀者,教师在评选作品过程中表现得尤为认真,反复推敲、比较,然后郑重投下自己的一票。最后由教研组长和校务人员进行唱票,评出最终结果。

三、比赛情况和结果

这次比赛活动得到了全体一线教师的大力支持热情参与,加之全体校务人员的精心组织,比赛活动即严密,又顺利,使得比赛收到了令人满意的结果,评价的最终结果是全体教师智慧的结晶。即有可信度,又有透明度。经全体教师的投票评选,评出一等奖6名,二等奖9名,三等奖10奖。

图6-5 徐婷婷老师粉笔作品展示

4.敬德知章　诗意行文——知章书院贺知章诗文书写大赛

▲ 活动方案

我国的书法艺术是东方的明珠瑰宝,它不是诗却有诗的韵味,它不是画却有画的美感,它不是舞却有舞的节奏,它不是歌却有歌的旋律。学习书法,传承书法,发扬书法,是今日中国少年的责任。为了弘扬优秀传统文化,提升中学生的写字能力和艺术素养,进一步丰富我校学生的校园文化生活,我校举办了"敬德知章　诗意行文——贺知章诗文书写大赛"。

活动时间:2019年5月27日

活动地点:知章书院二楼报告厅

活动形式:学生现场书法创作

本活动解释权归知章书院所有。

知章书院
2019-5-26

▲ 活动痕迹

报告厅外大雨滂沱,报告厅内灯光明亮。参赛学生近150人,他们自备钢笔,准时到达比赛场地。此次比赛书写的内容是贺知章诗文,这种做法使学生们不仅对硬笔书法有了进一步的学习与品鉴,也对传统诗词中蕴含的民族精神、道德情操、人文涵养的濡染与渗透。

同学们积极参与此次活动,比赛中,同学们满怀激情,用心书写每一笔笔画、每一个汉字,尽其所能地展示自身书法的才能。获奖作品中无不透着或规范、或严谨、或灵动的气质。他们认真、严谨的态度为全校同学做出了榜样,成绩的背后付出的是辛勤的汗水。

我校把落实书法教学作为推进素质教育的重要途径,有声有色开展书法教学。学校知章书院每学期定期组织全校学生参与硬笔书法比赛,并将书法列入校本课程,让全体师生重视书法。

图6-6 学生现场书法创作瞬间

▲ 活动总结

为传承优秀文化,加强对贺知章文化的习染,激发学生对古典诗词的热爱,提高学生规范汉字的意识和书法水平,5月27日,我校知章书院书法社举办了"贺知章诗文硬笔书法大赛"。

本次书法大赛在知章书院内现场举行,共吸引了高一高二计一百余名同学参加。同学们以自己喜爱的贺知章诗文为书写内容,一丝不苟、认真书写,挥笔之时便充分展现了个人的书写天赋。他们的作品漂亮美观,内容充实完整,彰显出硬笔书法艺术之美。

经过十一中评委老师从字迹、排版、风格等方面综合评价,将分别评出一、二、三等奖的优秀书法作品,并将择期展出。

这一活动的开展展示了十一中学子们的硬笔书写水平,丰富了学生的书法知识,给有特长的学生提供了展示自我的舞台,并极大地拓展了学生的视野。该活动的举行,更加凸显出我校对知章文化的重视和传承,对丰富校园文化生活、提升校园文化品位做出了贡献!

5.知章书院"习书法之精,养艺术之气"讲座

▲ 活动方案

一、活动目的

为了宣传我校的校园文化及社团文化活动,丰富学生们的业余生活。激发广大同学对书法的兴趣爱好,同时也加深他们对书法的认识和了解,提高自己的综合素养、艺术的审美欣赏能力,特举办本次书法讲座。

二、活动主题:"习书法之精,养艺术之气"书法讲座

三、主办单位:萧山十一中知章书院

四、活动事项

1.活动时间:2019年10月15日11:50—13:30

2.活动地点:知章书院二楼报告厅

3.参加对象:书艺社全体社员,其他书法爱好者

4.主讲老师:高炜

5.宣传内容:关于书法的一些知识,让同学们更好地了解书法,以便积极和认真地对待它。也促使同学们对书法的兴趣从而提高书写能力。

五、活动流程

1.前期工作

(1)由知章书院宣传部老师出海报、联系老师以及相关的宣传工作。

(2)由知章书院策划部提前2天确定好教室联系听讲座的师生。

(3)安排学生会纪检部人员做好提前维持讲座会场秩序的准备及现场到场人数的记录等

2.中期工作(讲座过程)

(1)听众提前15分钟入座,由维持现场秩序的人负责

(2)迎接老师(包括迎接、中途端水、开关投影仪、拿一些老师的物品等)

(3)卜弋帆老师对讲座进行简单介绍

(4)讲座开始(穿插老师现场写书法作品):可加互动环节,如老师以实际作品向同学提问,并进行赏析,同学们也可就有疑问的地方进行提问(有难度,可通过一些方法激励观众热情)

(5)活动结束后,由书法社全体社员打扫好会场的卫生。

3.后期工作

(1)活动结束后及时总结

(2)以海报(文字加照片)的形式报道活动效果

4.具体责任分工

宣传部:安排人员出海报、联系老师以及相关的宣传工作。

策划部:联系教室和听讲座的师生

纪检部:提前做好维持讲座会场秩序的准备及现场到场人数的记录等

总负责人:王彩霞

维持秩序负责人:倪诺、倪泽宇

老师接待人:卜弋帆

▲ 活动痕迹

知章书院"习书法之精,养艺术之气"讲座主持人稿件

亲爱的同学们:

大家上午好!

这一天,是个让人铭记的日子,值得我们浓墨重彩地大书特书,因为我们有幸邀请高炜老师来给我们做书法讲座,让我们以热烈的掌声对他们的到来表示欢迎。

书法是中国特有的一种传统艺术,为了弘扬中华优秀传统文化,提高同学们书法书写能力,建设特色书香校园,知章书院特举办了这次活动。下面,有请高炜老师作讲座。

聆听了高老师的讲座,让我们如沐春风,他的开场白饶有趣味,通过一个小故事活跃了会场气氛,并让听众明白:多学一项本领是很有用的;接着,他从书法专业的角度给我们深入浅出地讲了对书法的正确认识、硬笔书法的基本知识、学习书法的正确方法。其间通过多媒体设备展示了大量古今书法作品,包括古今名人代表作、他个人作品、成人书法社团作品、学员书法作品等;并现场用实物演示字法、笔法的丰富多变,给我们以

美的熏陶和享受,让我们看到了一位书法家的教育情怀,感谢高老师给我们带来的这场豪华的视听盛宴。

接下来,激动人心的时刻到了,让我们零距离地观看高炜老师现场挥毫泼墨,为我们展示书法艺术动人心魄的美。

高老师用笔浓淡相宜,枯润相间,雄健洒脱,让我们一睹了名家风采,从中体会到传统书法中的古典韵味。

"习书法之精,养艺术之气,悟人生之道。"相信高老师这次书法讲座,会掀起十一中全体学生学书法、练书法的热潮。"书道虽深,至诚可达",相信我们每一位同学都可以抵达自己希望的岸边。

此次活动到此结束,让我们以热烈的掌声再次表达对高炜老师的感谢和敬意。

活动结束后,高老师送了知章书院书法社成员笔墨礼物。希望同学们能用简单的纸、笔和墨水,渲染出一幅幅古色古香的书卷,进而能够爱上书法、练习书法,陶冶性情,提高审美情趣。

知章书院:普通高中人文教育的新载体 ▲■

188

图6-7　高炜老师创作瞬间

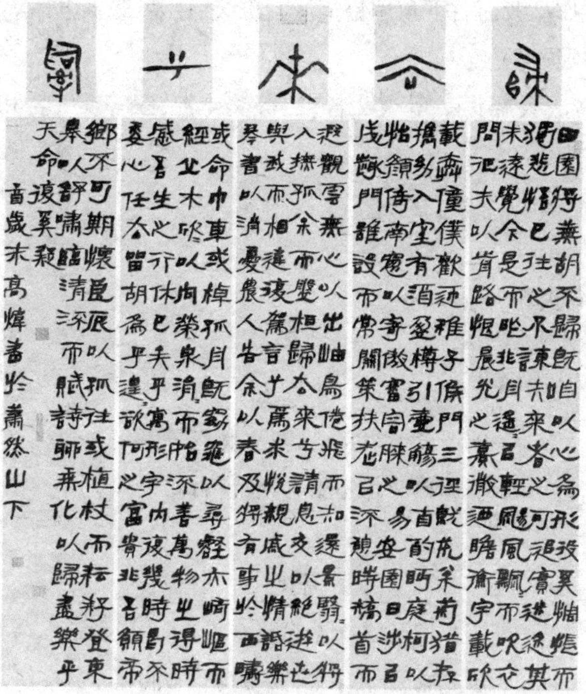

图6-8　高炜老师作品展示

6.树清廉之心　行清廉之事　做清廉之人——清廉语句书写大赛

▲　活动方案

为配合清廉学校评比,深入推进清廉文化建设,强化师生员工的清廉意识,知章书院书法社将组织"树清廉之心,行清廉之事,做清廉之人——清廉语句书写大赛"。

一、参赛对象

全体学生。

二、作品要求

1.作品内容:有关弘扬清廉文化的哲理铭文,尤其欢迎有关"不忘初心、牢记使命"主题教育内容的书法作品。

2.作品形式:书体不限,尺寸不大于四尺整宣(约137*69厘米)。

3.参赛作品须为毛笔或硬笔书法作品,无须装裱。

4.请在作品背面右下角用铅笔注明班级、姓名、联系电话等信息。

三、奖项设置

本次书法大赛设一等奖2名、二等奖4名、三等奖6名和优秀奖若干名。

知章书院

2019-11-08

附:清廉诗句资料

石灰吟

于　谦

千锤万凿出深山,烈火焚烧若等闲。

粉骨碎身浑不怕,只留清白在人间。

咏史

李商隐

历览前贤国与家,成由勤俭破由奢。

何须琥珀方为枕,岂得真珠始是车?

运去不逢青海马,力穷难拔蜀山蛇。

几人曾预南薰曲,终古苍梧哭翠华。

入京诗

于　谦

绢帕蘑菇与线香,本资民用反为殃。

清风两袖朝天去,免得闾阎话短长。

书端州郡齐壁

包　拯

清心为治本,直道是身谋。

秀干终成栋,精钢不作钩。

仓充鼠雀喜,草尽狐兔愁。

史册有遗训,毋贻来者羞。

予告归里画竹别潍县绅士民
郑板桥
乌纱掷去不为官,囊橐萧萧两袖寒;
写取一枝清瘦竹,秋风江上作渔竿。

拒礼诗
况　钟
清风两袖朝天去,不带江南一寸棉。
惭愧士民相饯送,马前洒泪注如泉。

咏煤炭
于　谦
凿开混沌得乌金,蓄藏阳和意最深。
爝火燃回春浩浩,洪炉照破夜沉沉。
鼎彝元赖生成力,铁石犹存死后心。
但愿苍生俱饱暖,不辞辛苦出山林。

任满谒城隍
胡守安
一官来此几经春,不愧苍天不负民。
神道有灵应识我,去时还似到时贫。

题贿金
吴　讷
萧萧行李向东还,要过前途最险滩。
若有赃私并土物,任他沉在碧波间。

潍县署中画竹呈年伯包大中丞

郑板桥

衙斋卧听萧萧竹,疑是民间疾苦声;

些小吾曹州县吏,一枝一叶总关情。

罢郡

蔡信芳

罢郡轻舟回江南,不带关中一点棉。

回看群黎终有愧,长亭一别心黯然。

竹石

郑燮

咬定青山不放松,立根原在破岩中。

千磨万击还坚劲,任尔东西南北风。

上堂开示颂

黄蘗禅师

尘劳迥脱事非常,紧把绳头做一场。

不经一番寒彻骨,怎得梅花扑鼻香。

梅

王安石

墙角数枝梅,凌寒独自开。

遥知不足雪,为有暗香来。

墨梅

王冕

吾家洗砚池头树,朵朵花开淡墨痕。

不要人夸好颜色,只留清气满乾坤。

▲ 活动痕迹

本次书法大赛共收到了高一高二书法作品90多件。同学们以清正廉洁等方面的诗文为书写内容,充分展现了个人的书写天赋,彰显出书法的艺术之美。

经过十一中评委老师从字迹、排版、风格等方面综合评价,分别评出一、二、三等奖的优秀书法作品。

硬笔书法

一等奖:103 李维杰　　108 陈雨彤　　110 薛　晨　　113 倪　诺
　　　　201 沈凯清　　205 钱焱楠　　205 陈文清　　206 鲁静雨
　　　　209 何通勤　　211 许诗伊

二等奖:105 周思涵　　105 余雨欣　　104 徐心怡　　107 肖乐昂
　　　　107 徐宇婷　　111 韩宇浩　　111 王恬恬　　112 翟明冉
　　　　113 周雨雯　　202 高佳乐　　207 鲍珂楠　　208 丁梦逸
　　　　210 简珍珍

三等奖:101 陈秋楠　　102 周易润　　103 陈凯儿　　103 马钟杰
　　　　106 宋青霞　　108 蒋　欢　　109 龙宗潇　　112 徐　硕
　　　　114 徐涵璐　　115 何欣怡　　201 沈凯清　　204 曾　璐
　　　　210 倪　桑　　211 张卓奇　　209 李思涵　　209 于茹佳

软笔书法

一等奖:113 倪　诺　　113 陈奕翔　　104 胡刘昕　　207 卞知予

二等奖:107 汪舒玥　　115 倪泽宇　　205 胡可盈　　209 谢莉莹

图6-9　清廉书法画展现场

7.萧山十一中知章书院"巾帼向阳花"建党99周年书法展示活动

▲　活动方案

2020年,中国共产党迎来建党99周年。99载艰苦卓绝,99载荣耀辉煌。99年来,中国共产党团结带领全国各族人民战胜各种艰难险阻,取得了新民主主义革命和社会主义革命、建设、改革的伟大胜利,谱写了中华民族自强不息、实现复兴的奋斗凯歌。为纪念中国共产党建党99周年,回顾党的光辉历程,抒发萧山十一中学子爱党的赤子之情,知章书院将组织"巾帼向阳花"建党99周年书法展示活动。

活动时间:2020年7月1日

活动地点：知章书院图书馆二楼

活动形式：知章书院"巾帼向阳花"教师团队及知章书院书法社学员共同现场书法创作

本活动解释权归知章书院所有。

知章书院

2020-7-01

▲ 活动痕迹

为纪念中国共产党成立99周年，巩固"不忘初心、牢记使命"主题教育成果，深入推进教育系统"大党建"格局和"基层党建年"活动，引导激励基层党组织、广大党员积极发挥战斗堡垒和先锋模范作用，我校知章书院策划了纪念建党99周年书法展示活动，号召全校师生以党建为主题自发进行书法创作。倡议发出后，得到了师生们的积极响应，大家纷纷投入到书法创作中去，借书言志、以笔传情，用饱蘸深情的笔墨歌颂了党的丰功伟绩和光辉历程，表达了对党的无限热爱，以此迎接党的99岁生日。

书法现场，大家凝神聚力，认真书写，在形式上、内容上、书体上力求创新，力求完美，充分体现出个人的书法功底、文化底蕴与人格魅力。

图6-10　卜弋帆老师创作瞬间

图6-11　师生优秀作品展示

8."翰墨坛"书艺社优秀社员访谈录1

许雨捷,兰亭书法艺术学院本科在读,杭州市萧山区第十一高级中学"翰墨坛"书艺社前任社长。2017年获首届"渔浦杯"萧山区中小学生书法大赛一等奖。

访谈记录

问:请问您是如何与书法结缘的?

许雨捷:跟书法的结缘是因为一位老师的鼓励。小学时候我的硬笔书法写得不好,但是大家都说"字如其人",所以在培训班里我努力想要把自己的字写好,下课的时间也不敢懈怠。很长一段时间的书法课上,我都是老师的重点表扬对象。这让我觉得学书法是一件有趣且温暖的事情,也是之后不舍得也不能去轻易放弃的追求。

问:请谈谈您在十一中求学期间最深的感受是什么?

许雨捷:在十一中这一段时间,是我人生中最重要也最难忘的日子,十一中的一花一草、一树一叶都记载了这三年的变化,从高一的单纯到高三有了自己明确的目标。那些老师的温暖鼓励、那些早自修的琅琅读书声,或许我们自己都感受不到的变化,都被这座校园所一一记录。对于我而言,十一中的意义就像地坛在史铁生心中的位置一样。笋婆河、知章书院、书法社、文学社,这样的人文特色环境之下,我能够更加明确自己对于书法的追求和目标,去不断努力。

问:请谈谈您目前的书法学习现状及目前主要的书法风格追求。

许雨捷:现在对于书法,还是在一个初步学习的阶段,在临摹中不断更新之前错误的认识和不够细致的地方,在创作中为自己所用,能够用更多的理论知识来充实自己的精神世界,对不同书法家的创作风格和不同的创作背景进行分析。

对于书法风格,有了一定自己的见解,楷书学习唐楷一路,以褚为师但不追求过于流美,篆隶偏爱完白山人,行书爱好米芾。也希望自己可以不忘初心,与古为徒。

问:请您给目前在十一中书法社团学习的学弟学妹们分享一些自己的经验。

许雨捷:我觉得书法社是一个可以培养自己耐心和放松自己的地方。在社团的学习中,我们不仅可以提高自己对于书法技巧的学习和见解,在和老师的交谈中,更是可以收获到与书法、与传统艺术相关的知识,这才是社团的宝贵之处。书法艺术带给我们的不单是笔墨展示出来的那一种神韵,更是这一项传统艺术可以继承和发扬的内在驱动力,只有文化和艺术相结合,才能是艺术本身富有更顽强的生机和动力。在安静的教室里,听到毛笔与宣纸间摩擦的声音,那是可以倾听古人心声的另一种方式。

书法社正是一个提供我们实践和学习的最好平台。在不断联系中进步,在不断进步中提高,我们要珍惜在教室里的每一次书写、每一次交流。因为那会成为你在十一中最珍贵的、独一无二的剪影。

希望学弟学妹们在书法的学习上一直学习下去,充实自己、丰富自己,成为"腹有诗书气自华"的人,在书法社找到闪闪发光的自己。

记者:倪泽宇

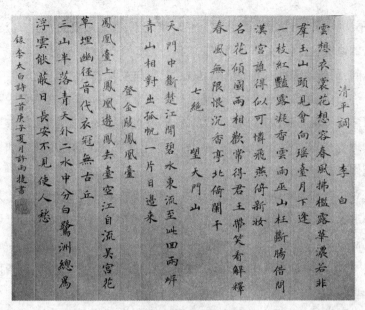

圖6-12　許雨捷作品欣賞

9."翰墨坛"书法社优秀社员访谈录2

倪诺,杭州市萧山区第十一高级中学在读,杭州市萧山区第十一高级中学"翰墨坛"书法社社长。2019年获第二届"渔浦杯"萧山区中小学生书法大赛一等奖。

访谈记录

问:你是如何与书法结缘的?

倪诺:我接触书法的时间相对较晚,我家乡在一个小镇,对于书法这块内容的普及也是比较少的,但是我父母对于中华传统文化也是有着较深的情结。他们一直等着一个机会,等着一个老师的出现。终于,一条简短的朋友圈的出现让我父母那原本有一丝淡忘的情结被唤醒,然后就一直寄于心间。经过进一步的深入了解,我妈妈带着我去到了"印月草堂"参与面试。这个机构只是开设在一个小区,对于第一次面试的我还是有一丝紧张,因为我对于书法的了解可以说是白纸一张。要是老师问了我关于书法的系列问题怎么办?要是我回答不出来会不会就不能让我在那里学习了?但是我对于书法,对于书法家就只是知道王羲之,以及他的代表作品《兰亭序》，然后，就没了。

下午的小区很是安静，我的脚步伴随着我的心跳声来到了"印月草堂"门前，门前没有什么华丽的装饰，和普通的居民的门前没有什么太大的区别，这让我舒了一口气。来开门的是一位中年女性，身着麻料的衣裳，个子高高的，身材较匀称。一看就是一位书法老师，那种气质由内而外地散发，满腹经纶，饱受文化知识的熏陶。一开门，随着的是一股墨水的气味，谈不上好闻，但是这其实是我喜欢的味道。简简单单装修，墙上放着几幅作品，充实着一股浓厚的书法气息。一开始说到的面试，其实我也是过度紧张了，到了那样的环境我竟放松下来，大概是因为那样的环境与我内心深处的书法情结产生共鸣了吧！那个"面试"说白了就是谈谈心，就像是陌生人之间的交流认识，老师和我们谈谈书法，谈谈学习书法的好处，我和我的母亲先是认真地聆听，再后来就用我们那些不是非常专业的语言来分享了一下我们对于学习书法的看法。

一盏茶，一阵风，我们将近聊了两三个小时。最后我当然是十分顺利地就加入啦！之后尽管每周就有两个小时的学习时间，但我也是十分珍惜。经过一步步的学习，了解了越来越多的书法知识，在我看来书法变得的越来越"神秘"，好奇心带领我一点一点地走进书法的世界。渐渐地我就喜欢上了书法，一步一个脚印地，我在我书法道路上迈开了步伐。

问：学习书法的过程或是途径是怎样的？

倪诺：就我而言，"读、摹、临、背、意、用"六字是学习书法的不二法门。

"读"即读帖。我们要读字读它的结构，读它用笔的方法、神采和通篇的章法等，读帖要抓住帖的特征、字的形象特点。在脑海中就会形成一定的印象，这样下次临摹的时候更容易抓住其特征，临出来的效果那也是肉眼可见的。读帖当然要经常读，闲暇时要经常拿出来翻看。

"摹"即摹帖。就是用透明的白纸蒙在字帖上照着描写，就是我们通常所说的描红。当然要十分在意的是每个字那些细小的变化，抓住其入笔的方向，把握好入笔的力度。在我看来，摹楷书，会使楷书进步的效果更加显著,这样更能理解楷书一笔一捺的方法,更好地把控力度,从脑中理解到成为手上的功夫。

"临"即临帖。就是帖放在一边,一边看一边照着帖的写法进行练习,最好不要看一笔写一笔,要看一个字写一整个的字。前人云:"临书易得古人笔意,摹书易得古人位置,临书易进,摹书易忘。"临帖是学习书法最主要最常用的方法。可以说学习书法就是临帖,几乎没有不临帖而在书法上取得成功者。临帖还要进行比较,就是把自己写的字同帖上的字进行比较,比较字的形态,短长肥瘦,字的结构、笔法及神采等,看差在哪里,牢记这个差别,好在下次临写时进行改进。

"背"即背临。我们经过一段时间的临写后,学写的字在脑海中会有一些记忆,我们就要试着不再看字帖,能够背着写出字帖上一样漂亮的字来。开始是会有一定难度。临帖记忆的功夫要是不到家,就要继续花功夫进行认真临写直到能够背临出来。只有能够背临,才离成功又进了一步。

"意"即意临,再创造的过程。在能够背临的时候,融入自己的思想,再结合我们所理解的书法家的情感进行再创造。老师教我们哪怕在纸的大小上写得很夸张,抑或是在一个字上面它的对比度变得很明显。收的地方更收,放的地方更加开放,在细枝末节上做一些小小的改变,那也无妨,因为我们已经敢迈开那一步,这便是好的。最终会形成我们自己的路,形成自己的书法风格特点,不然临得再像也是别人的东西,古人便称之为"书奴"。

"用"即应用。我们在经过一段时间的学习后,要在日常的生活、学习、工作中学以致用。如今天经过练习写好了一个字,明天就要在作业、写信、写文章中按练习的写法进行书写的应用。要彻底改掉以前的不良写法习惯,重新按练习的新一套写法进行书写。学会运用到我们平时中去。如果我们只是练习写字的时候按字帖上能够把字写好,而平时又按原先自己的习惯写法进行书写,这样就不会有进步了。

问:那么对此,你有什么建议或是心得?

倪诺:谈不上是什么高深的理解,只是我从老师们那里学到的一点知识。希望能够给将来的学弟学妹们带来一些帮助吧。

（一）忌见异思迁，宜目标专一

见异思迁、朝秦暮楚是做任何事物的大忌，学习书法也不例外，很多初学者学习书法，今天喜欢"二王"，明天又临颜真卿，过几天又学习米芾、褚遂良……见异思迁，目标不专一。这是学书之大忌，我也是深有体会，因为我有段时间频繁地换字帖，主要还是对其他的字体持有一颗好奇心吧，也是想快点进步，以为从各个书法家那里学习不同的知识会有不错的效果，但其实结果并非那样。这也是很多习书者为什么经常临帖，迟迟不能进步，到头来什么也没有学到的根本原因。但是在后来在我接触到米芾的《蜀素帖》之后我就喜欢上了这本字帖，有过很长一段时间的练习，就专门针对这本我所喜欢的字帖，进步也是肉眼可见的。因此我们必须选准一本自己喜欢的一家一帖后，老老实实临写，等学到八九分，再临临其他帖也是无妨的。

（二）忌"一曝十寒"，贵坚持

书法大师魏开学告诉有些初学书法的朋友．练字像犯冷热病，兴趣来时就练一阵子，有时十天半月就不动笔，如此"三天打鱼，两天晒网"式的练字肯定是练不好的。贵在每天坚持练上一两个小时不间断，若是学业繁忙抑或是找不到什么合适的场地去练习书法，我们也可以将一本字帖带在身边读帖，也可以用普通的水笔在纸上练习。总而言之，我们要坚持练习书法。

（三）正确认识"瓶颈"

所谓瓶颈就是开始练字感觉有进步，练了一段时间后，觉得没有进步了，反而觉得比以前退步。有些人遇到这种现象悲观失望，先是自怨自艾，有时干脆换一本帖，或者停止不练。要知道产生这些现象的原因，是自己欣赏水平提高了，常言说"眼高手低"，这不是退步而是进步，是手底下的进度没有眼睛的进度快，遇到这种情况，只有继续加紧临帖练习，使手上的功夫达到眼上欣赏的水平。

问：知章书院书法社对你书法学习有何帮助？

倪诺：知章书院书法社对我的帮助相当大。就像上个问题所说，在没来到这个书法社之前我也是"见异思迁"的，而且我对此还没有一个正确的认识。但直到有一次我们知章书院书法社的卜老师问道："你有没有创作过书法？""没试过，我以前就临摹，背临就只是在以前考级的时候要求背过楷书。""那你胆子大点试一下看，因为我看你米芾行书临得还是可以的。"

不试试看还真不知道我居然有这么多的问题，讲真的，我当时也是被吓到了。

首先就我所写的字而言本身也是有问题的，还谈不上字形，就单说那个字也是不对的。这个问题被归为：繁体字不过关。卜老师告诉我，这个暑假别的先不谈，就繁体字我一定要弄熟。推荐我去买《说文解字》。想来也是，要是在创作书法作品的时候出现不会写繁体这样的问题，那就相当于费了一幅作品。

其次就是有的字的笔法，我是做得不到位的，就单论一个捺，行书里面是不可能出现的。整篇文章讲究一个"气"，要聚气，在我的理解，要是"捺"这个笔画真的就是写了长长的一个捺笔，就像是长叹了一口气。那么这一整篇的气就会散，不够聚了。看的人会觉得不舒服，你写起来也是觉得不太舒适了。当然不仅仅是这样的一个笔画，就一个字上面，卜老师都不会放过每个细微的小瑕疵。哪怕就只是一个短短的中午，我也是看到了很多我不曾意识到的问题，也学到了这种问题的解决方法。

然后便是我的字的整体，当时的字可以说是一言难尽，是"四不像"了。别说有《蜀素帖》的韵味了，就是连行书的气息也论不上。但是我明明之前都临过《蜀素帖》《兰亭序》这两本字帖，而且老师也说过我临得还算可以的，但是只要一离开字帖我脑子里就会一片空白了。这说明什么？说明我当时临得好，只是我在看着字帖的时候才能够有理解，自然而然就会临得相对较好，但是只要一离开字帖，我脑子里就是一片空白，有的也只是十分模糊的轮廓，所以融不到我的书法作品当中去。这又意味着什么？说明我的内心太"杂"，没有专一练习一本书，一本字帖还没有练到八九成就换一本。所以到了应用的时候脑中才无"法"，才会出现

知章书院：普通高中人文教育的新载体 ▲ ■

"我明明记得我以前写过,但我就是不知道这个字到底如何写"之类的问题。

最后卜老师给我提了一些建议,对于行书若我比较喜欢米芾的《蜀素帖》,就要只练这一本帖,要将其练到"透",要不停地练,一边练一边记,在练完了四个字之后立马合上书进行背临,这样就马上可以知道刚刚那四个字中的那些个笔画脑子里还是模糊不清的,抓住之后立马纠正,这样你的感触会更深,记得也就更牢了。

现在,我校知章书院书法社正在有序地运行。能成为社长,能与我社社员们共同学习,共同进步,也是倍感荣幸。我社定期开展一系列的活动。不仅只是单纯地练字,还参加各种活动。不仅可以让我们的字有进一步的提高,还将我们所写的书法应用到生活中去。不禁让我想到:书法艺术来源于生活,应用于生活。

问:前面你说你比较喜欢米芾的《蜀素帖》,那么能不能谈谈你对它的认识呢?

倪诺:我们了解一部作品当然要从作者入手。米芾是个多才多艺的人,他为文奇险,作书沉着痛快,画山水人物,自成一家,临移别人书作,至乱真不可辨。因他在书法上的成就,与苏东坡、黄庭坚、蔡襄被后人称为"宋四家",他在中国书法史上占有重要地位。领导了"宋书尚意"的一代书风,对明清时期直至现代的书坛产生了并仍在产生着很大影响。

《蜀素帖》是由《拟古》《吴江垂虹亭作》《入境寄集贤林舍人》《重九会郡楼》《和林公岘山之作》《送王涣之彦舟》等诗组成。其中我最喜欢的便是《拟古》,是整部帖的首篇,也是我临的次数最多的一篇。《拟古》是两首咏物诗,第一首咏青松、凌霄,由它们的物性表达出做人的道理。第二首咏龟、鹤,诗中说道,龟要上天,须与鹤一起衔着竹枝由鹤带上,如果一张口则会掉将下来。诗人告诫道:"报汝慎勿语,一语堕泥途。"用今天的话来说呢,就是提醒人们不要随便开口,大概有言多必失的意思吧。

《送王涣之彦舟》借称颂王涣之的年轻有为,可能表达的是米芾自己的心迹。

北宋时,蜀地生产一种质地精良的本色绢,称为蜀素。有个叫邵子中的人把一段蜀素裱成一个长卷,上织有乌丝栏,制作讲究,只在卷尾写了几句话,空出卷首以待名家题诗,以遗子孙,但子孙后代却无人提笔。因为丝绸织品的纹罗粗糙,滞涩难写,故非功力深厚者不敢问津。一直到北宋元祐三年米芾三十八岁时,他见了以后"当仁不让",一挥到底,写得随意自如,清劲飞动,真似如鱼得水一般。他在上面题了五七言八首诗,这就是《蜀素帖》。此卷由于丝绸织品不易受墨而出现了较多的枯笔,使通篇墨色浓淡结合,更觉精彩动人。此卷被多个著名收藏家们珍藏。

《蜀素帖》结构奇险率意,变幻灵动,缩放有效,欹正相生,字形秀丽颀长,风姿翩翩,看似随意,实则用意。用笔纵横挥洒,方圆兼备,刚柔相济,藏锋处微露锋芒,露锋处亦显含蓄,垂露收笔处戛然而止,似快刀斫削,悬针收笔处有正有侧,或曲或直;提按分明,牵丝劲挺;亦浓亦纤,无乖无戾,亦中亦侧,虽说多为枯笔,但也有浓墨之处。章法上,紧凑之处与大段的空白形成强烈对比,粗重的笔画与轻柔的线条相互交替,流利与涩滞相生相济,动态与静态完美结合,形成了《蜀素帖》独具一格的章法。总之,率意的笔法,奇诡的结体,中和的布局,一洗晋唐以来和平简远的书风,创造出一种激越痛快、神采奕奕的意境。所临者内心又是跌宕起伏,想必这就是此帖吸引我之处吧。

老师也推荐说临此帖是可以与较动态的音乐相结合。因为临此帖时要有节奏感,时快时慢,那么搭配一些动感的音乐就再适合不过了。

问:说说书法对你的影响吧。

倪诺:首先,练习书法可以让人沉静。现在的生活节奏很快,很容易让人的思维混乱、情绪浮躁。而在练习书法的过程中,精髓在一个"慢"字。只有慢下来,你才能把字练好。每一笔每一画要想临摹出书法大家的气韵,你只有慢,才能够完全掌握。久而久之,每当练习书法的时候,渐渐养成了心平气和、平心静气的习惯。你的情绪、你的思维得到抚平,得到整理。所以说书法可以影响人的情绪和心态。我一直以来就有个坏毛病,总是静不下心来完成一件事,或是说我要完成这件事总要花费很长一段时间。学了书法之后，不敢说我这个坏毛病治好了，但我已经深深地体会到了什么是心静，从而提高了我做事的效率。

其次，书法可以锻炼人的观察能力。就是在读帖的时候我们就渐渐地练就了这项技能。想要练好书法，必是要把字体的间架结构、运笔方法牢记于心，怎样写好看，怎么样写不好看，差一点点都达不到想要的效果。在无数次的观察临摹中，才慢慢掌握了写好书法的窍门，这也在无形中锻炼了我的观察能力。不仅可以用在书法上，还可以举一反三地运用到其他的事物中。比如可以从一个人的行为和微表情中，观察出他的想法和意图，判断一个人的性格，帮助我们更好地与他人交往。书法练好了，突然发现，自己的观察力甚至人际交往的能力也有了很大的提升。

再次，书法可以增加个人的文化底蕴，修养心性。书法是以文字为载体，承载着中华文明民族文化的精髓。为此，多少文人志士为其而浸醉。而在当今，更应成为精神文明建设的一个窗口。

而练习得多了，自然而然就会对古汉字产生浓厚的兴趣，在技艺进一步精进的过程中，要掌握更多的汉字起源、了解汉字更多的历史变迁的信念变得更加坚定。书法让我学习了大量有关书法的文化知识，文化底蕴也得到进一步提升。

再者"字如其人"，我喜欢书法，所写的每个字都是我心境的表现。当我内心沉静的时候，我的字所表现出的就是一个"静"字，字形准确，笔笔到位。但倘若我内心是"躁"的，我写出的字就会显得无比粗糙，毫无张弛可言。所以书法可以让我清晰地认识到我那一刻的内心，我也可以清楚地认识到，我在那一刻应该做什么。这样就不会出现我明明花了时间，但却看不到成效，抑或是表面上一直在专注地做一那件事，却又久久不能完成之类的问题了。

所以说，书法对于我来说，的确是意义非凡的。

图6-13 倪诺作品欣赏

（四）翰墨坛·桃李芬芳

子曰："知之者，不如好之者；好之者，不如乐之者。"翰墨坛创办至今，学生乐在其中，从乐中学，由学中乐，无论是书法爱好者，还是其他师生，甚至学生家长，都对它赞誉有加。

1. 勤而习之，为学生内在续航

做一件自己喜欢的事，写出自己喜欢的书法，进行鉴赏、自我提升，这本身就是一种特别高级的快乐，内在的幸福感难以言说。

翰墨坛帮助学生搭建优秀的平台，提供良好的学习、练习氛围。随着书法能力的逐渐提高，学生在展现自我中提升信心，挖掘自身的潜力；培养耐心、细致的素质，并应用于其他学习、生活领域；抒发、疏通自己的情感，能够我手写我心，甚至疗愈自己的创伤；与同学、老师探讨问题，欣赏艺术，既锻炼了与同学们合作互助的能力，产生归属感，责任感，也提升了自己的审美水平,激发了热爱祖国文字,为民族振兴而奋斗的使命感和责任意识。

2.旁征博引,为学生文化奠基

接触书法,接触的不光是字,还有书法史、书法家轶事等。博大精深的中国书法,包含着丰富的文化底蕴,凝结着中华民族多年的智慧。

翰墨坛注重挖掘其中包含的文化价值,对学生进行文化素质教育。书法,文字是载体,文学作品、古典文学知识为主,优美的古诗词,被奉为圭臬的经史子集等是我们的书写对象。

因而,书法的学习除了要琢磨文字的外形构造,也要学习文字的内容所传达的意境,此时,相应的文学知识,就要做一定的准备与补充。另外,书法的练习还涉及风格,而书法风格常与文字表达内容的风格相统一,或大气磅礴,或秀丽端庄;或苍拙古朴,或深沉辽阔。书法的这些风格往往能给人强烈的视觉冲击。将书法与文学结合起来,能丰厚学生的文化底蕴。

3.润物无声,丰富了校园文化

翰墨坛举办各种活动:学生的手稿展览、书法大师的介绍、各类讲座的开展、讨论会的举行、兄弟学校之间的交流、教师的书法作品比赛、作品的鉴赏……这些活动的举办,地点的精心挑选,都向全校师生传递着书法文化,创设了良好的学习氛围。无论是胜出的作品,还是同学间互赠的一把折扇上龙飞凤舞的字迹,抑或是同桌的一次娓娓道来的书法历史,还是某场书法比赛或者讲座醒目的横幅……都让同学们受益良多。

细雨润物总无声,但是万物赖此而成长。学习亦如此,耳濡目染,不知不觉中以优秀的学生为榜样,不知不觉中学习着先人的品德、智慧,不知不觉中学生树立了正确的理想、抱负。箬婆河继续缓缓流淌,诉说着它的故事,同学们在知章书院翰墨坛,续写着它的传奇。

4.精进专业,提高了教师水平

翰墨坛的创立与发展,对书法老师量和质都提出了很高的要求。学校对师资的力量进行了调配,也多次组织了对教师的培训。书法教师要持续地学习书法技能,大量地临摹古代书法家的优秀作品,以自身的实力向学生展示书法的魅力，使学生爱其师敬其师，从而愿意花精力、心力进行学习；书法教师还要有深厚的古汉语知识和文学知识，能进行深入浅出的讲解，让学生心领神会；我们学校注重书法教师的心理学知识的建构，针对高中生特有的心理特点，关心学生的学习成长过程，予以相对专业的帮助，使得学生的注意力更集中，也更有信心面对挑战，正视困难与自我、他人的期待。

都说"教书容易，教好书难"。知章书院的书法老师们经常举办一些书法研讨会，交流书法，交流教学心得，努力提高自身修养。翰墨坛作为学生书法创作与交流的重要平台的同时，也成了教师进步的助推器。

写在卷末

轻捻薄宣，墨香氤氲，春雨秋风，伏案临池，书法的魅力穿透千年的风尘。光影交错的如梦韶华里，同学少年，以诗书为伴，沿着深深浅浅的文化印迹，一路走远方。

七 诗性人生

SHI XING REN SHENG

帕斯卡尔说过,人不过是一棵苇草,我们的全部尊严就在思想。只有思考才能保持冷静和睿智,才能赢得人的尊严。思考离不开阅读。阅读的过程就是对知识的积累过程,也是自身素质的提升过程。

　　文化育人是学校育人的起点和归宿,是对教育真谛的本质把握,是教育实践的理性回归。我校的育人文化建设牢牢抓住"孝德为人、诗性人生"两个基点,坚持师生为本、以学生为主体,培育知章敬德、自主灵动的学生,建设清秀、有大爱的校园。

(一)阅读小镇·悦读

　　"诗性人生"计划,从课堂、课程、环境三个维度切入,推进学生持续而有效的阅读,从书香浸润式氛围的创设、开放融合阅读兴趣的引领和高质量阅读专业的指导等角度展开"悦读"计划,打造融"全面""智能"于一体的"阅读小镇"项目,涵养学生的素养,润泽学生的情怀,打造学生的精神底色,追求诗性人生。

　　【"悦读"方案】

　　"悦读"计划的实施,借助于学校育人大环境的熏陶与引领,贯穿于日常学习生活的始终,落脚于学生有时间、有选择、有方向的阅读常态,依托于可实施、易评价、有实效的悦读策略。

萧山第十一高级中学阅读工程实施方案

对于学生的成长,阅读是一项长期工程。为了将阅读工程向纵深推进,使阅读成为一个学生终身学习的自觉习惯,引导学生博览群书,增长见识,发挥潜能,提高素养。在上学期初步试行的阅读活动的基础上,本学期的阅读工程具体方案如下。

①调整课程设置,确保阅读时间

首先要在时间上有所保证。把学生阅读的时间排入课表,落实每周一节阅读课。保证每周安排高一两个班级在学生阅览室的自由阅读,让学生初步熟悉阅览室的藏书种类,也了解自己的阅读倾向。

②加强图书室建设,建立阅读阵地

进一步加强图书室建设,丰富学生的阅读书目,满足各年级学生阅读的需求。配备"必读书目"和"选读书目",让每个学生拥有自己可读之书。健全图书借阅制度,每日中午12点到12点30分、傍晚17点到17点30分,开放学生阅览室,方便全校师生自由阅读。每周五上午和中午自由开放,自主登记书籍和杂志的借阅;每周日返校时归还。

③加强班级图书角建设,拓展阅读空间

教室是学生每天学习、生活的地方,要重视班级图书角的建设,想方设法让图书角发挥作用。建立以班级为单位的图书角和读书园,促进学生间图书的交流,将不流动的图书变为"行走的图书",实现图书资源的共享。班级书籍来源主要分为两部分,一是学生自由捐献;二是学校出资购买后流动各班。计划藏书收集后,举办图书角美化评比。

④建立评比制度,促进学生阅读

充分发挥评比的激励作用,开展书香班级与书香少年的评比活动。如:每学期评选一次"书香班级""书香年级",营造书香校园的氛围。组织"阅读之星"评选,以班级为单位,每班评选2名"阅读之星",为学生树立身边的榜样。

⑤积极开展形式丰富的读书活动,考核评比表彰

开展形式多样的阅读活动,培养学生的阅读兴趣,使学生养成良好的

阅读和交流习惯。计划本学期开展一次课外阅读知识竞答比赛、围绕一位作家或作品的阅读演讲比赛、举办一次"校园读书节"活动。常规评比活动为《读书笔记》的月月评选。

⑥编印校园社刊，打造展示平台

将学生的《读书笔记》定期上交，安排部分语文老师和悦读书社编辑部择优选用，编印成《悦读小报》。一方面可以将学生读书的收获发表出来，提高学生语言表达的水平，促进学生语文综合素养的提高；另一方面，文学社编印的社刊又能不断地激发学生阅读与创作的热情。

⑦组织学生和教师读书宣讲，涵养书生气质

组织对某一个时代、某一位作家、某一部作品有特别深刻理解的老师和学生进入智慧教室，带领大家共同鉴赏经典、分享感受！前期需要各班深入调查、报名推荐。

2017 学年阅读系列活动之年级部常态管理方案

阅读时间：

1.每天中午 12 点 30 分至午自修结束（由班主任自行调控，建议不习惯午休的同学阅读）。

2.每周四第三节课（分段阅读，一部分参加知章大讲堂，学生自主决定阅读）。

阅读地点：本班教室

阅读活动规则：

1.由本班图书管理员对本班的图书进行分类管理，学生自行捐助书籍或者私人书籍必须入柜后摆放统一位置，（图书架第三层），此后会对班级图书情况进行巡视抽查，一旦发现学生在非阅读时间阅读课外书，一律收缴。

2.知章书院会根据相关标准对阅读较好的班级进行授牌，年级部配合知章书院将日常巡查过程中违规学生记录在册，一月总结，问题严重者直接摘牌，无牌者年级点名批评，屡教不改者依据相关学生守则给予警告或严重警告处分。

3.阅读书籍的种类和内容由年级部吕红娟老师和知章书院陈佳楠老师进行筛选,不符合学生阅读发展需要的书籍通知学生带回。学生不予带回却违规阅读者由年级部根据规则处理。

【"悦读"仪式】

"阅读"是一种习惯,"悦读"则是一种姿态。张爱玲曾说过:"生活需要仪式感,仪式感能唤起我们对内心自我的尊重,也让我们更好地更认真地去过属于我们生命里的每一天。"生活需要仪式感,阅读也一样。新学期伊始,各年级都有简单而隆重的"开读"仪式。

图7-1 高一学生开读仪式

【"悦读"内容】

根据自读和群读方式的不同,"悦读"内容分学生自选和教师精选两大板块。一方面,学生可以根据自己的兴趣爱好,从班级图书室或者知章书院图书馆借阅书籍展开自主阅读;另一方面,书院老师依据本校办学理念和地域特色,精选知章文集、乡贤佳作、师生原创佳作等内容,开展各种形式的精读和研读活动。

1.读知章

贺知章诗文以绝句见长,除祭神乐章、应制诗外,其写景、抒怀之作风格独特,清新潇洒,著名的《咏柳》《回乡偶书》两首脍炙人口,"金龟换酒"的诗性人生,让后人赞叹。今尚存录入《全唐诗》共19首。我校在"经典厚基、书香致远"的阅读文化引领下,培养学生良好的阅读习惯和正确的阅读方法,提升学生的人文素养,达到"以文化人、以文育人"的阅读目标,从而追求先贤般的诗性人生。

"悦读"之早读资料(贺知章篇)举隅

《离家》

离别家乡岁月多,近来人事半消磨。

唯有门前镜湖水,春风不改旧时波。

《送人之军》

常经绝脉塞,复见断肠流。

送子成今别,令人起昔愁。

陇云晴半雨,边草夏先秋。

万里长城寄,无贻汉国忧。

《题袁氏别业》

主人不相识,偶坐为林泉。

莫谩愁沽酒,囊中自有钱。

"悦读"之诗文鉴赏(贺知章篇)举隅

《唐禅社首乐章·顺和》

至哉含柔德,万物资以生。

常顺称厚载,流谦通变盈。

圣心事能察,增广陈厥诚。

黄祇傸如在,泰折侯咸亨。

《唐禅社首乐章·寿和》

惟以明发，有怀载殷。

乐盈而反，礼顺其禋。

立清以献，荐欲是亲。

于穆不已，哀对斯臻。

《唐禅社首乐章·太和》

肃我成命，於昭黄祇。

裒冕而祀，陟降在斯。

五音克备，八变聿施。

缉熙肆靖，厥心匪离。

《唐禅社首乐章·福和》

穆穆天子，告成岱宗。

大裘如濡，执珽有颙。

乐以平志，礼以和容。

上帝临我，云胡肃邕。

"悦读"之美文链接（贺知章篇）

贺知章的幸运和殊荣告诉我们一个道理：踏踏实实、勤勤恳恳才是真。

青少年时候的标签：幸运

"诗狂"贺知章的童年无疑是最幸运的，他于公元659年出生于越州（也就是今天的浙江）一个殷实的家庭。出生的年代正好是大唐"贞观之治"（627—649）过后的第十年，正赶上大唐社会经济快速发展的好时期。

贺知章在老家的青少年时代自然过得无忧无虑，可以说完全是在优裕的环境里幸福成长，没有吃一点苦，没有受一点累，兼之他自幼懂事，深得父母及亲友喜爱，又勤于念书，十几岁时便以诗文闻名于当地，不用忧心将来的出路。

在无忧无虑下，贺知章度过了自己最美好的青少年时光。

不知不觉中，贺知章到了36岁，已是武则天证圣元年（659年），科举考试恢复后，贺知章便悠然地离家进京赶考，写下不凡的抱负：

> 江皋闻曙钟，轻枻理还舻。
>
> 海潮夜约约，川露晨溶溶。
>
> 始见沙上鸟，犹埋云外峰。
>
> 故乡杳无际，明发怀朋从。

在京参加科考后，贺知章又幸运地一举高中，进士及第，成为浙江第一个有史记载的状元郎，且顺利得到国子四门博士这一工作岗位。

从此，贺知章就在京都长安惬意地生活了五十年，85岁时才告老还乡，于公元744年年底病逝于老家。他是最高寿的大唐诗人，死后，唐肃宗追赠其为礼部尚书，极尽哀荣。

从贺知章的生平可以感知，他中年的时候，正赶上"开元盛世"（712—741）这一大唐最繁荣的时期。大唐因"安史之乱"（755—763）走向衰落时，贺知章已不在人世。

可以说，贺知章一生平顺，善始善终，福寿双全，横贯盛唐，既没有如李白那样被贬来贬去，也没有遭遇像杜甫那样颠沛流离、穷困潦倒的生活，还大器晚成，可谓幸运而又潇洒的大唐诗人，就是宋代高寿的爱国诗人陆游，也稍逊一筹。

快乐地执教27年，耄耋致仕大器晚成

贺知章36岁时获得的第一份工作"国子四门博士"，相当于在国立长安大学当老师。

乐天派性格的贺知章在这个岗位上一干就是27年，他从不懈怠，很是爱岗敬业，表现为怡然自得、淡然处之。每天除了认真教书外，就是快乐地和学生"侃大山"。

开元十年（722年），63岁的贺知章在宰相陆象山的举荐下，任太常寺少卿。

从此，运气爆棚的贺知章平步青云，仕途之路走得顺风顺水，可谓大

器晚成的幸运儿。

3年后,66岁的贺知章升任礼部侍郎、集贤院学士,后调任部侍郎、太子右庶子、侍读,给太子李亨当私教。又过3年后,69岁的贺知章再次升任太子宾客、银光禄大夫兼正授秘书监,成为实至名归的省部级干部。

85岁时,功成名就的贺知章因年迈多病,便告老还乡,申请离开长安,到越州老家当道士,安度晚年。玄宗皇帝诏令准许,还写下赠诗《送贺知章归四明》(2首),其中两句为:"仙记题金箓,朝章宠赐衣。悄然承睿藻,行路满光辉。"

太子李亨(即后来的唐肃宗)更是持学生之礼,率文武百官为贺知章送行。

这份幸运的经历和殊荣,在大唐诗人中有几人?他耄耋致仕,青云直上,官居三品,退休时皇帝赠诗,太子率百官相送,在二千多年漫长的封建社会,怕是前无先例,后无来者,唯此一人!

幸运而又潇洒地在京都长安"狂"走一回

贺知章在长安自号"四明狂客",人称"诗狂",丝毫不逊于"天子呼来不上船"的晚辈李白。

贺知章的"狂",不仅体现在他"旷达不羁"的致仕之路与诗歌创作上,就是在生活方面,依旧豪放洒脱,誉为当世的"清谈风流"。宋代诗人徐钧就曾以诗诠释:身外生涯总是虚,狂游一梦入清都。有家不住尤为观,底用区区觅鉴湖。

他从36岁到长安,到85岁告老还乡,在长安生活了整整50年,从没外放,也没被贬过,幸运而又潇洒地在京都长长地"狂"走了一回。

贺知章的"狂",也体现在他极其喜欢喝酒上,有名的"金龟换酒"讲的就是他与李白狂放地饮酒的故事。

公元742年,贺知章已83岁高龄了,正好在长安的紫客道观遇上41岁的李白,那时李白小有诗名,正在拜会玉真公主,求职中得遇自己仰慕的大诗人贺知章,自是欣喜万分。贺知章对李白也早有耳闻,两人一见如故,成了"忘年交"。

李白把他《乌栖曲》呈给老前辈指点,贺知章看后,当场给予了很高的评价，"此诗可以泣鬼神矣"。李白欣喜，又把自己的新作《蜀道难》再呈给贺知章斧正，贺知章又认真地看完，对李白很是夸赞：看来，你就是天上的太白金星遇谪下凡！（李白"谪仙人"的名号由此而来）

贺知章便置酒宴请李白。

于是，两人在酒馆里豪气干云，纵酒高歌，喝得大醉而归。贺知章付钱时，竟发现酒钱已喝光了，便把腰间的金饰龟袋解下来"买单"。这"金龟"可是皇家按级别赐予的饰品，非常珍贵。可见，贺知章对李白极其看中。

贺知章回去后，又向玄宗皇帝极力推荐横空出世的诗仙李白，李白得任翰林待诏。

由此，贺知章和李白双双荣登"饮中八仙"榜。大诗人杜甫曾为此写下有名的《饮中八仙歌》，头一个就夸赞贺知章：知章骑马似乘船，眼花落井水底眠。

贺知章的"狂"，还体现在他的书法上。他善草隶，是大唐有名的书法家，与张若虚、张旭、包融并称"吴中四士"。画圣吴道子曾向他学过书法，张旭、钟绍京等书法名家都是贺知章的好友。

现绍兴城东宛委山南坡飞来石上的石刻《龙瑞宫记》和流转到日本的草书《孝经》，是贺知章书法作品存世的珍稀墨迹。

他的书法往往表现在饮酒微醉之后纵笔如飞，一气呵成。后人赞之：狂客风流，落笔精绝，每兴酣命笔，好书大字……非人工所到。

晚年以老顽童的心态告老还乡

公元744年初春时节，贺知章回到老家山阴，在欣赏明媚的景致后，朝气蓬勃地写下清新欢快的《咏柳》诗：

碧玉妆成一树高，万条垂下绿丝绦。不知细叶谁裁出，二月春风似剪刀。

他极形象地描写了垂柳的特征，胜赞春天之美，表达了自己晚年回到老家后、如一个少年似的欣逢早春时那份美好而又快乐的心情。

后来，贺知章就以山阴五云门外的"千秋观"为住所，自建"一曲亭"自娱自乐。其间，他有感于回老家时与乡亲们见面的场景，好多都已不认得

了,儿童还笑着问是谁,遂写下有名的七言绝句《回乡偶书其一》:

少小离家老大回,乡音无改鬓毛衰。儿童相见不相识,笑问客从何处来。

贺知章在这首轻快的七言诗里,仍不失童心地表达了自己迟暮归乡的心情:故乡呀,早已物是人非,唯一没有改变的,就是那一口久违的乡音。而自己呢,出走半生,归来仍是少年。

字里行间,表达了自己返老还童的心态,活脱脱显现出贺知章依旧是一个可爱的"老顽童"形象。

此后,贺知章就在老家逍遥自在地安度晚年,每天在镜湖边平静地望着水面发呆,从容地把生命最后的岁月留给了儿时的回忆,为之写下绝笔诗《回乡偶书其二》:离别家乡岁月多,近来人事半消磨。惟有门前镜湖水,春风不改旧时波。

这首《回乡偶书其二》,堪为贺知章晚年生活最真实的写照,脍炙人口,千古传诵。

贺知章过世后,李白为之写下《对酒忆贺监二首》吊唁,情真意切地表达了两人"忘年交"感人至深的友谊:

四明有狂客,风流贺季真。

长安一相见,呼我谪仙人。

2.读乡贤

苏联教育家加里宁说:"爱国主义教育是从认识自己的家长开始的。"萧山人杰地灵,历史上众多名人佳士,都曾对着萧山的山山水水、花鸟虫鱼诗兴大发,给后代子孙留下了众多脍炙佳作。品读描写故乡的诗文,可以夯实学生良好的传统文化基础之外,更可以熏陶学生崇高的爱故乡、爱生活的文化情怀。

"悦读"乡土诗文资料举隅之诗词篇

《萧山》宋·姜夔

归心已逐晚云轻,又见越中长短亭。

十里水边山下路,桃花无数麦青青。

《雨中泊舟萧山县驿》宋·陆游

端居无策散闲愁，聊作人间汗漫游。

晚笛随风来倦枕，春潮带雨送孤舟。

店家菰饭香初熟，市担蓴丝滑欲流。

自笑劳生成底事，黄尘陌上雪蒙头。

《萧山山行》明·刘基

积雨今朝天气佳，山亭晓色上花花。

未须汗漫思身世，且可逍遥玩物华。

偶值断桥妨去路，却随修竹到邻家。

篱边野鸭惊人过，拨剌飞鸣落远沙。

《忆萧山》明·张箕

西陵官渡晚潮生，坐倚船窗待月明。

今日虎牢城里见，清光无限故乡情。

《仲春雨后湘湖书事》清·蔡仲光

山山桃李蔼芳菲，拈酒明湖映薄晖，

零乱野云春雨散，萋迷径草晚风微。

花飞积翠香飘席，溪发层岩水溅衣。

遥隔澄波还骋望，当年沙岸掩荆扉。

"悦读"乡土诗文资料举隅之文章篇

《萧山赋》元·赵子渐

　　粤若萧山之形胜也，雄哉伟乎！分峦峙勾践之域，长江界吴越之区。浮虹跨山阴兮，其程萦乎诸暨；渔川指春江兮，其源出乎桐庐。都三八而岐分兮，乡十五而环布。西陵，通南北之商。古驿，候往来之使。亭灶，课煮海之程。乡民羡渊湖之利，或蚕丝以资生，或力田以输赋。若乃县治爽垲，市井周匝。车马骈阗，纵横阡陌。上下之岸，人烟嚣杂；东西之桥，盘贩云集。土产所宜,品类不一。春波漾湘水之载,秋霜染固陵之橘。夏里莹点朱之樱,佳山拆如拳之栗。给长山之薪炭,利小江之舟楫。广凤凰之竹笋,集兔沙之纸角。谷雨采茗山之芽,端阳刷仙岩之药。罗东暨之野雉,拾凫山之海错? 名园贵水仙之花,市桥品渊明之菊。均大小之兴贩,资富贫之可给。且夫习俗奔竞,词烦案牍,明辛廉勤,解求民瘼。爰集俊产,起废兴学,晨昏间里,弦歌声续。

至若境界萧爽,风景或殊,骚客宦游,寄隐于兹。江寺表文通之第,许寺著玄度之居。夏暑造竹林而借爽,春晴访桃源以追娱。至如名门望族,衣冠赫奕 。俅墙环待制之府,茂林隐尚书之室。王庵崇侍郎之墓,重兴镇征君之宅。荆榛荒厉帅之址,庄园积史官之栗。矧兴废之或异,谅地灵而人杰。彼科第之文人,纷宏达于今昔。呜呼! 江山险阻兮,古越故疆;人才渊薮兮,梦笔故乡。伟衣冠之尘迹兮,兹感慨以成章。

《江湖一览亭记》宋·蔡攀龙

江湖一览亭者,枢密韩公服政之日所肇建也。初固无江湖一览之名,韩氏宗人以通冠盖以便往来而已,故乡人称为著戴亭云。迨伊孙德麟始圌其上,曰江湖一览,而更高厂焉。德麟据海内文名,奄勿去尘世,而乃弟德和君秉教萧邑。偶于振铎之暇,邀予同乐,杯斝相欢于江湖一览亭之上。时孟冬已尽,寒气萧萧,凭栏一顾,具见霜叶掩映于稀林,落霞点缀乎天际,芦荻渔舟,卷西风之扑簌;汀沙雁影,放浅渚之萦洄。野旷而四顾,云烟平原,积翠天高,而斜阳返照,泽壑舒金。爰举首焉,长江在前,涛声震耳,恍疑数部笙歌;载凝眸矣,巨湖在侧,水色侵人,知是何年图画。点点泼来忘错愕,戏浪轻凫;层层舞出拥云衢,零风堕叶。叠嶂遯岚,映湘湖之豪气;悬崖飞瀑,分山水之奇观。虬松与虎石相依,修竹偕老梅共峙,片帆疾去,阵鹢低飞,是皆亭中寓目逼真注睛即是也。

噫! 夫一年为季者四,览于冬日如此,而春而夏秋可知。阴晴不定,览於晴日如此,则惨风阴雨之际可知。昼夜何常,览於昼日如此,而皎月光风之下可知。所称一览靡遗者,是耶? 非耶? 额曰江湖一览亭,盖不虚矣。德和君于耳热之候,握予手而言曰:有亭有名,有名有记,此先伯氏未

221

竟之志，子曷为我成之。欲构思而未能，遂援笔而述事，若夫题咏文章，则有望于作者，龙敢滥竽哉？皇宋咸淳七年辛未十月下浣二日。

《湘湖》明·袁宏道

萧山樱桃、鸳鸟、莼菜皆知名，而莼尤美。莼采自西湖，浸湘湖一宿然后佳。若浸他湖便无味。浸处亦无多地，方圆仅得数十丈许。其根如荇，其叶微类初出水荷钱，其枝丫如珊瑚，而细又如鹿角菜。其冻如冰，如白胶，附枝叶间，清液泠泠欲滴。其味香粹滑柔，略如鱼髓蟹脂，而清轻远胜。半日而味变，一日而味尽，比之荔枝，尤觉娇脆矣。其品可以宠莲劈藕，无得当者，惟花中之兰，果中之杨梅，可异类作配耳。惜乎此物东不逾绍，西不过钱塘江，不能远去，以故世无知者。余往仕吴，问吴人："张翰莼作何状？"吴人无以对。果若尔，季鹰弃官，不为折本矣。然莼以春暮生，入夏数日而尽，秋风鲈鱼将无非是，抑千里湖中别有一种莼耶？

湘湖在萧山城外，四匝皆山。余游时，正值湖水为渔者所盗，湖面甚狭，行数里，即返舟。同行陶公望、王静虚，旧向余夸湘湖者，皆大惭失望。

《湘湖赋》清·朱彝尊

岁柔兆困敦兮，是月维扬，辞鉴水之一曲兮，言归故乡。遵大路于萧山兮，犹勾践之旧职。舍子舟于城阙兮，别问渡于陂塘。践荒涂之烟辟兮，山是越而湖湘。围列岫之周遭兮，汇一水于中央。莼丝荇带齐消歇兮，澄百顷之波光。相兹湖之寥阔兮，溯苍苍之葭苇。漾轻舫而如所如兮，逾五里而十里。鲜泽农之耕作兮，但众师之栖止。雉角角以飞鸣兮，鹭娟娟而停峙。瞻牛头与杰萝兮，信不远而伊迩。

爱山川之清淑兮，斯生长夫西子，洵明艳之绝伦兮，直夫差之死。以余暨为诸暨兮，验往牒之非是。眺越王之故峥兮，丁国步之速道。会稽不可保兮，称臣妾而播迁。游临江而祖道兮，奏哀曲于乌鸢。迨返国而渡三津兮，惟八臣四友谋猷之后先。既十年而生聚兮，更教训之十年。简俊士之四万兮，率君子之六千。诞一举而治吴兮，齐衣锦而师旋。仇九世而当复兮，岂身耻辱而忘焉。志既立而转死为霸兮，胡后之人独不然？

他山难久留兮,问西陵而前路。夕既济于钱唐兮,尚踟蹰而回顾。徒吊古而慷慨兮,惜年岁之迟暮。

3、读美文

基于我校的地域文化和学校育人特色,"悦读"计划重在引领学生以贺知章诗文为基点,向传统诗文纵横延伸,建立起泛读与精读相结合,阅读与走读想配合,读写思说相融合的高质量、深挖掘、多维度的阅读。

知章书院协同校悦读书社,每周推出一本分享好书,并制作海报进行张贴,引领广大学生读好书,激发学生阅读兴趣。

推荐好书举隅:

《我的职业是小说家》是村上春树的自传性作品,历时6年完成。一个人,写作35年,13部长篇小说,超过50种语言译本。虽然拥有享誉世界的知名度,但关于村上春树,许多事情始终在神秘的面纱中:他是怎样下定决心走上职业小说家之路?

《解忧杂货店》系日本作家东野圭吾写作的长篇悬疑小说。

此书获得第七届中央公论文艺奖、苹果日报翻译小说销售排行榜连续两季第二名,同名华语电影《解忧杂货店》预计于2016年开始拍摄,并于2017年上映。

《我在故宫修文物》,该书是纪录片《我在故宫修文物》的延伸,绿妖深入故宫,用了大量的时间,观摩大师们的日常工作,与他们面对面交流,深入采访;诗人摄影家严明,近距离跟随拍摄。以口述的形式撰写了12位故宫文物修复师对历史、对人生的回顾和感悟。他们是故宫里的钟表匠、青铜匠、摹画工、木器工、漆器工……他们一代一代薪火相传,是故宫重要的非物质文化遗产。宫墙外的世界斗转星移,宫墙内的他们却要用几年的时间摩挲同一件文物。一座宫廷钟表上千个零件要严丝合缝;一件碎成100多片的青铜器要拼接完整;一幅古画揭一两个月;一幅画临摹耗时几年到几十年……他们用自己的一辈子来诠释"因为热爱所以坚持""择一事,终一生"的牢固信仰。

《麦田里的守望者》:春的史诗,反抗成人世界的宣言。

每一个人都能在"麦田"里找到自己青春的痕迹。经典"麦田"已经影响几代人，必将影响更多代人，尤其是年轻人。"麦田"让青少年的质问、怀疑和逃避得到应有的承认和发泄。

《麦田里的守望者》是《时代周刊》推荐的百部文学经典之一。曾经最具挑战的禁书，如今成了全世界高校中学的指定读物，它是史上最畅销的书之一，全球发行超过6000万册，中文版销1120万册。

图7-2　知章书院好书推荐

4.读原创

"三分文章七分读，涵咏功夫兴味长。"品读吟咏之余，将自己的所读、所思、所感倾注于笔端，化为绵长的文字，记录下"悦读"后的感悟，是所有人喜闻乐见的，也是"悦读"最宝贵的成果之一。

"悦读"之"歌咏萧山"学生佳作举隅

《礼赞萧山》	杨岐钟声荡山谷
305班　汪晟爵	一泓碧水若潇湘
萧山城	萧山城
美丽城	文化城
薄云笼罩旭日开	城山怀古吴越情
湖心云影炫光彩	民族英雄葛云飞

海派四杰任伯年　　　　　高楼大厦平地起
藏龙卧虎八千年　　　　　北干山上看风景

　萧山城　　　　　　　　桃红柳绿花满堤
　　奋斗城　　　　　　　靓丽湘湖惹人喜
劈山填海造家园
钢筋铁骨志成城　　　　　千年古迹跨湖桥
开拓创业百花开　　　　　天下奇观钱江潮
奔竞不息立潮头
　　　　　　　　　　　　萧然精神树潮头
　萧山城　　　　　　　　敢拼敢闯敢人先
　　现代城
万丈高楼平地起　　　　　日月同辉耀新城
地铁公交轻松行　　　　　世界峰会众人晓
银隆旺角市心路
尽显都市繁华景　　　　　二零二二亚运会
　　　　　　　　　　　　喜迎八方中外客
　萧山城
　　我的城　　　　　　　　《萧山》
十里钱塘胜往昔　　　　208班　徐佳怡
千年古韵行新语　　　　　古有一人
文明城市大家建　　　　　名为勾践
携手共创国际范　　　　　卧薪尝胆
　　　　　　　　　　　　耕于农间
　　《最靓萧山》　　　　奋发图强
　308班　董澎辉
萧山美　萧山靓　　　　　今有一地
萧山是个好地方　　　　　以沙为耕
　　　　　　　　　　　　农渔盐垦

225

朴实勤劳　　　　　　　立潮头，竞不息
生生不息　　　　　　　经济发展腾如龙

钱塘江水　　　　　　　萧山美，萧山靓
奔进向前　　　　　　　萧山人民好榜样
浪花奔涌　　　　　　　礼义仁，道德清
声如雷霆　　　　　　　人自由，法治明
响彻古今　　　　　　　文明礼，和谐溢
　　　　　　　　　　　万众一心砥砺行

《萧山是个好地方》

301班　方叶欣

萧山美，萧山娇
萧山是个好地方
东边湘湖风景区
休闲旅游好去处
北边母亲钱塘江
浪涌浪高浪叠浪

萧山美，萧山香
萧山是个好地方
物产丰富特产多
萝卜干、霉干菜
三黄鸡、鲜杨梅
钱江啤酒味清醇

萧山美，萧山强
萧山是个好地方
十强县、小康城
建地高楼拔地起

《咏萧歌》

208班　胡千雨

萧山绮丽萧山靓，风和景明人忘归。
博览古今跨湖桥，越堤夕影湖心汇。
寺坞岭上揽日月，居高眺望三江口。
渔浦夕照挥作画，画中翁婆裹衣搂。

萧山清秀萧山靓，地灵人杰俱不孤。
越国勾践真贤烈，三千甲胄尽吞吴。
唐有诗狂贺知章，回乡二章万口留。
清遗千年神童来，东藩妙笔绘春秋。

《人间天堂欢迎你》

301班　方叶欣

杭州城
美丽城
南屏晚钟
钟声扬
断桥残雪

雪未央	历史荟萃
曲院风荷	醉人心
荷醉香	
湖光山色	杭州城
美名扬	魔力城
	双手展开
杭州城	天使臂
魅力城	最美司机
西湖波纹	暖情意
浅沉吟	高铁迎宾
雷峰塔边	G20
传佳情	人间天堂
钱塘潮水	欢迎你
荡古今	

"悦读"之学生"读后感"举隅

三十二步
——读《我们仨》有感
201班　许雨捷

故事的开始,是一场迷离的梦境。在梦里,有紧握的双手,有漫长的路径,还有不紧不慢的步伐。

人生的长路上,在无数个风景里,两位先生们从相识、相爱、走向最终相别离。这或许就是人生中最平淡的经历,从相爱到相别,最后一场死生契阔的相离。不思量,自难忘。

生离易懂;而死别,对我们来说,或许过于遥远,也过于畏惧。而杨绛先生,用苍颜诠释了对死别的人生态度,她用乐观、用坚强守望着这份永不逝去的亲情。

这个年纪的我,并不信生活里平平淡淡的爱情,只知书中那份"执子

227

之手,与子偕老"的轰轰烈烈,知是"一生一代一双人"的痴心,羡是"十年生死两茫茫"般的爱意。而不知,老之相依才是绝美的爱情。

合上书本,我想起了我的外祖父母。

我的外祖母七十有余,原本是个生活很精致的小老太太。但自从她被截肢了以后,就变得沉默寡言。她不再喜欢和邻居唠家常,甚至也不再出去了,每日便呆呆地坐在厨房边上,眺望着厨房窗下的那条小石板路。那是一条很窄很窄的小路,石板铺的稀稀疏疏一直蜿蜒到拐角的小超市。每天临近晚饭前,总能在石板小路上寻着外祖父提着菜回来的身影——他佝偻着背,一步一步地沿着这小道蹒跚而来。也只有这个时候,外祖母会颤颤巍巍地起身,撑着她不常用的拐杖站起来,然后就痴痴地立在窗前,看着外祖父小小的身影从那边的拐角一点一点地踱过来,离楼道、离外祖母愈来愈近。她耐心地等待着,渐渐上扬了嘴角。

那种笑容我在《我们仨》里也曾见过,俱是像少女一般青涩而美好的欢颜。

一直很长一段时间,暮色四合中,二楼窗户里掩映出的光与转角的台灯光色融合在一起,在橙与黄的交织中、在黑与白的交错中、在阳台与楼下小路的场景切换中,她的守望、他的急切,跟杨绛和钱钟书先生是如此相似。在时光的不同轨道里,同样凝成这将至未至黑夜里的最美光景。

可是时光啊,终究是不等人的东西。我的外祖父病倒了。本就瘦小的他,缩在大大的病床上,没有力气再站起来。而我的外祖母变得更加沉默寡言,她只是静静地守在床边,再无欢颜。偶尔会在外祖父剧烈的咳嗽声之后,听见拐杖和床栏碰撞的声音,外祖父总是笑笑然后含糊地说:"我没事的,我明天就去买菜回来给你吃。"

这是最后的承诺,可惜外祖父再也没做到。

外祖父葬礼那天,我们都哭得好惨好惨,外祖母拭拭泛红的眼睛,努力不让眼角的泪下流。她让我搀着她,去厨房的老地方。一步、一步、一步。站定。那天阳光很好,送葬的队伍很长很长,转过拐角,每个人都踏过那条熟悉的小石板路。"一,二,三……三十二。"外祖母迷迷糊糊地数着数,看那边送行的人,一直一直走地很远。

她就望着,望着,像杨先生在《我们仨》中写到的那样:愿变成一块石头,守望着我已看不见的小船。

死别,是人生的另一种守望。我原本一直不懂钱钟书先生在书中写给杨绛先生的一句话:从此以后,我们只有死别,不再生离。如今才浅浅明白,活着的时候,用时间证明陪伴,离开了,用心去思念。

如今,我也常常走过外祖父买菜的那条小道,一步一步,直到哪天偶然数数才发现从拐角第一步开始数,到楼道口能看见外祖母的地方——

恰好三十二步。

诗和远方
——读鲍勃·迪伦《答案在风中飘荡》
205班　汪晟爵

当生命诞生的那一刻,人们就有了疑惑——

"我是谁?"

"我从哪里来?"

"我到哪里去?"

有时候,这些问题似乎没有答案。

轻松的口琴和吉他声从湖畔传来,透过耳膜,渐渐融化到心头。弹者用流淌着的温柔词句诉说着那些关于时代和人生的答案,让人不禁想起苏子的"知不可乎骤得,托遗响于悲风"的怅然之感。所以,我更愿意称他为诗人,他在尘世中坚持歌唱,坚持为自己而活,把自己写成了一首诗。

2016年瑞典文学院宣布将诺贝尔文学奖授予给他。他的作品虽然是音乐,但是其歌词却有着诗的意蕴,或宏阔,或深沉,或豪放,或婉约。他将沿途对"生存""生活"和"生命"的理解与感悟,倾泻笔端,融入歌声。他便是著名音乐制作人——鲍勃·迪伦。

一本书,一首歌,一部电影,能被称作经典的作品,自然它有阅读的价值。高考在即,在这个寒假学习之余,我重温了迪伦的一部经典作品——《答案在风中飘荡》。这部作品正是作者走向远方寻找答案的代表性作品。

1963年,时值美国参与越南战争期间,在目睹大量的将士因无谓的战争而丧生后，鲍勃写下了自己对和平的深刻思考。他用平和的语气，向发动战争的罪人发出严厉的谴责。在文中，作者苍凉而悲伤地追问："是啊，一个人能转头多少次，假装他只是没看见？"这是我认为最精彩的一句。作者通过一个"假装没看见"的细节刻画，生动地描绘出了一个明知自己的决策会使无数的生命消逝，却一次次地将头转过去，装作不知情的高层决策者；实际上，也指向所有那些对生命漠视的人。然后，作者又无奈地感叹："答案，我的朋友，在风中飘荡。"他没有找到答案，他陷入了长久的困惑。

是啊，为什么呢？为什么人类总是在战争的破坏中，反思和平的可贵，却又一次次地打碎和平呢？

答案在风中飘荡。

"鸽子"与"炮弹"，"自由"与"死亡"，迪伦真真切切地呼唤着和平与美好。不只是战争，所有人类社会中的欺骗和虚伪，都困扰着世世代代聪慧的诗人，所有的问题都不能被解决，不能得到回答。诗人眼睛都是清澈而明亮的，米兰·昆德拉在《生活在别处》中说："首先必须了解这个世界原本是什么样的，然后才能进行异乎寻常的改变。"于是诗人看蓝天和稻田，看眼泪和泥巴，看鲜血和掠夺，看到了世界的匆忙和循环，于是将岁月打磨得愈加沧桑和固执，最终诗人发现自己无法改变这一切。于是，答案在风中飘荡，远远地哀愁着。

然而迪伦这位天才"作家"仿佛知道答案。这首《答案在风中飘荡》不仅仅是针对战争与和平的问题，更是表达整个人生。迪伦曾经说过："我对外面那个疯狂的、复杂的现实世界没有丝毫兴趣，它与我毫不相关，没有重量。我不会被它所诱惑。"生活中的他不喜欢别人称他为偶像，他拒绝媚俗，拒绝世界塑造他的形象。他的行为世人无法理解，却正印证了叔本华的一句话："一个人自身拥有越丰富，对身外之物的需求也就越少，别人对他来说越不重要。"迪伦从不在意别人的唾骂或是追捧，他活得我行我素又自在坦荡。迪伦他坚持表达在世界上独一无二的东西，如木吉他，因此才有了用吉他作为配器的这首《像一块滚石》——"一个男人要走过多少条路/才能被称为一个男人"。他走过的路仿佛回答着他的歌词——迪伦是一个男人，在大风里从来不动摇。

　　我非常欣赏迪伦的这种生活态度。在如此忙碌的时代,迪伦能选择诗意地栖居,永远向往流浪和自由。王小波在《黄金时代》中借陈清扬之口说,人活在世上,就是为了忍受摧残,一直到死,想明了这一点,一切都能泰然处之。对于迪伦来说,人生并不是如此,即使遭摧残,也要接受摧残,像一个勇士。

　　答案在风中飘荡,释怀的风,无奈的风,诗意的风……那些困扰人类千万年、伤害无数人的疑问,那些在芜杂世界里迷失自我的人的疑问。答案究竟是什么呢? 迪伦把自己的形象化作了风中的一种热情与鼓舞,一种脱俗与追求解释了这个问题。我们要拥有的其实是他那种诗人般的流浪和诗意的情怀。

　　所以,

　　这个世界,

　　生活对我们来说,

　　处处都是诗和远方。

别忘抬头寻明月
——读《月亮与六便士》有感
301班　方叶欣

满地都是六便士,他却抬头看见了月亮。

　　月亮与六便士是什么意思呢? 带着这一困惑,我拜读了毛姆先生的这一作品。

　　该书以第一视角叙述我遇见的谜一般的中年男子——斯特里克兰(即查尔斯)。查尔斯其实很普通,他是一位事业有成的银行家,是一个家庭的丈夫、父亲,但是他不安于现状,突然地抛弃离子,远赴巴黎。受人重托,文中的我去劝说之且慢慢地了解了查尔斯。查尔斯令人感到奇怪,他放弃优越的生活竟然只是为了追求自己的绘画梦想,在他看来,为了自己的梦想必须得离开。所以,他所表现的对关心自己的人的冷漠以及对物质的无欲无求已可以理解。他抛弃了所有,甚至是他自己,他逾越了人们一直在苦苦追求的财富、名声,成为只需精神慰藉的流浪汉。

书的开篇及结尾同时揭示了这一矛盾人物的结局：查尔斯是天才，他死后他的画价格不菲，斯特洛夫在这一点是先知，他欣赏查尔斯，但他忽略了查尔斯还是一个疯子，无情的疯子，这也导致了他自己的不幸。理解的人可以任其放纵，难以懂得的人却是永远无法理解。站在道德的制高点上，查尔斯确实残酷无情，一些人因他而不幸，但是从另一角度来看，这些人包括他自己都是艺术的牺牲品。他对外在物质毫无要求，只要有画笔能让他创作，这就是他异乎常人之处。

那么，现实中真的会有人如此可以放弃一切去追求高高在上而遥不可及的梦想吗？我不禁发问。现实中，很多梦想只是人茶足饭饱后的附属品，我后来才明白月亮就是所谓的梦想，也就是查尔斯余生所追求的唯一。六便士就是摒弃理想的生活的其余。我们大多数人的追求不过是地上的六便士，占大多数的我们难以理解企及天上的少数人，成功的即被人们视为天才，譬如死后的查尔斯；失败的则被认为是疯子，现实的残酷在于疯子居多，所以明智的人们趋于乖巧，慢慢地很少有人如查尔斯般忘记所有去追寻月亮。六便士给予我们立即的满足，而月亮只能照耀灵魂深处。

文中的我说查尔斯是可恶的，但也是伟大的。我对查尔斯难得的赞誉来自我也不是安于现状的人，书中有这样的陈述，"但是，大海如此平静，始终沉默，不动声色，你会突然心生烦恼，感到莫名的不安……我的血液里有一种强烈的冲动，渴望一种桀骜不驯的旅程……我的心渴望更加惊险的生活。"惊险的生活，不过也就是在追求月亮并忍受着外物阻挠的历程。就像鱼和熊掌，对于天上的月亮与地上的六便士，我们也只能择其一而逐之，但是无论选择哪一个，都不是一帆风顺的，我也需要坚定的信念与执著的精神。

抬头，见明月。

一束照进生命的光亮
——读《寻找光的小女孩》有感
105班 徐佳怡

一场战争、一个女孩、一位老人。故事围绕着这些慢慢展开。读完这本书，内心无限感慨，它的文字扣人心弦，情节发展无不是触动着我的神经。这是一本当之无愧的"治愈之书"！

我没有经历过战争，所以我根本无法体会当时的情景，但是我知道，它一定是残酷的。而希里尔·马萨霍托就着他的文字，将这位死神完完全全地展现在我们面前。黑暗、痛苦、血腥……这是书中战争的代名词。我无法想象一群孩子躲在暗无天日的地底下，靠吃垃圾为生的生活；无法想象只能掩蔽在大房子里，每天过着担惊受怕的日子；更无法想象失去亲人、朋友时那种绝望痛苦的感觉。在这一片荒芜的世界中，似乎只存在着欺凌与躲藏。但这时却有一个女孩，始终坚信这世界上会有爱与美好，她坚持寻找着她心目中的那道"光"……

"光"，明亮令人安心。在食物短缺时，女孩依旧坚持找电池和火柴，因为她渴望"光"，不管付出怎样的代价。当她饱受欺凌、奄奄一息地躺在废墟里，等待死亡降临时，一位老人出现在她面前，他将女孩带入屋子，悉心照料，这让原本绝望的女孩又重拾了希望，这是她第一次感受到温暖。之后，小女孩和老人生活在了一起，老人为她取名为"光儿"，很贴切的名字。因为光儿不会说话，所以老人耐心地教导她，并向她叙说战争来临前人们拥有的美好生活。这两个孤单的人，在战争中，将对方当成了彼此的依靠，他们似乎又过上了正常的生活，一切只等着战争结束。

日子一天天过去，老人也一点点地放开了心扉，将光儿当成亲孙女来对待，而光儿也将这位爷爷先生视为唯一的亲人。他们快乐得生活在一起，直到有一天，那种人的到来打破了他们平静的生活……刀锋插入肉里，鲜血四溅。一切终又结束。这个小小的插曲令老人和光儿更加迫切地等待着警报的来临。等待的时间是漫长而又艰辛的，老人也在那件事后渐渐变得力不从心，他老了，经历了那么多事情的他也该老了……

一个美好的早晨，警报响起，尘埃宛如在暖洋洋的阳光里翩翩起舞，空气中充斥着快乐的气氛。但也正是这个早晨，光儿的爷爷先生，在悄然中沉睡了。是的，他死了，在幸福来临的那一天……

光儿找到了她生命中的那束光，它将快乐与幸福带给她，即使在那样的一个环境中,她还是找到了那份她想要的爱。所以,就如作者所说:这个世界还有很多爱。

人活在逆境中,决不能放弃自己,勇敢地去找到那束光,属于你生命中的那束光,爱会在你身边降临……

目送

110班　许雨捷

所谓父女母子一场,只不过意味着你和他的缘分,就是今生今世不断地在目送他的背影渐行渐远。你站在小路的这一端,看着他,逐渐消失在小路拐弯的地方,而且,他用背影默默告诉你,不必追。

——龙应台《目送》

记得看完这本书的时候,是个雨天,刚好是周末的返校日。合上书的时候,我的手指不经意间摩挲过这微微泛黄的纸页,心里是说不住的滋味。我想或许是这多变的阴雨天,又或许是与父亲刚刚的几句争执,心情并不明朗,但也不在意。

走出房间,父亲正弯腰把我的衣物放进行李箱,他小心地整理着衣服的每一个褶皱,慢慢地放入行李箱。眉眼间,透着温柔和深情。但始终无言,他静静地把伞递给我,拖着行李箱缓缓下楼。

回学校的路上,开着空调的车,无言的父女。只能听到雨滴窗口的声音,雾气氤氲了车窗,我用手轻轻褪去雾气,世界清晰了一片。马路旁,是一位母亲和比他高一个头的孩子,母亲紧紧地圈着孩子的手臂。我幸福地看着眼前的画面。红灯闪过绿光的一刻,母亲在起步的一瞬间握住儿子的手,儿子却不动,转头看她,眉一皱,正要说什么,不料他此刻的神情被母亲尽收眼底,儿子转过头,撇撇嘴,轻轻把手从母亲手中挣脱,大步向前。母亲的身躯一怔,随即上前。我看到的是,她眸中掩不住的失落。像极了书中的画面,又对我与父亲来说,如此的相似,或许我从未注意到,走在我身后目送我背影的他,是怎样的感受。

依旧无言的,寝室门口,他照旧把东西递给我,摸摸我的头,然后朝我挥挥手。雨依然下着,昏暗的走廊里,他的背影第一次这样的渺小,我竟发现,曾那么高大的他,何时佝偻了背脊,我竟发现,这仿佛是我第一次,如此认真地注视他的带着银丝的背影。我目送着他,那个爱穿着灰褐色大衣的超级英雄,消失在幽静的走廊那头。不知是为何,我湿了眼眶。

或许从前,目送的人,是你,被目送的人,是我,或许从前过马路,之前的人,是我,而目送的人,还是你。目送,是我俩注定的缘分,我只想告诉你,下次,是我牵着你的手,陪你看尽春夏秋冬。

【"悦读"方式】

从"阅读"走向"悦读",光靠单一、抽象的阅读远远不够。基于这一认识,我院的"阅读"计划设置了从泛读到精读、从精读到研读的纵向"悦读"深入过程,以及从自读到群读,从书本到生活、从学校到社会的横向阅读拓展方式,横纵交错,力求拓宽、深挖"悦读"实效。

"悦读"之乡贤诗文鉴赏课课例(《诗词之旅——萧山渔浦潭》)

活动目标:

1. 通过学生的团队合作收集关于萧山湘湖的古诗词,培养同学团结协作的精神和学习诗词的兴趣。

2. 引导学生理解这些诗词所要表达的情感,感受古诗词文化的魅力,升华情感,提升品位。

3. 通过活动加大学生阅读的广度和深度,激发学生地域归属感和自豪感。

活动准备:

1. 师生提前一周通过各种途径翻阅查找关于萧山湘湖的诗词。

2. 分组制作相关内容的PPT。

3. 教师作为引导者掌握资料收集以及PPT制作进度。

活动过程:

一、激趣导入

1. 激趣

渔浦位于钱塘江、富春江和浦阳江的三江交汇处,今在义桥镇民丰村渔浦街自然村地段。这里有历史上最为著名的"渔浦夕照"等风景名胜,也是历史上萧山一处著名的人文景观。傍晚时分,站在渔浦处极目远眺,宽阔的江面上一轮落日又大又圆,映射出透红的光色来,把整个江面映衬得别样的辉煌。

2.导入

20世纪80年代初,一位老萧山人站在义桥孔家埠村的西江塘上,回忆:"从这里到石岩一带,以前是一条渔浦街,一条雨天不用走湿路的长街,商铺林立,非常繁华,如不是老辈人相传,恐怕谁也不会知道了。"陈桥驿先生的《浦阳江下游的江道变迁》,写过古代萧山的水乡泽国,不仅是如今的河港纵横,还曾有过许多如渔浦湖、临浦湖等大面积的湖泊,今日的湘湖还只是傍渔浦湖东侧的一个小湖。

二、探渊寻源,展示活动成果

1.第一组出示课件

关于渔浦潭的历史变化

【学生活动】组长结合史料记载讲述渔浦潭的前世今生。

2.第二组出示课件:史料所记载的著名的有关于渔浦潭的美丽诗篇

【学生活动1】由负责同学分别鉴赏关于渔浦潭的古诗词

【学生活动2】配乐诵读,体味涵泳

3.第三组出示课件:从渔浦潭拓展,陆游和萧山的渊源。

【学生活动】自由诵读,陆游有关萧山的诗词

三、小结

作为浙东唐诗之路的源头,渔浦湖吸引了无数文人骚客留下了无数诗篇,谢灵运、苏轼、陆游……这些都是萧山历史的文化瑰宝。希望同学们整理的这些"萧然旧时景",能让大家更多地了解萧山作为古城拥有渊源文化底蕴的一面,将萧山的文化代代传承下去。

【"悦读"成果】

在纵向深入研读的同时,我院还不定期带领学生走出校园,实地走访名人故居、博物馆等地,先后走访了知章公园、萧山博物馆、跨湖桥博物馆、朱凤标故居、任波年故居等几十处富有文化底蕴的社会"悦读"场所,让学生在现场体悟名人风范,感受家乡文化传统风貌。

图7-3　学生校外走访瞬间

　　"悦读"的目的在于学生有所思,且有所得。通过泛读—精读—研读等方式,学生选择自己感兴趣的内容,以小组研讨的方式,展开某一角度的专题研究,是谓"悦读"的最高境界。如围绕贺知章,学生的专题研究成果举例如下。

贺知章官场生活研究小组报告

　　组长:俞骋峰　组员:洪骋、冯亚、赵燕、瞿琳琳、蔡喜爱

　　研究方法:文献研究法,调查探究法

　　贺知章·酒·李白

　　中国的酒文化源远流长,自从有了酒,也便有了酒文化。酒文化是一种特殊而又普遍的文化现象。俗话说得好,酒逢知己千杯少。唐朝著名诗人、书法家贺知章与诗仙李白就是这样一对好友,以酒为友,以诗为友。

　　贺知章性情旷达豪放,清淡风流,尤喜杯中之物,在当时与李白、张旭等八人享有"饮中八仙"的美称。杜甫《饮中八仙歌》诗首句云:"知章骑马似乘船,眼花落井水底眠",真是醉态可掬。知章擅长草隶,其书法形神兼备,洒脱自然,尤其在醉后挥笔提毫,更是汪洋恣睢,挥洒自如,令人叹为

观止。《旧唐书·贺知章传》载:知章"醉后属词,动成卷轴,文不加点,咸有可观"。《越中杂识》也载:"知章晚年尤放诞,自号四明狂客,每醉,辄属辞,笔不停书,咸有可观。"

李白《对酒忆贺监》诗序说:"太子宾客贺公,于长安紫极官一见余,呼余为谪仙人。因解金龟换酒为乐。"李白２５岁那年由四川老家外出游历,天宝初年来到京城长安。时为京城大官的贺知章久闻李白大名,尽管寿高官大,还是主动邀访。两人相见果然投机,诗酒文章都是高手。当贺知章读罢李白新作《蜀道难》后深为青年李白才华横溢、气冲斗牛的浪漫天赋所折服。两人酒逢知己,开怀畅饮。数巡过后,酒兴未尽,贺知章醉意盎然,随手取下腰间所佩金龟(唐朝官员的一种佩饰服),直呼店家"与我换酒来!"一醉方休,并连呼李白为"此乃天上谪仙人也"。自此李白"谪仙"之称不胫而走,知章"金龟换酒"的故事从此引为美谈。知章与李白也结下了深厚友谊,成为莫逆之交。

李白对知章十分尊敬,称其为"贺公""贺老"。天宝三年,知章厌倦官场生涯,告老还乡,李白十分感伤,写下《对酒忆贺监》诗以赠别,其一:"四明有狂客,风流贺季真。长安一相见,呼我谪仙人。昔好杯中物,今为松下坐。金龟换酒处,却忆泪沾巾。"其二:"狂客归四明,山阴道士迎。敕赐镜湖水,为君台沼荣。人亡余故宅,空有荷花生。念此杳如梦,凄然伤我情。"可见"金龟换酒"一事,给李白留下了多么深刻的印象,产生了多么深厚的挚情。在《重忆》一首诗中,他还念着贺知章:"欲向江东去,定将谁举杯?稽山无贺老,却棹酒船回。"后来的人对这两位诗仙、酒仙的相知十分羡慕,十分赞赏。

贺知章官场生活年表

证圣元年(695年)37岁中进士,擢超拔群类科,离开萧山去长安生活。

圣历三年(700年)42岁任校书郎等职,与工部尚书陆象先交往甚密。

神龙元年(705年)47岁诗文名扬京城。

景云二年(705年)53岁加阶四门助教,拟宣义郎。

先天二年(713年)55岁任四门博士,转太常博士。

开元三年(715年)57岁任户部员外郎,兼朝议郎。

开元四年(716年)58岁授起居郎。

开元十年(722年)64岁以诗文称"吴中四士"。

开元十一年(723年)65岁入丽正殿书院修编《六典》《文纂》,为直学士。

开元十二年(724年)66岁转太常寺少卿。

开元十三年(725年)67岁迁礼部侍郎加集贤院学士,允庆王侍读。

开元十七年(729年)71岁转工部侍郎,任秘书监。时贺公知李泌。

开元二十六年(738年)80岁授太子宾客、银青光禄大夫、正授秘书监。

开元二十八年(740年)82岁授舍元殿学士。

天宝元年(742年)84岁,举李白于玄宗,为供奉翰林。

天宝二年(743年)85岁,请求还乡,度为"黄冠道士",明皇下诏许之。

天宝三年(744年)86岁,正月初五,玄宗率百官送行,赠衔制诗。以其长子为会稽郡司马。

诗歌研究小组报告

组长:徐吉利 组员:张意芳 顾华丽 宣云童

文献研究法、语言赏析法。

了解贺知章诗文的内涵

在课题基本确立,我们就研究思路进行讨论,先各自行动,查找资料,后期我们结伴到图书馆查阅资料,获得了丰富的图片、文字资料。此外,我们还利用假期在家上网搜寻了许多关于贺知章诗文的资料,并将其下载。再合作交流,并定期交流研究成果。

在资料的搜寻过程中,每当遇到那些以我们的阅历无法理解的问题时候,我们都会找老师商讨,解除这困惑。

2007年10月进入资料整理,研究报告撰写与多媒体制作;10月中旬我们将正式向各个老师、同学做以下研究报告。

研究成果

贺知章诗文精佳,且其诗文以绝句见长,祭神乐章,应制待外,其写景,抒情之风格独特、清新潇洒,著名的《回乡偶书》脍炙人口,千古传诵。其诗文今尚录入《全唐诗》共19首。

贺知章早年的作品均以歌功颂德为主,而为我们所熟知的作品又均以后半生所作为主,如《回乡偶书》《咏柳》等。

《咏柳》写于唐天宝三载,时值贺知章奉诏回乡,百官送行,坐船南下,达萧山县城。当他坐船去南门外潘水河边的旧宅时,正是二月早春,柳芽初发、春意盎然、微风拂面。而贺知章如脱笼之鸟回到家乡,心情自然格外高兴,此时他看到了一株高大的杨柳,英姿勃发,一时兴起,便写下了《咏柳》诗。"碧玉妆成一树高,万条垂下绿丝条。不知细叶谁裁出,二月春风似剪刀。"而其中的一句"二月春风似剪刀"成了千古绝唱,贺知章通过对杨柳的描写来欢呼春带给人们的喜悦。

"碧玉、树、绿丝、细叶、春风、剪刀"这6个字便是全诗的意象。贺知章通过对这些意象的描写,更深化了主题。他赞美春天,更赞美垂柳,颂扬春天的柳枝,体察春天的和风,欢呼春天给大地带来的活力,讴歌春天给人们带来的喜悦。曾有名家评说,贺知章的《咏柳》一诗是千百年来最好的一首咏柳的诗。

也正是在这年,即贺知章85岁回乡之时,贺知章写下了另一首被千古流传的《回乡偶书》。

在他离开京城之时对送别的友人说:"辞农五十载,今日复杂归。"表达了他久别故土归心似箭的心情。离家已50多年了,人生易老乡思长在。

"旧时巷陌浑忘记,却问新移来往人。"《回乡偶书》其一即"少小离家老大回,乡音无改鬓毛衰。儿童相见不相识,笑问客从何处来。"这首诗是写到达家乡不久,诗人在亲友间走动时写的,当时有点陌生的样子;所以好奇心的儿童相随相间,意欲引领客人到要去的一家,而这正是贺知章到家的第一感受。

知章书院:普通高中人文教育的新载体

首句诗为句中自对,以"少小"对"老大"。以"离家"对"回乡",全句形象地写出了50多年久居他乡最终叶落归根和对时光匆匆流逝的感觉油然而生。

第二句,"乡音无改"承"少小","鬓毛衰"承"老大"而言,小时候离家时说一口乡音。数十年来宦游归来,乡音依旧没有改变。这句诗,表面上写乡音,实际上,饱含着对家乡的深情,是热爱家乡的表示。"鬓毛衰"表示离家的时间已经很长了,从风华正茂到白发稀疏。今天还是第一次回家,既有自伤身世之感,亦觉愧对家乡父老。这前两句写的是离家—回家乡—变化,为后两句诗作铺垫。

第三句写到儿童见到客人的容貌。这些衣着华贵的宾客,我们从未见过? 他们是我们贺家庄哪家的客人? 许是自家客人,许是这些宾客们到村里另外有事呢? 这些心中的疑问都在表达"不相识"。

第四句写儿童"笑问",与前句的"不相识"相呼应。而这"从何处来"之间实际上是在引发客人回答到村里来的全部的意图,而这样的笑问,应是一种热情友好的积极表现。

虽然全诗所描写的事情非常简单,但诗中所蕴含情感却相当深刻。该诗写得真实自然,深沉含蓄,无怪乎千百年来为人们所传诵。

而贺知章《回乡偶书》其二,则是前一篇的续篇,诗人回到家乡一段时间以后,了解到家乡的人事变化及自己应做的"应酬"由此引发了新的感慨,该诗的着眼点是家乡的变与不变。

贺知章的作品,语言自然,情感浓厚,细细品味后,让人感慨万千。

清代李德曾这样评说,不知盛唐中有如此淡瘦一种,却未尝不是高调。且《回乡偶书》还在香港被评为唐诗新十佳。

诗圣杜甫曾在《饮中八仙歌》中写到"知章骑马似乘船,眼花落井水底眠。"

诗仙李白在贺老告老还乡之时,怅然有怀,写下了《对酒忆贺监二首》:他深情地回忆起"长安一相见,呼我谪仙人"的难忘情景,却忆泪沾巾。他睹物而伤神,低吟"人亡余故宅,空有荷花生。念此杳如梦,凄然伤我情。"

研究启示

贺知章的诗歌确实不错。据说在1992年,在香港的一次唐诗十佳评选中,《回乡偶书》被评为唐诗第十佳。在研究贺知章过程中,当然其研究的结果还不是重要的,最重要,最有意义的是在此研究的过程。以前我对报告一点也不知道,而现在我学会了如何研究考察,学会了如何写报告,学会了如何解决问题,还有最最让我记忆尤深的是团队精神的重要性。

而贺知章的故迹、文献作为一种文化遗产,它的保护已经刻不容缓,应当通过法规来确立其地位,又要通过开发来使贺知章文化产生新的发展功能。

附录

解答:"二月春风"为什么似剪刀?

在这首诗里,最精彩的是后两句。"不知细叶谁裁出,二月春风似剪刀"。而其中将"二月春风"比喻成"剪刀"用得很巧妙,也很艺术。但矛盾在于,本来,春风是柔和的,温暖的,一般说,不大好用剪刀来形容。可汉语的潜在特点便在这里起了作用,前面是"不知细叶谁裁出",有个"裁"字,后面"剪"字联想起来才不突兀,很现成。

这是诗人的锦心绣口,对于汉语的潜在功能勇敢的探索和天才的发现。而这种发现,不仅仅表现了大自然的美,而且更动人的是,诗人对于大自然的美的惊叹。

贺知章书法研究报告

研究小组人员:金飞阳,范航飞,张家宝

调查研究方法:上网查阅,去图书馆查资料

贺知章的诗歌写得很棒,他的书法更是传世珍宝。

贺知章是唐代著名的书法家,《唐书》中记载说贺知章"善草隶书,好事者供其翰,每只不过数十字,共传宝之。""善草隶,好事者具笔研之,意有所医,不复拒,然纸才数十字,也传以为宝。"由此可见贺先生的书法可

知章书院:普通高中人文教育的新载体 ▲■

242

真是一绝。而《述书赋》称贺知章的草书："落笔精绝,芳华寡著,如春林之徇采,实一望而写就。"更是将其超脱凡俗的书法技艺惊为天人。以狂草著称的书法家张旭都要总看攻读贺知章的书法作品,更说明了贺知章的高超成就。

资料显示,贺知章的书法原作有《孝经》《洛神赋》《胡桃帖》《上日》《千文》等十二件。但是由于时间的推移,贺知章的书法真迹保存下来的不多,他手书的草书《孝经》还被保留了下来。我曾经从老师那儿借来《孝经》拓本看过,的确使人赏心悦目,通篇草书气势奔放,落笔精绝,笔法遒健,意境高远,人说"见字如见人",从贺知章的字迹中,我就可以认识到他的为人了吧!

除了他在纸上的书法作品,还有绍兴城东的宛委山飞来石上还保存着他手书的刻石《龙瑞官记》。刻石高0.76米,共144字,字体端庄俊秀,酣畅淋漓,也显得十分珍贵。从《龙瑞官记》可以看出贺知章不仅擅长草书,也擅长楷书。

贺知章的书法曾得到很多古人的赞颂,像李白,权德舆,连刘禹锡见到他的字,都感慨自己与贺老生不同时!他还为其作了一首《洛中寺北楼见贺监书题诗》,毛泽东主席也赞颂他的功绩。

贺知章孝文化研究报告

研究人员:汪永梁、陈洁、钟淑敏、陆丹、茅颖、赵燕

研究对象:主要是贺知章孝的典范

研究目的:通过此次研究,让我们崇尚孝,社会都充满孝的气息

研究过程:我们先在网上找一些关于贺知章的知识,其后我们对笋婆桥及其附近居民进行了察访,我们也在校园图书馆的萧山图书馆进行资料搜集,其后我们听有关贺知章的报告,最后的环节我们就差开展了一系列的活动,"为父母洗一次脚""给父母写一封信"

研究成果:

1.笋婆桥的由来

这里有一个美丽的笋婆桥传说。贺知章母亲得了瘴病,疯癫在床上。

贺知章知道母亲在家无聊,就经常挑着母亲去宿山。他一边看书,一边挑着上山。前筐放着母亲,后筐放着书。那时贺知章挑着母亲去宿山,必经一座竹桥,因为时代的缘故,那时的桥由几根毛竹搭建,母亲坐在箩筐里,摇摇晃晃,往下看,不免有些害怕,贺母就对知章说:"儿啊,以后要是有钱了,一定要为百姓建一座石桥。"后来,贺知章衣锦还乡,到萧山停留一个多月,为百姓建桥铺路,为了纪念其母亲,将桥取名"箩婆桥",意为箩筐里的母亲。

2. 早年的贺知章

早年的贺知章,7岁父亲就死了,母亲含辛茹苦抚养他,也许是母亲的教导,幼年的贺知章特别懂事,经常帮母亲干一些地里活。不久,母亲因劳累过度,得了瘅病,不能行路,家里的重担都落在贺知章肩上,在干完地里活后,还要照顾母亲给母亲洗脚、做饭、洗衣等。

3. 贺知章对现今的影响

我们开展的一系列活动颇有成效,在贺知章故居调查,那里的中老年人的生活,幸福指数,都比较高。但大部分之外,也存在许多问题,生活在"孝顺"村里,竟会有不孝顺的问题? 回来后,我们就此问题开展"为父母洗一次脚""给父母写一封信"活动。

研究启示:

1. 在研究贺知章过程中,从我个人而谈,我由对贺知章的不了解,逐步开始了了解,知道了关于贺知章的生平事迹,有他的文章,有他的旅途,有他的年表,有他的孝顺,等等。

2. 其研究的结果还不是重要的,最重要,最有意义的是在此研究的过程。以前我对报告一点也不知道,而现在我学会了如何研究考察,学会了如何写报告,学会了如何解决问题,还有最最让我记忆犹深的是团队精神的重要性。

3. 贺知章的故迹,文献作为一种文化遗产,它的保护已经刻不容缓,应当通过法规来确立其地位,又要通过开发来使贺知章文化产生新的发展功能。

知章书院:普通高中人文教育的新载体 ▲ ■

（二）知章讲堂·睿思

1.四名堂：名家堂、名师堂、名生堂、名家长堂

（1）名家堂

表7-1　名家堂

课程名称	知章讲堂
课程概述及目标	知章讲堂之名家堂是萧山十一中面向学生开设的人文讲堂，邀请国内名作家以及名师、特级教师来学校做讲座。目的是提高学生的人文素质和内心修养，培养积极向上的人生观。主要涵盖了书香悦读、艺术与人生、生涯规划等内容。希望通过聆听名家的精彩演讲，培养学生优秀的素养。
课程目录	第一节：阅读的力量——做一个精神明亮的人（王开岭） 第二节：艺术与人生（马志全） 第三节：长大后，我们怎么样读童话（徐静静） 第四节：源远者流长 根深者枝茂（莫银火） 第五节：生涯只可发展，学业可以规划（程益明）
课程计划	每学期一到两期

①王开岭

知章书院王开岭讲座活动方案

"名家校园行"活动由区委宣传部、区教育局、区新华书店等十家单位联合发起。为推动我校学生课外阅读活动，全面构建和谐校园，提升校园阅读氛围，营造书香世界，帮助学生们提高作文和阅读技巧，11月15日，"暑假读好书"活动组委会将邀请著名作家王开岭来我校现场讲座，让师生与大作家零距离接触，为同学们提供开启阅读之门的钥匙。

主讲人介绍：

王开岭，著名作家，资深媒体人，历任中央电视台新闻频道和综合频道节目指导、《社会记录》《24小时》《看见》节目主编，参与《感动中国》等大型节目撰稿。他带给读者"清洁的思想、诗性的文字、纯美的灵魂"，其作

品被广大校园师生荐为【精神启蒙书】和【美文鉴赏书】。

讲座主题:阅读的力量——做一个精神明亮的人

讲座安排:11月15日下午13:15-14:45　　名家讲座、互动交流

　　　　　　 14:45-15:30　　签名售书

作品推荐:

希望同学们能够认真阅读,准备在讲座上提出自己的见解与问题。讲座后作家与同学签名交流。

表7-2　作家推荐阅读书单

出版社	书名	定价
山西教育	亲爱的灯光(中学生典藏版增订本)/王开岭作品	22
山西教育	每个故乡都在消逝(中学生典藏版增订本)/王开岭作品	23
山西教育	当她十八岁的时候(中学生典藏版增订本)/王开岭作品	23

以上作品多次入选杭州市"暑假/寒假读好书"征文活动推荐书目

书香浸润校园　　名家助力悦读
——萧山十一中邀请著名作家王开岭来校讲座

2017年11月15日,萧山十一中知章书院邀请著名作家王开岭进行了"阅读的力量——做精神明亮的人"的学生讲座。讲座由萧山十一中知章书院阅读中心主任陈佳楠老师主持。

图7-4　作家王开岭讲座现场

清秀儒雅的王开岭老师步入十一中报告厅时,同学们都报以热烈的掌声,激动的心情溢于言表。作为著名作家和资深媒体人,王开岭老师历任中央电视台新闻频道和综合频道节目指导、参与《感动中国》等大型节目撰稿。他的作品《当她十八岁的时候》《亲爱的灯光》《每个故乡都在消逝》等被广大师生荐为"精神启蒙书"和"美文鉴赏书"。

讲座伊始,王开岭老师幽默风趣地和大家聊起了北京的雾霾天气,赢得了学生的认同感、吸引了学生的注意力。随后,他以反日游行中的国人行为等为切入点,由表及里地剖析其中所折射出的人的道德、审美、心理健康等深层次因素。希望同学们在一个雾霾的时代,做一个精神明亮的人。

王老师向同学们推荐纸质书籍的阅读,当阅读一本纸质书的时候,本身就是一件仪式感很强的事。就像喝茶和喝易拉罐饮料的区别一样,易拉罐饮料是用来解渴的,而喝茶就是一件很有仪式感的事情,它会让人的气质和容貌得到改变。在谈到阅读书籍的选择时,王开岭认为阅读不仅仅是为了让自己增长知识,更是培育价值观、人生观和信仰的重要过程。"能兼具语言性、美学和价值观三个系统的书,就是有价值、能滋养人的书。"王开岭建议大家多阅读有正确价值观的书。因为很多常识,很多价值观,需要在学生时期去积淀。

互动交流环节,王开岭老师幽默的回答、洒脱的姿态,评论时的引经据典、游刃有余,深深折服了在场师生,赢得了同学们的阵阵掌声。

我校在"经典厚基、书香致远"的阅读文化引领下,致力于构建书香校园,培养学生良好的阅读习惯和正确的阅读方法,提升学生的人文素养,达到"以文化人、以文育人"的阅读目标。王开岭老师的讲座让学生收获了一份丰厚的精神财富,满载而归。

杭州市萧山区第十一高级中学

2017年11月15日

②马志全

知章书院马志全讲座活动方案

修饰人生的永远是艺术,艺术是提升自我的稳步基石。毫不夸张地说,艺术对人格的完善尤为重要。人类在追求真善美的道路上表现出来的意志品质、信念、情感深深地影响着我们,毫无疑问艺术雕铸了我们的灵魂。为提升学生的艺术修养,从艺术作品中、艺术家的故事中有更深的体会,完善人格,知章书院将邀请知名艺术家马志全老师来校开展主题讲座。

主办方:知章书院

主讲人介绍:

马志全,山西晋城人,中国美院油画系第二工作室研究生毕业,获艺术硕士学位

浙江省美术家协会会员、浙江省油画家协会会员、浙江省书法家协会会员、浙江经济职业技术学院教师、浙江省艺术品行业协会〈浙江艺市〉执行主编、浙江玉文化研究会〈浙江玉文化〉责任编辑、浙江省艺术品产业发展研究中心成员、浙江青年书法家协会诗词楹联委员

作品收藏:浙江美术馆、齐鲁美术馆、半岛美术馆、西湖艺博会等

油画作品参展:

2018年　新时代 新浙江——浙江油画作品展(台州美术馆)

2018年　岁朝宓穆——迎春小幅美术作品展(浙江美术馆)

2017年　"禹迹新图——浙江基层采风创作展"(浙江美术馆)

2017年　"浙水千秋——最美杭州油画展"(杭州画院)

2017年　"绿水青山——浙江山地油画写生大展"(浙江自然博物馆)

2017年　浙水千秋最美杭州——秀水千岛湖油画展(淳安美术馆)

2016年　家园——南方油画家邀请展(威海半岛美术馆)

2016年　"最忆是杭州——喜迎 G20 美术作品展"(杭州画院)

2016年　"艺心常游——浙江省小幅油画展"(丽水美术馆)

2016年　"不负丹青——中国南方油画家邀请展"(齐鲁美术馆)

2015年　"融合·拓展"——浙江省油画作品展(宁波美术馆)

2015年　"融聚"油画邀请展(禹廷艺术馆)

2015年　"自在之境"油画邀请展(浙江自然博物馆)

2014年　"一河串百艺"首届国际青年艺术家提名展(中国扇博物馆)

2014年　"山野的风——马志全油画作品展"(杭州和平国际会展中心)

2014年　"同心塑美——浙江省第十三届美展"(浙江美术馆)

2014年　中国美院油画系毕业展(中国美院美术馆)

2013年　文化部主办的义乌文博会"且歌且行——当代油画展"(浙江义乌)

2013年　"边界"油画邀请展(杭州和平国际会展中心)

2012年　"融聚"油画邀请展(杭州和平国际会展中心)

2012年　长三角油画邀请展　杭州

讲座主题:《艺术与人生》

讲座对象:高一、高二全体学生

讲座地点:科技楼电子报告厅

讲座时间:9月24日(高二):下午3:20—4:50

9月25日(高一):下午3:20—4:50

讲座要求:1.下午3:15前组织学生按时到场;

2.注意会场纪律,不得大声喧哗、不得随意进出;

3.做好讲座笔记;

4.结束后有秩序退场。

知章书院

2018年9月18日

由心而发　随心而向
——知章大讲堂马志全老师讲座

9月25日,萧山十一中知章书院邀请了浙江省美术家协会会员、浙江省油画家协会会员、浙江省书法家协会会员、浙江青年书法家协会诗词楹联委员马志全老师来我校讲学。

马老师在艺术研究方面有很深的造诣,为我校高一学生开设了《艺术与人生》的讲座。马老师从我校的地域文化名人贺知章讲起，以大家所熟知的诗词《咏柳》作为引言，引经据典，开场厚重，语言幽默，一下就吸引了听讲的师生。之后马老师以一幅幅的名画作为载体，讲述了几位艺术家成长路上的经典故事，同学们报以热烈的掌声，同时也陷入了深深的沉思。马老师学识渊博、思想深邃，讲座时旁征博引、挥洒自如，启发同学们做人做事要由心而发，做真正有意义的事。同学们全神贯注、如痴如醉，经久不停的掌声是对马老师的感谢，同时也折射出马老师的讲座对大家内心的触动。

常言道：旁听一句戏言，立志改变人生。相信我校高一的同学们一定能从马老师的讲座中得到启发，以艺术来塑造人生、积淀内涵、完善自我。

图7-5　艺术家马志全老师讲座现场

③徐静静

知章书院徐静静讲座活动方案

童话的阅读是很美妙的一种体验，它帮助我们聆听内心深处的声音。哈佛的幸福课上说，幸福是跟从内心深处的热情。优秀的童话故事总会引发读者思考，给读者以生命的哲思。有人说，童话是生命的不老泉。那么，童话是否只适合小学生，初中生、高中生甚至成年人是否还适合读童话呢？带着这样的疑问,知章书院将邀请浙江师范大学儿童文学方面研究方面的优秀学者徐静静老师来校开展主题讲座。

主办方:知章书院

讲座主题:《长大后,我们怎么样读童话》

讲座对象:高一、高二全体学生

讲座地点:科技楼电子报告厅

讲座时间:11月19日(高二):下午3:15—4:45

11月20日(高一):下午3:15—4:45

讲座要求:1.下午3:10前组织学生按时到场;

2.注意会场纪律,不得大声喧哗、不得随意进出;

3.做好讲座笔记;

4.结束后有秩序退场。

知章书院

2018年11月12日

童话:生命的不老泉
——知章大讲堂徐静静老师讲座

11月20日,萧山十一中知章书院邀请了浙江师范大学人文学院徐静静老师来校开设了《长大后,我们怎么读童话》的主题讲座。徐老师在儿童文学研究方面有很深的造诣,曾选评《任溶溶作品:岁月里的诗》,联合主编《中国儿童文学大系》,参与编选"新世纪儿童文学精选读本""二十一世纪新语文读本"等儿童文学选本,发表近百篇书评和导读文字。

徐老师首先做了现场微调查,从"你读过哪些童话? 作为高中生你是否还适合读童话? 你认为你的老师是否还适合读童话? 童话是否影响了或正在影响着你的人生观和价值观? 你现在还相信童话吗?"几个问题出发,与学生互动,现场气氛瞬间被调动起来。从对这些问题的回答和徐老师的引导中,同学们颠覆了自己过去认为童话只适合幼儿园小朋友和小学生的错误想法,对童话有了全新的认知。接着,徐老师引用了意大利著名文学家卡尔维诺的名言"所谓经典,初读时就像重温,重温时犹如初读"

引导同学们思考"长大后，我们怎样读童话？"徐老师学识渊博、思想深邃、旁征博引、挥洒自如，以一个又一个经典的童话故事作为载体，启发同学们在重读童话中体会到阅读童话故事的乐趣，体会到童话是对现实的缩影，体会到做人做事真谛。徐老师引经据典，语言生动，同学们全神贯注、如痴如醉，经久不停的掌声是对徐老师的感谢，同时也折射出徐老师的讲座对大家心灵的触动。

"你想长生不老吗？"读童话吧。优秀的童话故事总会引发读者思考，给读者以生命的哲思。"这个世界上没有一种泉水可以使人不老不死，但是有一种泉水可以让人永远保持年轻，这个泉水就是童话，就是儿童文学"。相信高一的同学们一定能从徐老师的讲座中更新认知、得到启发，更好地建构属于自己的故事并明白存的价值。

图7-6　浙师大徐静静老师讲座现场

④莫银火

知章书院莫银火讲座活动方案

中华文化源远流长，博大精深，特别是中华传统文化，它是民族生存和发展的精神纽带，要促进传统文化创造性转化、创新性发展。作为高中生应该深刻认识到中华文化的魅力,领略中华传统文化的味道。为此,知章书院将邀请浙江省特级教师、浙师大及杭师大硕士生导师、浙派名师研究员、杭州市高中语文名师基地负责人莫银火老师来校开展主题讲座。

主办方:知章书院

讲座主题:《源远者流长根深者枝茂》

讲座对象:高一全体学生

讲座地点:电子报告厅

讲座时间:11月27日(高一):下午14:20—4:45

讲座要求:1.组织学生按时到场;

2.注意会场纪律,不得大声喧哗、不得随意进出;

3.做好讲座笔记;

4.结束后有秩序退场。

知章书院

2019年11月26日

源远者流长　根深者枝茂
——省特级教师莫银火老师来校讲学

2019年11月27日,萧山十一中知章书院邀请浙江省特级教师、浙师大及杭师大硕士生导师、浙派名师研究员、杭州市高中语文名师基地负责人莫银火老师来校讲学。莫老师在传统文化研究上有很深的造诣,为我校教师和高一学生开设了《源远者流长　根深者枝茂》的人文讲座。

莫老师是杭州语文教学的名师,不仅在教科研方面颇有造诣,而且长期从事一线教学工作,对学情深有把握。本次讲座他结合高中学生文言文学习的实际情况,以网上有趣的中文四、六级考试的题目作为引子,一下就吸引了听讲的师生,同时也引发了大家深深地思考。接着莫老师从四方面娓娓道来、循序渐进。一、书院者何。莫老师从我校知章书院的"知章"二字说起,引经据典,"圣人淳耀,能兼二美,知微知章。自非圣人,莫能两遂。"接着带领我们走进各大书院,重新认识何为书院?理解它存在的价值。二、知所从来。莫老师选取了经典文言文带领在场师生一起学习。深入浅出的道理,幽默风趣语言让我们觉得文言文其实也没那么难。三、立足课堂。莫老师结合自己的课堂教学活动,选取经典课文和大家一起再次探讨,启发我们好文章需要学深学通,体会中华文化的味道。四、饱读诗书。莫老师向我们阐释阅读对于人的重要意义,阅读使我们变得丰富强大、变得更有智慧,阅读帮助我们发现前方……希望我校师生能爱上读书,走近书籍,走入文字。

莫老师思想深邃、学识渊博,讲座时旁征博引、幽默风趣、挥洒自如,师生们全神贯注、如痴如醉。经久不停的掌声是对莫老师的感谢,同时也折射出莫老师的讲座对大家内心的触动。相信我校师生一定会从本次讲座中得到启发,以思考来完善自我,以阅读来积淀内涵,以文化来塑造人生,感谢莫老师!

图7-7 特级教师莫银火讲座现场

⑤**程益明**

程益明校长,来我校之前,先后任萧山中学教务主任、萧山二中副校长,曾赴英国布莱顿大学和美国加州大学长滩分校研修。他始终怀有强烈的事业心和责任感,敬业勤勉、积极进取、开拓创新,凭着踏实的工作作风和出色的工作成绩,先后获得萧山区区功勋教师、萧山区名教师、萧山区高层次人才、杭州市教坛新秀等荣誉，并被聘为中国陶行知研究会学校文化研究专业委员会常务理事。

程校长在生涯教育方面有着深刻的思考和独到见解，在国内首先突出"生涯素养"理论，并应邀到国家教育行政学院、西藏那曲、湖北利川、贵州从江等地开设"生涯教育"专题讲座。

相信同学们在聆听了程校长的讲座后，会对生涯教育有一个全新的更为高位的认识，同时会对同学们的学业规划和人生规划提供帮助。

生涯只可发展，学业可以规划
——萧山区功勋教师程益明校长讲学

为了培养同学们的生涯素养意识，提升目标管理能力，2019年12月12日下午，在知章书院的组织下，萧山十一中高一年级全体同学齐聚电子报告厅，认真聆听了程益明校长的《高中生生涯素养的培养》专题讲座。

程校长在生涯教育方面有着深刻的思考和独到见解，在国内首先突出"生涯素养"理论，并应邀到国家教育行政学院、西藏那曲、湖北利川、贵州从江等地开设"生涯教育"专题讲座。

本次讲座面对的是高一学生，程校长准确把握学生的实际，首先，从让人担忧的现状、浙江新高考改革的需要、生涯发展是承载高中生实现理想的桥梁等方面详细阐述了高中生生涯探索发展的重要性，给大家带来了很多的启迪和震撼。接着，程校长从学涯、职涯、生涯的逻辑关系、生涯素养的发展与内涵等方面深度阐明了生涯及生涯素养的内涵，让同学们对生涯素养的有了一个全新的更为高位的认识。

整个讲座既通俗易懂又振聋发聩，同学们认真聆听，不愿错过一丝精彩的内容。讲座在全体学生阵阵掌声中结束了。本次讲座让同学们清醒地认识到，人生必须有目标、有规划、有体验、有探索、有选择；同时也给高一同学的学业规划和人生规划指明了方向，相信同学们会认真感悟、消化吸收，内化为今后的实际行动，找到更适合自己的人生轨迹，走向成功的彼岸。

图7-8　功勋教师程益明教师讲座现场

（2）名师堂

表7-3　名师堂

课程名称	知章讲堂
课程概述及目标	知章讲堂之名师堂是萧山十一中面向学生开设的人文讲堂，邀请学校里的名师、优秀教师做讲座。目的是提高学生的人文素质和内心修养，培养积极向上的人生观。主要涵盖了文学、历史、美学等内容。希望通过聆听老师们的精彩演讲，播撒下智慧的种子。
课程目录	第一节：与书为伴（华新珍） 第二节：《史记》的人生智慧（郑璇） 第三节：佛理中的世界观（张晋） 第四节：醉读书、最风流（陈佳楠） 第五节：阅读与作文（陈佳楠）
课程计划	每学期一到两期

爱上阅读，悦读生命

一、我们为什么读书

课外阅读，他有一种魔力，不显山不露水地赋予孩子超级的能量，一般从小有大量课外阅读的孩子，他的智力状态和学习能力就会更好。凡缺少阅读的孩子,学习能力一般表现出平淡。学生的智力发展取决于良好的阅读能力。个人的读书量,决定一个人的聪明度。大量读书,才能大气为文。一个不阅读的人是愚昧的,一个不阅读的家庭是无趣的,一个不阅读的民族是浅薄的。

(一)语文学习之困

阅读:不爱读、没书读、不会读、没时间读

作文:不爱写、不会写、没东西写

(二)突破阅读、轻松作文

《语文课程标准》规定,从课程标准的要求看阅读能力:

小学生阅读速度为300字/分钟。

初中生阅读速度为500字/分钟。

初中三年课外阅读总量260万字。

(三)一个人的精神发育史就是阅读史。

第一节:与书为伴

——向中学生发出读书倡议

书是人类进步的阶梯,书是人类智慧的结晶!

相传蜀汉大将关羽写的《诫子书》中有这样一句话:"读书好,好读书,读好书。"所谓读书好就是读书会给人们带来好处。书可以教我如何做人,书可以教我怎样在平凡的生活中,懂得人生的哲理。在书的海洋里,我可以尽情地飞翔,书给我带来无限的知识和力量。一本有哲理的书,如同一位有丰富知识的老师,让我受益良多,从书中我学会了坚强,懂得了宽容和忍让,更学会了独立自主。而好读书就是启发我以读书为乐趣,书可以使我在那无边无际的海洋里遨游,在书中,我就如同是一只小蜜蜂,采集着智慧的花蜜,吮吸着点点滴滴的道理,然后带着智慧的花粉,在世界的每一个角落飞翔,小树为我祝福,清风与我为伴,我可以把这些智慧分给每一个爱书并渴求知识的人,书带给了我许多自由与欢乐。

然而读好书就是说读书要有选择,读有益的书。书籍可以带给我一种体会,一种情操,一种向全世界古往今来的伟人和名人求教的方法;一张迈进科学宫殿和未知世界的入场券；一股改造自己、丰富自己的强大力量。书籍是全人类有史以来共同创造的财富，是永不枯竭的智慧的泉源。读书，总是先苦后甜，只要肯于滴下耕耘的汗水，总会得到丰硕的收获。

一个学习型的民族，才是一个不老的民族；

一个爱读书的传人，方能将龙的血脉相承！

我们祈望看到人人用最静心的阅读，来填实自己比天空更广阔的心灵；

我们祈望看到人人都能坐拥一壁藏书，上至天文地理，下至草木虫鱼，大至立身处世，小至人情物理，情的萌动，语的呢喃，灵的呼唤，尽在其中；

我们祈望看到人人阅读经典，阅读思想，阅读文化，阅读精神……

真知总在书中，忽微忽著；

精神永存行间，时隐时现。

——阅读，让贫乏和平庸远离我们！

——阅读，让博学和睿智拯救我们！

——阅读，让历史和时间记住我们！

阅读是语文之根，阅读是学习之母，阅读是教育之本。让我们从现在开始，制订自己的读书计划。

阅读要求：要有恰当的圈划批注。

理解文章大意。要求学生"不动笔墨不读书"，可以在书上勾画，可以选择精彩片段写到读书笔记本上。

二、我们的认识

（一）从考试成绩看阅读能力

苏联哈尔科夫师范学院统计发现：在阅读速度快的学生中，学习成绩优良的占53%，而在阅读速度慢的学生中，学习成绩优良的还不到4%。许多学生由于阅读速度慢、阅读量少直接妨碍他们对问题的深入分析和深入思考，从而影响学习成绩。

专家认为，成绩不好有许多原因，但学习好的学生有一个共性，那就是博览群书。

三、中小学生阅读现状

据一份抽样调查统计,有70%的小学五六年级的学生没有读过一篇文学名著,80%以上的大学生没有读过中国古典四大名著。

阅读的匮乏、视野的狭小、经历的单调,想象力的干涸,成为许多学生难以短期弥补的缺陷。

一个人的知识的多少,很大程度上取决于阅读量的大小。很难想象一个读书很少,语言贫乏、思维狭窄的人,会成为21世纪需要的创造者。

中小学生存在的问题:

1.阅读速度慢

2.理解能力差

3.阅读兴趣不浓

4.不喜欢背诵课文

5.注意力不太集中

6.没有每天读书的良好习惯

中小学生阅读现状调查显示,阅读速度不快,阅读效率不高,阅读总量不足。90%以上的学生达不到课程标准的要求。阅读兴趣不浓,缺少阅读时间,不良阅读习惯。不爱读、没时间读、更重要的是不会读。原因多种多样,表现在语文课上,主要是缺少阅读能力系统训练,致使阅读能力形成缓慢。

四、什么是高效阅读

高效阅读是快速高效获取信息、处理信息的一种能力。

高效阅读能力培养在语文教学中应该处于重要地位,因为阅读能力是学习能力的核心,是语文学科基础地位的重要体现,但在实际语文教学中却被忽视了。

高效阅读能力是现代人必备的生存能力

高中生阅读目标:

1.养成默读习惯,有一定的速度,阅读一般的现代文每分钟不少于500字。

2.能较熟练地运用略读和浏览的方法,扩大阅读范围,拓展自己的视野。

3.在通读课文的基础上,理清思路,理解主要内容。

4.欣赏文学作品,能有自己的情感体验,初步领悟作品的内涵,从中获得对自然、社会、人生的有益启示。品味作品中富于表现力的语言。

5.学会制订自己的阅读计划,广泛阅读各种类型的读物,课外阅读总量不少于60万字,每学年阅读两三部名著。

我们的认识:从考试需要看阅读能力。

现在各科的试题文字性描述越来越长,要求学生综合运用多学科知识和能力的试题越来越多,既考验考生的阅读速度,又考查考生课外知识的阅读量和解决问题的综合能力。

中高考语文试卷考查阅读理解、分析综合和评价鉴赏能力,而现代文阅读中不考教材内容。

家庭藏书量和学习成绩成正比

高效阅读法解决的问题

达标:阅读速度、阅读效率和阅读总量

备考:掌握阅读规律,提高考试成绩

提高语文素养:大量阅读,增强文化底蕴

培养学习兴趣:没有特长和成就就难有兴趣

提高学习能力:培养语文自学能力,并迁移到其他学科,为终身学习打下坚实基础。

促进全面发展:"劳于读书、逸于作文",能读会写,养成良好的读书和写作习惯。

五、传授方法

记叙文高效阅读程序

阅读的过程是通过文本

超越时空与作者对话

我们在阅读时不能一目十行,而应细细地品味、反复地揣摩。最好能够带有感情色彩地大声朗读,因为许多东西,只有旁若无人地大声朗读,方能读出其感情与韵味,领悟到文章的丰富内涵,体味到其韵外之致,得到言有尽而意无穷的美感。"熟读唐诗三百首,不会作诗也会吟",说的正是这个道理。在读中领悟时文的乐趣与魅力,必要时还可以在旁边做些小批注,写点小感受。以达到精读的目的。

深悟其神

对于一篇精美文章,我们一定要深入理解与感悟。悟出作者的写作意图,悟出文章的内涵与哲理。其实悟的过程就是大家阅读理解的一个过程,就是咀嚼语言的过程。阅读时最好能在每篇文章后写一个小感悟,可多可少,持之以恒定有收获。

巧借写法

在大量阅读理解与积累的基础上,写作就不会是"巧妇难为无米之炊"了。精美时文大多是借用一个经典小故事来引出话题与立意,或者巧取生活中的细节来描绘与抒情,于细微处见精神。我们完全可以借鉴这种以小见大的写法与思路,因为生活中许多东西,只要留心,都可以入文。时文中的经典故事或引用的诗文,我们也可以拿来作为写作的例证,从而充实我们的写作内容,提高作文的文化底蕴与思想内涵。

与大家共勉

让社会充满书香,让自己健康成长!

华新珍

2017.5.3

第二节:《史记》的人生智慧

今天,我给大家讲的题目就是——《史记》的人生智慧。《史记》是中国最伟大的一部历史著作,他是作者是西汉著名史学家司马迁。

《史记》中的人生智慧很多,由于时间关系,我选择其中一个典型给大家讲讲。

人生要想成就大功、建立伟业需要具备"四行":

哪四行呢?

首先,你自己得行!

其次,得有人说你行!

再次,说你行的人也得行!

最后,你自己的身体得行!

秦始皇的父亲就是一个很好的例子!

秦始皇的父亲叫子楚,子楚是秦国的公子。什么是公子啊,就是诸多王子中的一个,有机会成为太子,但不是太子。秦始皇的祖父安国君有二十多个儿子,而秦始皇的父亲排行中间,被立为太子、继承王位的可能很小。

子楚的母亲叫夏姬,也就是秦始皇的祖母,不受秦始皇祖父安国君的宠爱,安国君最宠爱的是华阳夫人,中国有一个传统,一个王子在未被立为太子时是"子以母贵",等到立为太子的时候,就是"母以子贵"。子楚母亲夏姬不受宠爱,他自然也就不惹父亲安国君的喜欢。

战国的时候战争频繁,为了防止相互攻伐,许多国家签订盟约,有的时候盟约就是一纸空文,所以就有相互派遣公子做人质的事情。做人质的生活大家可以想象。被派出去的公子自然都是不受国君喜欢的。当时秦国和赵国经常发生战争,两国也互派人质。秦始皇的父亲子楚不受父亲安国君的喜欢就被派到赵国做人质。

子楚在赵国做人质,在严密的监视之下,可以说每天都担惊受怕,生怕秦国和赵国发生战争,当时秦国强大,赵国相对弱小,一发生战争多半是秦国打败赵国,赵国打了败仗就回去拿在赵国做人质的子楚撒气,甚至要杀掉子楚。但是就是这位随时有可能被杀掉的人质,后来却登上上秦国的王位! 这是为什么呢? 这还得从一个人说起。这个人就是吕不韦!

吕不韦是富甲天下的大商人,做生意来到赵国,听说秦国公子子楚正在赵国做人质,认为"奇货可居"。他怎么想的呢? 做生意不过赚取大笔金银,如果我设法让这位秦国公子回国并立为太子,将来他了继承王位,我岂不是大功一件,想要什么有什么吗?

吕不韦就主动拿钱去结交了秦始皇的父亲子楚,派人用重金到秦国买通华阳夫人。华阳夫人没有儿子,说客对她说:"你现在年轻貌美,受到太子的宠爱,将来老了,自然会被冷落。想要不被冷落,就得立自己的儿子为太子,将来继承王位。"可是华阳夫人自己不能生育,说客就劝她说:"公子子楚啊,现在在赵国天天都在思念太子和夫人您,他仁德慈爱,自己的母亲不受宠爱,自己在太子诸多儿子中也排行中间,不能被立为太子,他想依附夫人您,夫人如果说服太子立他为太子,等你老了就不愁没有依靠了!"华阳夫人觉得有道理,就在安国君面前替子楚说好话。在赵国这边,吕不韦花钱买通监视子楚的赵国士兵,他们偷偷回到秦国。

过了不久,做了56年国君的秦始皇曾祖父秦昭王去世,太子安国君,也就是秦始皇的祖父即位成为新一代秦王。就是秦国历史上的秦孝文王。

秦始皇的祖父秦孝文王当了国君,他立华阳夫人为王后,立秦始皇的父亲子楚为太子。可惜的是,秦始皇的祖父秦孝文王仅仅做了3天国君就死了。为什么呢?年龄大,加上悲伤过度!秦孝文王被立为太子的时候已经年龄很大了,他做了14年太子。

咱们刚才说了,秦始皇的曾祖父当了56年国君,他太能活了,两个儿子,一个没等到即位就死了,一个仅仅即位三天就死了,都是被他熬死的!

秦始皇的祖父秦孝文王死了,秦始皇的父亲,这时候已经是太子的子楚即位。就是秦庄襄王。仅仅过了三年,秦庄襄王也死了。于是,太子嬴政即位,成为秦王。这个嬴政就是后来扫灭六国、一统海内的千古一帝秦始皇!

通过秦始皇父亲的例子,咱们分析一下我上面说的四个行!

首先,秦始皇的父亲是秦国的公子,是公子就有继承王位的可能性。这是他自己行!

其次、得有人说你行。秦始皇的父亲有人说他行吗?有!吕不韦!

第三,说你行的人也得行。吕不韦说秦始皇的父亲行,吕不韦行不行啊!也行,他是富甲天下的大商人。如果吕不韦不行,而是一般的平头百姓,他说秦始皇的父亲子楚行,又有什么用呢?他能把秦始皇的父亲立为太子,继承王位吗?显然不能。所以,说你行的人也得行!

最后,你自己身体得行!身体是革命的本钱,身体是做一切事情的本钱。人都死了,灰飞烟灭,还能干什么?秦始皇的曾祖父身体好,太能活了,做了56年的国君,再看秦始皇的祖父和父亲就不行了,秦始皇的祖父仅仅做了3天国君,宝座还没热乎就挂了;秦始皇的父亲好点儿,但也只做了3年国君。可见,干一番事业,一个人的身体得行! 学习也是这样,同学们要注意锻炼身体,学校安排的眼睛保健操等活动要积极做好,有一个健康、强壮的身体才好学习、生长,将来干大事业! 生要想成就大功、建立伟业不注意这"四行"是不行的!

好,我的讲话到此结束,谢谢大家!

郑璇

2018.2.28

第三节:佛理中的世界观

一、人生之乐

外乐:色欲、声欲、味欲、触欲或财欲、色欲、名欲、食欲、睡欲等五欲

内乐:精神上所产生的快乐

二、人生之苦

无常故苦

时间上的生、住、异、灭

物质上的成、住、坏、空

生命上的生、老、病、死

无明、爱欲是导致苦的最大原因

三、苦乐中道

感官享乐

寄情文学创作

苦行折磨肉体

怀才不遇,愤世嫉俗

离欲

《维摩诘所说经》经旨在阐说维摩诘所证之不可思议解脱法门,故又称《不可思议解脱经》。本经的中心人物维摩诘为昆耶离国的大乘居士,他称病在家,欲令佛派遣诸比丘、菩萨来看望他。他借此机会与佛派来问

病的文殊师利等菩萨和比丘反复论说佛法，因成此经。维摩诘认为，解脱不一定出家，只要在主观上修养，则虽有资生而实无所贪，虽有妻妾而远离五欲。此经宣扬大乘佛教应世人俗的观点，主张不离世间生活，发现佛法所在，提倡"人不二法门"，主张世间与出世间、生死与涅槃、有相与无相、有知与无知等一切分别平等不二，由此不二法门，可得无生法忍，远离一切烦恼妄想，进入涅槃境界。

四、五趣流转

三界无安，犹如火宅，众苦充满，甚可怖畏

五趣：地狱、饿鬼、畜生、人、天

六道说：

三善道：天、人、阿修罗

三恶道：地狱、饿鬼、畜生

（一）天道

譬如一室，燃五百灯，光明不相逼迫，诸天手中置五百天，亦复如是，不窄不妨

第三禅遍净天，六十人坐一针头而听法，不相妨碍

在释迦如来在世时，他有一个弟子叫舍利弗，佛教中著名的《般若心经》便是为他而说的一部经文教法。这个舍利弗是一位德高望重的比丘，他有一位弟子叫海生。海生是一位在家居士，其职业为医师，而且医术十分高明，受着众人的敬重。在海生出入时，由于其高贵地位，通常都骑象而出行。有一次，海生在半路上遇到其师父舍利弗。由于他十分敬重自己的上师，他竟然不顾仪态连跌带滚地由象背直接扑倒地面上向师父顶礼。所以，这个海生医师，可说是一个敬师的模范。海生在一生中作善甚多，但却死在其师舍利弗在生时。在死后，海生因其善业力而生于天界中。他的前生老师舍利弗，以神通升至天界，意欲为他说法教学。在见到前生为海生医师的天男时，舍利弗正欲趋前向他说法开示，但这个天男只向舍利弗扬了一下手示意，便马上继续玩乐去了。

这并非因为天男不记得舍利弗。相反地，由于其业力，天男能清楚记忆其前生的事，却因天界之乐实在诱惑太大了，以致他只能在一刹那间扬

265

手向极为敬重的老师打招呼,便又迷失于极度的享乐之中。这个情况,就有点儿像我们在观看极为精彩的电视节目时,亲友来往我们亦只会略为应酬一下的情形。我们仔细想一想,一位本来至为敬师的人,在天界中仍然抵不住诱惑,何况是我们呢? 由此可见,天界虽为六道中福报最大的一道,但却并非修持佛法的一个有利地点。正由于此原因,我们求生于净土中,而不求生于天界享乐。

(二)人道

人:止息,通"忍"

环境:娑婆世界

出生卑贱:骄慢放逸,不礼敬三宝

出生富贵:结缘广施、柔和谦恭、礼敬三宝

优点(胜于天):

勇猛、忆念、梵行

人生是成佛的先导

(三)修罗道

生因:嗔、慢、疑

卵生:若于鬼道中以护法之力,乘小神通入空中

胎生:若于天道中因降德遭贬坠,人趣

湿生:有部分较下劣的阿修罗,生起大孩子心,畜生趣

化生:势力大而无畏,能与梵王、帝释天、四天王争权,天趣

(四)饿鬼道

饿鬼:常饥虚,故谓之饿;恐怯多畏,故谓之鬼

外障:此种饿鬼常受饥渴,因此皮肉血脉枯槁,发乱面黑,唇口干焦,常以舌自舐口面,四处驰走求食,但是由于业力的缘故,所见到的泉池都变成脓血而不能饮食。

内障:此种饿鬼喉咙如针,口如炬,肚子大如鼓,纵得饮食,也不能啖饮。

无障:此种饿鬼在饮食方面没有障碍,但是他所饮啖的东西,由于业力所感,都燃烧变成火炭,因此也要受饥渴大苦。

业因:1.身行轻恶业 2.口行轻恶业 3.意行轻恶业 4.起于多贪 5.起于恶贪 6.嫉妒 7.邪见 8.爱着资生即便命终 9.因饥而亡 10.枯竭而死

(五)地狱道

地狱:地狱是欲界中最为下劣的一道。地,底的意思,万物之中,地在最下,因此名为底;狱,局的意思,地狱众生受到拘局不得自在,因此名为地狱。地狱又名无有,在地狱中,没有义利,因此名为无有。

招感无间地狱痛苦的业因是:

1.不孝父母,或杀害父母。

2.出佛身血,毁谤三宝,不尊敬经教。

3.侵损常住,玷污僧尼,或者伽蓝内恣行淫欲,或杀害僧伽。

4.伪作沙门,破用常住,欺诳白衣,违背戒律。

5.偷窃常住财物,乃至一物不与取者。

【四有】因果不亡曰有。谓众生作业感果。果必由因。因果相酬。则有生死。既有生死。必有色身。既有色身。必经中阴。轮转不息。则成四有。(中阴者。谓人初死之后。未会托生。故名中阴。)一生有谓从中阴来托母胎。一念识心相续。五蕴由此生起。是名生有。(五蕴者。色蕴,受蕴,想蕴,行蕴,识蕴也。)二本有谓已生之后。未死之前。于其中间所有五蕴色身。是业报之本。是名本有。三死有谓本有之后。中有之前。五蕴业果色身。时坏灭。是名死有。四中有即中阴也。谓已死之后。未生之前。于其中间识未托胎。是名中有。——[出宗镜录]

死有:人依于前世起造的惑业之力,招感现世果之际,其于前世临终之一刹那,称为死有。

中有:指死有与生有中间所受之身。又作中阴,据俱舍论卷九载,其体由极微细之物质构成,身形与其所趣本有之形状相似,欲界中有之形量,如五六岁小儿,然诸根明利;色界中有之形量,则圆满如本有。且欲界中有以香为食,中阴身无出无入,譬如燃灯,生灭相续,不常不断。

——《大智度(仑)卷十二云》

中有受生的条件:

1.父母前世欠子女的债

267

2.子女前世欠父母的债

3.前世所结善缘或恶缘

俗语云:夫妻是缘,善缘恶缘,无缘不合;子女是债,讨债还债,有债方来。"若父母尊贵有大福德,中阴卑贱,或中阴尊贵有大福德,父母卑贱,或俱福德无相感业,若如是者,亦不受胎"。

生有:系生缘成熟,脱离中有而托生于母胎之初刹那。

本有:系生有以后渐渐长大,由出离母胎而婴孩、童子、少年、壮年、老年,以至寿命将尽,接近死有之全部生命过程。

张 晋
2018.3.9

第四节:醉读书、最风流

第九次全国国民阅读调查统计数据显示,国民人均每年阅读图书4到5本。不妨与周边国家做一对比,以色列60本、日本40本、韩国12本、法国20本。于是,多多开展读书活动成为全社会共同关注的事情。

作家冰心说过,读书好,读好书,好读书。大家好好来研究这句话的三个方面。

一、读书好,回答了为什么要读书的问题

1.读书可以增长我们的知识

中国古代有许多有识之士、杰出人物就是凭着大量的阅读与深入研究,练就了"秀才不出门,便知天下事"的本领。我们来猜猜一个人,他是谁?

上知天文,下知地理,中晓人和;明阴阳,懂八卦;晓奇门,知遁甲。运筹帷幄之中,决胜千里之外。笑傲风月,未出茅庐便知三分天下。

他是诸葛亮,可以说他是一本活的百科全书。

2.读书时我们学习语言的重要途径

有良好的读书习惯,有一定的阅读积累的孩子,大多具有出色的表达能力,写作能力。正所谓"读书破万卷,下笔如有神"。我们来看一篇自我介绍,猜猜作者年龄几岁?

我好像半人半鬼算个作家了。当大家拜读我的大作时,切不要想象我长什么样子,人家会不好意思的啦。现在我经常把裤子穿反成了我们学校独特的风景线,深秋了还穿了一双凉鞋滴答滴答地跑,头发嚓拉嚓拉地撒了一脸,披得像个女巫。别看我在学校里是"往来无鸿儒,谈笑有白丁"。但我一回家就判若两人,最不愿意做的一件事就是出门,每当爸爸妈妈让我上街,或者当"三陪"——陪吃饭,陪聊天,陪恭维时,我就求爷爷告奶奶哭爹喊娘大喊大闹表示我心中的愤怒。

她叫蒋方舟,当时小学三年级。大家有没有惊讶于她的写作语言,够幽默风趣,甚至泼辣的?这就是大量读书读来的结果,而且字里行间充满了自信与快乐。

有的同学认为功课紧,少看闲书为妙。其实,新一轮课程改革的形势下,越到高年级,不读课外书就越显出它的害处来。仅靠学课本,特别是语文,是不可能完全应付越来越开放的考题了。

3.读书是民族复兴的坚实基础

让我们来看看世界上读书最多的犹太民族的成就。

全美200名最有影响的名人中,犹太人占一半;全美100多名诺贝尔奖得主,犹太人占一半;全美名牌大学教授,犹太人占三分之一;全美律师中,犹太人占四分之一;全美文学、戏剧、音乐的一流作家,犹太人占60%;全球最有钱的企业家,犹太人占一半;美国的百万富翁中,犹太人占三分之一……

这是典型的"智慧装在脑袋里,金钱装在口袋里"的例子。

一个不读书的人是没有前途的,一个不读书的民族是没有希望的民族。

二、读好书,什么样的书是好书呢?应该读什么样的书呢?

1.读经典名著。如世界名著,中国的古典名著等。

2.读畅销、知名的书。如韩寒的《三重门》、郭敬明的《小时代》、莫言的《红高粱》等。

3.读自己感兴趣的书。根据自己喜欢的方向,选读历史书、传记书、悬疑书、科幻书等。

4.读自己知识缺漏的书。英语薄弱者,就选读一些英汉对照类的书读;如作文较困难,就去选一些如何写好作文的书来读,这样,有目的地去读书,选书,因需而读书,使读书的效果会更显著,收获也最多。

5.多看书评,多逛书店,关注获奖书目等。

三、好读书(怎样读书?)

1995年,联合国教科文组织把4月23日确定为"世界读书日"。这一天也是塞万提斯、莎士比亚的辞世纪念日。

"世界读书日"的主旨宣言——希望散居在全球各地的人们,无论是年老还是年轻,无论你是贫穷还是富有,无论你是患病还是健康,都能享受阅读的乐趣。

关于读书,首先讲讲读书原则。

向大家介绍一下"三三制"读书策略。

三到:宋人朱熹认为读书是"三到",即心到、眼到、口到。

三贵:清末两广总督张之洞读书时主张"三贵",即贵博、贵精、贵通。

三勤:勤问问题,勤跑书馆,勤做笔记。

其次,说说读书的方法。

1.博览群书(泛读法)要想扩展读书的广度是需要时间的。这就需要我们挤出时间。古人有"三余"读书法,即"冬者岁之余,夜者日之余,雨者晴之余"。欧阳修有"三上"读书法,即"马上、枕上、厕上",即旅途中、睡觉前、如厕时逗可以利用。

2.不求甚解(快读法)陶渊明提出"不求甚解"的观点,是有针对性的。倘若不论读什么书都去"求甚解",那一辈子可能就读不了几本书?

3.书读百遍(精读法)所谓书读百遍,其意自现。同一个问题,读一次不知意思,多读几次,每读一次都认真地去领会,去思考,就会明白题目中的意思。

最后,愿大家喜欢读书,善于读书,读别人的书,走自己的路。沉醉于读书的人,最是文采非凡的人!

陈佳楠

2018.5.4

知章书院:普通高中人文教育的新载体 ▲■

第五节:阅读与作文

一、导语

高中语文的作文分数,占学考的半壁江山,占高考的四分天下。无论
会不会写作文,得分高还是低,考场作文对于我们来说,都是一件痛苦的
事! 既然逃不开,就早点学起来,但是我们花在作文上的时间太少! 希望
通过这节课的辅导,我们能够领会一两点,这就是效果!

二、选材的重要性

下面,我提一个问题,在考场作文中,你最大的困难是什么? 大家在
讨论区简单地写一下,一句话或几个字。我等大家一分钟,用直觉告诉
我。这个回答,算大家的签到,看看多少人在线上认真听讲?

学生1.写不出800字甚至600字,总要凑字数。

学生2.想不出材料好写。

学生3.写来写去,总是那么几个人几件事,没新意。

其实,最多问题的根源,是选材! 写些什么? 是第一大难题!

三、选材弊病

关于考场作文的选材,我找了几点比较集中的问题。

弊病1:没有围绕中心选材

有些同学受初中作文的影像,喜欢记叙一件事,不谈话题,甚至连话
题字眼都不出现。无论你的文章立意有多高,文笔有多好,阅卷老师没有
时间去猜想你的材料与话题之间的联系,很容易给一个偏题或离题的
低分。

弊病2:选材不充分

这一点很好理解,就是说材料列举得不够多。有些同学按照议论文
的三段式写是对的,但是中间论述只有一事一议,分数是不会高的。

弊病3:选材不够新

有些古今中外的名人故事,永远可以引用;可是,有些离现在比较
近的事情却不好再多说。比如前几年的感动中国人物,再说显得有些
过时,要说就要选择去年今年的人物来说会比较吸引老师注意力。

弊病4:材料不熟悉

我们要选择自己熟悉的材料写,不要一知半解就写上去,张冠李戴,不懂装懂。

学生1.从前有一个叫伤仲永的人,小时候很聪明,长大后平庸无能……

学生2.诗鬼李商隐写出了大漠孤烟直的千古名句。

学生3.李白的父亲是商人,于是李白一直不能做官。

四、体选材技法

1.把熟悉的材料选出来

提问:你的考场作文中最喜欢最常用的材料是谁的故事或什么故事?

陶渊明、司马迁、马云、苏轼、李白等。

这里我要特别申明一下,选择几个自己熟悉的人物故事,在课外花点时间与精力,写出几个文字优美一些的素材。

2.把独特的材料筛出来

提问:父爱

《多一度的温暖》一年冬天,我发现了爸爸的小气。每次我打完球回家,爸爸一见我就赶紧跑浴室,说让他先洗。一点时间后,我火了,找妈妈数落爸爸的小心眼。妈妈说,你爸爸见你每次满头大汗地回家就洗澡,怕你着凉!他先去洗澡,可以把浴室的温度高几度。

3.把精华的部分亮出来

常常说,作文要虎头、猪肚、凤尾,也就是说头尾要漂亮!因为高考改卷,时间很紧张,一篇作文平均阅卷时间是40秒。老师会特别在意开头、结尾,和你选用的材料。有同学喜欢用题记,写得恰当写得漂亮,一定会出彩。一篇文章写完,你自己也有感觉,哪一处写得最好,哪几句写得有文采?这就是亮点!

陈佳楠

2019年3月25日

（3）名生堂

表7-4　人文讲堂课程概况

课程名称	人文讲堂
课程概述及目标	人文讲堂是萧山十一中高一年级举办的文化活动,举办之初是为了提高学生的人文素质和内心修养,培养积极向上的人生观。主要涵盖了人文精神、年级文化这两块内容。希望通过学生的积极参与,包括海报制作,片头音乐选定,伴奏音乐,朗读等综合性活动。培养学生各方面的动手实践能力。
课程目录	第一节:反思与成长 第二节:文化反哺——变迁社会的亲子传承 第三节:人文精神与"精神成人" 第四节:感恩勤勉,有为有味 第五节:积极向上的生活方式 第六节:学习贵在坚持 第七节:学会感恩 第八节:从鲁迅说起 第九节:儒家、道家 第十节:让生命之花绽放 第十一节:做一个有责任心的人 第十二节:拼搏在高一 第十三节:理想比黄金更可贵 第十四节:期末复习动员 第十五节:考试与诚信
课程计划	适合高一年级　共18学时
成绩评定	本课程的评价以学生的课堂表现及课后作业的完成情况占60%;学期结束时测试占40%。成绩评定形式为等第制,分"优秀、良好、合格、不合格"四个档次,每周1个课时,修满18个课时,通过考核,成绩合格以上,可获得1学分。

第一节:反思与成长

时光总是在不知不觉中从我们的指尖滑落,我们告别了许多的无知,一张张稚气的脸也在成长的岁月中渐渐退去。从天真到成熟,我们度过了人生极为美好的十多年,这逝去的岁月伴着我成长,伴着我朝着梦想之巅攀爬。

无数次的挫折,教会我坚强;无数次的失落教会我乐观,无数次的失败却给予我成功。我在反思中成长。成功了,我不再骄傲,而是学会谦虚;失败了,我不再气馁,而是学会坚强;喜悦时我也沉稳,我不希望得意忘形,而是淡然处之——这些都是生活教会我的,我要在不断反思中成长。

在淡淡的春季里反思,是否奋斗?

当你看到翠绿的小草刚冒出嫩芽时,你是否会反思今年的春天你也会像它一样不息吗?反思可以使人奋发向上;当你看到大自然中又盎发出新的生机时,你是否反思自己今年也可以像它一样从失败中苏醒,重新走上成功的道路?反思可以使人增加自信;当你看到那群大雁又飞回来时,你是否反思自己要从失败点找起?反思可以使人找回弱点。

在浓浓的夏季里反思,是否成功?

当你看到那粉彤彤的月季又亮出眼前时,你是否会反思这个季节的你是否也光彩夺目呢?反思可以使人找回亮点;当你看到那倦倦不劳的知了又开始工作时,你是否反思自己尽了责任呢?反思可以使人学会责任;但那个你看见那昙花又是一瞬间中来了又去,你是否反思自己在一瞬间中留下了什么呢?反思可以使人认清自己。

在灿灿的秋季里反思,是否丰收?

当你看金灿灿的稻穗成熟时,你是否反思自己在前两季中得到了什么呢?反思可以使人看清过程;当你看到农民伯伯辛苦的收割时,你是否会反思你收获了什么呢?反思可以使人振作;当你看到那稻苗又一次洒在田地里时,你是否会反思你会成功呢?反思可以使人自立。

在绵绵的冬日里反思,你是否会无悔?

在经过三季的播种后,你是否反思自己无悔?反思可以使人认清目标;当你看到那梅花还在风雨中绽开时,你是否会反思你走过的路无悔呢?反思可以使人更加谦虚;当你看到那一望无际的白雪时,你是否反思你以后会怎么样走向成功?反思可以使人自立。

在春日里反思,暖洋洋;在夏日里反思,凉爽爽;在秋日里反思,硕果累累;在冬日里反思,展望前方。

李世民说:"以铜为镜,可整衣冠;以人为镜,可照得失。"铜也好,人也罢,这些都是反思检点自己的工具,在人的一生中,反思是不可缺少的一部分。

灰蒙蒙的天仿佛映衬着我的心情。考试的失利,老师的批评,家长的责备如期而至,望着考得好的同学捧着试卷哼着小调回家,一股不服输的劲儿涌上心头。抛开一切杂念,坐在房子里检点自己。原来自己与他人是有差距的! 在后来的日子,不断地改正自己的错误。终于在一个月后的今天,我也将那令人满意的成绩单拿回家。

有人说,反思能使一个人变得完美。孔子身为儒家学派的创始人,千百年来受到中外人民深深地爱戴,在众多人的眼里,他就是那么完美的。他是怎么样做到的呢? 是与生俱来的吗? 孔子曾对他的弟子说:"吾日三省吾身"。一天内多次的反思,足以让自己弥补不足,使自己更加完美。"见贤思齐焉,见不贤而内自省也。"将自己与他人对照,弥补缺漏,是提升自我的又一途径。日复一日,长期如此,一个人的错误便会越来越少,自己便会逐步走向完美。

纵观历史,大凡卓有成就的王侯将相,或是蜚声中外的文人骚客,无不是在反思中进步的。汉武帝一生征战无数,使得百姓苦不堪言。晚年的他,在悯忠台上的落泪,让百姓原谅了他,历史也成就了他;现代著名文学家巴金,在他的忏悔录里的文字,不得不让人对这位老人尊敬、折服,他的人格在反思、忏悔中提升到了另一个高度;德国总理在犹太人死难者纪念碑前的一跪,更是让这个国家,这个民族得到全世界的尊敬和肯定……

人生,如果不懂得反思,就更不能谈忏悔和进步了。在反思中,我将不断地超越自我,成就自我,我在成长中进步。

第二节:文化反哺——变迁社会的亲子传承

是故弟子不必不如师,师不必贤于弟子! ——《师说》韩愈

当今世界,日新月异,科技文化快速更新。在这不进则退的社会中有丰富阅历的父辈们有时也会感到力不从心。

传说有的雏鸟长大后，会衔食喂养衰老的母鸟，人们把此现象称为"反哺"。

人类社会也存在着类似现象，年轻一代对年长一代的文化影响被称之为"文化反哺"。千百年来，在以父辈对子辈施教为主流的正统传承方式下，文化反哺犹如潜流，隐而不显。但在迅疾变化的当今世界，年轻人获得了前所未有的反哺能力。他们在科学知识、价值观念、生活方式、审美情趣等各个方面，越来越明显地影响着年长一代。施教者与受教者之间，角色常常发生转换。

当施教者与受教者发生角色转换，文化深潭中的静水被迅速激活，创造了别样的文化魅力，这就是文化反哺的魅力。施教者与受教者的角色并非一成不变的。在适当的时候，角色转换会给我们的生活带来更多的惊喜，带给我们的社会以新鲜的空气。正如清代的张翼所说："江山代有才人出，各领风骚数百年。"

如果年轻人与老人之间就某个问题观点产生分歧，且不论真理站在哪一方，老人总会用不屑的语气说：你懂什么！我吃过的盐比你吃的米还多，我过的桥比你走的路还多！但现在看来这种观念已经慢慢用不上了。年长一代也不必惊慌抗拒，正如韩愈所说"无贵无贱，无长无少，道之所存，师之所存也。"于是孩子们开始帮忙，将自己所知道的努力传授给父母。

有种现象在我们的生活中很常见，当家里买了电脑，换了电视，抑或是父母换了新的手机，对于我们这一代来说倒是很快就可以上手的。于是，长辈们就开始询问该如何如何操作，遇到麻烦又该如何如何解决。如果是你，千万不要对此感到厌烦，这时的长辈就像新生的婴儿对于一切都是未知的。

文化到处传播的现代社会，其他领域中也开始文化反哺的现象。以前，在饥荒的年代，为了生存，只要是可以吃的都不会放过。但现在不同了，越来越多的人开始讲究饮食规律和搭配。因此长辈们想为晚辈做一些可口的佳肴，晚辈们总会在旁边提醒什么不能和什么混在一起吃，什么怎么做会更好吃，诸如此类。长辈们也因此增长了许多见识。

平时干活时,大人们总会拿出老一辈的办法来轻松地解决问题。但我们这一代也不差,拿出自己新发现的办法一较高下。长辈们反而学到了更好的办法。是爷爷告诉我,一串红的汁液有糖的滋味,现在,轮到我来告诉他,水仙花的瓣叶可消除一个白昼的疲惫。

角色的转换,使年轻者成熟,使成熟者年轻。似是天堑,隔在我们之间,让彼岸的你我相距甚远。我的话,你不懂;你的话,我不听,或许这就是所谓的"代沟"。受教的父辈的目光,强大得如同双翼,年轻的一代将插上它奋勇向前飞着。施教的年轻的我们的思想,鲜活得如同天眼中的灵泉,注给生命以活力激情。

看过《父与子》吗?《父与子》,一个系列的漫画,作者的创造灵感,即来源于他的儿子。《父与子》,是父辈与子辈共同的智慧创造的经典,父与子,是上帝创造的将携手创造更多经典的搭档。

你可曾想过有一天父亲会坐在书桌前,如同每一个高中生一样求知中带着迷惘,而你,则是他的老师。雏鸟反哺,总将最鲜美的留给母亲;文化反哺,当然要用最优秀的去彰显我的实力。

孔子曾言:后生可畏,安知来者之不如今也? 在疾速变化的当今世界,年轻人以勇敢和担当从上一代传承了"为天地立心,为生民立命,为往圣继绝学,为万世开太平"的责任,又勇敢地转换了被教育的角色,成为新一代的教育者,对年长一代进行"文化反哺",传播属于他们的新的文化——在纷繁多变的新世界,要有那一份新时代的爱与责任。

吾师道也,夫庸知其年之先后生于吾乎。善哉,古人为今人之师,伦理道德,使社会稳定有序,今人为古人师使世界更加多彩。角色转换之间,时间的裂口愈合,我们肩并肩,手牵手,岁月在我们身边,落了又开,开出一地秀花,开出一个世界,属于我们共同的世界。

第三节:精神成人与人文精神

什么叫精神成人? 首先什么叫成人?"成人"一词的语法结构不是偏正结构,应该是动宾结构,不是成熟的人而是"人是成长为"的动宾结构。假如我们把成人理解为动宾结构,那我们就必须承认:人不是生下来就能成为一个真正的人的。这句话不是我说的，青年马克思曾经很喜欢一个德国哲学家叫费尔巴哈，费尔巴哈就说过：一个婴儿生出来严格地讲不是人是动物，尽管他身上具备有日后成长为人的全部生命基因，但是他并不懂得做人的道理，不懂得做人的道理的人还称不上是真正的人。

那么，人成长为人是需要过程的。人怎样成长为人有三个纬度：

第一，人在生理学层面上成人。

男孩儿长到十二三岁，女孩儿长到十一二岁，身体悄悄地要发生变化，或者说你们的身体还没有发生变化，你们的父母亲已经在准备着你们生理学层面上的成人。

第二个成人——法学层面上的成人。

成年礼意味着很多东西：第一，意味着你可以拥有一张身份证了；第二，意味着你在法理上拥有宪法赋予你的选举权和被选举权，尽管一时谁也不会选你们。但是不是说十八岁就意味着真正的成人？不！口袋里面有一张身份证，拥有选举权和被选举权并不意味着他在精神上已经成熟了。

第三、但法学上的成人和生理学上的成人还不是精神成人。

精神成人是指什么？是指一个人之为人的价值的根基，乃至做人的道理，不仅自己心里面明白而且时刻用这么一个道理来约束自己，把做人的道理渗透在自己的每天的、日常的、生活的细节里面去。他开始懂得自律，开始懂得负责任，开始懂得不能活得让你所爱和爱你的人伤感为你操心，开始懂得这一辈子命运掌握在自我手里，开始懂得明天的我能不能比今天的我活得更理想，更有滋有味。也就是说，精神成人摆在十八岁的同学的面前，这是你人生当中的最重要的目标。

再说说什么是"人文精神"。人文精神是一种普遍的人类自我关怀，表现为对人的尊严、价值、命运的维护、追求和关切，对人类遗留下来的各种精神文化现象的高度珍视，对一种全面发展的理想人格的肯定和塑造；而人文学科是集中表现人文精神的知识教育体系，它关注的是人类价值和精神表现。从某种意义上说，人之所以是万物之灵，就在于它有人文，有自己独特的精神文化。

好的教育就是看你的校园有没有那么一片氛围,让我们的同学变得高雅、变得广博、变得有分量。我们的同学在学校培养应有的人文精神,受到校园文化的熏陶。假如有个同学他住的那个寝室几百年前是牛顿先生在这个床上睡了四年,那个同学睡在这张床上,他今天晚上会睡不着的。达尔文也是剑桥三一学院的,达尔文住过的那个寝室外面有个铜牌子——"大生物学家达尔文多少年在这里住过四年"。他为什么讲究这些? 就是让我们的同学一进入校园就进入了一个世俗气息比较淡、但价值精神的气息比较浓郁的空间,于是获得一个灵魂发育的最好空间,所以当时的剑桥他们的师生关系是有一种制度叫导修制度,规定一个教授每星期必须和几个本科生聚餐,吃了饭以后还不能马上就走,一定要在学院的一块绿草坪上散散步,谈谈。谈什么? 谈专业,谈人生,谈理想,甚至还有一个任务,教授必须把自己所带的学生带到教授的书房里面去聊聊天,听听音乐。有人说,剑桥的大学生是在导师的烟斗里面熏出来的,导师可以不说话,眯着眼睛看自己的学生在自己的周围谈天说地,他就抽着烟斗不时地说几句话。但是这么一个教育完全是一个立体的教育,它不仅仅是通过书本,更是通过那个教授的高雅气质,那么一个立体的存在,整个的文化精神的存在传递出来的,暗示出来的,这就叫熏陶。

我们的人生的经验到了陌生的学校一下子都变得那么不够用了,要么不适用了。假如错过了高中这三年,可以说,我们也可能错过了灵魂发育的最好的季节。其实所有的人都面临着这个问题,所以完全有理由说精神成人是比专业成才更重要。我们这个年龄的学生在追求精神成人的同时与也要追求人文精神,让自己的人生变得灿烂如花。

第四节:感恩勤勉　有为有味

"感恩"是一个动词,意思是说对别人所给的帮助表示感激。但我觉得,随着社会的发展进步,它也应该发展来满足人们对它的需要了。它所表示的是,不仅要感恩别人的帮助,还要感恩你的亲人,你的朋友,你的同学,你身边认识或不认识的人,甚至于你的敌人,你身边的一草一木,这世界上的一切。只有时时心怀感恩,烦恼的魔鬼才不敢向你靠近;只有时时心怀感恩，你才发现这世界如此广阔，如此可爱；只有时时心怀感恩，幸福、快乐才会永远伴你左右。

感谢在背后默默关心你的人，因为他让你明白了什么叫幸福；感谢困境中给你力量的人，因为他增强了你的自信；感谢在顺境中提醒你的人，因为他校正了你的航向；感谢伤害过你的人，因为他磨炼了你的心智。

勤勉意思是努力不懈，勤勉好学。怀揣着一颗感恩之心，做起事来才会有使不完的劲，才会有较强的抗挫折能力，受到委屈时才能及时调节，以积极的心态投入到繁杂的日常学习中去。有了感恩之心，学习才会勤勉。其实在成就事物和充实性方面，最不可或缺的就是"勤勉"，也就是拼命努力。全心全意投入学习、勤奋学习才能让我们的人生变的有意义，每个成绩优异的学生无一不是勤奋学习的典型，没有耕耘哪里来的收获？

比如说我们班的张浩南同学，上课下课不停地在学习，你每天都会看到他奋斗的身影，勤勉的样子。他的成绩也像雄鹰一样翱翔天际，从进校的年级733名上升到了年级第3名。这背后是一颗感恩的心，是一种勤勉的精神力量。

学会感恩，感恩我们的亲人，朋友，老师，同学，感恩所有爱你的和你爱的人，没有了他们的关爱，支持，鼓励与帮助，失去了亲情，友情，爱情的呵护与滋润，你会变得如此孤单，寂寞，无助，软弱。所以因着这份感恩之情，我们要学会赞美我们身边一切琐事；曾有一个小故事是这样说的：有一天牡丹说，玫瑰的香让人销魂断肠；玫瑰说，康乃馨的香可以慰抚心伤；康乃馨说，腊梅的香让人意志坚强；腊梅说，菊花的香可以使人神清气爽；菊花说，莲花的香让人不禁吟诵：出淤泥而不染，濯清涟而不妖；莲花却认为：牡丹的香让人无畏艰难。

学会感恩勤勉，也就是学会感激在生活中面对的林林总总，感激一切令你成长的人。鼓励自己全力以赴地去学习，坚持不懈地去努力。我们会感谢生活，感谢勤勉。给我们的生活带来希望，带来光鲜的色彩。

笑过，哭过，痛过，伤过，体验过，感受过。珍惜生命中所有的历程，不管它代表的是快乐还是泪水，我们都应该带着一颗感恩的心面对，去珍惜、乐观的生活下去，为爱过的人们，品味人生百味。

学会了感恩,学会了感激,也就拥有了全部的自我,拥有了一个全新的世界,拥有了真诚的朋友,没有了悲苦,没有了伤痛,生活就会精彩纷呈……

心怀感恩,无须高调宣扬,心怀感恩,无须山盟海誓,心怀感恩,无须甜言蜜语;有时一个真诚的微笑,一句简单的问候,一次举手之劳……都会给人带来温暖,给人带来希望。感恩勤勉,有为有味。我们在感恩的同时,勤勉努力,我们的人生才会有为有味。

第五节:积极向上的生活方式

生活就是一杯白开水,想要它有别的颜色就需要你自己去添加。我们这一辈子要想过的有意思就努力吧,找好目标,做自己想做的事然后把它做好,做到更好。不要追求结果,在乎的是我们达到目标之前的过程。学会在逆境中成长,逆风的方向,何尝不适合飞翔。

我们在这个多姿多彩的世界里生活,经历过快乐,也有过悲伤,在失败中体会到了人世间的酸甜苦辣,在成功里找到让自己继续前进的自信心。现实的社会里,微笑是人间最真实的语言,失败的时候给自己一个微笑,让自己更深入地了解自己,在这次的失败看到自己的不足,在下次避免走上次同样的弯路,这样似乎每一次失败在生活中都起了重要的角色,现在失败得越多,以后所遭遇到的失败就越少。最后我们走上的一是条已经经历过风霜磨炼,平坦无阻的大道。

泰国商人施利华,是商界上拥有亿万资产的风云人物。1997年的一次金融危机使他破产了,面对失败,他只说了一句:"好哇!又可以从头再来了!"生活,也应该如此,在每一次失败中微笑,给予自己继续前进的自信心,把失败看作是成功的垫脚石,学会拥抱成功,走向成功。在平凡无奇的生活中,我们遇到了挫折,当我们望一望身边的人,也许我们就会感到心中的一点欣慰。在我们身边总不缺少一些佼佼者,他们是成功的代表者,但谁又知道他们生活背后又是遭到了多少挫折和失败呢? 失败固然可怕,但是没有接受失败的能力就更加可怕了。一个人没有接受失败的能力,只看到了成功的一面,这样在每一次失败中就会降低自信心,没有好好认识失败对自己的意义,把失败看作自己的敌人,执意己见,最终失去了锻炼自己的机会，成为一个迷途的人。所以为自己树立一个目标，朝着目标勇往直前，那么在刻苦认真中无暇顾及身边的风雨，最终达到目的，我们最后会为这自己付出努力而得来的喜悦微微一笑。

现在，我们可以很自豪地向生活发出这从容的微笑了。

一个人要生活得健康，开心，快乐，就要有一个良好的心态。我们对于人生要有一个积极向上的心态，要相信我们明天会生活得更好、更美、更幸福，要有希望、有梦想、有追求，这样我们才会有活下去的动力。有梦在，我们的人生才会更加精彩。没有梦想的人生，心灵是干枯的，内心是枯燥乏味的。

幸福，是我们的追求，我们崇尚这样的生活。在人生的旅途上我们寻找着、追逐着、向往着、挣扎着，然而幸福其实就在我们身边。

生命的价值，就是不要让昨日的沮丧令明天的梦想黯然失色！在一次讨论会上，一位著名的演说家没讲一句开场白，手里却高举着一张20美元的钞票。面对会议室里的200个人，他问：“谁要这20美元？”一只只手举了起来。他接着说：“我打算把这20美元送给你们中的一位，但在这之前，请准许我做一件事。”他说着将钞票揉成一团，然后问：“谁还要？”仍有人举起手来。他又说：“那么，假如我这样做又会怎么样呢？”他把钞票扔到地上，又踏上一只脚，并且用脚碾它。尔后他拾起钞票，钞票已变得又脏又皱。“现在谁还要？”还是有人举起手来。他接着说，“朋友们，你们已经上了一堂很有意义的课。无论我如何对待那张钞票，你们还是想要它，因为它并没贬值，它依旧值20美元。然而人生路上，我们会无数次被自己的决定或碰到的逆境击倒、欺凌甚至碾得粉身碎骨。我们觉得自己似乎一文不值。但无论发生什么，或将要发生什么，你们永远不会丧失价值。肮脏或洁净，衣着齐整或不齐整，你们都依然是无价之宝。这个故事告诉我们，生命的价值不依赖我们的所作所为，也不仰仗我们结交的人物，而是取决于我们本身！我们是独特的——永远不要忘记这一点！”

人的一生就是要付出很多，为了实现自己的理想，为了我们身边的人的快乐，但我们的付出终会得到回报，也许我们所期待的回报要等很久很久才可以得到，但我们重视的是过程，是在实现梦想的路途中，我们所经历的人和事,不论是快乐还是痛苦,它们都是我们应当珍藏的记忆!

所以,从今天开始,做一个有梦想的人吧! 做一个积极面对生活的人吧!

漫漫人生路,苦难又能奈我何!

今之所讲,与君共勉。

第六节:学习贵在坚持

坚持,是一遍遍地重复着腻烦而又平淡的内容;是一遍遍地反复着早已习以为常的生活,是日复一日的为了同一个目的而前进。说它墨守成规,但却在不变中努力地寻找着出口,说它百无聊赖,却在平庸中一直追求着突破。坚持是主动的,通过主观意志来实施,并将它进行下去;坚持又是被动的,在坚持中难免有强迫地去实施的成分。因为在坚持中难免有惰性和脆弱,这个时候就需要强制的手段,才可以保持固有的惯性。

我先讲一个故事:古希腊大哲学家苏格拉底在开学第一天对他的学生们说:"今天你们只学一件最简单也是最容易的事儿。每人把胳膊尽量往前甩,然后再尽量往后甩。"说着,苏格拉底示范做了一遍,"从今天开始,每天做300下,大家能做到吗?"学生们都笑了,这么简单的事,有什么做不到的。过了一个月,苏格拉底问学生:"每天甩手300下,哪个同学坚持了?"有90%的学生骄傲地举起了手,又过了一个月,苏格拉底又问,这回,坚持下来的学生只剩下了8成。一年过后,苏格拉底再一次问大家:"请告诉我,最简单的甩手运动。还有哪几个同学坚持了?"这时,整个教室里,只有一个人举起了手,这个学生就是后来成为古希腊另一位大哲学家的柏拉图。同学们,柏拉图之所以能成为大哲学家,其中一个重要原因,就是柏拉图有一种持之以恒的优秀品质。要想成就一番成绩,必须有持之以恒的精神。

读书要发扬"铁杵磨针""水滴石穿"的精神,正如荀子在《劝学篇》中所说:"不积跬步,无以至千里;不积小流,无以成江海。"学贵在持之以恒,持之以恒,即使一件简单的事,能坚持到底也非易事。做一件事不难,难的是每天都做同一件事而不放弃,而在坚持中所付出的心力也可见一斑。"绳锯木断，水滴石穿"，量的积累需要长期付出行动。而这正是考验人的意志，决心，耐力，勇气的最好实践。能够坚持即是具有这些品质，而具有这些品质的人更容易达到目的，取得成功。

　　读万卷书，行万里路，知识重在运用，学习贵在坚持。学习是一个日积月累、循序渐进的过程，要把知识系统、全面地掌握好，最有效的方法就是坚持不懈、持之以恒地学习。战国时期荀子说过，"锲而舍之，朽木不折，锲而不舍，金石可镂"，就是告诫我们，学习必须坚持不懈。任何一件事情的成功，都需要一种百折不挠、坚持到底的精神，学习更不例外。古今中外，凡是获得重大成就的人，都具有坚持精神。数学家陈景润在攻克"哥德巴赫猜想"这个数学堡垒的过程中，不怕讽刺挖苦，忍受着疾病的痛苦，在工作条件很差的情况下，夜以继日地学习、钻研，仅他运算的稿纸就有几麻袋，有个英国数学家称赞他在数学上"移动了群山"。

　　当困难绊住你成功的脚步时，当失败挫伤你进取的雄心时，当重担压得你喘不过气来时，不要退缩，不要放弃，不要裹足不前，一定要坚持下去，因为只有坚持不懈才能通向成功。

　　在文章的结尾部分，我想附上李阳疯狂英语的《脱口而出》第四辑的刊首语：

　　我的誓言——坚持创造奇迹。

　　成功的秘密就是两个字：坚持！

　　别人不理解的时候坚持。

　　许多人放弃候坚持。

　　遭遇逆境的时候坚持。

　　绝望的时候坚持。

　　实在坚持不住的时候再咬牙坚持一会。

　　天寒地冻的时候坚持。

　　孤独无助的时候坚持。

　　有一天，我一定会发现：

　　我将成为那个领域的顶尖人物！

　　我将成为英雄！

我将成为命运的主人!

我将成为连我自己都不敢相信的奇迹!

第七节:学会感恩

开始前,先给大家讲个小故事。一艘载有数百人的大型轮船在海上失火沉没,许多人都失去了生命,只有九十多人生还。乘客中有一个游泳专家来回游了十几次,在连续救起了二十个人后因过分劳累双脚严重抽筋而导致残废必须终身坐轮椅,他一直大叫着问自己:我尽力了吗? 几年后在他生日的那天,有人问他一生中最深刻的记忆是什么,他伤感地说:我最记得那被我救起的二十个人中,没有一个人来向我道谢。

所以有人说,忘记感恩是人的天性。当我们偶然来到这个世界上,什么都还没来得及做的时候,我们就已经开始享受前人带给我们物质和精神上的一切成果了。这就提醒着我们每一个人,要怀有一颗感恩的心。

怀有一颗感恩的心,才更懂得尊重。尊重生命、尊重劳动、尊重创造。怀着感恩的心,一代伟人邓小平古稀之年说:“我是中国人民的儿子,我深深地爱着我的祖国和人民!”怀着感恩的心,诗人艾青他的诗中写道:“为什么我的眼中饱含泪水,因为我对这片土地爱得深沉。”听说过一个人向树道歉的故事吗? 听说过所有正行驶的汽车为狗让路的故事吗? 这些真实的故事,感动于人对生命的关爱,感动于人对生命的尊重。当我们每天享受着清洁的环境时,我们要感谢那些保洁工作者;当我们迁入新居时,我们要感谢那些建筑工人;当我们出行,要感谢司机……懂得感谢,就会以平等的眼光看待每一个生命,重新看待我们身边的每个人,尊重每一份平凡普通的劳动,也更加尊重自己。

所以应我感恩我身边的很多人。

我感恩我的父母,是他们给予我生命,给了我一个温暖的家。坚实而温馨的避风港将永远成为我栖息的地方。

我感恩我的老师,是他们阳光般的笑脸抚慰我心灵的创伤,用无悔的青春书写不朽的辉煌篇章。

我感恩我的朋友,同学,是他们让我感到集体生活的快乐,“朋友是世上最大的宝贝。"让学生时代成为相册中最真最纯的一页。

我感恩那些曾施予恩泽的人,是他们让我感到人间处处有真情,人与人之间的缝隙中不只是无形的空气。

我感恩那些被我帮助过的人,是他们给予了我回报他人的机会,同时也让我感悟到:助人之乐,妙不可言。

我感恩那些鼓励过我的人,是他们让我看到希望的晨曦,一改颓然,乘着行动之舟朝梦想的彼岸驶去。

我感恩对我不满的人,是他们的不满,我才认识到自己的不足,从而朝着正确的方向前进。

我感恩嘲笑我的人,是他们给了我前进的动力,让有些动摇的心愈来愈坚定,从而一步步走向成功。

我们应该用一颗感恩的心去生活。去感谢那让我们获得温暖的太阳;去感谢那让我们拥有清水的河流;去感谢让我们拥有生存空间的大地;感谢带我们来到人间的父母,感谢亲情、友情、爱情。

正如东汉思想家王符所说的那样:"生活需要一颗感恩的心来创造,一颗感恩的心需要生活来滋养。"

同学们,让我们从现在做起,从点滴做起,把感恩放在心中,把谢谢放在嘴边,让我们怀着感恩的心面向世界吧!让我们怀着感恩的心对待我们的生活吧!只要我们对生活充满感恩之心,充满希望与热情,我们的社会就会少一些指责与推诿,多一些宽容与理解,就会少一些争吵与冷漠,多一些和谐与温暖,就会少一些欺瞒与涣散,多一些真诚与团结,我们的精神家园将永远年轻……

第八节:从鲁迅说起

本次人文大家讲的主题是"从鲁迅说起"。

他,是荒原上卓尔不群的苍狼;他,以反叛黑夜的萧寂,撕裂禁锢着光明的寒暮的踪迹,将寒夜撕开一条释放希望的天堑,用那声声荡存至今的仓啸,永恒的封存了一位斗士虽"荷戟独彷徨",却依然激昂呐喊的巨匠本色。他,便是鲁迅。

　　鲁迅是中国文化革命的主将,他不但是伟大的文学家,而且是伟大的思想家和伟大的革命家。鲁迅的骨头是最硬的,他没有丝毫的奴颜和媚骨,这是人民最宝贵的性格。鲁迅是在文化战线上,代表全民族的大多数,向着敌人冲锋陷阵的最正确、最勇敢、最坚决、最忠实、最热忱的空前的民族英雄。鲁迅的方向,就是中华民族新文化的方向,就是新生命的方向。

　　曾记得读过《鲁迅全集》,读到了那孤傲的灵魂;那锋锐的笔触;那深刻的沉思;那"哀其不幸,怒其不争"的情怀;那"甘为孺子牛"的精神! 于是便慢慢步入了鲁迅为我们缔造的文学世界。

　　大先生的笔是那黑暗时空中气势如虹的闪电,纵然涤不尽如山的黑暗,却能闪耀一刹那的光明!

　　也许大先生的书不会像武侠爱情小说那样的畅销,但我始终坚信,只要大先生的书在,大先生的精神就还在,就将永不泯灭! 它永远是这物欲横流的社会中最崇高圣洁的笔墨,永远永远地被一代代后人所继承!

　　我知道,在鲁迅先生逝去的这么多年中,有很多很多的人是从先生那畜含良知的字里行间品味聆听先生的大智大勇。我们很容易念叨起先生文笔如何犀利辛辣、锋芒毕露,于是"匕首"便取代先生的真容颜而存留人心。

　　但当我用自己的眼光去平静地瞻仰先生时,便不自禁觉察出先生那饱蕴睿哲的眼眸中闪烁的更多的是在寂寞中奔驰的执着与乐观的光芒。

　　他虽陷寒夜的蚕食威逼之下,却不屈地与反动封建末流抗争,讥刺那屈压于反动统治的走狗文人及幕后黑手,用"怒向刀丛觅小诗"的大无畏来追随革命的浩荡云涌,以独臂扛鼎的鲜烈来维护一方正义言坛,他因而备受"剿杀"。这些人不论是敌,抑或是友,都没有用一个时代的全面思绪来勾勒鲁迅,来定位其光辉地位,而投其所好于鲁迅所谓的白玉微瑕,用"青光眼"片面狭隘地孤立鲁迅这位民族文学巨手。

　　这也正是先生时常在文章中流露出的对国人"聚则成虫,不善团结以应敌"的可叹与可惜,他因之又"彷徨"——竟无人驻留下来看看他征战的意图,人们只会将他看作一个可笑的"杞人首领"来围剿征讨。当然,鲁迅人生的悲壮与雄浑也正在于他敢于"横眉冷对"这一切,并由此凸显出他追求真理而无所畏惧的叛逆本色,而非一些所谓的士大夫文艺家所能比拟和相提并论的。

上学后,慢慢地也接触到了鲁迅先生的文章了解到先生的词锋非常的犀利,具有极强的讽刺性。语文书上此类大快人心的"鲁迅文"越来越多,而令我对先生的敬仰之情真可用"滔滔江水"来形容。的确是这样,鲁迅先生代表的是我们中国的民族魂,同时我还认为鲁迅先生拥有我们华夏民族的龙之魂!

他的一生是为中华民族的生存和发展挣扎奋斗的一生,他用自己的笔坚持社会正义,反抗强权,保护青年,培育新生力量。鲁迅在生命的最后时刻,还是抓紧时间,为人们多做一点贡献。鲁迅这种爱惜时间的精神难道不值得我们学习吗?

时间是一去不返的,我们要珍惜这大好光阴,努力学习,长大为祖国效力。正所谓"一寸光阴一寸金,寸金难买寸光阴"嘛!

第九节:儒家与道家

大家好,本期的人文杂谈主题是"儒家与道家"

儒家思想的核心理念是"仁义"。所谓"仁",就是对他人的爱心,即"仁者爱人"。爱谁呢? 首先,是爱自己的亲人,即"亲亲为大";其次,要敬事自己的老人进而敬事别人的老人,爱护自己的孩子进而爱护别人的孩子,即"老吾老以及人之老,幼吾幼以及人之幼。";再次,要把这种爱心推广到四海之内,即"推恩足以保四海";最后,还要广而爱惜天下万物,即"仁民而爱物"。一言以蔽之,"仁"就是推己及人、由近至远以至于天下万物的广博爱心。儒家之"仁"如此博大的爱心,与欧洲文艺复兴时期提出的"博爱"主张相比,不仅内涵上更为广博,而且时间上约早两千年!

所谓"义",儒家最初的解释为"义者宜也",是指正当的言行,也就是指符合"仁"的规范的社会实践,其中突出了一个"正"字。需要注意的是,"仁"之"爱"侧重于对他人的爱;"义"之"正"侧重于对自己的正。汉代董仲舒讲得很明确:"仁之法,在爱人,不在爱我。义之法,在正己,不在正人。"(《春秋繁露·仁义法》)可惜的是,后来不少人将"义"狭隘地理解为"义气",以至于带有浓厚的"党同伐异"的色彩,就不符合"义"的原意了。孔子明确指出:"君子成人之美,不成人之恶。"就是说,君子应当成全别人的好事,不应当帮着别人干坏事。这里显然有一个对事物属于"正义"还是"非正义"的判断在前。

关于"忠",孔子的名句是:"己欲立而立人,己欲达而达人。"意思是:自己要想站稳,就要让别人也能站稳;自己要想通达,就要让别人也能通达。另外还有"君子周急不继富",意思是君子应当为穷人雪中送炭,不应当为富人锦上添花。

关于"恕",孔子的名句是:"己所不欲,勿施于人。"意思是,自己不喜欢的事情,就不应当强加于人,遇事要将心比心。显然,这正是今天所谓的"时髦"用语"换位思考"。

民族英雄文天祥被俘后,面对敌人高官厚禄的诱降,大义凛然,慷慨就义,写下"人生自古谁无死,留取丹心照汗青"的豪壮诗句,实在堪称儒家的典范。

孔子不愧为中国乃至全世界最先行、最伟大的教育家。孔子和孟子的"仁义"思想,不仅在漫长的两千五百多年间熏陶了无数中华儿女,而且在当今世界受到各国众多人士的敬仰与推崇。

道家思想主旨是自然和谐,道法自然,以无为治国,讲的是出世,道家思想的核心是"道",认为"道",是宇宙的本源,也是统治宇宙中一切运动的法则。一般来说,公认第一个确立道家学说的是春秋时期的老子,体现在他所著的《老子》中。从创立到现在大约有两千六百多年。道家讲的是做人的哲学,为什么这么说?"道大、天大、地大、人亦大。域中有大,而人居其一",我们的智慧,赋予了我们"参赞天地之化育"的能力。

但凡盛世景象,当权者无一不是"内用黄老,外示儒术"。功成、名遂、身退,天下之道也,这是人生的最高境界。其实核心还就是一个"道"字,也就是宗教神学提到的"第一因",万事万物都离不了这个东西。那何为道呢?从文字学的意义上来说,道即是我们所说的道路。而道家作为一个思想文化流派,其核心范畴"道",显然不是这种文字学上的意义所能解释的。一般说来,道家的"道"具有下列几方面的意义:①道是天地万物的本源。②道自然而无为。③道无形而实存。④道具有普遍性,无所不在,无时不在。

儒家与道家两者都相信性善。儒:正心诚意。道:无为而治。

道家更重视求真(这种精神也是共识的基础,不知道这样的解释是不是具讽刺意义);儒家更重视知行。

儒家重视内省,道家思想似乎是其基础。

道家中的社会历史观,又为儒家入世的学问提供了思想方法和理论构建基础(包括政治理论,如广义的社群主义)。

第十节:让生命之花芬芳绽放

蔚蓝的大海里,鱼儿在自由自在地遨游;瓦蓝的天空中,鸟儿在无拘无束地飞翔;碧绿的草地上,花儿在争先恐后地开放……整个世界,充满着生命的气息。

生命是什么?

生命是碧水青山之侧的精致庄园

是百万富翁餐桌上的如山美味

还是奢侈排场上的弹指万金

生命到底是什么

人说生命是出生的无知

少年的纯真　青年的成熟

中年的练达

老人的愤世嫉俗

人说生命是母亲的慈爱

父亲的严厉　爱人的柔情

朋友的关切

是世上一切情感的结合体

人说生命是余辉衬斜阳

青松立峭壁

万里平沙落秋雁

三月阳春映白雪

是宝刀快马,金貂美酒,冷月孤歌的漂泊

人说生命是爱恨纠缠

恩仇快意

玄机四伏

险象环生的一场轮回

人说生命是用关爱和拼搏铺就的

一段精彩的旅程生命可能绚丽,也可能平淡。《圣经》中关于生命有这样的描述:因为不能恒久,所以最是珍贵;因为能吐纳天地气息,所以胜过钻石的光芒。在我看来,生命,不仅是你我呱呱坠地的那一声啼哭,而是母亲十月怀胎的辛苦;生命,不仅是你我拥有的一笔财富,而是培育我们的所有人的心血灌注。所以,生命里蕴涵了太多的感动,便早已注定了它无上的价值。

记得有这样一个关于生命的故事:一只轻盈美丽的蝴蝶,风雨中,它飞出来寻觅什么,却被雨水无情地打落,它试图挣扎,但无济于事,只能在草地上不停地抖动双翅,当太阳的光辉洒向人间,它终于一跃而起,向着清明如洗的空中飞去,这只美丽勇敢的小精灵带着珍爱生命的情怀,消失在阳光下的青草地上空,演绎了生命中的一次升华……

蝴蝶都能如此,那我们人类又是怎样对待生命呢?世界著名的音乐家贝多芬28岁时听力逐渐减退,50岁时双耳失聪,但他却隐忍着这种致命的打击,坚持指挥、作曲,与命运进行不屈的抗争,写出了享有盛名的交响乐作品。"感动内蒙古十大人物"李智华,还在襁褓中,一场大火夺去了她的双手。从懂事那天,她就用双脚代替双手,她靠着一双小脚学会拿筷子,学会穿衣戴帽,学会写字,学会缝缝补补,切菜,做饭,甚至照看生病的妈妈……

大家所熟知的著名作家史铁生,他残疾了双腿,到患上尿毒症,靠透析维持生命,却依然不放弃,写下了诸如《我与地坛》《病隙碎笔》《我的丁一之旅》《务虚笔记》《扶轮问路》《妄想电影》等经典之作。

贝多芬、霍金、李智华，史铁生，他们为什么能做到这样呢？那是因为他们懂得生命的可贵，他们没有因病痛的折磨而放弃生命，反而更加珍爱自己的生命，他们没有自暴自弃，而是去挑战生命，挑战自我。

生命就像一朵花，生命之花是绚烂的，然而也是脆弱的，稍不珍惜就会枯萎、凋零。在这个生活节奏越来越快的社会里，有不少少年儿童因为沾染了恶习而自暴自弃，因为不遵守交通规则而命丧车轮，因为忍受不了压力而选择轻生。一朵鲜花的凋零，带给社会、家庭、亲人是难以抹去的伤痛。

我们正处在不断地认识世界，认识社会，增长知识，增长智慧的成长期。在成长的道路上，我们会有困惑与烦恼，我们会遭遇挫折和失败，因此，我们要有健康的身体，健康的心理，健康的人格，勇敢地去面对现实，迎接挑战。亲爱的同学们，生命是短暂而脆弱的，美丽的生命，源于对生活的热爱，珍爱生命吧，让我们的生命之花芬芳绽放。

第十一节：做一个有责任心的人

责任，它不是一个多么甜美华丽的词语，而是一个近似于石头般沉重而严峻的词语。责任是什么？歌德是这样说的："责任就是对自己要求去做的事情有一种爱。"而我是这样理解的：责任是每一个人在呱呱坠地的那一刻就注定扛起的无形的东西。

责任感反映一个人的精神境界。有责任感的人，突出的优点是他们绝不是个人中心主义者，他人的、集体的、国家的利益总是先于自己的利益。责任感反映一个人的思想品德，在"天下熙熙，皆为利来；天下攘攘，皆为利往"的喧嚣中，有责任感的人淡泊的是名利。他们的价值观是在帮助别人获得幸福中得到满足，而他们自己却少有索求，因而责任感总是和顾全大局、助人为乐、谦逊礼让等优良品德联系在一起。责任感是国民素质的一个重要方面。一个国家的公民有无责任感或责任感强弱，可以从这个国家的精神面貌中清晰地表现出来。中华民族一向崇尚"国家兴亡，匹夫有责"，这正是我们国家经历磨难而不断奋斗崛起的最可贵的精神财富。

责任心更是一架带你走向美的云梯。如果把你比作花园，一座五彩

知章书院：普通高中人文教育的新载体

缤纷、百花争艳、时刻被艳阳所照耀的花园的话,那你身上各种各样的优良品质便是一朵朵娇美的鲜花,装饰着花园。此时此刻,责任心将化成一道清澈的细流,静静地滋润着花木,又给你的花园添上了灵动的一笔。古今中外,这样的事例举不胜举。1920年,美国有个11岁的男孩踢足球时,不小心打碎了邻居家的玻璃,邻居向他索赔12.5美元。父亲借给他12.5美元,让他对自己的过失负责,但要求男孩一年后还钱。从此,男孩开始了艰苦的打工生活。经过半年的努力,他终于挣够了12.5美元,然后把钱还给了父亲。这个男孩就是后来成为美国总统的罗纳德·里根。他在回忆这件事的时候说,通过自己的劳动来承担过失,使他懂得了什么叫责任。

学生以学习为本,而学习怎样做人、做怎样的人则是根本所在。作为一个公民,要具备社会道德、公共道德;作为一个学生,要遵守校规校纪,学有所长;作为子女,要懂得孝敬父母……人的身份有很多种,无论以何种身份出现,都要尽好身份责任。虽然身份责任不同,但做人的道理不变,要做一个正直的人、诚实的人、对社会有益的人,做一个有责任感的中国人。而这一切又决定于是否对自己负责,对周围人负责,对社会负责。"人无完人,金无足赤"。一个人无法十全十美,但只要有责任意识,就可以尽善尽美。

所以有"位卑不敢忘忧国"的陆游;"天下兴亡,匹夫有责"的顾炎武;有责任心,是面对失败,坚强屹立,不畏挫折的意志。有责任心的人,敢于披荆斩棘,风雨无阻,勇于直面困难,从零开始。所以,司马迁的《史记》千古传承;詹天佑造出属于中国自己的铁路;鲁迅才会写出那一篇篇犀利的文章;中国女排才会获得"五连冠"。责任心是发奋图强的基础,没有责任心,发奋图强也只会是海市蜃楼。

是的,你想成为一个成功人士吗? 那么,请做一个有责任心的人,从学会承担责任开始吧! 当你把责任装在心里时,你就会做好每一件事,你就会成功的,你就会快乐无比。如果你在做事时虎头蛇尾、丢三落四或者不以为然,不认真去做,那么就会给你身边的人带来许多不利。

现在我们身为高一的学生,主要任务是学习,正确的学习目的和动机是一种对自己、对父母、对老师、对祖国的责任感的体现。"一屋不扫,何以扫天下"。责任感的培养是一个循序渐进的过程,培养自己的责任感就要求实、务实,从身边的每一件小事做起。

最后送给大家一句话:一个成功的人必然具备某些条件,其中之一就是责任感。固然聪明、才智、学识、机缘等,都是促进一个成功人的必要因素,但假如缺乏责任感,仍然不会迈进成功的大门。

第十二节:拼搏

"人生能有几回搏,今日不搏何时搏!"当年容国团说这话的时候,那是充满了为国争光、不达目的誓不罢休的豪迈气概的。因为他发自内心深处拥有了这种心志,就在赛场上敢打敢拼,从而为我国夺得了第一个世界冠军,实现了零的突破,成为我国体育运动史上的一个里程碑。他的这一搏,是我国体坛上空前的一搏,辉煌的一搏,震惊世界的一搏。人是靠精神支撑的,拼搏就是竞争,拼搏中要有一股虎虎的生气,要有"百二秦川终属楚,三千越甲可吞吴"的英雄气概。人生因拼搏而波澜迭起,因拼搏而绚丽多彩,因拼搏而风光无限。一个人只要心中装有理想,就会拥有一种乐观的心态,健康的心态,苦干加巧干,并且胜不骄败不馁,不轻言放弃,一定会抓住每一次机遇,认真迎接每一个挑战。只要心中有理想,他一定会以"人生能有几回搏,今日不搏何时搏!"的精神奋力拼搏,创造人生的亮点,造就人生的辉煌。不管胜与败,只要你们能问心无愧地说:"我尽力了!"这样,在你们结束高三生活以后,留下得就只有骄傲和微笑,而不是遗憾与羞愧。

谁把握了机遇,谁就会成功! 选择高考是人生中最重要的一步,当你选择时,你会发现曾经的失落沉沦、苦闷彷徨、沧海桑田都将成为不再重现的历史。奋斗的感觉会让你心潮澎湃不已,你会发现自己的目标正不断因为自己的搏击而向你靠拢,越来越清晰,唾手可得,这种距离缩短的感觉会让你心醉。因为你的勤奋、智慧、信心和勇气,使得现实中的你得以向目标进发。选择高考并不难,重要的是你要做一个真正的高考人。你要抵住一切困难、挫折、诱惑,时刻不忘自己在为自己的梦想而奋斗。

人生难得几回搏,此时不搏待何时。在汗水的浇灌下,在顽强的斗志下,天道酬勤,高考终究会铸成你人生一道亮丽的风景线！不要考虑考试的结果,只要过程,结果并不重要,谋事在人,成事在天。

苏格拉底说,不经审视的生活是不值得过的,人生在世除了追求快乐也不要怠于思考。而思考特别是对于一些终极命题的思考往往是很容易陷入痛苦和彷徨的,当体悟到人生某个阶段时,如何在出世与入世之间平衡,如何在钢筋水泥与大河森林之间来去,每个人都要作出自己的选择。有的人的选择是,宁可痛苦的人不做快乐的猪。有的人的选择恰好相反。

我想要怒放的生命！让大家见识不一样的我！怒放的我！人的一生中,多少成功和欢乐能够欣慰的留给自己;人的一生中,又有多少失败的苦痛能够洒脱地留给记忆。我们要学会拼搏,因为未来的路还很长,一切需要我们去开辟。生活是一条充满着惊涛骇浪的长河,只有勇者才能架起命运的船,搏击巨浪,傲然前进。挫折,困厄,失败,那是像风和雨一样,不可回避,但是强者们学会了拼搏,最终必定会获得成功。

在这个竞争激烈的年代,横在我们面前的是一条更壮阔的长河,它将检验我们信念、意志和拼搏力。我们只有不甘落后、奋起拼搏、勇往直前,才能领略彼岸那绮丽的风光,享受胜利的喜悦。如果只是望河兴叹、却步不前或徘徊桥头趑趄不进,那只能失去拼搏的机会,留下终生的遗憾。

同学们,人生能有几回搏,学会拼搏,学会竞争,不要等到机会不在的时候,才茫然悲切。期末考试即将来临,我们此时不拼,更待何时。期末考我们要全力以赴,迎接挑战。强迫自己完成每天的作业,完成每天的复习任务。临渊羡鱼,不如退而结网。行百步而半九十。后面二十几天的时间,占50%的重要性。

人生难得几回搏,此时不搏何时搏？与其羡慕别人翱翔的雄姿,不如造就自己坚实的双翼;与其羡慕别人抱着自己的事业享受自己的生活,不如自己付出努力做一番事业。

我们坚信:读书改变命运,拼搏成就未来。明年的高考我们必能取得胜利！

第十三节：理想比黄金更珍贵

人生是对理想的追求，理想是人生的指示灯，失去了这灯的作用，就会失去生活的勇气。因此，只有坚持远大的人生理想，才不会在生活的海洋中迷失方向。托尔斯泰将人生的理想分成一辈子的理想，一个阶段的理想，一年的理想，一个月的理想，甚至一天、一小时、一分钟的理想。

人生的花季是生命的春天，它美丽，却短暂。作为一名大学生就应该在这一时期，努力学习，奋发向上，找到一片属于自己的天空。青年是祖国的希望，民族的未来。每个人主宰着自己的明天。

有一位哲人说过："梦里走了许多路，醒来还是在床上。"它形象地告诉我们一个道理：人不能躺在梦幻式的理想中生活。是的，人不仅要有理想，还要大胆幻想，但更要努力去做，在理想中躺着等待新的开始，成功不仅遥遥无期，甚至连已经拥有的也会失去。

前人说得好，"有志之人立长志，无志之人常立志"。那些无志之人的"志"，就是美梦，就是所谓的"理想"，他们把自己的蓝图构画得再美好，再完善，也只是空中楼阁，海市蜃楼罢了。

"少年智则国智，少年富则国富，少年强则国强，少年进步则国进步，少年雄于地球，则国雄于地球。"让我们洒一路汗水，饮一路风尘，嚼一路艰辛，让青春在红旗下继续燃烧；愿每一位青年都怀抱着自己的理想，在人生的航程上不断乘风破浪，奋勇前进！

年少时，我们都曾有过一些美妙、绮丽而又略显天真和不切实际的幻想，就像河流边那些五光十色的鹅卵石。我们都曾陶醉于那些绚丽的颜色中。渐渐地，我们长大了，目光由脚边的鹅卵石移向前方。河流的源头，屹立着一座雄伟高峻的雪山，令人神往。我们把它称之为——理想。一个最美的字眼！

理想，包含着我们对未来的向往，对未来的希望，对未来美好的憧憬。

金色的童年，沉淀着儿时的快乐、沉淀着淡淡的稻香。就像陈年的女儿红，愈久愈香，愈久愈让人不满足于回味。小时候的我，最大的理想就是爸爸妈妈能多给我买些玩具和好吃的。现在看来,才觉得儿时的我多么的天真。

长大后,才渐渐地明白:"理想,不在于一朵娇嫩的鲜花,需要我们渴望的目光去滋润,更需要我们用真挚的心灵去呵护。"

的确,每个人都有理想,但要让这美好的理想变成现实,关键还要看自己。在失败中振作,在振作中奋发,在奋发中取胜,这才是我们要的精神。俗话说:"有志者,事竟成"。我相信,只要我们努力踏实地学习,一定会使自己的理想成真!

理想是石,敲出星星之火;理想是灯,照亮夜行的路。

理想是火,点燃熄灭的灯;理想是路,引你走向黎明。

当然,理想也是一股动力,推动着我们前进永不气馁。

让我们为理想插上翅膀,让我们一起放飞自己的理想!

第十四节:期末复习总动员

时光如梭,弹指一挥间,紧张、忙碌而又充实的一个学期即将过去,我们即将迎来高中阶段的第一次大考。正确面对考试,把考试当成战胜自己、战胜对手的手段。

在还有紧张的十余天里,我们应当好好把握复习的时间,调整心态,制订好符合自己的复习计划。

目标决定结果。成功的道路是目标标示出来的。目标有多远,我们就能走多远。我们的目标和追求不是为了谁,也不是为了证明什么,而是要对得起我们的付出,无愧、无悔于我们青春的纪念!我想我们作为学生目标就是一个:考出优异成绩!

态度决定结果。记得有一句歌词:"不经历风雨,怎能见彩虹,没有人能随随便便成功。"没有压力就没有动力,没有动力就发挥不出一个人蕴藏的潜力!考试要有压力,在一定的压力下,就必须强化我们的一些学习态度:一是勤奋的态度,勤能补拙是良训,一分耕耘一分收获;二是刻苦的态度,追求是苦的,学习是苦的,但是最终的成功是甜的;三是进取的态度,我们都知道,学习如逆水行舟不进则退,一下子成为天才不可能,但每天进步一点点总有可能;四是务实的态度,求真务实是我们提升考试成绩的法宝,为此我们必须"上好每一课、抓紧每一秒、练准每一题、迈实每一步!"

方法决定结果。科学有效的方法,可以让我们的复习、应考事半功倍。古人云:取法乎上,仅得其中;取法乎中,只得其下。讲的就是做任何事情都要有方法。一是要重视基础,不犯概念性错误。只有夯实基础,我们才可能用有限的定义、定理、公式去应对无限变化的能力测试! 二要重视纠错,不犯重复性错误。复习、检查的关键就是要纠错,我们要抓住错误、理清错误,确保不犯同类错误。最后要重视规范,不犯低级的错误。面对考试我们应临场不乱,切忌看错、写错。我们更要熟练掌握老师教给的应考技巧,工整作答,最大限度地向卷面要分数!

教材为本,整体复习。课本是复习的阶梯,学习须有"本"可依。复习时以课本为主线,进行系统的复习,使所学过的知识由零散过渡到完整,构架起较为完整的知识系统,训练综合运用知识的能力。以课本为主线进行整体复习,并非简单地重复已学过的知识,而是对学过知识进行系统梳理,对某些知识点要进行归纳与对比。尤其对某些似是而非的知识点,在复习中一定要弄清楚,并能灵活运用。认真看课本上的复习参考题和每章的复习小结,力争复习参考题每题都过关。复习小结了然于心。

立足基础知识、基本技能和基本方法,重在理解。基本的概念、规律、技能、方法是学习的基础,打好基础才能向前发展。如何做到理解呢? 不仅能知其然更要知其所以然、能举一反三、能辨别近似概念和规律,则可视作理解了。多从不同角度考问自己,多和同学探讨如何理解,多做联想和比较,自然理解力大增。

制订看书计划、绘出知识结构网络图,形成完整的知识结构体系。归纳过程中,要有序地多角度概括思考问题,找出内在联系。然后根据知识结构网络图去发散、联想基础知识点和每个知识点的基础题,首先学会自我检测。

看错题本,温故而知新。将日常练习、考试中遇到的错题、典型题分门别类地收集在一起。期末复习中,一定要拿出一定的时间重新去温习,这样做,会比做几道题有更大的收获。温习错题本,除复习语言知识点外,还要重视某些试题的解题方法与技巧。只有这样,才能充分发挥错题本的作用。

解题的基本方法与手段不要忘了,比如该画图的就得画图,该演算的就得演算,该写公式的就写公式等,遵守考试的一些常识。比如规范,在答题时,要坚决做到审题规范、解题规范、步骤规范、书写规范。比如检查,做完试卷,歇口气,检查一至两遍。再比如答题顺序,遇到难题,先放一放,不要去钻牛角尖,考场上,对一道难题花太多时间是不值得的。相反,对基础题和基础分,一定要想办法把它拿下来。

养成良好习惯和健康的心理状态,做到稳定发挥。稳定是正常地发挥出你的水平,是向前发展的稳定,正常的情况下人是循序发展的。此外,还有一个很重要的方面是必须拥有良好的心理状态。脑科学研究表明,人的大脑处于轻松的状态时,是智力发挥最佳的时候。如何保持轻松,关键是有充分的自信,自信能发挥出正常的水平。自信的秘诀在于充分的计划和执着的努力,凡事预则立。

还有要注意合理的休息,不能光顾着学习,不注意睡眠,好的睡眠可能是记忆提高的保证,也是为第二天有更充沛的精力投入到新一轮的复习中去。

"一分耕耘,一分收获。"你在学习园地撒下辛勤的汗水,就会换来多少成果。在这里预祝同学们组织好期末复习,争取发挥出最佳水平!

2013届毕业生张依宁的演讲

敬爱的老师们、尊敬的同学们:

大家好,我是我们十一中2013届毕业的学生,重新回到母校,就是又陌生又熟悉的感觉吧,老师还是当年的老师,而穿着校服的人却不是我认识的人。我当年参加高考誓师大会的时候仿佛就在眼前。

接下去就自我介绍一下,我叫张依宁。在这里要和大家说一声抱歉,你们的学姐不是什么985或者211的大学出来的名牌大学生,只是一个普通的本科学校毕业的。但是在座各位先不要瞧不起普通本科,因为如果你不努力连普通本科都不可能会进,不要说我看不起你们,我看得起你们的前提是要你自己先看得起自己。我想现在会有人在嘀咕：为什么请一个普通本科的学姐来，我们十一中难道没有一本吗？有，当然有。但是我坚信我的经历有可能比他们更能够影响你们，只要你们认真听讲。现在请一半抱着厌烦心态的同学收收心，因为你的厌烦并不会改变什么，请另外一半还拿着书进来的同学们放下手中的书，因为你不仅看不进反而会适得其反，而且真的想读书是差不了这些时候的。

那接下来我们正式进入正题，现在离选考还有29天，离高考还有90天。高考是一场盛大的战役，我以前呢不相信高考可以改变命运，不就是一次考试吗，现在，我真切地感受到了高考真的可以改变命运，改变别人对你的看法。我相信，在座的各位一定有和我有同样的经历，你们的父母在带你出去的时候，一定会有一些好事的大伯大妈问你：你是哪个高中的？然后你爸妈肯定会略带不太好意思地说：十一中。在座的各位一定也会经常会在外面吐槽我们十一中，甚至自己都把自己罗列在差生那一个档次，在我们看不起我们学校的时候，有没有想过，衡量一个学校好坏的标准是什么？是教学设备（哦，那一中也不比我们好到那里），是老师？（我自己也是从事师范行业的，我知道，老师的好坏是有，但是我敢打包票，我们十一中的老师绝对是优秀的，不比萧中、三中老师差）。那最后是什么，对，就是曾经在外面嫌弃我们自己学校差的你们，你们才是决定一个学校质量的根本性的因素。如果今年你们能够考的比某些所谓的重高好，那么明年我们十一中就会被说为传奇，甚至明年重高就有我们十一中的名字。

我这个人呢，经历也是比较奇特的，但是在我的高中有两个事件让我一直刻骨铭心，我也要感谢这两个人带着我一步一步走向了我心中的成功。

一个是萧山中学的学生。有一天呢，她妈妈来我家附近逛街，刚好碰到了我妈妈，他妈妈是那种比较傲的：明明知道我中考数学没及格，还明知故问我妈：你女儿在哪里读高中？我妈说：十一中。然后她妈妈就哼了一下，然后强调了很久自己女儿是萧山中学的。我妈后来回家就随意一提这个事件，然而我却深深地记下了这一个事件，并且告诉自己，我高考一定会超过她的。

还有一件,是有一天我表哥结婚,我当伴娘,我表哥还有一个表妹是三中的,也是比较好的,然后在饭桌上有一个叔叔问了一句:她是什么高中的。小姑娘特别傲娇地说自己是三中,还自告奋勇地说旁边这位是十一中的,后来那位叔叔全程没有和我说过一句话,一直巴拉巴拉在和那个三中的女孩子在说话。当时的我就下定决心一定要超过这两个人,树活一张皮,人争一口气,反正高考才是最重要的一步,那时候我在自己本子上写下这么一句话(大致是这样的)。

我在中考上没有超过你,在这三年中,你赢尽他人赞誉,但是我发誓在高中以后,在未来很多个三年中,我会比你赢得更多他人赞誉。这句话我送给在座的各位,我相信对你们中一部分有上进心的也曾受过如此经历的人会是很有用的推动力。

最后的结局呢,第一位,萧山中学的女生最后考了470多分,在温州大学的城市学院读三本,第二位三中的女生最后考了480多分,去了省外读了三本。我当年的高考分数比这两位都高出了近80分。我觉得我用高考成绩证明了我自己不比他们差。最近我妈又遇到了她妈,最近的对话都是:你女儿教师编制也考进啦,我们萧山中学的读出来最后就是一个三本。这个时候才是你可以骄傲的时候,你用你自己的实力、用高考证明了你自己。

说这两个事件呢,无非就是想告诉同学们,当别人问起你是什么高中的,请你骄傲地告诉他:我们是十一中的,当别人看不起你的时候,请你记住,用实力告诉他,我可以比你们优秀。有人说人不可以嫉妒,但是我觉得学习就是需要嫉妒的,当然这个嫉妒是打双引号的,不是盲目地去嫉妒,或者说嫉妒人家穿得比我好,手机用得比我好,这些都是浮云,你们应该嫉妒什么,你们应该嫉妒他们的成绩,譬如说同学和同学之间就应该你追我赶,互帮互助。有些人是这样的,看着自己讨厌的人比自己考得好了,心有不甘,然后和高中的小团体一起碎碎念这位同学的坏话,但是有用吗?我奉劝现在每天不学习专心于八卦的各位,请你们省点力气,因为你们八卦的时间别人可以多做好几个题目。我觉得正确的嫉妒应该是一种良性的竞争,譬如说今天小 A 同学考得比较好了,我会去努力,去探索为什么小 A 同学考的比我好? 我哪里差了,然后给自己偷偷定下一个目标:我一定会超过你的。在这里教同学们一个方法,在你们自己班级可以找一个你心目中的追赶者,然后当你每天支撑不下去的时候抬头看看他,恩,比你优秀的人还在奋斗,你凭什么懈怠你自己。所以请记住学会嫉妒,学会不断竞争。

　　学姐也是经历过高考的,我懂你们。在这里有一群人,在我们十一中还是一个大群体。这一群人呢,都是在150/350左右徘徊的人。我必须要敲一下警钟,因为你们很危险,非常危险! 你们呢,属于成绩中等阶段的呢,看起来还是比较好的,我只能说是看起来,因为当你们走出十一中以后会发现你们的成绩真的很危险。我就坦白一点儿说吧,你们现在处于本科和专科之间,这一部分人,我相信在座大部分都是这一阶段的。这一部分同学有一个特点:成绩呢,都很稳定,不上不下,没有什么突出的科目,也没有什么特别差的科目,而且对自己没有什么明确的规划,对于不会的题目,就每天拖着,尤其是偏理的一些科目。因为我曾经也是这一阶段的学生,所以我觉得我很有发言权。首先,你们必须要紧张起来,真的必须要紧张起来,因为100天有可能你能从三本调到二本,也有可能从三本落到专科,这都是有可能的事情。那在这里我说几点我的建议:首先,一定要有自己的一个规划,我高三最后阶段的时候,王彩霞老师是我的班主任,不知道您还记得吗? 那时候我的桌子上贴满了纸条,纸条上面呢,我就列了一张计划表,几点到几点干吗,然后每天打卡,把时间尽量压缩。要相信你自己,每天给自己定一个小目标,语文要完成什么,政治要完成什么,等等。这样你会发现看书会有效率很多很多。

　　还有就是关于这个时间分配问题,我相信我们十一中的同学和萧山中学的同学还是有一定的差异的。我来之前呢问了一个萧山中学考进浙大的研究生朋友关于他的备考经验:他和我说,他高中的时候经常熬夜,然后他们班女生在高三最后阶段头发都白了一圈的时候,我沉默了一下,我为什么没考进浙大,大概就是白头发不够多了。我之所以说这个事件呢,不是为了让大家也熬夜,长白头发,说难听一点,萧山中学的人的目标

知章书院：普通高中人文教育的新载体

和我们是不一样的,他们比的都是什么杭二学军之类,一群那么可怕的人我们干嘛要和他们去比较,我们比的就是八中、九中之类的学校,你们放心,八中九中的情况我打听过了,也没几个熬夜长白头发的。我想起了我们今年考研时候,我们有一个小群体,大概都是12:00睡觉,4点左右起床,合起来就睡了4个小时左右,我也考研,不过我11:00睡觉,8:00起床,最后成绩还是比他们高。很多事情都说明不是你花时间越多,你的成绩就会越好,效率很重要。不要自欺欺人,明明今天一点儿也看不进,却还死蹲在位置上不起来,给自己一个心理暗示:我在看书。有毛用? 你自己心里没有点数吗? 有一些同学还会熬夜,躲在被子里暗戳戳地看书,第二天呢,眼睛上下打架。大家可以算一下你熬夜花1个小时,算你眼睛很好,毅力很强,可以看进30分钟的书吧,但是第二天我们6:00到17:00的学习时间,你可以算一下你有多久都是在打瞌睡的;然后算一下你可以看进多少时间,怎么算你都是亏的呀。那这时候就会有人想了:学姐你是不是有问题,前面给我们举了萧山中学熬夜的例子,现在又讽刺我们不让我们熬夜。我只想说,人家是能考进萧山中学的,不说智商,他们的底子他们的毅力肯定比我们好,而且好很多。我们的目标不是清华北大,是一本或者说是本科,你们只要保证在一天的上课时间内百分之六十的时间都是在状态的,就已经很不错了。至于熬不熬夜呢,我说一下自己的观点,如果你真的特别想要学习,熬夜当然可以,但是不要超过11:00,因为人一旦睡眠不够,整个人注意力就会随之下降,身体素质也会不行,得不偿失。与其熬夜不如早起,早上起来建议可以先去操场走一圈,然后睡前也去操场走一圈,可以背点单词或者就是纯粹的放空自己散散心,这样你可以以更好的状态面对接下去的学习。

我一直不赞同一句话,这句话叫"今日,我以母校为荣,他日,母校以我为荣"。我觉得应该改成:"今日,母校以我为荣,明日,我以母校为荣。"我觉得一个人就应该要有不怕死的勇气,就应该要相信自己,人不轻狂枉少年。你在学校的时候,你一天到晚以母校为荣干嘛,你看我刚刚提到的那几个萧山中学,萧山三中的人他们一天到晚在炫耀自己的母校,整天以自己的母校为荣,是! 他们在炫耀自己母校的时候确实会带来优越感,但是这有什么用呢？母校每年会迎来各种各样的毕业生，比你好的会有很多很多，母校的优越又不是因为你，是因为那些和你毫无关系的优等生带来的，你骄傲个什么东西。

最后，他们的母校为他们带来了什么？甚至他们的高考成绩都会让母校觉得为耻。我觉得我们十一中的同学就应该给自己定下一个目标：我在十一中的每一天都要让母校以我为荣，我要在炫耀我自己学校的同时，并且告诉他们十一中的优秀也有我的一份力。在这样的情况下，才是真正最让别人扎心的炫耀，最让你自己骄傲的炫耀。等到明天，我毕业的时候，回首我在十一中的日子，那时候你再感谢母校，感恩母校带给你的一切一切。年轻人就是要有不怕死的斗志，就是要给自己压力，就是要让每天逼一逼自己，你不逼自己，你永远都不会知道自己有多么厉害。不要老觉得自己苦，自己压力大，真正让你苦，让你压力大的时候是在于高考成绩出来不理想的那一刻。为了让那一刻不出现，所以各位，请回去放掉手机无线电脑王者荣耀，因为你浪费的每一分每一秒都决定了你以后的人生。真的觉得压力太大了，就出去跑步吧，学姐呢，也就唠叨到这里，最后送大家两句话。第一句话是：宁吃百日苦，不留终生憾。第二句是：今日，十一中以我为荣，明日，我以十一中为荣。祝大家能在接下来的90几天内让十一中因为你而骄傲。

最后，借这个平台，我要向十一中的老师们：说一句谢谢！千言万语尽在不言中。

(4)名家长堂

家长发言稿(一)

尊敬的老师、各位家长朋友们：

大家好！

首先非常感谢曹老师给我提供这么好的一次机会，让我和大家一起探讨孩子的成长教育问题。作为家长，我首先理解、支持老师的工作，也乐意配合老师共同教育孩子。同时感到很惭愧，对孩子的教育主要是老师付出了很多心血,做了大量工作,家长做得很少,确实没有什么经验可谈,只是把自己一点不成熟的想法说出来,目的是与大家一起交流切磋,共同提高。在这里,我主要谈三个关键词。

一、感谢

萧山十一中是一个环境优美、设施齐全、以人为本、充满浓厚人文气息和文化氛围的学校,领导高瞻远瞩、科学创新的办学理念,勇立潮头、敢为人先的强者风度,老师们落落大方、谈吐不凡的气质,朴实严谨、积极向上的教风和无私奉献、不图回报的高尚师德,时刻潜移默化地影响着我们的孩子,使他们不仅学会了学习,更重要的是学会了做人。

进入十一中,你会发现人文教育无处不在。第一次报到时提着被褥包裹刚走进校园,老师们和高年级学生组成的志愿者便主动上前询问班级,帮查宿舍,帮送东西,一直带到宿舍找到床位才放下离去,被单被罩已提前分好放在自己的柜子里。这对初进十一中的每个学生都是一种无声的爱的教育和感染;找到教室报到,曹老师已早早坐在教室里,登记学生基本情况的表格放在桌上,开学须知写在黑板上,报到交费入班本想要排队几个小时才能完成的事情在不到15分钟里全部结束。我在感叹"速度"的同时,内心也在赞叹十一中"把平凡的事做精彩,把普通的事做经典"的精细化管理模式,我们的便捷后面是十一中老师提前做了多少工作啊!第一次参加的开学典礼上,"爱的教育"贯穿在活动始终,文艺节目会演、学生代表讲话、学生家长互动、师生诵读誓词、教师代表上台等一幕幕仍在眼前浮现,程校长最后的讲话更是把"爱的感悟"推向了高潮。从学生潮湿的眼神中看出他们读懂了"爱"更广博的含义,明白了"爱老师,他们是你登山的阶梯;爱同学,他们是你永远的财富;爱父母,他们是对你无悔付出从不思回报的春蚕;爱学校,她是你成长壮大离不开的沃土"。还有举行的爱心义卖、秋季运动会等活动和丰富多彩的社团项目、心理辅导室的建立,都使十一中充满了生机和阳光,如调味剂一样让学生的生活紧张而不单调,充实而不乏味。对于十一中精心赐予孩子们的一切,家长只能重复着同一个词:感谢!

二、感动

自从进入十一中后,我的孩子发生了很大变化。从信心满满的展望到遇到众多佼佼者对弈高手的苦恼,从成绩名次的彷徨到不能快速突围的忧闷,从认清现实和自我的冷静到调整状态奋力超越的搏击,一系列的变化记录着孩子成长的烙印。如果说孩子在这里初步养成了良好的学习和生活习惯,变得乐观上进、善良豁达了,这是老师严格管理和耐心教育的结果,孩子的每一点进步,都和老师们的辛勤努力是分不开的。没有你们的关注和爱护,就不会有他们的成长和未来。难忘高一(12)班每个老师待学生如亲人的关爱,班主任曹老师在孩子生病时叮咛中药泡热再喝,喝前吃点饼干垫底免得难受;曹老师几次带孩子外出看病,垫付药费,休息时间帮他补习功课;语文老师多次和孩子谈心,拉近距离鼓励他认真努力积极向前;数学老师、耐心地开导孩子不要只盯着名次,要和自己比不断赶超自己,只要认真地学就不会困难;孩子还说历史老师曾和他谈心,告诫他不要分心要全心投入学习坚持到底……在十一中,每个老师都明白"一个孩子是一代甚至几代人的希望",对学生都是怀着一份使命感和高度的责任感在育人教书,他们深知"人才须成才先成人"的道理。他们重视孩子的学业成绩,他们更关注孩子心灵的成长和塑造。所有老师对孩子成长的重视让我们每一位家长身上多了一份责任,你们对每个孩子倾注的关爱和心血,让每个家庭充满了希望,我们的生活因为你们真诚无悔的付出而充满了光明,我们无时无刻不被你们高尚的人格感动着。在此,请允许我代表与会的家长们对各位老师的辛勤教育表示衷心的感谢! 老师,您辛苦了!

三、感恩

第三个词"感恩"想先和孩子们说说。孩子们,你们是幸运幸福的一代,父母呵护你,老师关爱你,学校社会关注你,你们要懂得感恩。不要抱怨不要任性不要自我放松,你们衣食不愁地坐在这里接受良好的教育,要知道有多少同龄人可没你们这么有福气,有的要为维持一家老小的生活而奔波,有的为了上学每天都要翻山越岭步行两个多小时,有的边照顾年幼的弟妹边艰难地完成学业。你们要明白有爸爸妈妈的呵护是幸福,有这么多高素质老师的关爱教育是幸福,有健全结实的身体是幸福,放学总能坐在干净的餐厅里吃饱饭是幸福,积极地学习思考有所收获是幸福,关爱别人是幸福,生活在魅力无限的十一中是幸福……要知道学习是自己责无旁贷的事,不是为家长为老师学,而是为证实自身价值打拼美好未来而学,所以要变"要我学"为"我要学",变"要我学好"为"我要学好"。人总处于主动积极地学习状态,就会创造出意想不到的奇迹,这也是对老师最好的回报和感恩方式。还想对家长说要体谅感恩老师,"三百六十行,就数老师心最长",老师都希望学生超过自己,更加优秀,现实是学校和家长都对老师寄予了厚望,老师们压力大,精神负担重,每天从早晨6点到晚上10点多,连续16个钟头老师们的心都要用在学生身上,他们非常的辛苦,在教育孩子或学业成绩等方面出现问题时,我们要相信老师及时沟通,别让老师辛苦之后再被误解,流汗又流泪。我也相信这样的事情在我们这个班级不会发生。另外,孩子是上天赐予我们的宝贝,我们也要善待感恩他们,孩子贪玩成绩下滑情绪不稳时,要多些理解和宽容,多点沟通和指引,他们快乐阳光了我们才会感到幸福和欣慰。我认为只要孩子具备了优良的品质就是拥有了世界上最宝贵的财富。我有理由相信,有我们的陪伴,有老师的科学指导,孩子们一定会健康地成长,他们终将成为我们最大的骄傲!

最后,祝各位领导、老师和全体家长们身体健康,家庭幸福,祝愿同学们学有所成,三年后走进你们心仪的大学校园。谢谢大家!

家长发言稿(二)

尊敬的老师、家长朋友,亲爱的孩子们:

大家好!

我是陈佳丽的妈妈。很荣幸我能作为家长代表在萧山十一中高一(10)班发言,说实话,面对着这么多优秀的孩子、优秀的家长和优秀的老师,我很紧张。一是因为我并没有什么教育孩子的先进经验,二是因为我的孩子在这高手如云的队伍里并不是最优秀的,但他身上有我们一直引以为傲的阳光开朗,自信自立,积极向上,乐于助人的品质,相信健全的人格,定会有灿烂的人生。今天,我很荣幸地接受了这个任务,与大家一起来探讨、交流。

首先，请允许我代表各位家长向辛勤培育孩子的老师们表示最诚挚的敬意和最衷心的感谢！老师，你们辛苦了！

今天，我们虽然来自四面八方，但是目的只有一个：为了孩子们的健康成长，为了孩子们早日成才，为了孩子们的美好未来！我们眼中的孩子，早已成为他们自己眼中的大人，所以我们就要用双重的眼光来看待他们，这就给我们家长提出了更高的要求。在伴随孩子成长的过程中，我觉得以下几点尤为重要。

一、重视孩子的健康成长。这里主要包括身体健康和心理健康的成长。高中阶段，仍然是孩子们长身体的关键时期，他们的学习任务比我们上班还要辛苦，所以我们家长要提醒他们在膳食方面不要偏食，要均衡营养。我们还要重视孩子的心理健康成长，学习固然重要，教育孩子怎样做人也很重要，千万不能让他们沾染上不良的习惯，要教育他们尊老爱幼、尊师重德、诚实守信，培养他们乐于助人、关心集体、团结协作的好品质。"做事之前先做人"，这是我经常对孩子说的一句话。她是一个富有爱心，乐于助人，广泛交友，自信开朗的孩子，作为家长，我们很欣慰。尤其是在攀比之风盛行的当今，我家孩子不追求名牌，不赶超潮流，生活朴实，实属难得。

二、督促孩子的学习，但不做唯分至上，不给她过大的压力。到了高中阶段，尖子生如云。孩子们面临的学习压力也很大，我不要求她非要争前几名，但一定要求她制订目标，力求上进，做好她的本分之事。考试成绩和排名永远是家长最关心的事情。对于考试，孩子考好的时候，我会很开心的祝贺她，叫她再接再厉，但是不能过分地赞扬，这样容易使她飘飘然。考砸的时候，我也不会马上去指责她，而是安慰她鼓励她，问一下是哪里出了问题，要及时改正。我的心态是这样的，凡事都往好处想，一次考试说明不了什么，人生也没有一帆风顺的，总是起起落落，适时的给她敲一下警钟也挺好的。告诉她：人外有人，天外有天，任何什么时候都不能马虎。过去的就让它过去，我们还要以更饱满的状态迎接下一次的挑战！

三、教会孩子自立。我家是开饭店的，因为生意繁忙，没有时间接送孩子，初中开始，我们就让孩子住校。在这里我要特别感谢金帆初中严格的住宿制度,去掉了娇气,培养了自立。前段时间,孩子在打羽毛球时,扭伤了脚,行动很不便,但她自己能做的事,绝不麻烦别人。

四、多沟通、多交流,和孩子成为朋友。放她喜欢听的音乐,看她喜欢看的电视,聊她喜欢聊的话题,她打羽毛球的时候陪她打球,等等。时不时地抽时间倾听孩子的心声,有时候我们想不到的,孩子说得有道理的时候,我们一定要尊重她、支持她。这样才能打开孩子的心门,在学校里很多事情愿意和我们分享,思想上没有隔阂。在家里生意忙的时候也会帮忙拿酒水、开票,等等。处理问题的时候一定要讲究方式方法,争取做到:态度不能粗暴,语言不能过激,寻找相应的对策来解决问题。上了高中的孩子,如果再用强制的办法硬管,是绝对管不了的。

五、给孩子一个温馨的家庭。现在我们和孩子待在一起的时间越来越少了,每星期只能回家住一晚,所以尽量制造出愉悦舒适的环境,让她紧张的神经得到充分的放松。自己尽量不出去,多留在家里陪他。

如果把孩子比喻成风筝,我们就是风筝底下的那根线。线一定要给风筝足够的飞翔空间,但不管风筝飞得多高、多远,都要有底下的线牵引着,才能飞翔到理想的彼岸!

以上这些就是我伴随孩子成长的粗浅感想,希望与在座的各位家长共勉。教育无定法,需要我们在实践中摸索着前进,让我们和他们一起再成长一次吧。我相信,孩子们有父母的悉心照料,有老师的正确指导,有学校的科学管理,一定会度过一个快乐而充实的高中生涯,成功的走向人生的又一个起点。最后祝老师和各位家长工作愉快、身体健康,祝可爱的孩子们学习进步、身体健康、再创辉煌! 谢谢大家!

家长发言稿(三)

尊敬的各位老师,各位家长,各位同学:

大家好! 我是徐佳乐的家长。首先感谢学校、老师给予我这么好的一个机会,能让我站在这里和大家共同讨论孩子的成长教育,我感到十分荣幸,也感激各位老师对我孩子无微不至的关爱。学校对家庭教育的重视,让我们每一位家长身上多了一份职责,学校的老师对我们每一个孩子倾注了爱心和心血，更让我们家长感动。因此，作为家长，我明白、支持老师的工作，也配合老师共同教育孩子。对于教育孩子这件事情，我想在座的各位家长肯定有很多比我做得更好。说来惭愧，我感到对自己孩子的教育还做得很不够，还存在着不少疏漏。下面，我就粗浅地谈一下自己的感受与做法，与各位家长共勉。

一、作为家长，我觉得对孩子在学习方面督促和鼓励是很重要的，在督促与鼓励过后，培养孩子学习的自觉性，让孩子知道学习是自己的事，不是为家长学为老师学，让孩子知道学习的重要性，只有主动学习，孩子才会认真地、及时地完成每一天的学习任务。每一天的家庭作业我们都认真督促，严格要求，做错了题目自己改，让孩子知道：每个人都要通过自己的刻苦发奋才能获得进步！

二、对孩子多一些鼓励。我常对孩子说，只要你尽力了，就能够了。每一个人的起点不一样，我们不能太高地要求自己的孩子。只要你的孩子用了心，尽力了，就是考得不好，也要鼓励他，对他的压力不要太大。此刻的孩子正处在一个成长期，我们做家长的，也就应理解一下孩子，少用命令的口气，多用商量的口气，给孩子一些自己管理自己的空间，给孩子创造一个良好的学习环境，这样才能让孩子轻装上阵。

1.为孩子创造一个良好的家庭学习环境，有相对独立、安静的学习场所。以平常心对待孩子，与孩子交朋友，让孩子感到亲情，驱除压力感，有话乐意向你说，有苦愿意向你诉。

2.采取鼓励为主，批评为辅的方法。多一点时刻和孩子在一起，多一些沟通。多表扬，多鼓励，少批评，少指责。每个人都有惰性，孩子贪玩是天性，我们大人也一样，一天工作累下来你也想休息休息，和朋友们打打牌、聊聊天……因此，对于孩子的贪玩不能一味指责，而是要鼓励他快把功课复习完了再去玩。不定时检查作业，抽查功课让孩子知道我们在时刻的关注着他。家长在有些时候还是要做出牺牲的，陪着孩子看看书、看看电视，让他感受到你的关怀和爱意。我坚信"有失必有得"，你会发现孩子的心和你近了，孩子也变得懂事了，你还会发现自己所付出的是值得的。以前，孩子不爱和我交流，有事不主动说，问起来他也不知道，不做生

知章书院：普通高中人文教育的新载体

活的有心人。问得多了,他也慢慢注意观察了,学会思考了。此刻学校发生什么事,他都主动跟我讲。

3.培养健全的人格,鼓励孩子多参加群众活动,增强群众荣誉感。如学校举办的各种活动,我推荐家长要多鼓励孩子参加让他们有强烈的团队协作精神。正因只有在活动中孩子们才能体会到群众的力量和自己真正的快乐。人大代表述职报告

三、家长要放低姿态,以平和的心态、平等的观念对待孩子,做孩子的朋友。成为孩子的朋友,才能为孩子带给一个简单、快乐的生活、学习环境;成为孩子的朋友,孩子才会乐意与你谈心,有苦愿意向你倾诉,你才能及时掌握孩子的心理与学习动向,及时发现问题并纠正问题;成为孩子的朋友,以孩子的眼光看世界,陪孩子一起读书、看电视,引导孩子多看、多言、多思,提高孩子的语言潜质和鉴赏水平。语言是思维的外衣,语言潜质的增强,能够极大的改善孩子的学习潜质,促进思维发展。

四、言传身教。孩子成长初期的认知水平较低,模仿水平较高,我们给他们讲道理,他们不会太懂,而我们的所言所行,就会像一面镜子在他们身上产生潜移默化的作用,是好是歹,后果不可估量。因此我们做家长的要以身作则,时刻做好模范表率作用,用自身行为来教育孩子,增强孩子辨别是非的潜质。

五、鼓励为主,批评为辅。俗话说:数子千过,莫如夸子一长。耐心、鼓励和表扬能够激励人的自信心,自信则是每一个成功者共有的特征。小孩子的心理承受潜质很差,大人的一句表扬或批评的话,在他们看来往往就是对他们整个世界的评价。因此,我认为就孩子的日常行为而言,做得好的方面,要及时提出表扬,同时,也要有针对性地指出不足处,并提出更高要求,这样,他就会牢记自己的优点,逐步改正缺点,循序进步。

六、帮孩子树立正确的人生观和价值观。人生,就如同一次单程远航,人生态度,如同远航的方向,方向对了,能避免少走弯路,快速前进;树立了正确、用心的人生观,人生就能到达更高的目标,实现更大的价值。

七、培养孩子的社会职责感、同情心和良好的自身素质。在当今物质充盈、物欲横流的时代,具备良好品德能使人增强品位,提升品格,一个富

有社会职责感、富有同情心的人往往会有很好的人缘,而好的人缘能让孩子在现今的社会中更好的发展。从小培养孩子"善良、诚实、勤劳、勇敢、谦让"的良好品德,将使孩子一生受益无穷。

家长和老师之间的沟通是不可缺少的。向老师了解孩子在学校的最新状况,也及时把孩子在家的表现告诉老师,到达共同教育的目的。

看着孩子一天天的变化,作为家长,我看在眼里,喜在心上。我知道,孩子所取得的每一点进步都离不开各位老师的谆谆教诲,离不开同学们的无私帮忙,也离不开家长的辛勤付出。我有理由坚信,有我们的陪伴,有老师的科学指导,孩子们必须会健康地成长,他将会是我们的骄傲!

在此,我再次向为了我们的孩子而付出辛勤劳动的老师们表示衷心的感谢!祝愿所有的老师和家长朋友们身体健康、工作顺利、家庭美满!

2.三咏者:演讲者、朗读者、编演者

(1)演讲者

"我的时间管理"主题演讲比赛活动方案

为认真贯彻落实学校十一月的"时间管理"主题月活动,全面提升学生的学习效率,不断激发学生们学习的积极性和学习热忱,进一步浓厚校园教育氛围,特举办"我的时间管理"演讲比赛。现将具体事宜安排如下:

一、活动主题

以"我的时间管理"为主题,着力提倡让学生们合理管理分配时间,养成良好的学习习惯,提高学习效率,激发学习积极性。

二、参赛要求

1.参赛作品切合主题,内容积极向上,具有时代气息,体现当代学生风采。

2.参赛者思想端正,普通话标准,感情丰富。

3.着装整齐,大方得体。

4.演讲时间为3~5分钟。

5.若有配乐,请自带mp3或U盘。

6.参赛选手到会场后在签到处签到,比赛正式开始后15分钟不到者

视为弃权。

三、参赛对象

全体高一、高二同学

四、赛制赛程

(一)赛制:比赛分为初赛、决赛两个阶段进行。

1.第一阶段:初赛

各班在班级内部进行初赛,并推选出至少一位、至多两位优秀选手参加决赛。仪容仪表端庄,服装得体、大方。演讲题目自拟,做到主题鲜明、格调高雅、观点正确。

2.第二阶段:决赛

初赛各班选出的优秀选手,由知章书院统一组织进行比赛,根据评分标准,通过评委打分,决出名次。

3.评委成员待定:高一年级组领导、知章书院各部门负责人、班主任代表、语文老师代表等

4.主持人:朗诵社(人员待定)(多媒体操作人员一名)

5.观众:每班派代表1~3人

(二)赛程

1.初赛:11月5日—11月15日

2.决赛:初步定为11月19、20日晚自习第一节课(根据运动会时间而定)

(三)场地

决赛:知章书院二楼报告厅

五、决赛比赛规则

(一)采用100分制,演讲内容40%、言语表达30%、形象风度20%、综合印象10%。评分细则见附件。

(二)选手按抽签代码顺序轮流上台演讲。

(三)前三位选手不当场亮分,待三人演讲全部结束后,由评委集中评议后打分,其余选手演讲结束后逐一当场打分,评委打分后去掉一个最高分和一个最低分,汇总后取平均分,精确到小数点后两位,若出现同分,则

精确到后三位,依此类推。

(四)参加比赛选手须遵守会场纪律,不允许提前离场,直至活动结束。

六、奖项设置

设置一等奖2名,二等奖3名,三等奖5名,优秀奖若干,颁发校级获奖证书。

七、未尽事宜,另行通知。

附件1:

"我的时间管理"演讲比赛评分细则

一、演讲内容:演讲时间控制在5分钟以内。要求演讲内容紧扣主题,观点正确、鲜明,见解独到,内容充实、具体、新颖,生动感人,充分体现时代精神。(40分)

二、语言表达:要求脱稿演讲,声音洪亮,口齿清晰,普通话标准,语速适当,表达流畅。节奏张弛符合思想感情的起伏变化,能熟练表达所演讲的内容。(30分)

三、形象风度:要求衣着整洁,仪态端庄大方,举止自然得体,演讲者精神饱满,能较好地运用姿态、动作、手势、表情,表达对演讲稿的理解,上下场致意,答谢。(20分)

四、综合印象:由评委根据选手的临场表现作出综合演讲素质的评价。(10分)

知章给你平台,你负责精彩
——"我的时间管理"主题演讲比赛圆满落幕

为认真贯彻落实学校十一月的"时间管理"主题月活动,全面提升学生的学习效率,不断激发学生们学习的积极性和学习热忱,进一步浓厚校园教育氛围,2019年11月19日～20日,萧山十一中的高一高二同学开展了"我的时间管理"主题演讲比赛。

同学们围绕着"时间管理"这个话题,从自身出发,发表了不同的观点,听完同学们的辩论,很多感慨时间不知道去哪儿了的同学,不禁反问自己,我的时间是怎么被浪费掉的。更有不少选手,在自己的演讲当中分享了自己对管理时间和规划学习的心得,让在场的同学受益匪浅。选手们饱满的热情和铿锵的姿态也感染着在场的每一个人,

此次"我的时间管理演讲比赛"的成功举办,对十一中的同学们来说,意义重大。相信在他们得知时间的宝贵之后,会更好地规划自己的时间,合理的利用时间,在今后的人生道路上直挂云帆济沧海!

高一年级比赛结果

一等奖:107班　郑雅涵　　107班　朱雨蝶

二等奖:101班　陈秋楠　　110班　楼哲阳　　101班　徐熔佳

三等奖:108班　陈雨彤　　102班　洪诗婕　　115班　班春丽

　　　　105班　魏欣怡　　112班　王雨柔

优秀奖:102班　宋冰月　　103班　胡宇鑫　　103班　郑皓天

　　　　104班　邱昳涵　　106班　官磊磊　　108班　符运红

　　　　109班　汪敏浩　　109班　曹鑫炜　　111班　陈宏伟

　　　　112班　谢坤炜　　113班　陈奕翔　　114班　孔秋忆

　　　　114班　赵　宇　　115班　俞　洁

图7-9　高一演讲比赛现场

高二年级比赛结果

一等奖:215班 崔佳乐　　211班 高 盼

二等奖:209班 丁 玎　　207班 宣诗栩　　212班 韩宇聪

三等奖:202班 章一超　　213班 高梦晗　　210班 赵怜悯
　　　　205班 徐 璐　　204班 王 宁

优秀奖:201班 蔡晶晶　　203班 蔡怡晨　　203班 徐桢良
　　　　206班 管嫡媛　　208班 王启悦　　208班 沈稼程
　　　　209班 李鑫彬　　213班 冉谢惠玲　　214班 黄佳杰

图7-10　高二演讲比赛现场

用声音传播力量,有你有我
——两社顺利完成2019学年成员招新工作

声音,穿透灵魂;诵读,抵达内心,于文字里静享生活,在朗读中感知美好。

为保证"知章书院"旗下朗诵者、演讲辩论社能更有效地开展工作,实现新学年社团的新老交替,培养和壮大社团队伍,保证社团工作的连续性,9月17日,"我是朗读者"指导老师郑圆圆老师和"演讲辩论社"指导老师蒋茹老师带领社团骨干在知章书院顺利开展招新面试工作。

本次招新分两个阶段:

第一阶段,在前期的准备工作中,为了能召集更多更好的演讲朗诵方面的人才,上一届社员干部均发挥出了自身的潜能,将宣传工作做得十分到位。同学们置身于浓浓的招新氛围里,也充分意识到了此次招新的重要性。

第二阶段,组织进行了面试,52名候选人逐个上台朗诵文学作品、新闻稿和英语稿件,展示自己的才能。台上面试者表现优异,台下候场者积极准备。

本次面试工作,通过上一届老社员的合理安排、各评委的公平评分和同学们的积极参与下,圆满落下帷幕。最终,25位同学脱颖而出,成为知章书院旗下两社充满活力的新力量。

图7-11 招新活动现场

（2）朗读者

稍纵即逝的眷恋——"我是朗读者"之孝德

孝，是稍纵即逝的眷恋；孝，是无法重视的幸福；孝，是一失足成千古恨的往事……

11月21日，朗读社于知章书院二楼进行以"孝"为主题的"我是朗读者"的节目录制。本次节目我们请到了部分学校领导以及高一高二期中考前15名学生、学生家长。

在热烈的掌声与主持人204班朱婉婷同学的介绍下，我们请出了第一位嘉宾212班韩宇聪，他朗诵的节选自朱自清的《背影》扣动了师生心弦，直击心灵；紧接着211班高盼同学，为我们讲述她妈妈不顾自身的不适，陪她一起调皮玩闹。诵读老舍的《我的母亲》直接将全场气氛带到最高潮；205班徐璐同学甚至通过毕淑敏的《孝心无价》发出"让我们为父母献一份孝心吧"的呼吁；之后，206班孙周同学带着他的小伙伴211班李想同学一起，为我们倾情朗诵了肖复兴先生的《荔枝》。最后由106班宋青霞，107班郑雅涵、倪丹青、周琛敏、韩傲然带来的《我想对您说》结束了本次节目的录制。

孝心是一缕和煦的阳光，能消融凝结在人们心头的坚冰；孝心是一股轻柔的春风能把炎热带出干渴的心灵；孝心是一颗种子，能让每一片心的土地四季常绿.希望同学们可以通过本次节目，感受到孝心无价，孝的宝贵，可以给父母们多一点微笑，多一点关怀。

本次节目就在这样有张有弛中进行，背后策划人与指导老师的辛勤付出不得不为人称道，感谢辛苦指导的老师，以及为我们朗诵的同学们。希望朗诵社之后的节目越来越出色！

"我是朗读者"朗诵比赛

为了丰富学生们的校园生活，我校朗诵社通过比赛的方式培养同学们对朗诵的兴趣，提升每个人的朗诵水平。

一、比赛时间

2020年5月18日至5月24日

知章书院：普通高中人文教育的新载体

318

二、参赛方式

因为疫情原因,本次比赛采用云录制的方式进行,同学们可以以拍视频录制音频等方式参与比赛,录制完成的作品交于宣传部部长高盼处以做统计。

三、比赛规则

1.朗诵内容可以是诗歌、散文等,主题不限

2.朗诵时必须使用普通话

3.录制的作品时长控制在3~5分钟以内

双休日社员们通过微信、QQ积极讨论参赛作品的情感方向,同时互帮互助向学长学姐及指导老师郑圆圆请教朗诵技巧,并认真观看学习网络上的优秀朗诵视频。社员们对朗诵表现出高度的热情,对于郑老师及学长学姐们指出的问题社员们不断地练习改正,以自己最好的作品展示在大家面前。

图7-12 学生线上朗诵比赛截图

最终在郑老师和各语文老师的认真聆听后,评选出了以下优秀学员:

一等奖:倪丹青、郑雅涵

二等奖:朱婉婷、朱雨蝶、宋青霞

三等奖:何隆娟、余微、郭舞祎、陈雨彤、韩傲然、周琛敏

比赛,是一次检验自己的机会,是一次进步的机会,是一次大家一起并肩作战的机会!

(3)编演者

《抬起头》

立意:手机依赖症是一种新型心理疾病,已经渐渐深入到了学生人群当中。手机作为一种现代化的通信工具,由于它的方便快捷,越来越受到人们的青睐,而不同手机社交软件的出现,也替代了人与人之间的正常社交关系。我们是否应该回归本真的人与人之间的交流?爱手机,还是爱朋友?24小时紧握手机,还是握一握家人的手?手机社交越来越发达,而人内心冷漠以及对于手机的依赖已经日益严重。

画外音:1957年,苏联工程师库普里扬诺维奇,发明了第一台手机。从此手机改变了人们的生活。

【灯亮,音乐起

孙小乐:手机是聊天。

施利栋:手机是吐槽没有底线的聊天。

孙小乐:手机是交友。

萧　蕾:手机是附近的人,摇一摇产生的朋友。

孙小乐:手机是自拍。

吕昊茹:手机是恐龙变男神的自拍。

【灯亮,张子琪开始说唱,舞蹈。

说唱:(唱)

Iphone 在下载 Android 在运转

为了代表低头族 所以我不抬头

我们不抬起头 对啊 对啊 对啊 对啊

天亮了才说晚安 可以 睡啦 睡啦 睡啦

iphone 在下载　Android 在运转

为了代表低头族 所以我不抬起头

我们不抬起头 对啊 对啊 对啊 对啊

天亮了才说晚安 可以 睡啦 睡啦 睡啦

到底手机世界和现实有什么关系

我抬起了头 却感觉到了异常空虚

所以 所以 我决定宣布一件事

那就是 捧着手机朋友也有五湖四地

不抬起头 我就是不抬起头

怎么可能抬起来 手机一直在召唤

OH~搞不好一夜又是手机畅聊

虚拟的世界没有一只公鸡它会叫

【音乐渐收,灯灭,追光起。

【上课铃响,灯亮。

【上课铃响,音乐起,老师上场。

老师:同学们,现在我们上课……

【学生在偷偷玩手机,老师回头连忙收手机

老师:讲一讲杭州最近召开的G20峰会……谁在玩手机?

【手机响,同学们指向吕昊如

学生:老师,我没有玩,您上课,您上课……

老师:认真上课! 不许玩儿手机! G20峰会是一个国际经济合作论坛。

【手机游戏声响

学生:赶快集合,打死你……

老师:上课不准玩手机!! 于1999年12月16日在德国柏林成立。

【同学们一个接一个的身体震了起来。

老师:你们有完没完了,都玩儿手机是吧? 都会了是吧! 那我来提问,你们给我讲讲G20!

萧　蕾:属于布雷顿森林体系框架内非正式的一种对话机制。

吕昊如:由原八国集团以及其余十二个重要经济体组成。

施利栋:2016年9月,G20峰会在中国杭州举行。

张子琪:参加此次峰会的国家有……哇!有这么多国家!!!

老师:你说什么?

张子琪:嗯。参加国有中国,美国,英国等19个国家以及欧盟组成。

孙小乐:你们怎么这么厉害了?

ABCD:哎!有问题,找百度啊!

老师:孙小乐,全班可只有你没回答问题了,我再给你一次机会,G20和其他集团相比有哪些特点。

孙小乐:我……

【老师、同学定格。孙小乐定点光,自己的独白。

孙小乐:我是真的不知道这道啊,哎!对了,既然大家都在用手机查答案!那我也查一下就好了啊!

【UP上,定点光。

UP:孙小乐!别糊涂!

孙小乐:你是谁!

UP:你没看到吗?我是UP啊!(指着自己衣服上的字)

孙小乐:你的意思是我应该实话实说,告诉老师我不知道?

UP:在现实世界里,你就应该是真真实实的你啊!这叫实事求是!

DOWN:别听他胡说八道!

【DOWN上

孙小乐:你又是谁?

DOWN:没看着吗?我是DOWN,手机世界的知识面广,比那个老师有用多了!

UP:手机是碎片知识!不系统!!

DOWN:系统!系统你个头!(掐住UP耳朵)我们有安卓系统、苹果系统!走你!!(踢下场)

知章书院::普通高中人文教育的新载体
▲
■

DOWN：小乐,低下头,对,低下头,你会发现手机给你带来的好处的。老师的问题也难不倒你!

【DOWN下,时间又回到了老师提问时。

老师：孙小乐,全班可只有你没回答问题了,我再给你一次机会,G20和其他集团相比有哪些特点。

孙小乐：三个特点,代表性,平等性,实效性,

老师：哎哟! 看来你们班复习的还不错! 那下节课我直接考试! 下课!

【老师下。众人收拾东西准备走。

孙小乐：哎,大家别走啊! 今天我生日,我请你们去唱歌好不好?

吕昊如：我约了手机直播,我要去看直播了。

萧　蕾：不好意思,今天淘宝打折,我要去购物了。

张子琪：(对手机)喂,我马上就到

施利栋：我饿了,我要回去吃饭了

【众人纷纷走乱下场。

孙小乐：我今天生日哎! 大家伙就这儿么不关心我? UP!!! DOWN! 你俩在哪?

【俩人上。

孙小乐：你俩说,我该怎么办?

DOWN：这还不简单,低下头,看看你手机,你就会发现,四海之内皆兄弟啊! 什么附近的人,摇一摇都是你朋友!

UP：你能别忽悠他吗! 虚拟世界的朋友那也是有距离的。

DOWN：现实世界维持人际关系真的好麻烦啊,你看,手机里点个赞,就是朋友。小乐,低下头吧!

UP：哎,我说你怎么不教点儿好啊! 看手机又浪费时间、又浪费精力,还损害健康! 还……

孙小乐：UP,你好烦啊! 我觉得DOWN说的有道理,你还是走吧。(又被踢下场)

UP：孙小乐,你……你会后悔的!

孙小乐:快说,怎么才能让大家关心我!

DOWN:首先拍一张照,发送朋友圈。看着吧! 3! 2! 1!

【众人上

张子琪:hi! 小乐! 今天生日不能陪你! 为你点赞祝福!

吕昊如:小乐! 生日快乐! 祝你学习进步! 赞一个!

施利栋:小乐,福如东海! 寿比南山! 赞一个!!

【众人下

孙小乐:原来这么多人都在关心我啊。一会就这么多赞了!

DOWN:可不是吗? 低下头你得到了很多满足吧?

【SIRI 响起

孙小乐:啊呀,今天过生日去爷爷家吃饭! 差点忘了,我走了!

DOWN:小乐,记得拍照发朋友圈……

【孙小乐绕场。舞台后方灯亮,一个老人抬菜上场。

爷爷:这是小乐最喜欢喝的皮蛋瘦肉粥! 都几点了啊? 怎么还不回来啊?

【孙小乐上。

爷爷:来了来了。

孙小乐:爷爷!

爷爷:你这孩子,生日快乐。怎么才来啊? 菜都凉了,快坐快坐。

孙小乐:爷爷,你做了这么多好吃的啊。

爷爷:怎么样最近,你学习累吗? 你爸妈忙不忙? 怎么这么久都不来爷爷这儿啊? 快吃饭吧。

孙小乐:别动! 爷爷! 我照张相!

爷爷:哎呀,老头子了,有什么好照的啊。

【孙小乐对着饭桌照了好多照片。

爷爷:嗨,这孩子,原来是拍菜啊。小乐,快点吃饭,别盯着手机看了。来。小乐,尝尝。

孙小乐:哎呀,好咸!

爷爷:我尝尝,哎呀! 放盐放重了。你吃这个!

知章书院:普通高中人文教育的新载体 ▲ ▪

孙小乐:哎呀,爷爷,这个菜没有味道啊。

爷爷:哎哟,忘了放盐了。

孙小乐:爷爷,这还怎么吃啊。

爷爷:别急别急,爷爷去拿盐。

孙小乐:爷爷,你别去了,咱们出去吃吧,我用手机查一查附近有什么好吃的。

爷爷:(爷爷猛然回头)你这孩子,怎么才来啊? 菜都凉了,快坐快坐。

孙小乐:啊啊啊?

爷爷:怎么样最近,你学习累吗? 怎么这么久都不来爷爷这儿啊? 快吃饭吧。

孙小乐:爷爷,你又糊涂了啊! 我都尝过了。你这道菜放了两次盐,这道菜忘记放盐了!

爷爷:胡说,怎么可能,爷爷尝尝。哎哟,还真是。老了……

孙小乐:爷爷,什么味儿啊!

爷爷:坏了! 我厨房还炖着汤呢!

孙小乐:啊?

爷爷:(爷爷走到一半又忘记了,回身)你这孩子,怎么才来啊? 菜都凉了,快坐快坐。怎么样最近,你学习累吗? 你爸妈忙不忙? 怎么这么久都不来爷爷这儿啊? 快吃饭吧。

【UP、DOWN上。

DOWN:还是低下头吧,爷爷糊涂了,你既要陪着她,又和她聊不来,倒不如和手机世界的朋友们聊聊!

UP:爷爷为了这顿饭忙活了多久啊! 你就在这玩儿手机! 爷爷看了多伤心啊!

DOWN:可是现在和爷爷说什么,他都会忘啊! 而手机世界里说过的什么都会清楚地记得。小乐低下头吧。

UP:哎……孙小乐。你还真低头了! 你什么时候能醒悟啊!

【孙小乐定格。

DOWN:要我说,就让爷爷也买一个智能手机! 这样天天都可以在微信看到小乐了!

UP:这能一样吗!!

孙小乐:其实我也不知道为什么,每次在抬头与低头之间我都选择了低头,其实虚拟世界也没什么不好,人与人特别特别近……

【后方灯亮,地铁里,地铁里的人都在低头看手机,小乐上车,渐渐睡着。

UP:哎!有小偷。

DOWN:小乐,别睡了!有小偷!小乐!

UP:要我说还是被偷了好,这样小乐就能抬起头了!

DOWN:小乐!醒醒!

【DOWN灯光熄

孙小乐:手机!我的手机呢!

【询问周边的乘客,大家却都低着头不理他。

孙小乐:手机……手机……手机……

【爷孙对话。

孙小乐:爷爷,我在去你家的路上

爷爷:小乐啊,你这是谁的电话啊?

孙小乐:这是公用电话,我的手机丢了……

爷爷:丢了?那不是你最喜欢的玩意儿吧?怎么就丢了?别急,爷爷给你买去……

孙小乐:爷爷……

【雨天……

爷爷:同志,同志,请问手机大卖场怎么走。哎,这是哪?这……我这是在哪啊?小乐,小乐?爷爷这是到哪了?家在哪啊?小乐!小乐!!

【爷爷下,小乐上

孙小乐:爷爷?爷爷?你去哪了?

【孙小乐来到大街上。

孙小乐:爷爷!你在哪!!你看到我爷爷了吗?你看到我爷爷了吗?你看到一个老人了吗?你有看到一个老太太吗!?爷爷!爷爷!你在哪里!

DOWN:孙小乐,现实世界的人有多冷漠你看到了吗?没人关心你!没人可怜你!没人知道你是谁!没人在乎过你!爷爷现在都离开你了!你在这个世界得不到一丁点的注意!

UP:孙小乐,你就知道低着头!现在说话说不清楚!神不守舍!爷爷走丢了你都不知道!你中毒中的太深了!快点抬起头吧!

DOWN:没人关心你,没人知道你是谁,没人在意你。

UP:小乐,回头吧!

DOWN:没人关心你!没人在意你!继续低头看手机!!!!

孙小乐:够了……够了!!你俩别吵了。自从今天起,我才明白对我来说什么是最重要的,对,手机的世界是很好,我也这段日子疯狂地迷恋它。虽然它能告诉我每道题目的答案,但却永远教不会我解题的过程。虽然它能告诉我每天的天气,但它却不能在寒冬的夜晚为我披上一件外套。虽然它能告诉我在我孤独的时候哪个地方最好玩,但是有哥们的地方我才觉得我不是一个人。虽然它能告诉我怎么做饭是最好吃的,但是爷爷饭菜的味道才是家的味道。爷爷虽然不记得一切,但是她却记得我的生日,却记得那天的菜做得不好吃。

(情景一:老师批评学生;情景二:学生玩手机;爷爷拿菜给小乐……)

小乐:有人说过人类所做的一切都是在抵抗孤独,但是我觉得,只要我有朋友、我有家人、我有爷爷,我就不是孤独的。对,小乐,抬起头,我不想低着头过一辈子。爷爷,爷爷你在哪?

【爷爷上,撑雨伞接小乐。

爷爷:小乐,爷爷在这,咱们,回家!!

【鸟叫。

【孙小乐在光圈内跑步。

吕昊如:小乐,又在锻炼啊。

孙小乐:是啊,一天之计在于晨!

张子琪:哎哟,低头族改过自新变得这么阳光了?

孙小乐:这叫浪子回头金不换。

萧蕾:孙小乐,考试准备得怎么样了?

孙小乐：完全没问题！

施利栋：我也要扔掉手机，去学习咯。

音乐起《抬起头》！（唱）

抬起头 永远有彩虹

突然有个念头

和你一起走

不害怕结果

抬起头 有你的笑容

已经足够

追求最辽阔的天空

孙小乐：这就是我的故事，其实，扔掉手机抬起头才发现，其实现实世界，更美好。

孙小乐：哎！那个台下低着头玩儿手机的同学！

B：说你呢！

孙小乐：还我们一起……

ABCD：抬起头！

【完】

3.二诗社（一文、一议）

（1）一文

大工匠

大哥：（配乐1起）我们是骄傲的大工匠，是这里的主人。几十年了，这里的每一个角落都有着我的一段回忆。但是现在，我们老了。

老三：大哥，你看，那台机床它还在那儿呢！你还记得吗？

大哥：我怎么会不记得它呢，那是当时世界上最先进的机床，是一个排的苏联战士用生命换回来的！我的这只手啊，这只手……

老三：我这一辈子都不会忘了它！（配乐2起）当年，你的这只左手被这该死的机床卷了进去，我拿起铁锤要砸了它，你却一脚把我踹到地上。我只能眼睁睁地看着你的……大哥，我知道，你在为国家作牺牲，你真的很伟大，可是兄弟咱……疼啊。

大哥：不就是一只手吗？我的这只手，能换回全中国最宝贵的机床，值！再说了，就算少了这只手，又能怎么样？你看，咱这勋章！咱们两个照样在毛主席面前，赢下所有参加大比武的工匠。就算只剩下一只手，我一样能炼钢！

老三：是啊，一看到咱这勋章，我就想起咱老哥俩并肩站在天安门，毛主席亲手给咱戴上，那是我们一生的荣光啊！毛主席说，劳动创造世界，没有工人就穿不上衣服，没有工人就走不了路，就坐不上车！工人阶级，是能领导一切的！

大哥：几十年的时间转眼间就过去了，我跟老三退休都快20年了，很久没回厂子里看过。我们知道，我们老了，现在的工厂应该是年轻人的天下了。今天，我们俩颤巍巍地回到这里，期待着听见那滚烫的汗水敲打着钢铁的声音，看见那赤着膀子的汉子又一次挥起了铁钳，那是我们的青春啊。

老三：大哥，这工厂里怎么没了工人？没有了工人这机器怎么还在隆隆的出钢？

大哥：老三，你看这速度！这些机床转一年，顶得上咱们一辈子炼的钢啊！这里的每一台机器，都顶的上一百个壮实的工人。（配乐3起）老三啊，我懂了，现在的炼钢，不需要咱这样的工人了。

老三：不需要咱了？这身衣服二十年了都不舍得脱啊，这一身的手艺都没用了吗？那咱活着图的啥？大哥，咱走吧，别回来了，咱就不该回来！

大哥：等一等，我忽然看到那机器上的印迹。我想呼喊着老三过来看，可是我喊不出声，我只能一遍又一遍地捶打着，要他回头。

老三：大哥，它是机器，它不会懂！

大哥：老三，老三，老三你看啊！

老三：老哥，这、这上面……

大哥：这是咱的钢啊！

老三：这是咱的钢啊！

大哥：这机器上清楚地打着我们工组的印，我抚摸着它的一笔一画，几十年的时间原来一直被刻在这上面，不曾模糊掉一分一毫。

老三:大哥,这是你的钢啊。这块,这是陆工长的印。

大哥:是。都在,都在啊。

老三:都在,都在啊。我的钢呢? 我的钢在哪? 我的钢在哪!

大哥:老三发了疯一样地在车间里奔跑,他不放过每一个角落,他要找到他的钢。

老三:大哥,你看!(配乐4起)我的钢! 我的钢也在啊!

老大:是你的钢! 是你的钢!

老三:大哥啊,咱这一辈子可是没白活啊! 这屋子里,都是咱的钢!

大哥:是啊,这屋子里,都是咱的钢。造这些机器用的钢,是我们当年炼出来的! 从今以后,千万吨的钢会从这里运到全中国! 它们都是咱的钢啊!

老三:那些逝去的青春终将找回自己的价值,那些老去的生命永远不会死去!

大哥:我们的名字也许会在历史中消散,但我们的信念会一直被刻在这上面,绝不腐烂!

老三:六十年了,像我们老哥俩这样的工人,一代一代地走上了建设的前线。我们没有留下姓名,但我们不会被忘记,我们都是这个国家钢铁一样的脊梁!

大哥:我又想起了那个在天安门度过的下午,毛主席握着我的手,授予我们一生的荣耀——我们是,大工匠!

(2)一议:知章议乡

知章议乡联合会是知章书院的最高研修部门,在前期研修考评"优秀"级的学生可以来到这里进一步提升自己,以高二、高三学生为主,在这里,有区域代表、定期提案、议题审议、表决通过……见识深进,至今共有三届。从首届活动摸索到第三届组织固化、活动序列化,知章议乡联合会在知章书院成了一道独特的风景。心怀家国,勇担责任,"先天下之忧而忧"的情怀是所有知章议乡联合会成员的共同追求。

①组织架构

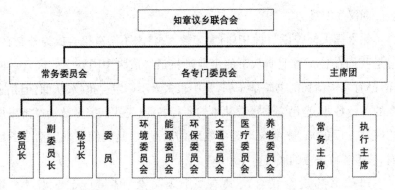

图7-13　知章议乡组织架构

②区域代表

进入知章议乡联合会的学生,可以双向选择认定自己的代表身份:自己生活的镇街和自己特别感兴趣、特别有了解的镇街。在首届知章议乡联合会上,37%的学生选择了自己出生、成长的镇街。63%的学生选择了非出生地,其中有一半以上的学生对学校所在的镇街特别有兴趣、期望代表城厢镇参乡议乡。这说明活动初期,学生认同感还是不够,期望待在学校附近的安全区,担心探索自己家庭的街镇难度太大,应付不了。在第三届知章议乡联合会上,有92%的学生选择了自己家住地的镇街,剩下的8%的同学里还有一部分是外来就读的学生。我们看到随着活动的推进,学生愿意、敢于担任自己家住地的镇街代表,这是同学们家乡认同和家乡自信的最直观体现。

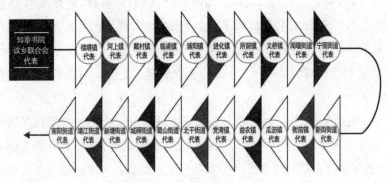

图7-14　知章议乡联合会代表

③议乡委员会

沈永祥大使曾说"我们中的大多数人，将来不会有机会成为外交官，但是我们在各行各业所从事的事业都将最终成为中国外交的底气。"同样，拥有家国情怀的书院学子们，其中很多人不一定会执政、从商，但是家乡的各行各业、自己未来想要从事的各行各业，是我们家乡政治经济发展的底气。反过来，家乡政治经济发展的状况，也是我们未来生活方方面面、从事各行各业的底气。

知章书院议乡联合会共有7个委员会：环境（天气、空气、尾气……）、能源（五水共治、电能负荷……）、环保（垃圾分类、绿色食物……）、交通（一头一盔、礼让行人……）、教育（心理健康、留守儿童、美好教育……）、医疗（疫情防控、智能就医……）、养老（老有所依、社区便民服务……）

④活动回顾

知章书院议乡联合会是促进乡土教育生根发芽的有效载体，能够激发中学生不再局限于自身这个小格局，开始逐步接触家乡社会规则，建立更大的发展观，拥有更加开阔的视野。对于培养学生的家国情怀，坚定中国特色社会主义道路自信、理论自信和制度自信有很重要的作用。会议筹备时间是每年7月到9月，会议时间是国庆节放假前一周。

第三届知章书院议乡联合会会议筹备工作全部由学生负责，筹备时间里，委员会的小组委们撰写策划案、考察实情、购置会议物资、制作通告，与教师团队们线下、线上沟通、查找国内外资料、独立编写15份背景文件。充分的准备增添了代表们的自信，优秀的主席团让他们收获满满。在过去的三个月间，主席团和委员会通过精诚努力，给代表们提供了至上的学术享受与舒适的会议体验，受到了与会代表的一致好评。

在这短短一周五天里，联合会见证每一位怀揣梦想，心怀家国的青年学子的历练蜕变。这里有交锋的火花，有珍贵的情谊，有努力洒下的汗水，更有获得成果时的喜悦。知章书院议乡联合会对团队每一个成员所付出的辛勤努力都会给予肯定。书院学子一路走来，有过挫折，有过不愉,但回首过往,熠熠生辉的是那些一起做调研,一起赶文稿,一起拼搏的记忆。

图7-15 知章议乡活动现场

成员感想(节选)

作为组长,我有幸见证了每一位组员为了我们的提案所在的公益领域所作的努力。我不知道怎样才算风雨兼程全力以赴,只知道现在这条道路是由大家相互协助,一步一步摸索出来的。我们所做的这一切,仅仅是因为不断意识到规范公益众筹的重要性,是为了不辜负希望解决这一领域现存问题的这一份初心。

作为城厢镇代表,我有幸见识其他优秀同龄人代表的优秀表现。一则则精彩的发言,或是犀利质疑,或是精准剖析,或是巧妙回应,展现了他们的逻辑思维、演讲风采和领导才能,令人不禁暗自佩服,也让我受益匪浅。

——李欣

作为这个提案的发起人和调研报告的撰写人,我们提案本身的形成便经历了一系列难产与阵痛。从主题的筛选到内容的打磨,从浮于表面的现象到一层层渐进的挖掘,台下的观众、记者、评委、同学看到的也许只是3分钟的调研视频、10分钟的新闻发言和提案展示、15分钟的分组提案讨论和答疑,但这背后却是上千份新闻报道和资料的阅读,是连续经日不间隙地斟酌与伏案的结果,是1200份问卷的研读、分析,是一次又一次的自我否定和精益求精,是各种文本的反复修改撰写,也是凌晨两点研讨会之后依然亮起的灯光。也许这些斟酌考量没有精准地传递给我们的每一位观众,没有完美地表述给我们的所有听众,但我们已经真切地领悟到,欲做好每一件事,不惧其中的艰辛与不易。

——周帆

八 成果与评价
CHENGGUO YU PINGJIA

宏业肇基，承百年薪火厚德以载物；与时俱进，倡人文教育自强而中兴。百年树人，德泽深远；教学相长，日升月恒。社会发展形势对教育提出了新的要求，人文素养越来越凸显出在社会文化生活中的重要的地位。推进特色学校建设，开发特色课程，培育校园文化，推进培养模式的多样化，满足不同潜质的学生的发展需要是对学生成长、教师发展、家长需求和教育规律的尊重。

萧山十一中建校20年，不论是领导的理念，还是与老师的对话、与学生的交流；不论是在课堂上感受到的"自主合作探究"的热烈场景，还是知章书院那办学思想的历史传承、知章讲堂开放的研究学习实况、学生社团活动的蓬勃发展，我们都能感受到那浓厚的人文气息，热忱的科研态度，卓越的办学思想。

学校秉承"为每一位学生的可持续成长积淀内涵"的办学理念，坚持"文化强校、课程育人"的办学策略，通过多样化选修课程、丰富多彩的课余生活和社团活动等，为每位学生提供施展自己才华的机会。围绕"求真务实、成事成人"的治学精神，在学校工作中主要以文化建设、课程建设、教学改革来促学校发展，努力创建师生、家长、社会满意的学校，让学生能"乐而就学"，教师能"乐而就业"，使学校真正成为师生实现理想的沃土。

知章书院：普通高中人文教育的新载体 ▲ ■

(一)学生层面

1.知人文

(1)国学知识竞赛

"国学"一词,古已有之。它不仅是中国悠久传统文化的明证,也是每一个中国人的立身处世之本,是我们不可或缺的精神力量。国学所传承的中华文化价值,是涵养民族主体意识的土壤,是维系民族精神命脉的源泉,是中华民族雄踞于世界民族之林的灵魂支柱。它不仅记录了中华民族及其文化发生以及演化的历史,而且作为世代相传的思维方式、价值观念、风俗习惯,渗透在每个人的血脉中。

国学,汇通了思想学术、典籍制度、百行百艺、礼仪风俗,蕴含着国脉、国魂、国宝,国本,是中国人的根基所在,尊严所依。国学之用,重在丰富、淬炼和提升人的精神境界,培养人的道德情操,增长人生智慧,增强民族自豪感和民族凝聚力。对高中生而言,更是肩负着不可推卸的继承和传扬国学的使命。为弘扬经典国学,呼唤人文精神,创建富有书香气的校园环境,我校开展以"赛经典国学,传千年文明"为主题的国学知识竞赛。希望通过具有趣味性的竞赛,将德育、智育、美育渗透于校园文化活动之中,引发学子对中华文化传承的思考,提升德育活动的品位,推动校园内涵建设。

本次竞赛之前,我校举办了一次个人选拔赛,分发国学知识点,在全校范围内营造出"诵国传统文化,背国学精粹"的良好风气,选拔优秀的选手代表学校参加省级国学知识竞赛,最终有来自不同年级的30名同学获奖。为此学校还获得省组织奖。

此次人文知识竞赛的意义非常重大,在科技飞速发展的今天,人文知识素养显得尤为重要。竞赛重在考察参赛者的人文基础知识、文化素养和创新精神。此次竞赛不仅提高了同学们的人文知识,更促进了同学之间的交流与合作,彰显了高中生的社会参与感,有利于提高学生的人文素质,提升文化品位,培养文化自觉与创新精神。

2019年国学知识竞赛复习提纲（节选）

一、选择题

1.龚自珍《咏史》"牢盆狎客操全算,团扇才人踞上游"中,"团扇才人"是指（ C ）

    A.名妓   B.高官   C.文人   D.盐商

2.经魏晋多名士,有著名的竹林七贤,《与山巨源绝交书》是竹林七贤中的谁写给山涛的（B ）。

    A.阮籍   B.嵇康   C.刘伶   D.向秀

3.科举制在中国影响深远,乡试录取者称为"举人",会试录取者称为"贡生",那么殿试录取者称为（ C ）。

    A."大元"   B."解元"   C."进士"   D."榜眼"

4."生当作人杰,死亦为鬼雄,至今思项羽,不肯过江东。"为哪位诗人的作品?（ D ）

    A.李白   B.杜甫   C.李商隐   D.李清照

5."豆蔻"是指（A）岁。

    A.十三   B.十五   C.十八   D.二十

6.中国的书院制度自唐代始,有官方和私人设置的两类,下列各书院属于官方创办的是（C）

    A.岳麓书院   B.嵩阳书院

    C.集贤书院   D.白鹿洞书院

7.友谊的深浅,由下列那一个成语可以看出情义最为深重? （ C ）

    A.莫逆之交   B.金兰之交   C.刎颈之交   D.点头之交

二、作文竞赛

作文竞赛能提高高中生写作兴趣,进一步促进作文教学工作的扎实开展,促进了校园文化建设。为此,校语文组全体语文教师非常重视每学期的作文比赛,积极宣传,在班级选拔的基础上,每位语文老师在班级所属范围内积级宣传选拔上报决赛名单,教研组统一组织晋级学生竞赛前的写作培训。学生们通过前期选拔和决赛前的培训,对于作文竞赛有了充分的准备和十足的信心。在决赛的考场上学生们思绪泉涌奋笔疾书，用个人的情怀和感受抒发出对青春的感悟，对人性的深度思考。用一支笔一张纸，表达出对青春的赞歌、书写出对人性的礼赞。通过作文竞赛有效地提高了学生的写作水平和写作素养，真正体现了在活动中学习，在竞争中成长的实境教学理念。

学生习作展示：

一、昨夜清风（节选）

101班陈秋楠

（二）

岁月不经老，时光把人抛。

十年后，兰襟考上了重点高中，一家子人都很欢喜，可老严和兰襟之间的隔阂越来越大了。老严想孙子，想让兰襟回去看看他，可兰襟总有千百种理由拒绝。

老严并没有责怪兰襟，孩子大了有自己的事，总不能时时刻刻地把孩子绑在自己身边。

老严的身体越来越差了，最近经常呕吐，食欲不振，有时候甚至会吐血。一开始并没有在意，过了几个月老严实在受不了，去医院看了看，被查出是胃癌。

他不敢相信自己的胃病竟已严重到了这个地步。

回家的路上，老严知道自己的日子不多了，大黄狗也老了，前几天夜里悄悄地跑走了。

现在那间屋子就真的只剩他一人了，但他没有告诉任何人他得了胃癌的事。

他想在弥留之际为兰襟做最后一件事。

接下来几天，老严在茶园中穿梭着，不厌其烦认真专注地做着每一道工序：采茶、摊放、青锅、回潮、辉锅、分筛……

老严把制作好的龙井茶放入玻璃瓶中，在夕阳的余晖中，玻璃瓶闪烁着光芒。

（三）

老严最近消瘦了很多，过两天就是清明了，他想着自己还能撑到那一天，到时候一定要把兰襟叫回来。

清明那天，老严把兰襟叫回来了，老严很开心，可兰襟却一脸不耐烦。

"爷爷，有什么事吗？"

"没多大事，就是爷爷想你了，你还没喝过爷爷泡的茶吧，今天尝尝好吗？小时候你总说要喝爷爷泡的茶，转眼间你都长这么大了。"

说罢，老严便自顾自泡起了茶，举手投足之间带着当年的风范，可好像又有什么不一样。

"爷爷，我现在长大了，您能不能不要老是拿小时候的我和现在的我比，我作业很多，没什么事的话，我先走了。"

"等等，兰襟你想知道你的名字是怎么来的吗？"

名字？兰襟停下脚步。"我的名字……我的名字能有什么意思，还不是你们瞎取的！"

老严吃了一惊，以前记忆中乖巧的兰襟如今却感觉从来没见到过。

"你的名字是我取的。"

"出自纳兰性德的《采桑子》中的：近来怕说当年事，结遍兰襟。"

"兰字指兰花，兰花品质高洁，有着'花中君子'之美称，象征美好与纯朴。襟字表示胸怀与抱负，如襟怀坦白。"

"我希望你成为一个光明正大、谦卑有度的人。"

老严将泡好的茶递给兰襟，兰襟看着杏绿明亮的茶汤，拿起茶杯抿了一口。

"还记得二楼阳台吗？能去那里看看吗？"

兰襟转过身上了楼，看到了阳台上那瓶色泽质地都极好的龙井，心想：茶园的人都走光了，那这茶……

（四）

屋外一轮圆月缓缓升起，混合着灯火耀映人间。清辉洒落，院墙外老槐树的枝丫在月色下摇曳婆娑，那还是很多年前他奶奶从老家带来的树苗。看着那个他从小就崇拜的人，瘦削的，被清风吹得不只眼了，及它周围起了的周折,和汗渍洁白了的发,不合时宜地想起了一句诗。

"十轮霜影转庭梧,此夕羁人独向隅。"

过去十年,这个人是否也像羁人一样目光萧索地望着远方,在冥冥月色下思着已故的亲人,念着未归的儿孙?

"这是爷爷为我准备的?"

老严没有回答,他将水灌入茶杯中,看着茶叶沉浮,缓缓开口说:"茶道精神概括为四个字——和、静、怡、真。品茶就如同品人生,人生最重要的也是这四字。我品了一辈子的茶,最后才知,最难品的是人生这杯茶。"

他话语轻顿,仿若叹息,"未来的路……该你们来走了。"

"爷爷,爷爷,你怎么了?"

兰襟扑过去,老严倒在了地上。

兰襟慌忙掏出手机打了120,原本静谧的屋子顿时充斥着慌乱的脚步声,只是老严的气息却幽幽、幽幽地断了……

(五)

在葬礼上,兰襟泣不成声。

看着爷爷冰冷的遗像,他真后悔,如果当初多陪陪爷爷,该有多好。

那次是他见到老严第一次哭,那次也是他最后一次为老严哭。

时光微凉,那一场场远去的往事被春水浸泡,洗去铅华,清净明觉。清明时节煎好的龙井茶还是当年的味道,而等待的人,虽不会再来,但他的声音,却时常在耳畔想起,时光里镌刻的是记忆中他的身影……

兰襟长大后,年纪轻轻就成了全国著名的品茶专家。

兰襟能成名,是因为老严留给他的那罐龙井茶,世上最好的礼物。

当兰襟再次站在那片茶园中,看着大片的龙井,耳畔萦绕着爷爷对他说的话,说道:"爷爷,如今的我,是您期望的那个样子吗?"

冲一杯龙井茶,杯中一场闹剧,叶片慢慢舒展,从杯底跃到茶面,再慢慢沉淀下来,就像人生的大起大落,终归于平静。

茶园不是永远的,可是那是兰襟一席之凉的靠立,月明风清的真谦。

那是一个老去的身影竭力去呵护孩儿的嬉戏。

那一夜的清风一直吹到昨日,次次刺痛着兰襟隐隐的伤,吹着仿佛觉得夜间的有属熹微。

她龙井来茶

110张淑婷

几度春风,惹胭脂红,茶香飘满楼,水之小桥,半点渔火,小径青苔之中,雨落西湖畔头,谁还在山外小楼听一曲相思愁,缕清空,觅倩影,难难难,何须怨杨柳。

那"十八棵御茶"应该在西子湖畔绵山之一的狮峰山,我却一直以为在西湖边小路旁。像张爱玲对英格兰和法兰西颠倒了印象一样,对龙井那茶的了解的似纸糊,只蒙蒙的懂,有些地方与黑普洱、黑茶、红茶混淆,一直无法纠正自己错误的认识,虽我是习过几节茶道的人,但细起来述细节还是得揪着来。

应该是梨花醉雨的江南,春草能平平染绿过河塘时节发生的事。遇,淙淙水声中我们说相遇,今人还是古人,所有茶的缠绵悱恻都愿和烟雨、江南沾染什么丝丝缕缕的关联。太俗了,我又仔细斟酌一番,其实是雅还是大雅,因深深浅浅,情结亦在,不尽是远来文人骚客,近来知名作家都玩弄的笔尖婉约。我在茗阁尝过一次龙井,记得新香弥漫的滋味,差点令人迷倒,配乐还是一曲《明月》,余后又吐息一点涩苦,恰点清醒了刚好人间的百转千回,如江南水乡的小河道,弯弯绕绕总衍生些无数剪影,略愁。斟茶只斟七分满,留各三分是人情。她悠悠:"上善若水,水善利万物而不争。"我能悟,沏这龙井茶,无不需叶汤色碧绿,芽芽直立,还求水的情缘,求水先求"源",唐代陆羽《茶经》中载:"其水,用山水上,江水中,井水下",《试茶》诗中也这样想:"泉从石出情更洌,茶自峰生味更圆",人们都认为,茶之水品的优劣和其源密密贴切。清,甘,洌,活,四字迎风飘摆。汪曾祺老先生作为文学界一美食品赏师,长盛不衰的名人,中国古老的茶界,他自然也不会放过。但是他聊起茶,淡道:"我对茶是个外行。"听到这浅笑,原同人哉。很喜欢他的寻常茶话里对龙井的溺爱:一是在虎跑喝的一杯龙井。真正的狮峰龙井雨前新芽,每蕾皆一旗一枪,泡在玻璃杯里,茶叶皆直立不倒,载浮载沉,茶色颇淡,但入口香浓,直透肺腑,真是好茶! 只是太贵了,一杯茶,一块大洋,比吃一顿饭还贵。狮峰茶名不虚,但不得虎跑水不可能有这样的味道。我自此才知道,喝茶,水是至关重要的。与我同悟水呐!

她也有歌,不腻丝空箜篌,不腻琴瑟和鸣,前面一座小小的茶坊,穿着布衣也难言风流,她那龙井来那茶,未曾喝到嘴边,却已先浸得人眼明心亮,惹我这个情郎,一笑盈盈,提起那一段绝美的歌——

光风流月初,新林锦花舒。情人戏春月,窈窕罗裾。(春歌)

青荷盖渌水,芙蓉葩红鲜。郎见欲采我,我心欲怀莲。(夏歌)

秋风入窗里,罗帐起飘扬。仰头看明月,寄情千里光。(秋歌)

惜别春草绿,今还墀雪盈。谁知相思苦,玄鬓白发生。(冬歌)

朝朝暮暮朝朝,她都是那样清晰又模糊的存在,是一种流传下来的存在,由生至死,又偷一个春夏秋冬。让我无法难忘和她度过的几经子墨黑夜,白漆如昼,扑在童年浓烈里。茶山的阿妹俏模样,十指采茶忙忙碌碌,赤裸脚丫,卧在土黄的龙井茶树坡上,蝶翩翩,蜂嗡嗡,就能每每那么轻松,忘却城中,所以她是情结,我的春江花月夜。

去年春天,我回到新洲,依然清晰,其实她都是那个和我月下漫步的人,以前十年,品的是龙井茶,后来,品的是茶情,再后来,品的是茶文化。

要一步步,去品,去爱,浪迹天涯,独立去寻,即使唱过赞美诗,也要决定踏马蹄,自上路,一人一壶,看茶花的枝丫,你的神灵,与他们决然不同。

(3)家风家训

为深入贯彻并落实习近平总书记"注重家庭、注重家教、注重家风"的指示精神,进一步培育和践行了社会主义核心价值观,通过全校范围征文评选这一活动,弘扬中华优秀传统文化,鼓励学生传承良好家风家训,以家庭的文明和谐促进社会的文明进步。

活动得到了全校师生的积极响应,到10月底截止,共收到征文将近四十篇,经过校委会认真删选评比,评出了优秀征文一、二、三等奖,共六名,获奖稿件将颁发证书并给予物质奖励

通过这次征文活动,把参与过程变成践行社会主义核心价值观教育

的过程,引导师生树立崇德向善的良好风尚,弘扬家庭美德,以好的家风支撑起好的校园风气。

为更好地践行"孝德育人",我校还编写了以孝为主要内容的课程,课程内容深入浅出,寓教于乐,融沉重和轻松、深刻与浅显于一体。

《知章敬德》(节选)

类别:兴趣特长

编著:莫利崧

教材:

> "智商求真,情商求美,德商求善,集真善美追求于一身,才是一个完整的人"。孝德,顾名思义就是孝顺的品德。孝顺,孝在顺之前,意味"有孝才有顺"。世界首富比尔·盖茨说过:天下最不能等待的事是孝顺!我认为要做到孝顺首先要学会感恩,只要我们走进灵魂深处问一句"我从何来,将从何往?"就应该知道孝德的意义。我们的生命是父母给的,感恩父母是做人的根本。所以,人人都应满怀对父母的尊重之心,时时处处应给父母一个好脸色。长大自立了要回报父母,尽自己最大的能力赡养父母,不仅要有物质供养,更要有精神关爱和心灵抚慰。榜样在前,心有所依,人有所随。弘扬孝德,践行孝德,我们才有真正的快乐!

第一章:孝德为人

第一节:孝经——开宗明义章、天子章、诸侯章

一、经典品读

(一)开宗明义章

【原文】

仲尼居,曾子侍。子曰:"先王有至德要道,以顺天下。民用和睦,上下无怨。汝知之乎?"曾子避席曰:"参不敏,何足以知之?"

子曰:"夫孝,德之本也,教之所由生也。复坐,吾语汝。身体发肤,受之父母,不敢毁伤,孝之始也。立身行道,扬名于后世,以显父母,孝之终也。夫孝,始于事亲,中于事君,终于立身。《大雅》云:'无念尔祖,聿修厥德。'"

〖译文〗

孙子坐着,曾子陪伴着他。孔子说:"古代圣王有一种最高的德行最重要的道理,用来顺服天下,老百姓因此和睦,君臣上下没有怨恨。你知道这种道德吗?"曾子离开座位恭敬地回答:"曾参不聪明,怎么能够知道呢?"

孔子说:"孝道便是道德的根本,教化由此而产生。返回到座位上去吧,我告诉你。人的躯干四肢毛发皮肤,都是父母给予的,不敢使它们受到诽谤和损伤,这是实行孝道的开始。修养自身,推行道义,扬名到后世,使你父母受到尊贵,这是实行孝道的归宿。孝道,从侍奉父母开始,以服侍君主作为继续,成就自己忠孝两全才是孝道的最终归宿。《诗经·大雅·文王》说:'怎能不念你祖先,努力学习修其德。'"

(二)天子章

【原文】

子曰:"爱亲者,不敢恶于人;敬亲者,不敢慢于人。爱、敬尽于事亲,而德教加于百姓,刑于四海,盖天子之孝也。《甫刑》云:'一人有庆,兆民赖之。'"

〖译文〗

孙子说:"热爱父母,就不敢对别人凶恶;敬重父母,就不敢对别人傲慢。侍奉父母竭尽全力的热爱和敬重,把这种道德教化施加给百姓,做天下人的榜样,这就是天子的孝道。《尚书·甫刑》中说:'天子一人有美德,千万百姓都得利。'"

……

思考:

请从以上三章内容选择至少一句进行赏析。

要求:1.能诠释含义;2.有感而发;3.字数不少于300字。

(4)培育科学精神——航模海模、理科学科竞赛

科学精神是人类社会文明和进步的巨大力量。科学精神包括实证精神、创新精神、民主精神、严细精神、团队精神和献身精神等。培养青少年的科学精神,具体而言,就是培养以下方面:

尊重事实、实事求是的精神。科学,是人类对于自然规律和社会发展规律的认识和把握,是推动历史进步的杠杆和基石。正因如此,科学是必

定要求真的,科学精神就是人们对于真理的思考和追求,其核心是崇尚实践、尊重事实。以崇尚科学为荣,就是要以真理为唯一的价值标准。

追求真理、永不言败的精神。追求真理就是要探求人类最有普遍意义和恒久价值的真理和学理。追求真理、献身科学,是科学的最高侨值所在。一部人类文明进步史,就是一部人类不断追求真理的历史。追求真理,就必须面对现实,决不逃避。要看到前途,看到光明,勇敢面对现实,从学习、实践、斗争中去实现自己的追求。

开拓创新、勇于进取的精神。知识经济产生的渊源在于智能,在于富有创造性思维的人才,创造力是知识经济时代支配和操纵社会和人的发展的主导力量。开拓创新、勇于进取就是要突破旧有的思想上的条条框框,打破种种观念上的束缚,不唯书、不唯上,敢于质疑,勇于探索真理。

团结协作、励精图治的精神。青少年要培养与别人沟通、交流的能力和与人合作的能力。培养青少年的合作意识和协作精神,就是培养他们在集体合作中善于协调人际关系,统筹规划,做到能容人容事。只有如此,才能形成集体的合力和凝聚力,有效地开展实践活动。

自由探索、不惧讨论的精神。发展青少年自由探索的内在需要,让他们有自由探索的时间、空间、素材和心境,自由探索才有可能。引领青少年观察自然与社会、叩问历史和省察自我,以便发现问题和提出问题,形成自由探索的主题。

科学精神是人文素养的一个重要方面,我校向来十分重视的,积极参加区里的各项比赛,在航模海模和学科竞赛上多次获奖。

2.行人文

（1）行孝德人文

以孝德为核,与传统以沫,倡导孝德为人。一滴水能折射阳光的七彩斑斓,举手投足可显示品德素养的高下优劣。小处可显大风范,细微之处见精神。

贺知章箩筐担母,孝传千古,我校结合独特的地域文化资源,将孝德文化作为学校文化建设的核心内容,在全校师生中持续深入地弘扬孝德文化,从孝的内涵和外延上深化、拓展,提升教育效果。通过孝德教育,来实现立德树人这一教育根本任务,倡导学生孝德为人,培养学生良好的道德品质。

①营造氛围,走进孝文化

学校在传承贺知章的孝文化上做好工作,在学校的教学长廊、石刻碑廊,现都篆刻了有关贺知章的故事和诗文,有关贺知章的孝文化已融入了校园的角角落落,突出了人文教育和德育的价值取向。同时在学校宣传窗内展示孝德活动的板报栏,全方位把校园打造成一本孝德教育立体教科书,让学生在浓厚的孝文化氛围中沐浴孝文化,走进孝文化。

②构建序列,丰富孝文化

学校德育工作中开展常规的"三孝"活动:读孝书、讲孝道、行孝德。设计孝德主题序列活动,高一年级主题为古今孝道,高二年级主题为社会责任,高三年级主题为家国情怀。通过主题班会、故事会、演讲、孝心少年评选等形式,由孝及远,培养学生新时代的公民意识,让孝走进学生的内心,也让孝引领学生走向社会。

《百善孝为先》主题班会活动方案

【班会目的】

1.让学生深入体会父母之爱,感受亲情的伟大与无私。

2.让学生理解、关心、孝敬父母,以实际行动报答父母。

3.引导学生由"感谢父母"到"长存感恩之心"的思想意识转变,学会感恩。

通过本次教育活动,让学生逐步形成"人心孝敬"的良好思想品质,即常问好,讲礼貌,让父母舒心;少空谈,多帮忙,让父母省心;求上进,走正道,让父母放心;勤学习,苦钻研,让父母开心;逢难事,勤商量,让父母称心;遇矛盾,能宽容,让父母顺心;感育从,不糊涂,让父母放心;重推恩,能移情,献社会爱心。

【班会过程】

尊敬的各位领导,老师,亲爱的同学们大家好:

我们中国有句古话,百善孝为先,孝敬父母是中华民族的传统美德,然而现实生活中却出现了这样的场景：劳累一天的父母回到家，我们还得衣来伸手，饭来张口，有一些同学甚至把父母当作仆人来使唤。因此我们决定举行召开《百善孝为先》的主题班会。希望通过这次活动，使同学们知道孝敬父母是中华民族的传统美德，要从我做起，让孝敬这一中华民族美德永远传承下去！我宣布《百善孝为先》主题队会现在开始。

一、激情导入

主持人1：是谁，把我们带到这个世界上？

主持人2：是谁，把我们从小养育？

主持人1：又是谁，把我们的点点滴滴都记在心间，牵动着他们的丝丝心弦？

主持人2：他们，就是我们的父母，我们最亲的人。也许，由于学习繁忙，你无暇时刻记挂着他们。

主持人1：那么，就请在今天，让我们紧紧抓住心中泛起的每一丝感动。

带着感动，进入《百善孝为先》主题班会感受父母的爱。

二、感受父母之爱

1.齐诵《游子吟》

主持人1：不论我们走到哪里，我们永远都是父母的牵挂，不论我们有多大年纪，我们永远都是最需要保护的孩子。

主持人2：是啊，在我们成长的历程中，父母已把点点滴滴的血泪之爱融入了我们的每一寸肌肤，而这些，或许我们并未曾用心留意过，那么，请同学们静静回想，父母对你的关爱。（学生发言）

生1：我的妈妈每天下班后都辅导我学习，等我晚上睡觉了，她还要给我洗衣服。

生2：我的爸爸工作很忙，还经常出差，但他每天都给我打电话，关心我的学习，还和我谈心，我很想他。

生3：去年我生病了，爸爸妈妈请了好几天假带我去医院看病，我看到妈妈都急哭了。

生4：妈妈每天给我做好吃的，还让我先吃，她就吃我剩下的……

主持人1:父母对我们的付出不求回报。作为子女,我们能白白接受吗?(不能)

主持人2:对,我们应该知恩图报。爱爸爸,爱妈妈,从孝敬他们开始。

三、理解儿女之孝

1.认识"孝"

主持人1:我们中国有一句古话,叫"百善孝为先",

主持人2:也就是说孝敬父母是各种好品德中占第一位的。

主持人1:孝,激发我们的学习动力。

主持人2:孝,启迪我们的智慧。

合:孝,是一切德行的根本。

2.《弟子规》中的孝

主持人1:在上学期我们学校组织学习了《弟子规》此刻,让我们一起来回顾《弟子规》中的孝。

一组齐背:"父母呼　应勿缓　父母命　行勿懒"

二组齐背:"父母教　须敬听　父母责　须顺承"

三组齐背:"冬则温　夏则清　晨则省　昏则定"

四组齐背:"出必告　反必面　居有常　业无变"

3.《24孝感人故事》播放

主持人2:从《弟子规》和《24孝故事》中,你知道了什么?

生1:我知道了关心父母就是孝敬父母。

生2:我知道了孝敬父母要从小事做起。

生3:我知道了要好好学习,让爸爸妈妈放心。

生4:我知道了要做个懂事的孩子,这样也叫孝敬父母。

……

主持人1:说起懂事,在这里想与大家分享一个非常感人的故事。

故事:《老师,我可以不爱吗》讲述人:×××

主持人2:感谢×××同学(老师),听了这个故事我想同学们的感触很深吧!是呀,安锐真是我们学习的榜样!他在用自己的实际行动,告诉大家什么是孝。

学生分组讨论:作为一名高一的同学,你认为什么是"孝"?请大家与组内同学研讨,接下来我们会以组为单位进行发言。

第1组:刚才我们通过实际行动,知道了孝敬父母要从一件件小事中去体现,要体谅和理解爸爸妈妈的辛苦。

第2组:………

主持人1:通过大家的讨论,大家对孝都有了自己的理解,作为儿女我们是如何去做的呢?下面就进入我们班会的第4个部分——践行儿女之孝。

四、践行儿女之孝

视频欣赏《时间都去哪了》

主持人2:在刚才的视频中,当孩子到了16岁学会了与父母争吵,不知在座的我们有没有感触,在这里我想现场采访一下我们班的同学,在家里你有没有做过令父母伤心的事情?希望同学能够真诚的回答这个问题。

学生发言。

主持人2:通过大家的发言感受到大家的坦诚,实际上大家心里都知道我们的父母是爱我们的,我们父母的那份唠叨对我们来讲是一份幸福,不信请大家来听一听父母向对我们说得心里话。

播放学生家长视频(说给儿女的心里话)

生承诺:亲爱的爸爸妈妈:从现在开始,在思想品德上让你们安心;在学习上让你们放心;在生活上让你们省心;我们决不辜负父母心。

五、说给父母的心里话。

主持人1:孝是中华民族的传统文化,

主持人2:孝是不灭的火,长流的水,不老的山,未了的情。

主持人1:孝是耐心,请耐心听取父母的教导;

主持人2:孝是宽容,请宽容父母的唠叨;

主持人1:我们这么爱爸爸妈妈,下面就请同学们把想对爸爸妈妈说的话写下来,让我们的父母来感受你的那份孝心,愿在座的每一位同学都成为传统美德的继承者和传播者。配音:手语《妈妈我爱你》

六、班主任总结

同学们,这次主题班会活动中,我们从中华传统文化中感受到"百善孝为先"的美德,体会父母的辛劳;明白孝敬父母的道理;懂得用实际行动报答父母养育之恩。相信同学们今后一定能做一个孝顺的孩子,做到关心父母,体贴父母。在这里老师衷心地希望爱的旋律时时奏响在我们每一个平凡的日子里。

③注重体验,实践孝文化

我们紧紧抓住"孝"字,让学生在实践中学习感恩。"走近乡贤贺知章"研究性学习、"晒晒我家的孝心故事"现场绘画比赛、"孝在我身边的"手抄报比赛、"写给父母的一封信""孝从点滴做起"演讲赛等活动达到润物细无声的教育效果。大力推行亲情作业,编写《笋婆婆影》校刊,倡导学生以各种方式表达孝敬之情,自觉在言行中体现孝道美德。以志愿者活动为平台,开展社区服务、爱心义卖等活动,孝德实践由校内走向校外,在不断实践中让孝内化为信念。

孝敬父母

101 陈涵

孝,中华民族的传统美德。自盘古开天辟地以来,"孝"的佳话不胜枚举,上至君王将相下至黎民百姓大都怀着一片"孝"心。

焦仲卿是一位孝子。他临死前徘徊不定就是因为记挂着年迈的母亲,担心她以后的生活。他深深懂得身为儿子的责任和义务,他的忧郁正体现着一个儿子对母亲的"孝"。

孝,多么温馨的字眼。因为它,家庭更加和睦,社会更加和谐,国家更加团结。孝不仅是一种美德更是一份发自内心的毫无点缀的亲情。"百善孝为先",一切的一切都不如一个"孝"字来得真切感人。

东汉时期有一个孝子叫黄香。他年幼丧母,与父亲相依为命。他的父亲每天早出晚归在外奔波,回来时十分劳累。黄香为了让父亲舒服一些,热天里总是用扇子先把父亲睡觉的床枕扇凉。到了冬天,他就每每早早地钻到父亲冰冷的被窝里用身体将其暖热了再让父亲去睡,从不间断。因此,他在12岁时已美名远扬。

古人况且如此。在我们这个文明的时代,更应如此才是。可是子不孝女不贤,父母亲与儿女打官司的事层出不穷。这可能是法治社会的人的法制意识的"进步"吧！也可能是我们正在向奴隶退化——那"奴隶主"必定是金钱了。

女儿因钱不够把相依为命的父亲送上法庭,儿女因对财产分配不满意将孤苦的母亲告上法庭……这些都是我们文明人作出的文明事。

难道说社会进步了,文明发展了,父女母子之间的那份深情就也变质了吗？难道几百元的生活费就足以让子女忘记父母当年的养育之恩,忘记该孝顺父母吗？难道亲情骨肉之间,为了一点小小的利益,就该兵戎相见走上法庭吗？这些现代化建设的骄子的所作所为真让父母寒心,让天下人齿冷！

孝,不应该被金钱覆盖,不应该随着时间而流逝。它是一个永恒的话题！

人都有孝心,但有方法的不同。李白说过:"百行以孝为先！"

"清晨起,问早安,上学去,说再见,回到家,道声好,要外出,须留言。父母钱,莫乱花,知劳苦,懂节俭。父母呼,要回应,大小事,行勿懒。父母归,笑相迎,倒茶水,尽孝心。父母烦,莫添乱,解忧愁,逗开心。父母忙,己莫闲,伸出手,帮一帮。父母累,捶捶背,劝早息,别打扰。父母病,勤侍奉,病床前,多问候。父母训,认真听,有过错,须改正。父母愿,当力行,己成才,方报恩。敬父母,尊长辈,扬美德,好学生。"这孝心三字经中的每一种都为是对父母的一份孝心。

将来我们也会成为孩子的父母,也会想孩子孝敬自己。现在每一位父母都想儿女孝敬自己,如此,我们身为儿女就应当孝敬父母。"尊老爱幼"这一条意见,每一位家长、老师都提过吧;他们提得好,但有多少人采用呢？这我们能做,对长辈们也是一种孝敬。

讲礼貌、勤俭节约、帮父母做自己力及所能的事、尊老爱幼……这些都是最基本的。如果不讲礼貌,说话粗粗鲁鲁的,你将会成为人心目中的粗人。而讲礼貌,和父母、长辈是礼貌用语上的一种沟通,对父母、长辈又是一种尊敬。如果不勤俭节约呢？只懂得花钱来吃喝玩乐而不知勤劳地做事，你将会一事无成。勤俭节约会让你变成朴实的人。从小就不锻炼自己帮父母做力及所能的事，长大将会很懒惰。不尊老爱幼，你就是没品德的人！更不用说得上会孝敬父母，尊敬兄长。

④开设讲座，体悟孝文化

知章大讲堂是我校文化传播的主要阵地，充分利用这一平台，开设常规性的孝德专题讲座，让学生在耳濡目染中达到潜移默化的效果。知章大讲堂从2013年开始开辟孝德专题讲座，邀请校内外专家、老师主讲。通过名家、名师讲堂，引领学生了解孝，走近孝。名生讲堂安排部分读有悟、学有悟、行有悟的学生开设讲座，谈谈对孝的感悟。名家长讲堂，让家长走进校园，通过宣讲优秀家庭的家风、家训，做到家校共育的目的。

⑤整合课程，学习孝文化

围绕孝德教育，我校有意识加强孝德课程的开发力度，通过课程来规划孝德教育，通过课程让孝德教育获得持续生长的生命力。结合我校孝德教育的目标和内容精神设计了孝德教育课程群，开发了《知章敬德》《论语中的哲思》《老子的人文关怀》《知章大讲堂》《主题教育》《行孝扬善》等课程，课程开发中做到内容和形式的兼顾，内容上突出孝德，同时兼顾传统优秀文化；形式上突出孝德学习，同时兼顾实践活动。让孝德走进课程，走进课堂，学习孝文化在校园蔚然成风。即："爱祖国先从爱身边的人（父母、老师、同学）做起，为他人服务先从生活自理做起，英雄主义先从珍惜生命做起，保护生态先从爱惜一草一木做起，实现伟大理想先从一笔一画认认真真写字做起。"

以学生为纽带，发挥学校的辐射作用，将家庭、社区融为一体，帮助家长掌握教育规律和教育方法，指导家长创设良好的家庭环境氛围，共同促进学生良好习惯的养成，俗话说：好习惯，益终生。

（2）行诗性人文

①朗读者

朗读的庄严感赋予了学生独有的精神面貌和气质，朗读赋予了学生庄重的情感体验和怡情审美的精神愉悦，它的魅力来自真情实感的外化

353

和其中所蕴含的超功利的神圣之美。朗读从来不只是嘴皮子上那点事儿，而是从心底里流淌出来的歌声。它是深沉隆重的内心表白和直击心灵的情感活动，是读者对作者的一次庄严致敬。通过朗读，读者和作者瞬间打通了"任督二脉"，将彼此对生命的感悟和体验融为一体，让智性的文字转化成富有感染力的声线，共同完成对文字音色内涵的塑造和养心怡情的审美创造，让人在诗词意境中领略生命的大美和庄严。

朗读不仅能使语言凝结成诗，使文学插上翅膀，还能消除身体里淤积的浊气，冲刷心灵的尘埃，撞击生命的火花，触动心底最柔软处的神经，使人生的价值得以光亮。更重要的是，它是读与思的结合、口与心的交汇，既悦耳又悦心，兼具美学品格和力量，蕴含着强大的生命感召力。

校园文化节的朗读节目《我的母亲》直击我们的内心。请看"朗读者"活动演讲稿。

我的母亲

母亲并不软弱。父亲死在庚子闹"拳"的那一年。联军入城，挨家搜索财物鸡鸭，我们被搜两次。母亲拉着哥哥与三姐坐在墙根，等着"鬼子"进门，街门是开着的。"鬼子"进门，一刺刀先把老黄狗刺死，而后入室搜索。他们走后，母亲把破衣箱搬起，才发现了我。假若箱子不空，我早就被压死了。皇上跑了，丈夫死了，鬼子来了，满城是血光火焰，可是母亲不怕，她要在刺刀下，饥荒中，保护着儿女。北平有多少变乱啊，有时候兵变了，街市整条烧起，火团落在我们院中。有时候内战了，城门紧闭，铺店关门，昼夜响着枪炮。这惊恐，这紧张，再加上一家饮食的筹划，儿女安全的顾虑，岂是一个软弱的老寡妇所能受得起的？可是，在这种时候，母亲的心横起来，她不慌不哭，要从无办法中想出办法来。她的泪会往心中落！

不久，姑母死了。三姐已出嫁，哥哥不在家，我又住学校，家中只剩母亲自己。她还须自晓至晚的操作，可是终日没人和她说一句话。新年到了，正赶上政府倡用阳历，不许过旧年。除夕，我请了两小时的假。由拥挤不堪的街市回到清炉冷灶的家中。母亲笑了。及至听说我还须回校，她愣住了。半天，她才叹出一口气来。到我该走的时候，她递给我一些花

知章书院：普通高中人文教育的新载体 ▲ ■

生，“去吧，小子！”街上是那么热闹，我却什么也没看见，泪遮迷了我的眼。今天，泪又遮住了我的眼，又想起当日孤独地过那凄惨的除夕的慈母。可是慈母不会再候盼着我了，她已入了土！

②小作家

“小作家”面向全校文学招募校园小作家，以此拓展学生素质教育新途径，丰富学生课余生活，提高其观察、思考、写作和社会实践能力，通过小作家的眼睛和笔触认识社会，感知人生。

小作家平台时常发表学生在活动期间的小说、作文和活动，为参与的小作家们建立文集，组织小作家参与学习、培训、作文比赛，丰富小作家们的阅历，提高写作水平。同时策划、开展的小作家采风活动，锻炼小作家们的社会实践能力、沟通交流能力、捕捉观察能力及演讲表达能力。小作家训练营活动的有序开展，更加丰富了学校语文课程内涵和教学活动，并配合学校的素质教育，给热爱文学的同学们搭建发展平台。邀请作家进校讲座，指导学校文学爱好者开展文学创作活动，为学生实现文学梦而助力！

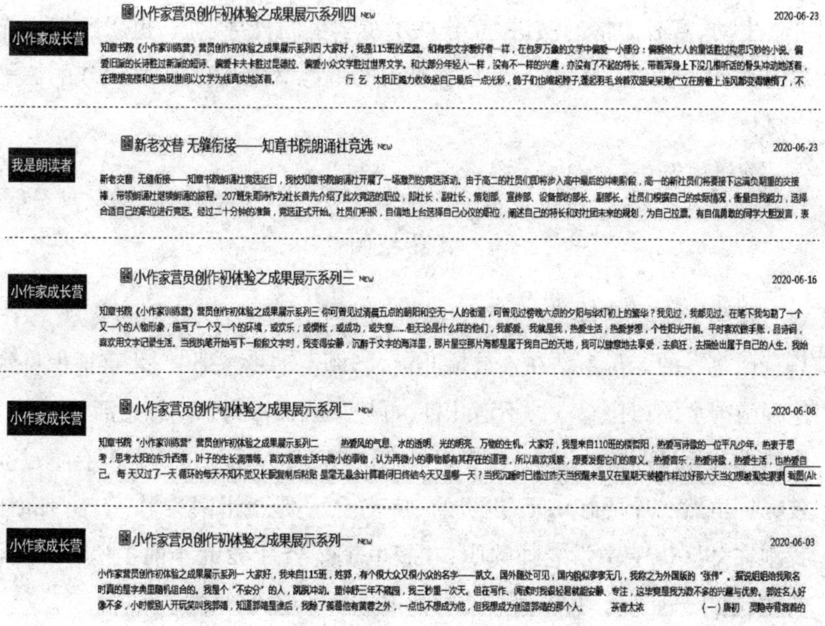

小作家成长营

小作家营员创作初体验之成果展示系列四 NEW 2020-06-23

知章书院《小作家训练营》营员创作初体验之成果展示系列四 大家好，我是115班的孟璐。和有些文字爱好者一样，在包罗万象的文学中偏爱一小部分：偏爱给大人的童话胜过构思巧妙的小说、偏爱旧派的长诗胜过新派的短诗、偏爱卡夫卡胜过昆德拉、偏爱小众文学胜过世界文学。和大部分年轻人一样，没有不一样的兴趣，亦没有了不起的特长，带着浑身上下没几根听话的骨头冲动地活着，在理想高楼和烂熟现世间以文学为线真实地活着。 行 乞 太阳正竭力收敛起自己最后一点光彩，鸽子们也缩起脖子，蓬起羽毛，耷着双翅呆呆地伫立在房檐上，连风都变得慵懒了，不

我是朗读者

新老交替 无缝衔接——知章书院朗诵社竞选 NEW 2020-06-23

新老交替 无缝衔接——知章书院朗诵社竞选近日，我校知章书院朗诵社开展了一场激烈的竞选活动。由于高二的社员们即将步入高中最后的冲刺阶段，高一的新社员们将要接下这满负期望的交接棒，带领朗诵社继续朗诵的旅程。207班朱雨诗作为社长首先介绍了此次竞选的职位，即社长，副社长，策划部、宣传部、设备部的部长、副部长。社员们根据自己的实际情况，衡量自我能力，选择合适自己的职位进行竞选。经过二十分钟的准备，竞选正式开始。社员们积极，自信地上台选择自己心仪的职位，阐述自己的特长和对社团未来的规划，为自己拉票。有自信勇敢的同学大胆发言，表

小作家成长营

小作家营员创作初体验之成果展示系列三 NEW 2020-06-16

知章书院《小作家训练营》营员创作初体验之成果展示系列三 你可曾见过清晨五点的朝阳和空无一人的街道，可曾见过傍晚六点的夕阳与华灯初上的繁华？我见过，我都见过。在笔下我勾勒了一个又一个的人物形象，描写了一个又一个的环境，或欢乐，或惆怅，或成功，或失意……但无论是什么样的他们，我都爱。我就是我，热爱生活，热爱梦想，个性阳光开朗。平时喜欢做手账，品诗词，喜欢用文字记录生活。当我执笔开始写下一段段文字时，我变得安静，沉醉于文字的海洋里，那片星空那片海都是属于我自己的天地，我可以肆意地去享受，去疯狂，去描绘出属于自己的人生。我始

小作家成长营

小作家营员创作初体验之成果展示系列二 NEW 2020-06-08

知章书院“小作家训练营”营员创作初体验之成果展示系列二 热爱风的气息、水的透明、光的明亮、万物的生机。大家好，我是来自110班的楼哲阳，热爱写诗歌的一位平凡少年。热衷于思考，思考太阳的东升西落，叶子的生长凋落等。喜欢观察生活中微小的事物，认为再微小的事物都有其存在的道理，所以喜欢观察，想要发掘它们的意义。热爱音乐，热爱诗歌，热爱生活，也热爱自己。每 天又过了一天 循环的每天不知不觉又长眠复制后粘贴 是毫无悬念计算着何日终结今天又是哪一天？当我沉睡时已错过昨天当我醒来是又在星期天装模作样过好那六天当幻想被现实狠狠 截图(Alt

小作家成长营

小作家营员创作初体验之成果展示系列一 NEW 2020-06-03

小作家营员创作初体验之成果展示系列一 大家好，我来自115班，姓郭，有个很大众又很小众的名字——凯文。国外随处可见，国内貌似寥寥无几，我称之为外国版的“张伟”。据说姐姐给我取名时真的是字典里随机组合的。我是个“不安分”的人，跳脱冲动。董仲舒三年不窥园，我三秒里一次天。但在写作、阅读时我很轻易就能安静、专注，这毕竟是我为数不多的兴趣与优势。郭姓名人好像不多，小时候别人开玩笑叫我郭靖，知道郭靖是谁后，我除了羡慕他有黄蓉之外，一点也不想成为他，但我想成为创造郭靖的那个人。 茶香太浓 (一)唐初 灵隐寺背靠着的

图 8-1 小作家活动报道

③演讲者

学校开展演讲活动丰富了学生的课余生活,不仅给学生们提供了一个展示自己才华的机会,还锻炼了学生的口语表达能力,各种主题的演讲,更使学生在活动中受到教育提升。

比如,以"我的中国梦"为主题的演讲比赛。选手们结合自己的梦想和憧憬,展开了充满激情的演讲。选手们或娓娓道来,或慷慨激昂,或热情赞美,充分抒发了自己对祖国对家乡的热爱之情,同时也表达了为祖国的富强而努力学习的决心。使学生们懂得了"少年智则国智,少年强则国强,少年进步则国进步"的道理,激发了学生的爱国热情。

"多读书、读好书"演讲,让参加活动的同学通过聆听演讲者在读书中的收获,更进一步感受读书的重要性。作为国之栋梁,只有不断地读书,才能不断提升自己的素质和道德素质,才能在学校和未来的竞争中站稳脚跟,也才能更好地适应当今日新月异变化的社会。这次读书演讲,让全校师生再一次认识到了读书是每一位学生的必须和必需。宣传终身学习理念,营造全体师生多读书、读好书的良好读书氛围。

生动、富有激情的演讲,充分展示了学生的自身素质,也激励学生充盈内心,激发斗志,努力学习,培养高尚的道德情操,成为中华民族的栋梁之材!

演讲稿选例:

《荔枝》

我第一次吃荔枝,是28岁的时候。那是十几年前,我刚到北京,家中只有孤零零的老母。站在荔枝摊儿前,脚挪不动步。那时,北京很少见到这种南国水果,时令一过,不消几日,再想买就买不到了。想想活到28岁,居然没有尝过荔枝的滋味,再想想母亲快70岁的人了,也从来没有吃过荔枝呢!虽然一斤要好几元,挺贵的,咬咬牙,还是掏出钱买了一斤。那时,我刚在郊区谋上中学老师的职,衣袋里正有当月42元半的工资,硬邦邦的,鼓起几分胆气。我想让母亲尝尝鲜,她一定会高兴的。

回到家,还没容我从书包里掏出荔枝,母亲先端出一盘沙果。这是一

知章书院:普通高中人文教育的新载体

种比海棠大不了多少的小果子,居然每个都长着疤,有的还烂了皮,只是让母亲——剜声去了疤,洗得干干净净。每个沙果都显得晶光透亮,沾着晶莹的水珠,果皮上红的纹络显得格外清晰。不知老人家洗了几遍才洗成这般模样。我知道这一定是母亲买的处理水果,每斤顶多5分或者1角。居家过日子,老人就是这样一辈子过来了。

我拿了一个沙果塞进嘴里,连声说真好吃,又明知故问多少钱一斤,然后不住口说真便宜——其实,母亲知道那是我在安慰她而已,但这样的把戏每次依然让她高兴。趁着她高兴的劲儿,我掏出荔枝:"妈! 今儿我给您也买了好东西。"母亲一见荔枝,脸立刻沉了下来:"你财主了怎么着? 这么贵的东西,你……"我打断母亲的话:"这么贵的东西,不兴咱们尝尝鲜!"母亲扑哧一声笑了,筋脉突兀的手不停地抚摸着荔枝,然后用小拇指甲盖划破荔枝皮,小心翼翼地剥开皮又不让皮掉下,手心托着荔枝,像是托着一只刚刚啄破蛋壳的小鸡,那样爱怜地望着舍不得吞下,嘴里不住地对我说:"你说它是怎么长的? 怎么红皮里就长着这么白的肉?"毕竟是第一次吃,毕竟是好吃! 母亲竟像孩子一样高兴。

那一晚,正巧有位老师带着几个学生突然到我家做客,望着桌上这两盘水果有些奇怪。也是,一盘沙果伤痕累累,一盘荔枝玲珑剔透,对比过于鲜明。说实话,自尊心与虚荣心齐头并进,我觉得自己仿佛是那盘丑小鸭般的沙果,真恨不得变戏法一样把它一下子变走。母亲端上茶来,笑吟吟顺手把沙果端走,那般不经意,然后回过头对客人说:"快尝尝荔枝吧!"说得那般自然、妥帖。

母亲很喜欢吃荔枝,但是她舍不得吃,每次都把大个的荔枝给我吃。以后每年的夏天,不管荔枝多贵,我总是要买上一两斤,让母亲尝尝鲜。荔枝成了我家一年一度的保留节目,一直延续到三年前母亲去世。母亲去世前是夏天,正赶上荔枝刚上市。我买了好多新鲜的荔枝,皮薄核小,鲜红的皮一剥掉,白中泛青的肉蒙着一层细细的水珠,仿佛跑了多远的路,累得张着一张张汗津津的小脸。是啊,它们整整跑了一年的长跑,才又和我们阔别重逢。我感到慰藉的是,母亲临终前一天还吃到了水灵灵的荔枝,我一直信为是天命,是母亲善良忠厚一生的报偿。如果荔枝晚几天上市,我迟几天才买,那该是何等的遗憾,会让我产生多少无法弥补的痛楚。其实,我错了。自从家里添了小孙子,母亲便把原来给儿子的爱分给孙子一部分。我忽略了身旁小馋猫的存在,他再不用熬到28岁才能尝到荔枝,他还不懂得什么叫珍贵,什么叫舍不得,只知道想吃便张开嘴巴。母亲去世很久,我才知道母亲临终前一直舍不得吃一颗荔枝,都给了她心爱的太馋嘴的小孙子吃了。

而今,荔枝依旧年年红。

④文学社

文学社三十余名社员在文学社指导教师的带领下,兴致益然地来到绍兴、走进湘湖博物馆、到西溪湿地公园开展文学采风活动。

每次采风活动旨在让社员走进自然,与自然对话;走进历史,与历史碰撞;走进文化,与文化交心。采风活动不仅加强了社员之间的交流,增强了文学社的凝聚力,也让社员从活动中汲取了写作灵感,提升了对文学的兴趣。活动结束后,社员们纷纷认为,在活动中欣赏了家乡的自然、人文景观,感悟了家乡厚重的历史和文化,扩展了视野,陶冶了情操,激发了文学创作的兴趣。

近年来,十一中文学社极采取各种行之有效的措施培养社员的创作意识,引导和组织社员开展文学采风、作品研讨、文学讲座、征文比赛等活动,让社员亲身体验活动的过程,提高社员的创作热情。自2012年10月22日成立以来,已有包括《语文报》《中学生》《中国校园文学》在内的十余种期刊为文学社开辟作品专栏,公开发表社员作品160余篇。

3.享人文

(1)滋养艺术细胞

开展丰富多彩的艺术教育活动,做强了体艺特色的品牌。学校积极开展素质运动会、拔河比赛、趣味运动会等群体竞赛活动,提倡学生人人参与,使每个学生都能主动、全面地发展,促进了健康校园建设。在抓好全员参与的同时,学校竞技体育也开花结果,在各项体育赛事上屡获佳绩。校足球、篮球队连续获得同类学校萧山区冠军,2015年我校被评为浙江省足球特色试点学校。

学校重视艺术教育,努力营造和谐、高雅、优美的校园文化和人文气息浓厚的艺术氛围。在萧山区十佳青年歌手全国艺术人才选拔赛民族唱法金奖宋建英老师的领衔下,学生的音乐潜能得到了充分发挥,诗意合唱团连续三年在区中小学生艺术节中获金奖,王凯平同学获全国青少年器乐大赛银奖,华蒙依同学获萧山区"天堂儿歌"高中组比赛金奖。三年来我校学生参加艺术类高考全部上线。去年我校学生李玥娴考入中国音乐学院。

我校美术学科在萧山区名师包怒涛老师的带领下,比赛成绩突出,老师和学生多次参加省市区各类比赛获得一等奖。高考成绩尤为显著,三年中,邵昕、楼佳等多名学生被中国美院、四川美院、鲁迅美术学院等重点院校录取。为综合提高学生艺术素质,学校先后成立了声乐组、器乐组、书法组、绘画组、科技制作组、舞蹈组、合唱组、手工制作等艺术活动小组12个,全体学生可以根据自己的喜好,自由选择兴

学校将舞蹈队作为艺术特色项目,从各年级学生中选拔对舞蹈有兴趣的学生,组建了一支有30余人参与的舞蹈队,每周坚持训练。各小组都能根据自己小组的特点,制订切实可行的活动计划、按时开展活动。各班级兴趣小组,做到班班参与,各班都有一两项特色项目;人人参与,师生共同参与,实现了"一班一品牌,班班有特色"。建立起了一支专兼职相结合、水平较高的辅导员队伍。在充分挖掘本校有特长教师的基础上,我们还聘请了一部分有一定知名度的社会志愿者担任兼职辅导员。

结合传统节假日,开展艺术教育成果展示活动。每一学年,我们都扎实开展校园"艺术节""体育节""科技节"和"读书节"活动,"教师节""国庆节""元旦"、慰问演出等进行成果展示,让学生在丰富多彩的活动中主动健康活泼地发展。要求人人参与,班班发动,在以班级为单位展示活动的基础上选拔优秀节目参加学校的会演,对在艺术教育活动中涌现出的先进个人和先进

(2)熏陶家国情怀

中学结合学校自身的传统和地域文化,对学校办学特色进行了全面的整合和提升,构筑"以地域优秀文化育人才、以地域优秀文化促发展"

的特色教育蓝图，走出了一条成效明显的校园文化和特色教育建设之路。

学校地处萧山城南，人文气息浓郁。学校北枕美丽的筹婆河，这里曾是我国唐朝大诗人贺知章的故里，千年文脉，源远流长。校园内外现有知章亭、知章石、筹婆寺、筹婆桥、贺知章公园、贺知章艺术馆等建筑，从地域文化出发，我校选取"孝子贺知章"和"诗人贺知章"两个角度，提炼出"孝德为人"和"诗性人生"两大发展目标，在学生中积极推进"孝德教育"和"悦读知章"两大活动，从孝德和阅读两个层面来传承知章文化。

结合我校学生的实际情况，认为我们的学生也应该成为像贺知章一样的读书人，应具有读书人精神，并将读书人精神分解为两个维度：第一，要具有读书人的秉性，即具有"三至"特质的十一中人，"三至"特质是指具有"至柔至刚、至洁至容、至静至远"的品质。至柔至刚：是指读书人具有柔情满怀又坚定执著的品质；至洁至容：是指读书人具有内心纯洁又包容广大的品质；至静至远：是指读书人具有静心治学又目标远大的品质，这是我校学生外在形象的描述。第二要具有读书人的素养，即人格、学识和智慧三大素养，以孝德育人格，以阅读启智慧，以课程广学识，从而为终身发展打下深厚的根基，通过"育人格、启智慧、广学识、厚根基"，培养具有符合时代要求的十一中人，这是我校学生内在特征的概括。外在形象是笼统的描述，是学生具有的一种气质；而内在特征则是具体的要求，是学生必须要达成的目标。进而确定我校学生的培养目标：具有"三至"特质，追求孝德为人、诗性人生的现代公民。并指向办学理念：为每一位学生的可持续成长积淀内涵。

"知章敬德"，是十一中学生毕生刻苦研习的"道"；"知章诗文"，则是十一中学生倾心模仿的"文"。二者的融合，则正是十一中学生坚持所应具备的基本素质——"蓄道德而能诗文"，也是十一中人毕生都孜孜以求为之奋斗的目标。

知章书院：普通高中人文教育的新载体 ▲ ■

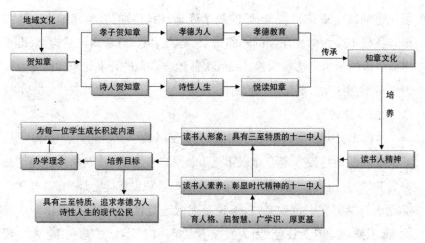

图8-2　我校特色形成图

(二)教师层面

1.获得专业的终生提升

教师专业发展是指教师作为专业人员,在专业思想、专业知识、专业能力等方面不断发展和完善的过程,即是从新手型教师到专家型教师的过程。教师专业发展首先强调教师是潜力无穷、持续发展的个体;教师的专业发展要求把教师视为"专业人员";教师的专业发展要求教师成为学习者、研究者和合作者;教师的专业发展要求教师具有发展的自主性。教师的自主发展强调的是发展教师个体的个性和特长,使个体的潜质充分发挥出来。

(1)专业知识

总的来说,就是与任教学科相关的专业知识。就其核心而言,自然是任教学科的系统知识,是任教学科的教学理论。正因为这样,一方面要巩固以前所学的专业知识,并将它们转化为活的知识,转变为能动的知识。另一方面,要不断更新已学的专业知识,使之能跟上时代的步伐。因为随着时代的高速发展,专业知识也在不断地更新,不停地发展。不仅如此,还必须突出其核心知识。具体地说,一方面要不断更新已有的学科知识,不懈地充实自己的学科知识,并将其用于教学实践;另一方面,要不断学习先进的教学理论,更新自己的教学理念,用新颖的教学理论来武装头脑。我校不少教师在职期间不断追求,努力学习,更新知识结构,获得了更高一级的学历。选修课程、精品课程、地方课程的开发让教师的专业知识更多元、更广阔、更深刻、更综合。

（2）专业能力

教师不光要发展教学专业知识,更要发展教学专业能力。具体一点,就是要不断地将教学专业知识转化为教学专业能力,将教学专业理论升华为教学专业技能。因为不是有了教学专业知识就能上课,有了教学专业理论就能辅导。也就是说,不论是上课还是辅导,都需要教学专业能力,都需要教学专业技能,因为教学不仅是一门科学,更是一门艺术。要想完善上课,就必须按照科学规律来进行设计;要想完美辅导,就必须按照艺术要求来进行构想;而要想进行科学设计,就需要教学专业能力;要想进行艺术构想,就需要教学专业技能。

（3）专业理想

专业理想就是当教师的追求,就是做教师的理想。换句话说,教师应当为什么样的目标去奋斗,为什么样的梦想去拼搏;应该当一个什么层次的教师,做一个什么品位的教师。人们常说,不想当将军的士兵,不是一个好士兵。似乎也可以这么说,没有专业追求的教师,不会成为一个好教师;没有专业理想的教师,不会成为一个名教师。正因为这样,许多教师为专业追求而活着,为专业理想而拼着:他们有人追求做学者型的教师,有人追求当艺术型的教师;有人追求做奉献型的教师,有人追求当智慧型的教师;有人追求做改革型的教师,有人追求当创新型的教师。因此,只有发展了教师的专业理想,才能提高教师的档次,提升教师的品位。

（4）专业思想

概括起来说,就是要通过各种教育体验,产生先进的教育理念;要通过多样的教育总结,形成科学的教育思想。具体地说,主要包括以下两个方面:一是在学科教学中,你以什么样的教育理念来组织教学活动,你以什么样的教育思想来活跃课堂教学。二是在教育活动中,你以什么样的教育理念来开展教育活动,你以什么样的教育思想来从事教育工作。由于教育专业思想不是静止不变的,而是动态发展的;不是固定不变的,而是不断演变的。所以,每个教师都必须产生自己的教育专业理念,形成自己的教育专业思想,而且还必须不断更新自己的教育专业理念,发展自己的教育专业思想。进而使自己的教育专业思想不断向前发展,并永远走在时代的前列。

(5)专业品格

就其内容而言,可能有许许多多,但其核心部分,也只有以下三点:一是终身从教。教师职业是个崇高的职业,是个灿烂的职业;它关涉到国家的前途和命运,关系到人类的发展与未来。因此,作为教师,不仅要热爱教师职业,更要立志终身从教。二是育人为本。也就是说,教师的本职工作不光要教书,更要育人;不光要尽心尽力教好书,更要不遗余力育好人;不光要为人民教好书,更要为国家育好人。三是为人师表。具体地说,要求学生做到的,教师首先要做到;要求学生带头的,教师首先要带头。

2.体验职业的特有幸福

教师的幸福感就是教师在从事教育教学工作的时候感受到这个职业可以满足自己的需要,能够实现自身的价值,并且能够产生愉悦感。幸福感是教师做好教育工作的重要前提,是事业有成的坚实基础,是教师专业发展的内在动力,是教育追求的最高境界。教师是否体验到职业的幸福,与教师的思想境界、人生目的、价值取向密切相关。

教师的工作成败是以学生成人成才的情况来衡量的,没有哪一个老师不以自己曾经教过某一个在事业上成功的学生感到自豪。作为一个教师,我们都深刻体会到,学生取得成绩之日就是老师幸福之时。并且学生的成绩越大,老师的幸福感越强。在教育过程中,教师扮演的是引导者、研究者、开发者、学生的朋友等多种角色。教师为了每个学生能够早日成才,总是默默无闻地辛勤工作着。徐老师曾经说过:"教书是一种很愉快的事业,你越教就越热爱自己的事业。当你看到教出来的学生一批批走向各自岗位,为社会做出贡献时,你会多么高兴啊!"是啊,教师为人类播撒着希望的种子,当学生学业取得进步、道德得以成长、个性得到发展,以及今后为社会献计献策时,教师就体验到了职业的最大幸福。一个有教育幸福感的教师,会通过给学生以快乐得到快乐的回报而感到幸福。正如陶行知先生所言:"教师工作的最大幸福就在于培养能够超过自己的学生。""得天下英才而教育之""青出于蓝而胜于蓝",这既是教师的光荣,更是教师的幸福。

其次,教师作为一个时时存在真情的职业,也是幸福的。

作为一个普通教师,面对的是天真无邪的学生,只要你拿出真心对待他们,他们就会认为你是一个好老师。学生的爱会促进教师幸福感的形成,也是满足教师幸福需要的重要途径。在师生交往的过程中,教师面对的是一群有丰富情感的生命个体。在年复一年的教育工作中,教师把满腔的热情和真挚的爱无私地奉献给了学生,将他们送到了理想的彼岸,使他们在浩瀚的大海中驰骋。无论是在学校里,还是今后走上社会,许多学生都不会忘记这样的一份情感。公式定理可能已经淡忘,但师生之间培养起来的那份情谊却永远难以忘记。教师节之际,收到学生们的一份份贺卡,虽然礼薄,但教师感到的是一种欣慰,更是一种幸福。学生的爱与成人的爱相比,它更加真挚和纯洁,更接近爱的本质。每年的除夕之夜,家中电话铃声不断,问候声、祝福声不断传来……此时,你就会感觉到干一辈子教师,是多么幸福啊!

3.创造外在和内在价值

教师的劳动不仅能满足社会发展的需要,而且也能满足教师个人生存、发展和自我实现的需要,因此,教师劳动的价值由社会价值和个人价值构成。教师劳动的价值是社会价值与个人价值的统一。

(1)社会价值

教师劳动的社会价值是指教师在教育教学过程中耗费劳动而产生的满足社会需要的意义和作用。它是教师劳动价值的主要属性,也是体现教师社会地位和教师个人价值的主要标志。

(2)个人价值

教师劳动的个人价值是作为客体的教师劳动对于教师主体需要的肯定或否定的某种状态,是满足教师自身物质和精神需要的程度。教师劳动除了满足社会需要,具有社会价值外,还能够在许多方面满足教师的个人需要,因而也具有个人价值。

教师劳动的价值是多元的,全面认识教师劳动的价值,有助于提高教师的专业修养,对于树立正确教师价值观具有重要意义。在全社会日益重视教师劳动价值的同时,教师自己也应尊重自己的劳动,创造更高的价值。

(3)教师职业的内在价值

为了使教师这一职业真正成为令人羡慕和富有内在尊严的职业,我们有必要认真思考教师职业的内在价值所在,教师能够从自己的职业生活中获得什么。其实,教师绝不是"为他人作嫁衣"的牺牲者,教师职业会给教师带来幸福的体验、精神的充实和自我的实现。教师职业的内在价值主要体现为以下几点。

①教师职业激发和丰富教师的创造潜能

教育是一个充满变化和诸多不确定因素的活动,它没有现成、统一的模式和固定的方法去套用,教育的成功依赖于教师创造力的发挥。教师也正是在创造性的劳动中形成了独具一格的教育风格,并体验到了创造的幸福,挖掘了自我的潜能,实现了生命的价值。

②教师职业促进了教师的自我成长

其实教师在照亮别人的同时,也照亮和升华了自我;在发展学生的同时,也发展了自身。如今的教育再也不是教师向学生单向传递、单向社会化的过程,它越来越体现出双向的社会化:教师化学生,学生化教师,在教育情境中教师和学生共同解说教育内容,共同思考、探索,一起建构新的知识和意义。这不仅是学生在收获,教师的视野也在开阔;思考在深入,内涵在丰富,教师正走向新的自我。这体现了"教学相长""我和学生共成长"的思想。

③教师职业带给教师无穷的快乐

教育活动充满着快乐和幸福,这是教师喜爱教育工作的一个内在动力。对于教师来说,莫大的快乐就是看着自己的学生一天天成长进步。另外,当师生和谐共处,进行敞开心扉的沟通时,教师体验到人与人之间真诚交往的快乐;一次完满的教学也将使教师获得成功的喜悦……总之,教师的快乐来自学生的快乐，来自自己的创造性劳动，来自自我的成长、生命意义的实现。

（三）学校层面

1.浓郁的文化氛围

校园环境文化作为校园的生态系统，其特质环境主要是指校园内经过人们组织、改造而形成的校容校貌和校园学习环境。具体指校容、校貌、自然物、建筑物及各种设施等。这种物质环境自然是一种环境文化，它的作用体现出"桃李不言"的特点，能使学生不知不觉，自然而然地受此熏陶、暗示、感染。所以，学校物质环境文化的设计必须强化环境育人意识，使校园环境充满着文化色彩，"努力使学校的墙壁也讲话"。作为学校的教育者，如果能使用学校各种物质的东西都能体现一种学校的个性和精神，都能给学生一种高尚的文化享受和催人奋发向上的感受，那么，校园的物质环境就会成为一位沉默而有风范的老师，起着无声胜有声的教育作用。

（1）校园环境文化影响学生的心理平衡。

学生所受教育时间越长，对学校环境文化要求就越高，依赖性也越强。校园已经由传授知识的单一功能体转变为集传授知识、培养能力、娱乐生活等一身的多功能体。学生来到学校不仅是追求知识，而且追求娱乐、追求生活、追求艺术。学校的物质环境是否文化化、艺术化、实用化、舒适化、卫生化、优雅化、整洁化、安静化等等都会影响学生的心理发展。如果校园环境条件过于简陋、杂乱，缺乏现代文化气息和艺术雅趣，就会导致学生对学校的期望破灭，就可能产生严重的失重感觉。十一中的校园绿树成荫、清水围绕、小径通幽，学生身处其中，满目绿意，春看新绿丛丛、玉兰摇曳；夏享浓荫遮蔽；秋赏百色浓黄；冬看茶花点点，好不心旷神怡！

（2）校园环境文化影响学生的价值观念和行为习惯。

校园环境文化影响着学生对事物的看法从而使之形成自己的价值观念。同时，又制约着学生的行为，使之养成良好的行为习惯。在一个整洁的校园内，学生是不会随地吐痰的；在一个幽静的校园内，学生是不会高声嘶叫的；在一个充满现代文化气息的校园内，学生是可以陶冶情操的。校园环境文化特别是其中的精神环境文化一经形成,就对学生的道德观念产生影响,反过来良好道德观念又会推动校园精神环境的优化,从而形成良好的学习心理和行为。校园环境文化是通过感染、模仿、从众、认同的心理机制,使学校全体成员在不知不觉中接受影响,引起个人心理和行为的变化,以求与校园环境文化趋于一致,达到学校育人的目的。学校三个年级的布置围绕三个主题展开,学生浸润其中,影响着他们的行为。

(3)校园环境文化影响着学生学习的内容和方式

随着当今社会不断进步,物质条件的改善,学校的环境文化需要越来越大,它所能负载的教学内容也越来越多,教学方法也多元化。现代信息技术进入学校,更增加了学校教学内容和教学方法的丰富性、多样性,因此,校园环境文化建设程度同样影响着学生的学习内容和方法。随着人文环境的布置,我校人文学科的优势日益凸显。传媒班和小语种班受到家长热捧

2.不断浓厚的教学氛围

在目前的大环境下,衡量一个学校是否是一个好学校的标准,教学成绩始终是重要的一项指标。教学是学校的生命线,没有成绩难以被上级被社会真正认可,没有成绩也是对学生的不负责任。我校知章载体下的人文教育,在各种活动的潜移默化下取得了教学成绩的不断提升。

(1)7选3的合理布局

新高考模式下,学生要对自己有一个长远的规划。但学生阅历有限,思考有限,需要学校给予正确引导。我校开设了生涯规划课,让学生了解选课的重要意义,并在如何选课上进行了一定的指导。高一下,年级部为更好地做好选课工作也会通过不同的形式、多个程序,最后确定每个人的选课。首先会召开年级大会进行选课指导,其次班主任会对学生给出选课建议,年级部会下发选课调查表,学生经过2到3次的选择,最后确定选考科目。

(2)学习氛围浓厚

学校学习氛围浓厚,大家都很积极向上,学校活动也较多。同学之间

互帮互助,老师授业解惑,很喜欢上课,老师总是倾囊相授,社团活动丰富,有利于培养自己的各方面才能,也有利于自身的全面发展,老师总会将自己的经验无私的给予同学们。

我校于近两年开设了传媒班和小语种班。传媒班为那些立志于编播、主持、表演的学生开设专业而有建设性的课程,促进了他们的多元发展,帮助他们实现职业理想。小语种班级对于英语偏科的同学来说,是一种不错的选择,趋利辟害,通过小语种实现弯道超车。这种更有针对性的课程设置,符合当下学生、家长、社会的需求,受到热捧是意料之中的。

3.硕果累累的校本教研

校本教研是学校教研的主要途径。开展校本教研是实施新课程的迫切需要,也是学校可持续发展、提高教学效率、提高教学质量的需要。

（1）构建三层三组的纵横管理模式

成立以校级领导为组长的校本教研领导小组,构建三层三组的纵横管理模式。三层即以校长为核心的决策层,以教科室主任为骨干的管理层,以学科带头人,骨干教师为主体的执行层,在这三层中,实行层层负责的纵向管理模式。三组即以教研组、年级组、备课组为单位的管理模式,其中教科室挑起学校教育科研大梁,与教研组、年级组协调,同步配合。

（2）健全教科研管理体制

为了保证教科研工作科学规范进行,我校制订了一整套完善的管理制度,有效地促进了教科研工作的实施。具体分为:1.常规活动考核机制;2.申报研究项目完成效能考核机制;3.成果考核机制;4.综合评价考核机制,综合评价采用质化和量化,参与度等多个方面开展,使得综合评价更中肯;5.研究课题成果填写机制,研究成果需要奖状,奖品文章,录像制品和影像PPT等资料;6.课题档案机制,作为成果和研究结课形式,教科室将实行档案制度,对教科研工作跟踪和成效分析。一是教科研成果资料档案,包括文字性的、音响形式的,图画图片形式,展板照片,录像制品以及其这相关文件材料;二是参研成员档案材料,主要包括个人文字性质的如著述、论文设计、实录、说课稿重要发言、教育日志,音响、图片形式的,展板、照片、录像制品,奖状、证书、考核等级等,最终形成一个教科研项目的总体档案。三是教科研工作奖励机制,以学校奖励类型,教科研基地奖励型为主要形式,对积极参与教科研工作的并取得丰硕成果者奖励,对在教科研活动中做了大量工作的工作者奖励,奖励将按教研类型,参研对象、研究标准制定细则,争取使全校形成积极参研的氛围。

(3)常规教研务实有效

学校教研活动严格执行"四定",即:定时间、定地点、定中心发言人、定研讨主题,使教研活动有的放矢,务实有效。坚持集体备课,充分发挥集体智慧,协作的力量。备课会由一人提前备课,编写导学案,会上大家讨论,最后形成共案。每学期以备课组为单位,开展同课异构活动,使同课的老师互相取长补短。坚持写好教学反思和教研论文。我们要求每位教师每节课后要有教学反思;每个备课组每周由一人执笔写好周反思,张贴在办公室的教学反思栏。每期至少写一篇教学论文,把自己的教学实践形成理论文章,从而不断提高教师的教育教学水平,逐渐成为一名适合新课程教学要求的研究型教师。

(4)校本教材丰富多样

开发校本教材是新课程的要求,我校各教研组结合本学科实际分别编订各具特色的精品课程。化学组编写了化学学科课程体系;地理组编写了地理学科课程体系;历史组编写了历史学科课程体系;物理组编写了物理学科课程体系等,使全校的校本教材丰富多样。

(5)加强校本研修力度

学校结合实际采用了专家请进门(高人指点),教师走出去(实地学习),视频远程培训(网络学习),校内合作学习(内部交流)的四维一体的学习模式。学校邀请了浙江师范大学蔡伟教授、杭十一中校长特级教师蔡小雄老师、浙江师范大学特聘教授、课程转型中心副主任朱竟丰教授等专家来校为教师开设讲座。先后多次组织教师外出学习,参观了上海同济一附中、诸暨中学、新昌中学等多所名校,收获累累。

(5)丰富活动形式,展示阅读成果

我校坚持把中华优秀传统文化阅读贯穿于校园生活的每日、每周、每月、每学期、每学年,让学生时时浸润经典文化,日日获得发展提高。每周以班级为单位举行一次读书交流,学生自主组织,不拘形式;以单双月形式开展读书交流会和辩论赛,师生自愿报名,根据阅读的主题分场次举行;每学期以年级为单位举行一次读书随笔展示活动,师生同台,展示竞技。每年五月中旬举行一次全校性古诗词诵读会,激发学生对经典诗词吟诵、模仿、编写、创作的兴趣,并提升这方面能力。这些活动已成为学生展示阅读成果的重要载体。

(6)"阅读课程"课堂教学模式不断完善、推广

①配备阅读课程

从阅读贺知章诗文开始,鼓励学生进行广泛阅读,以阅读促进学生学习方式的转变,以阅读增加学生的人文积淀,以阅读带动学生诗性人生的追求。结合学生的现实需求,集合全校教师的智慧,打造悦读知章课程群和学科阅读课程群。悦读知章课程群主要有《品知章诗文》《先秦诸子散文诵读》《唐宋诗词选读》《古文观止选读》《当代经典诗文欣赏》《浙江名人名作欣赏》等课程组成。学科阅读课程群有各学科阅读课程组成,学校为此开发了全学科阅读读本,从课程标准、学习内容、活动设计和学法指导等四个维度构建阅读读本,对重点知识进行诠释,为学生自主学习,掌握学科的重点知识提供有效路径,目的是让学生通过阅读读本来了解课程的目标、内容和掌握课程的学习方法。

- 从学生实际出发　·以阅读作为主线
- 把预习落到实处　·让展示成为常态
- 凭合作铸就成功　·拿测评反馈效果
- 将纠错进行到底　·借反思促进提高
- 靠总结提炼完善　·为学生发展奠基

②"阅读课程"生动课堂建构策略

生动课堂就是以"生动"作为课堂教学的主线,把"生动"贯穿课堂教学始终。"生动"既是课堂教学的模式,又是课堂教学的策略,更是课堂教学追求。生动课堂主要通过学生的预习准备(自主性学习)、展示交流(合作性学习)、检测反馈(检测性学习)和纠错反思(反思性学习)几个相对固定的教学环节,让学生实质性参与教学过程,使学生的学习以自动、自主、

自为的方式朝着目标进行。让学生动起来,课堂活起来,效果好起来。同时,借此培养学生自主钻研、合作探究、勤于思考、认真倾听、善于表达、勇敢纠错、善于反思的学习品质、学习习惯和外显能力,为学生终身学习和发展奠定基础。

环节一:

预习准备:这是生动课堂的首要环节,也是最基本的环节。学生以教师编拟的学案或预习提纲为载体,围绕学习目标,从阅读教材开始,进行自主探究学习,以确保课堂教学的针对性。

这一环节一般涉及三个步骤:一是教师领悟课标精神,钻研教材内容,了解学生实际,提出学习目标。并通过一定的途径让学生明白达成这些目标对他们发展的意义。二是教师依据学习目标,编写出对学生来说富有挑战性的、有问题意识的、易于激发学生探究学生欲望的、有层次的可操作性学案。三是学生在个人理解教材的前提下,独立完成学案,落实预习的各项任务。同时,教师要适时地对学生预习作出方法指导、信心鼓励和时间要求。

环节二:

交流展示:课堂上老师尽量多给学生一些想一想,议一议,试一试的机会,通过学生互动、师生互动的方式,学生汇报、展示、交流预习情况,共同解决预习过程中个人或小组解决的问题,丰富学习的方式和途径,丰富学习的经验。

展示交流一般包括以下四种形式:一是学生利用课间将本组学案完成的情况书写在各自的白板上,并由其他同学进行正误、纠错、评价。二是课堂上学生登记向全班学生讲解自己或小组对学案有关问题的理解,阐述自己的观点和解决问题的方法、思路等。三是学生之间互相质疑、讨论、补充修正。四是教师对学生进行适时的点拨和评价,引导学生通过类比、推理等活动而找出解决问题的办法。

环节三:

检测反馈:对学生的认知、体验、探究进行检测评估,检查落实教学目标、学习目标的达成情况。

本环节主要包括以下步骤：一是教师拟题，进行迁移训练和运用，学生当堂完成相关题目。二是学生小组内部或小组间互相检查学生完成情况，并作出评价。三是教师对发现的学生中存的共性问题予以及时的点拨或留待辅导时间予以专题讲解。四是发放下节学案并提出预习要求，并给予方法提示、指导、意义阐述等。

辅助环节：

反思纠错：这是对预习准备、展示交流和检测反馈情况的补充和完善，旨在督促学生复习、总结和提炼，以巩固学习效果，提升学习水平。

（辅助环节中学生做好两方面的准备：一是一支红笔，二是一个就纠错本。）该环节主要包括以下几个步骤：一是复习，学生按照学习目标的要求，对本节所学内容进行回头望，查看个人学习目标的完成情况。二是纠错，把做错的题目改正过来，并分析错误、疏漏原因，提出改进措施，进行专门训练。三是反思，学生对学习的全过程进行反思，以利后学。教师对教学诸环节进行反思，总结经验、教训，以备课组形成反思稿，公开上墙。限期改进、完善和提高（这已形成我校特色的教学反思形式）。

阅读课堂，虽有一定的模式，但在实际操作中教师可以根据不同学科的不同课型，增删或调换某个具体环节，进行灵活运用。我们的原则是有模式，但不唯模式，讲究有效，追求高效。

在这期间，教科室不间断地深入课堂听课、进行师生问卷，招集教研组长、备课组长会议，每次会议时间长达三个多小时。教科室也对我校的"阅读课程"生动课堂进行师生问卷调查，从调查结果看，课改得到95%以上学生的认同。

依据515份学生问卷调研，95%学生认为有了课前预习的好习惯；课堂中有胆量回答问题了，尤其是各科成绩大幅度提高；思维的枷锁打开了；能够多向思维；心理因素觉得提高了，上讲台不再紧张。学习不再被动，而是主动；课前能主动预习，上课能轻松流利的讲课，语言组织能力不断提高；学习效率提高了；我认为"阅读"课堂很好。

据此各学科根据自己的学科特点，通过同课异构的课堂实践"磨课"，探索本学科不同课型的"阅读课程"生动课堂模式。同时，教科室再次修订配套方案。如《导·学·思,真实情境下的教学案例》《班级小组建设方案》《"阅读课程"优质高效课堂评价标准》《"阅读课程"优质高效课堂十大要求》《"阅读课程"优质高效课堂激励机制》《"阅读课程"优质高效课堂教师反思方案》等,这些方案的出台更好的指导教师科学规范操作,使学校课改走向成熟。

③课题研究提升了学校软实力

近年来,我校共承担国家、省、市三级课题9个。在课题研究的基础上,我们又进一步推出每个学科每个课型的精品课,由各子课题负责人撰写精品课型的导学案并付诸课堂实践。目前已完成各科31个课型的精品课资料汇编,下一步将通过校内示范课的形式进行精品课展示。

总之,扎实有效的教科研工作,极大地促进了我校教育教学质量的提高,提升了我校的软实力和办学品味,同时也为我校赢得了良好的社会声誉。继2015年高考一本上线人数首次突破后,近几年,高考成绩在同类学校中都名列前茅。近几年选派的教师在市级课堂教学大赛中都获得相当好的名次,教师在外发表论文逐年攀升,获得"杭州市教科研先进单位"称号。今后我们将继续沐浴着高中新课改的东风,为实现出品牌教师、出品牌学科、出系列课程、出研训文化、出的市、省科研名校目标而努力。

4.德育之花盛世绽放

学校德育工作中开展常规的"三孝"活动:读孝书、讲孝道、行孝德。设计孝德主题序列活动,高一年级主题为古今孝道,高二年级主题为社会责任,高三年级主题为家国情怀。通过主题班会、故事会、演讲、孝心少年评选等形式,由孝及远,培养学生新时代的公民意识,让孝走进学生的内心,也让孝引领学生走向社会。

(1)道德浸润,茁壮成长

道德管理是一种人性管理,学校借助孝德的力量,调整组织成员的精神关系,以增强学校组织的凝聚力,充分调动和发挥组织内部人员的积极性、创造性,整合为积极有力的精神支柱。

①以孝德的力量导航教师的职业理想

学校以孝德文化为切入点,学习贺知章的为人为官,进一步加强师德师风建设,通过知章大讲堂、学校宣传栏、学校大会等多种表扬孝德、师德先进。学校领导和教师的行为起到模范带头作用,给学生以表率,达到一种"不言而教"的作用。2015年10月陈佳楠老师和蒋茹老师代表学校参加萧山区教育局组织的师德演讲比赛,陈佳楠老师获得一等奖,蒋茹老师获得二等奖。

②借助创新党建工作发挥党员模范带头作用

在文、理、综合三个党支部的基础上再划分党小组,共设7个党小组。各党小组开展富有特色的系列"闪光"行动,如语文党小组为所前天乐实验学校送温暖活动、英语党小组慰问萧山区社会福利院活动,每次的党小组活动对全校师生起到模范带头作用。学校编印《让党旗在笋婆河畔飘扬》活动刊物,积极鼓励优秀教师开展支教活动,已有沈灿江、屠立勇等5位老师到浙江常山、四川青川、西藏阿里、贵州凯里等地中学支教。

③在"尊重和谐"人文关怀下享受职业温暖

学校管理追求从科学管理到文化管理的跨越,以文化为基础,强调人的能动作用,强调团队精神和情感管理。如学校编印《我们的校园故事》,让师生讲述自己的故事,重温家的温暖;学校实行亲情假制度,遇到教师父母生日,允许教师调休半天回家尽孝,以体现一种人文关怀;学校开展星级办公室评比,美化了教师办公环境,提高了工作效率;遇到教师生日和节日时,学校总会第一时间送上祝福。"尊重、和谐"成为学校人际交往的主旋律,务实、踏实、真实成为十一人的一种标识。

(2)转变育人模式,促进特色发展

我校文化建设中有一个核心因子,就是孝德文化。学校地处唐朝诗人贺知章故里,贺知章是历史上有名的孝子。我们从"孝子贺知章"出发,实施孝德教育,打造孝德文化,以此为基点,推而广之,开展了以培养学生"孝心、责任心、家国情怀"为目标的序列化德育实践,进行全方位的德育教育,提高学生的道德素养,落实立德树人这一教育根本。

近年来,学校围绕以孝德教育为核心的知章文化,开展了以培养学生"孝心、责任心、家国情怀"为目标的序列化德育实践。举行读孝书、讲孝道、行孝德的常规"三孝"活动,注重体验,深入生活,感悟美德;同时搭建美丽学生评选、特色课程、主题班会、名生大讲堂、社区服务等平台,陶冶学生的情操,丰厚学生的心灵;学校每年开展的"师心握你手"活动、"吾爱吾师"活动、"阳光静远少年"评选、"三叶草"志愿者活动、寻找抗战老兵活动等已成为学校一道亮丽的德育风景线。学校重视创设校园活动,并注重活动形式的标识性或活动仪式的规范性,让每个仪式和活动都富有教育意义并深深打上学校特色的烙印。因为有了孝德文化这个载体,学校德育工作开展得有声有色,形成了"由校至家,家又至校,再及社会"这样一种渐次渗染、慢慢扩大的孝德文化圈,特别得到了家长、师生的认可。

(四)附件材料

1.学校德育工作评价表

表8-1　德育工作评价表

一级指标	二级指标	三级指标	评价标准	评价方法	等级分值			实际得分
					一	二	三	
A1 德育条件 18分	B1 德育规划 4分	C1 德育目标	(1)学校总体德育规范科学、明确 (2)德育目标分解具体、合理	查资料	2	1.5	1	
		C2 工作计划	(1)计划具有针对性、导向性、可操作性 (2)德育计划与其他计划衔接配套	查资料	2	1.5	1	
	B2 德育组织 6分	C3 机构建设	(1)建立完善的德育管理体制 (2)德育机构设置合理	调查	2	1.5	1	
		C4 队伍建设	(1)队伍结构合理,分工明确 (2)德育干部工作踏实、有效,德育队伍建设措施有效	统计调查	2	1.5	1	

一级指标	二级指标	三级指标	评价标准	评价方法	等级分值			实际得分
					一	二	三	
		C5 制度建设	(1)有健全的德育工作、评价制度 (2)能反映学校德育工作特色	查资料	2	1.5	1	
	B3 德育环境 4分	C6 文化氛围	(1)校园周边环境文明,社区文化影响好 (2)校园内部环境优美,校园文化建设好	调查	2	1.5	1	
		C7 物质装备	(1)德育活动设施齐全,德育资料丰富 (2)有稳定的德育实践基地	调查	2	1.5	1	
	B4 德育经费 4分	C8 经费筹集	(1)来源渠道畅通 (2)有专项足额的投入	查资料 调查	2	1.5	1	
		C9 经费使用	(1)使用合理、合法 (2)使用有效	调查	2	1.5	1	
A2 德育过程 26分	B5 德育常规 10分	C10 依法治校	(1)严格按照法律、法规、政策、制度管理学校 (2)对师生法纪教育一学年十课时以上	调查	2	1.5	1	
		C11 班级管理	(1)经常指导班级德育工作 (2)班级德育工作进步明显	调查 查资料	2	1.5	1	
		C12 教书育人	(1)注重师德教育,注重品德表率作用,育人意识强 (2)德育课程发挥德育主导渠道作用,各学科均有机渗透德育	调查 观察	2	1.5	1	

知章书院：普通高中人文教育的新载体

续表

一级指标	二级指标	三级指标	评价标准	评价方法	等级分值			实际得分
					一	二	三	
		C13 管理育人	(1)促进学校的学风、校风建设 (2)提高学生自我管理能力	调查问卷	2	1.5	1	
		C14 服务育人	(1)全员育人意识强 (2)利用后勤服务渠道实施育人	调查观察	2	1.5	1	
	B6 德育活动 7分	C15 校内活动	(1)重大节日礼仪活动形成序列 (2)升旗仪式庄重规范 (3)德育活动丰富多彩富有成效	查资料观察	3	2	1	
		C16 校外实践	(1)经常开展各种形式的校外实践活动 (2)校外实践具有计划性和成效性	调查问卷	2	1.5	1	
		C17 心理咨询	(1)经常开展心理咨询活动 (2)定期举办心理辅导讲座	查资料听课	2	1.5	1	
	B7 德育科研 5分	C18 科研组织	(1)有专人负责德育科研的领导工作 (2)参加德育科研培训	查资料听课	2	1.5	1	
		C19 专题研究	(1)研究内容具体,具有针对性 (2)研究成果能指导德育实践 (3)定期召开德育研讨会,有学校德育论文集	查资料调查	3	2	1	

一级指标	二级指标	三级指标	评价标准	评价方法	等级分值			实际得分
					一	二	三	
	B8 德育建档 4分	C20 结果处理	(1)运用评价结果改进工作 (2)档案整理规范有序	查资料问卷	2	1.5	1	
		C21 结果上报	(1)定期进行德育工作自查 (2)定期向上级汇报德育工作	调查	2	1.5	1	
A3 德育效果 18分	B9 校风校貌 6分	C22 校园风气	(1)校园环境教育性强 (2)学校形成正确舆论导向	观察座谈	4	3	2	
		C23 师生面貌	(1)政治思想空气浓厚 (2)学校形成强大的凝聚力	座谈	2	1.5	1	
	B10 师生品德 6分	C24 教师品德	(1)教职员工职业道德好,无违纪违法现象 (2)教职员工要求进步层面大	查资料座谈	2	1.5	1	
		C25 学生品德	(1)学生品德测评合格率高,并有较高的优秀率 (2)学生违纪率低,犯罪率为零	查资料座谈	4	3	2	
	B11 社会评价 6分	C26 社会影响	(1)学生受社会好评 (2)教职工在社会上形象好	调查	4	3	2	
		C27 各方评价	(1)上级及有关部门对学校德育工作评价高 (2)家长及社会对学校德育工作反映好	查资料问卷	2	1.5	1	

知章书院：普通高中人文教育的新载体

▲■

378

续表

一级指标	二级指标	三级指标	评价标准	评价方法	等级分值			实际得分
					一	二	三	
A4 德育创新 38分	B12 优化创新 7分	C28 发展水平	(1)德育工作纵向比较,进步明显 (2)德育工作横向比较,地位上升	比较统计	8	6	3	
		C29 特色效应	(1)独辟蹊径的德育途径 (2)别具一格的德育特色	座谈比效果	30	15	5	
总分				等级				

评价小结:

2.教师职业幸福感调查问卷

尊敬的老师:

您好! 首先请允许我向辛勤工作在教育前线的您致以自己最真挚的敬意,您辛苦了!!

这是一份学术问卷,研究的目的在于了解当前教师职业幸福感的现状、影响因素以及您对该问题的一些宝贵见解。您的意见很重要,我非常期待得到您的协助。本问卷仅供研究之用,不必写姓名,请您不要有所顾虑,非常感谢您的合作!

1.您对现在生活状况的满意程度

A.满意　　　　B.比较满意　　　　C.不太满意　　　　D.不满意

2.感觉自己生活充满活力和激情

A.符合　　　　B.比较符合　　　C.不太符合　　　　D.不符合

3.能够保持健康的生活方式

A.符合　　　　B.比较符合　　　C.不太符合　　　　D.不符合

4.拥有亲密持久的朋友

A.符合　　　　B.比较符合　　　C.不太符合　　　　D.不符合

5.不计报酬帮助陌生人

A.符合　　　　　　B.比较符合　　C.不太符合　　　　D.不符合

6.对于自己现在教师职业的感觉

A.十分热爱　　　　B.喜欢　　　C.为谋生很无奈　　D.很烦想改行

7.自己的劳动收入同其他行业相比

A.满意　　　　B.比较满意　　　C.不太满意　　　　D.不满意

8.对自己专业素养的评价

A.优秀很自信　　　　　　　　B.基本称职

C.缺乏自信　　　　　　　　　D.较差需要提高

9.上课时的心情

A.愉快有成就感　　　　　　　B.平静完成工作

C.无奈不得不做　　　　　　　D.不情愿厌倦

10.教学效果自我评价

A.满意　　　　B.比较满意　　　C.不太满意　　　　D.不满意

11.如何解决教学上的疑难问题

A.集体研究　　　　　　　　　B.个人钻研

C.向有经验的老师请教　　　　D.顺其自然

12.对现在所承担的工作量的看法

A.在正常范围　　　　　　　　B.稍大,但可承受

C.很大,勉强承受　　　　　　　D.很大,很难承受

13.对所教学生素质的评价

A.很好　　　　　　　　　　　B.大部分很好

C.素质差,不好教　　　　　　　D.师生关系紧张,看到学生就心烦

14.学校对自己的评价是否客观公正

A.满意　　　B.比较满意　　　C.不太满意　　　D.不满意

15.自身能力、水平得到发挥和认可

A.满意　　　B.比较满意　　　C.不太满意　　　D.不满意

16.对学校环境的评价

A.愉快　　　　　　　　　B.受约束还算开心

C.很多限制　　　　　　　D.心情压抑痛苦

17.对学校业余生活和文体活动的评价

A.满意　　　B.比较满意　　　C.不太满意　　　D.不满意

18.您认为学校比较关心您的哪些方面情况？

19.在学校,什么让您感到压力最大？

20.您对学校目前的管理制度满意吗？

A.满意　　　B.比较满意　　　C.不太满意　　　D.不满意

21.您在学校的人际关系怎么样？

A.融洽和谐、非常满意　　　　B.相安无事、较满意

C.有一些小矛盾、小烦恼　　　D.关系紧张、比较痛苦

22.您认为影响教师职业幸福感的因素有哪些

A. 积极的社会价值导向　　　B. 公正的外部评价

C. 正确的自我定位　　　　　D. 较高的收入

E. 学生考出好成绩　　　　　F. 自我能力得到提升

G. 其他

23.你认为以上因素中,最重要的因素是

24.您认为以下哪些措施可以提高教师职业幸福感

A.优化教师办公环境　　　B.在政策允许范围内提高教师工资福利

C.加强尊师重教意识　　　　D.为教师提供良好的发展机会

25.您认为你的家庭采取哪些措施能让你更喜欢从事教师职业

A.家人对教师职业有更多的了解

B.家人对你的工作提供更多可理解和宽容

C.尽可能对你的职业给予更多的帮助

D.尽量帮助你缓解工作上的压力

3.关于举办首届国学知识竞赛的通知

各年级:

为发扬祖国灿烂的传统文化,呼唤人文精神,创造和谐的校园文化氛围,丰富同学们的课余文化生活,经研究决定特举办我校首届国学知识竞赛,现将有关事宜通知如下:

一、活动主题

继承传统感悟经典文明修身

二、活动对象

所有学生(自愿参与)

三、活动时间

2014年10月20日—11月12日

四、比赛内容

考察我校学生对国学知识的了解情况,国学是指以传统儒学为主体的中华传统文化与学术。

五、活动安排

1.宣传发动阶段(10月20日—10月26日)

通过主题班会、团日活动,宣传海报、广播台、微信、微博等形式全方位宣传本次活动的重大意义,提高广大师生对本次活动的认识,吸引对国学知识有兴趣、对本次比赛有意愿的同学参与,激发我校学子学习国学知识的热情,加强对学生的人文精神教育。

2.报名学习阶段(10月27日—11月9日)

10月27日前,各年级应统计好有意愿参与本次比赛的学生名单,并利用课余时间组织好参赛同学学习国学知识题库。国学知识题库由校团委组织建立,本届竞赛的相关题目出自其中。

3.开展比赛阶段(11月12日)

本次活动正赛将于11月12日(星期三)晚19:00整,具体环节如下:

(1)必答题环节。本环节题目按国学类型分为若干类型,如:字词、文学、艺术等,每类型分若干小组,每小组10题,参赛选手按抽签顺序选择某一类型小组进行答题,每题10分(答错不计分)。

(2)抢答题环节。本环节共有30题,所有选手共同参与每道题的抢答,答错则失去继续抢答的机会,答对一题计10分。本环节以30道题答完或所有选手出局结束。

(3)演讲环节。每位参赛选手分别发表三分钟以内的以国学为主题的演讲,由部分观众及老师担任评委。所有选手演讲完毕后,由评委进行投票,每人一票,一票计30分。4、总结表彰阶段(11月12日)根据每位参赛选手四个比赛环节的总体得分情况,按总分从高到低的排名,决出一等奖、二等奖、三等奖及优秀奖。

六、相关要求

1.加强宣传,提高认识。各系部要充分认识到此次活动对于创建学习型校园及构建和谐校园文化的重要意义,要利用各种渠道和手段广泛的发动宣传,使更多的同学和老师知晓、了解、参与本次活动。

2.统筹协调,精心组织。院团委和各系分团委及相关部门要保持及时有效沟通,做好协调统筹工作,确保本次活动的顺利开展。

3.做好总结,延续习惯。各系部及院团委应对开展本次活动的优秀经验及时做好总结并推广,并反思不足之处。并要以此次活动为契机,使我院学子养成学国学、爱国学的良好习惯,不断推进我院校风学风建设。

学生工作处

2014年10月12日